Pirmin Stekeler-Weithofer
Sinn

Grundthemen Philosophie

Herausgegeben von
Dieter Birnbacher
Pirmin Stekeler-Weithofer
Holm Tetens

DE GRUYTER

Pirmin Stekeler-Weithofer

Sinn

DE GRUYTER

ISBN 978-3-11-025415-0
e-ISBN 978-3-11-025416-7

Library of Congress Cataloging-in-Publication Data

Stekeler-Weithofer, Pirmin.
 Sinn / Pirmin Stekeler-Weithofer.
   p. cm. -- (Grundthemen Philosophie)
 Includes bibliographical references and index.
 ISBN 978-3-11-025415-0 (pbk. : alk. paper)
 1. Meaning (Philosophy) 2. Meaning (Philosophy)--Religious aspects-
-Christianity. I. Title.
 B105.M4S69 2011
 121'.68--dc22
                                                              2011013933

Bibliografische Information der Deutschen Nationalbibliothek
Die Deutsche Nationalbibliothek verzeichnet dieses Publikation in der Deutschen
Nationalbibliographie; detaillierte bibliografische Daten sind im Internet über
http://dnb.d-nb.de abrufbar

© 2011 Walter de Gruyter GmbH & Co. KG, Berlin/Boston

Umschlaggestaltung: Martin Zech, Bremen
Umschlagkonzept: +malsy, Willich
Satzherstellung: vitaledesign, Berlin
Druck und buchbinderische Verarbeitung: Hubert & Co. GmbH & Co. KG, Göttingen

∞ Printed on acid-free paper

Printed in Germany

www.degruyter.com

Inhalt

Einleitung: Die Frage nach dem Sinn 1

Kapitel 1: Lebenssinn und Sinnverstehen 11
1.1 Sinnbestimmungen 11
1.2 Der Sinn von Titeln und Merksätzen 20
1.3 Die Münchhausenlösung der Sinnfrage 25
1.4 Selbstunterschätzungen und Überforderungen 29
1.5 Angst und das Problem, seine Stimmungen zu steuern 35
1.6 Probleme angemessenen Sinnverstehens 38

Kapitel 2: Transzendenz und Immanenz 43
2.1 Philosophische Anthropologie 43
2.2 Entwicklung zum Besseren und der Begriff der Idee 48
2.3 Sinn und Bedeutung, Orientierung und Funktion 50
2.4 Der Sinn des Ganzen 58
2.5 Begriffliche Grenzen von Sinnfragen 60
2.6 Wissenschaft und Glaube 66
2.7 Gott und Wahrheit 67

Kapitel 3: Religionskritik und die Wiederkehr der Religion 71
3.1 Das neue Bedürfnis nach Religion 71
3.2 Poetischer Aufruf zu neuer Religiosität 75
3.3 Darstellungsformen des Religiösen 81
3.4 Zum Sinn von Religion 84
3.5 Gelassenheit 92
3.6 Universaler Monotheismus? 95

Kapitel 4: Argumente für und gegen Gott 97
4.1 Die Frage nach der Wahrheit 97
4.2 Philosophische Sinnkritik 101
4.3 Glaube, Offenbarung und Wissen 109
4.4 Sinnanpassungen und ‚moralische' Wahrheiten 114
4.5 Die Wahrheit der Transzendenz 116
4.6 Weltanschauung und Religion 118

Kapitel 5: Der Gottmensch 121
5.1 Religion, Wissenschaft und Philosophie 121
5.2 Von den Göttern Griechenlands zum einen Gott 124
5.3 Sorge um die ‚unsterbliche' Seele 125
5.4 Sokrates und Jesus 129
5.5 Das fleischgewordene Wort als Verleiblichung der Idee 134
5.6 Vom Gesetzesbuch zur ethischen Parabel 142
5.7 Religiöse und moralische Aufklärung 143

Kapitel 6: Der Sinn der Rede über die Seele 145
6.1 Sokratische Erfindung der unsterblichen Seele 145
6.2 Analyse der Idee der Seele bei Aristoteles 146
6.3 Hegel zu den Reflexionstermini „Seele", „Person" und „Subjekt" . 155
6.4 Dekonstruktion des Bildes von der Herrschaft der Seele 159

Kapitel 7: Wahrheit und Sinn religiöser Erfahrung 161
7.1 Von Hegel zu William James 161
7.2 Naturwissenschaftliche Weltanschauung und Freiheit 162
7.3 Das pragmatische Sinnkriterium 165
7.4 Fiktionen ‚höherer Standpunkte' 166
7.5 Die Rede von Gott 167
7.6 Die Vielfalt religiöser Erfahrung 169
7.7 Zur ‚wahren' Religion 172

Kapitel 8: Sinndialektik in Nietzsches ‚Großem Denken' 175
8.1 Prinzipien als ‚Große Merksätze' 175
8.2 Paradoxien in Tautologien und Prinzipien 181
8.3 Denken im ‚Großen Stil' 184
8.4 Intuitive Mikrosoziologie ethischen Verhaltens 189
8.5 Ein Held unserer Zeit 191

Anmerkungen 194

Literaturverzeichnis 202

Namensregister 209

Einleitung: Die Frage nach dem Sinn

> Muss selbst den Weg mir weisen in dieser Dunkelheit.
> Franz Schubert und Wilhelm Müller, Die Winterreise.

Die Frage nach dem Sinn, besonders nach dem Sinn des Lebens, gilt allgemein als Grundfrage der Religion und, in säkularer Konkurrenz, der Philosophie. Dabei sind schon die Ausdrücke „Sinn" und „Sinn des Lebens" durchaus vieldeutig. Das Wort „Sinn" verweist von der Herkunft her auf Sinnlichkeit, Wahrnehmung, Empfindung. Sein Gebrauch steht dann aber gleich auch im Kontext von Bedeutung und Bedeutsamkeit, Sinn und Zweck, Sinnhaftigkeit und Vernunft. Die Rede vom Sinn des Lebens wiederum kann sich dann sowohl auf das Leben überhaupt beziehen als auch auf je mein Leben. Es ist dabei unklar, ob eine Frage nach dem Sinn des Lebens wirklich, wie man zumeist etwas vorschnell annimmt, immer schon eine Frage nach einem Zweck oder Ziel des Lebens ist. Denn es kann die Ausdrucksform „Sinn von etwas" immer auch als ein (zugegebenermaßen etwas ungenau formulierter) Titel für die Unterscheidung zwischen sinnvollen und unvernünftigen Verständnissen von etwas oder von entsprechenden Haltungen zu etwas stehen. Im Fall des menschlichen Lebens unterscheiden wir etwa zwischen einer sinnhaften und einer unvernünftigen individuellen Lebensführung. Das geschieht immer auch im Blick auf eine vernünftige oder sinnvolle gemeinschaftliche Lebens*gestaltung*, so dass „Sinn des Lebens" wohl auch einfach nur alle Varianten einer entsprechend guten Lebens*haltung* überschreibt.

Die Frage nach dem Sinn des Lebens wird demgemäß nach Erläuterungen und Beispielen fragen, also auch danach, wie wir hier sinnvoll das Sinnlose vom Sinnvollen, das Unvernünftige vom Vernünftigen unterscheiden können oder müssen und wie dieses Unterscheiden zu erlernen ist. Dabei haben schon Platon und Sokrates und viel später wieder Ludwig Wittgenstein gesehen, dass rein verbale Erklärungen oder gar exakte Definitionen wie in der Mathematik als Erläuterungen dazu, was sinnvoll und gut, vernünftig und tüchtig ist, nicht ausreichen. Überhaupt verweisen wir auf ein Können sprachlich immer nur durch Titel- und Merkworte einerseits, Paradigmen und Gleichnisse andererseits.

Damit sehen wir auch schon, dass der Genetiv in dem Ausdruck „Sinn des Lebens" durchaus mehrdeutig ist. Denn man könnte in einer Lesart mit dem Ausdruck auf einen Sinn verweisen wollen, den das Leben in sich selbst hat. In einer anderen Lesart suggeriert der Ausdruck, dass das Leben etwa einer Einzelperson für etwas anderes oder jemanden anderen einen Sinn oder Zweck haben könnte. Doch das wäre durchaus merkwürdig. Denn dann stellte man sich den Sinn des Lebens eines Menschen schon so vor, wie das Leben eines Zuchthuhns. Dieses hat einen Sinn und Zweck im Rahmen der Interessen des Züchters und Geflügelhändlers oder im Rahmen der Geflügelindustrie. Etwas Derartiges über das Leben einer Einzelperson zu sagen, ist sicher grob irreführend. In analoger Weise grob irreführend ist der Gedanke, der Sinn und Zweck unseres Lebens sei in einem Bezug auf ein höheres Wesen, einen Gott, eine Heilsgeschichte oder göttliche Vorsehung zu bringen, in deren Rahmen ein vermeintlich höherer Zweck verfolgt werde, von wem oder was auch immer der Zweck gesetzt sein mag oder als gesetzt vorgestellt wird. Eine *solche* ‚Teleologie' oder Zwecklehre ist abzulehnen.

Der Sinn des Lebens des einzelnen Menschen liegt aber auch nicht in der Fortpflanzung, in der Verbreitung der Gene oder im Beitrag für das Überleben von Volk oder Rasse. Wer immer das noch in Fortschreibung des Biologismus der letzten 150 Jahre glaubt, ist teils zu bedauern, teils zu belehren: Es ist nicht einfach das Überleben der Gattung, Art oder Rasse, das dem Einzelleben Sinn gibt, auch wenn das Leben von Einzelwesen mit gutem Recht immer schon auf das Leben der Gattung oder Art zu beziehen ist. In dieser Bezugnahme können gewisse Formen des Lebens der Einzelnen durchaus eine Art über-individuellen Sinn im guten Leben der Art erhalten. Es darf dabei aber kein Zweck hypostasiert werden, der uns selbst fremd wäre, sofern wir unseren Verstand nicht schon hier als Opfer bringen wollen. Denn die Annahme eines teleologischen Fremdzwecks, der vielleicht auch noch mit einer unbegriffenen Rede von Gott verbunden wird, bedeutet bei genauer Betrachtung eine im Grunde unheilbare Entfremdung von uns selbst. Nicht anders steht es freilich mit Kants Rede davon, die Natur habe dieses oder jenes gewollt, etwa dass ein Ziel der Entwicklung der Menschheit zu verfolgen sei. Derartige Formen des Zweckdenkens zerstören am Ende den Begriff des Sinns selbst, wie Nietzsche bemerkt.

Zwar möchte Kant alle moralischen Pflichten auf eine Idee der Autonomie gründen. Doch ob dies auf einsichtige Weise gelingt, bleibt fraglich. In Nietzsches Diagnose jedenfalls erscheint schon das Christentum als Ursache eines *Nihilismus* gerade auch für die entsprechende Moderne. Es ist dies ein Nihilismus des Sinns, der sich als Folge der Einsicht in eine Natur ergibt oder zu ergeben scheint, die keine Werte kennt.

Nietzsche erkennt dabei zunächst, dass sowohl die kantische als auch die empiristisch-utilitaristische Ethik unter Einschluss eines ethischen Intuitionismus oder einer Ethik des *moral sense* als Säkularisierung christlicher Ethik zu begreifen ist. Gott ist tot, wenn man diese Säkularisierung ernst nimmt. Das heißt, er ist kein Grund von Moral und Ethik mehr. Also sucht man nach anderen Gründen dafür, warum wir moralisch sein sollen. Dies wiederum wird ohne weitere Bedenken gleich mit einer Art Altruismus oder Mitleidsethik eines angeblichen *common moral sense* verbunden. Nietzsches moralkritische Frage lautet daher, warum wir eigentlich, wo

Einleitung: Die Frage nach dem Sinn

immer es möglich ist, für andere, nicht für uns selbst, leben und handeln sollen.

Es ändert nicht viel, wenn in einer die Frage in ihrem Ernst überspielenden Antwort das Wort „Gott" durch ein anderes appellatives Wort ersetzt wird wie „Praktische Vernunft", „Menschheit", „Natur", „Gerechtigkeit" oder durch eine Rede von einem *obersten Zweck*: Solche Titel benennen bestenfalls, was im entsprechenden Denkkontext zu klären ist, gehören also zum *Analysandum*. Sie können nicht einfach als *Analysans* den ‚Sinn von Moral' klarer machen oder begründen.

Der Utilitarismus nennt zwar als Grund und Sinn der Moral die Beförderung der allgemein guten Konsequenzen durch das ethisch gute Handeln. Doch warum, und insbesondere wie weit, ist der Einzelne überhaupt verpflichtet, die Glücksgüter anderer Einzelner zu fördern und Leid von ihnen abzuwehren? Kant sieht immerhin, dass der Hinweis auf das moralische Gefühl, wie später in Schopenhauers Mitleidsethik, nicht ausreicht, und nennt stattdessen ‚die Menschheit in uns' und einen ‚Zweck der Menschheit'. Diesen Ideen gegenüber seien wir moralisch verpflichtet. Was aber heißt das genauer? Nietzsche jedenfalls wehrt sich gegen solche Oberflächlichkeiten, etwa auch in Schopenhauers rein dogmatischer Forderung nach Verneinung eines angeblich aus metaphysischen Gründen bösen Prinzips der Individuation und des Eigenwillens.

Ein weiteres Problem ergibt sich, wie schon angedeutet, aus dem Verhältnis zwischen wertfreier Natur und wertendem Sinn. Wissenschaft scheint zunächst wertfrei sein zu müssen. Allerdings ist sie selbst eine menschliche Institution. Ihre Entwicklung ist eine gemeinsame, kooperative Tätigkeit. Als solche ist sie in ihrer Güte zu bewerten. In den Naturwissenschaften entwickeln wir jedoch ein Wissen, das sich mit der Sphäre *handlungsfreien Geschehens* beschäftigt. Natur als Gegenstand dieses Wissens ist dabei das, was ‚von sich aus wächst' (griechisch: *phyein*), sich also ereignet *ohne unser handelndes Zutun*. Insofern sind Werte kein Thema des Naturwissens, denn sie beziehen sich immer nur auf Handlungen beziehungsweise auf ein durch Handlungen bestimmbares Leben von personalen Menschen.

Die Wertfreiheit naturwissenschaftlichen Wissens, inhaltlich betrachtet, schließt allerdings nicht aus, dass das Wissen selbst immer schon von Interesse ist. Wissen über sich ergebende Folgen eines Ereignisses machen diese prognostizierbar oder erwartbar. Wir wollen auch nach Möglichkeit gewisse Anfangsbedingungen technisch herstellen können, aus denen sich dann ein weiteres ‚natürliches' Geschehen ‚von selbst ergibt'.

Das Leben ist zunächst Natur im erläuterten Sinn. Es geschieht von selbst. Es ist schon daher zunächst Thema des Naturwissens. Wir können Leben nicht ‚rein technisch' herstellen, auch wenn wir durchaus in es eingreifen können. Das ist eine fundamentale Tatsache. Es gilt, sie einfach als Tatsache anzuerkennen. Der Glaube, die Zukunft könne uns hier eines anderen belehren, ist erstens in seinem Inhalt viel weniger klar und zweitens viel weniger vernünftig, als man gemeinhin meint. In jedem Fall tun wir gut daran, nicht allzu sehr mit den Verheißungen zu rechnen, man könne Leben rein technisch schaffen, ohne schon auf Leben zurückzugreifen, es also bloß umzuformen. Ganz entsprechend sollte man extrem skeptisch sein, wenn in einer *Science Fiction* von einer beliebigen Verlängerung der Lebenszeit die Rede ist oder wenn in Filmen wie *Avatar* der ‚Geist' einer Person in den ‚Leib' eines anderen versetzt wird, ähnlich wie der böse Geist einer Person nach den Erzählungen des Neuen Testaments in eine Schweineherde fährt. In lichteren Momenten ist uns allen klar, dass das Fabeleien sind. Die Faszination fiktiver Geschichten, etwa auch in Überhöhung der Begeisterung für technische Errungenschaften wie in der Künstlichen Intelligenz- und Roboterforschung, führt dann doch immer wieder dazu, dass wir diese Einsicht in Bezug auf den menschlichen Geist gleich wieder vergessen und das, was man im Englischen „mind" nennt, also den subjektiven Geist, mit sich ändernden Gehirnzuständen nach dem Muster des Rechnens eines Computers identifizieren. Doch jeder Sinn bleibt in grundlegenden allgemeinen Tatsachen fundiert.

In Bezug auf die Frage nach dem Sinn des Lebens ist es daher zunächst ganz richtig zu sagen, der Sinn liege im Leben selbst. Eben daher ist ein Zweckdenken über das Leben im Rahmen eines relativen Interesses am Leben und Überleben anderer Lebewesen, auch anderer Personen, ganz irreführend. Der Wert eines Geschäftspartners mag für einen Kompagnon groß sein; ein anderer mag von dessen Tod profitieren. Für einen Sklavenhändler in Westafrika oder auf Sklavenschiffen (die es in der Karibik bis in die Mitte des 19. Jahrhunderts noch gab, trotz der von Großbritannien ausgehenden formellen *abolition* ab 1808) konnte die Frage, ob es (für den Händler) noch einen Wert oder Sinn hatte, also ökonomisch rational war, sich weiter um einen kranken Sklaven zu kümmern und in ihn Medikamente oder auch nur Essen zu investieren, eine rationale und daher scheinbar völlig sinnvolle Erwägung darstellen. Der Wert des *Weiterlebens* des Sklaven hängt für den *Sklavenhändler* ja von den Gewinnerwartungen ab, die er mit dem Verkauf des Sklaven verbindet. Er möchte insgesamt noch ein gutes Geschäft machen.

Das Beispiel des Sklavenhändlers klingt zunächst unerhört. Denn es abstrahiert offenbar von dem *Eigenwert* des Lebens des Sklaven und vom Sinn seines Lebens *für ihn selbst*. Dabei ist die Rede von einem Eigenwert selbst durchaus nicht unproblematisch, und zwar weil sie erstens schon unterstellt, die Rede von einem womöglich mess- und vergleichbaren *Wert* sei hier überhaupt angebracht, zweitens aber, es handele sich um einen Wert je meines eigenen Seins und Lebens ‚*für* mich selbst'. Dass mein Leben für mich einen Wert hat, suggeriert schon eine Trennung zwischen mir und meinem Leben. – Die Rede von einer gewissen *Heiligkeit* des menschlichen Lebens bzw. der Person meint hier konkret offenbar immer nur eine

Einleitung: Die Frage nach dem Sinn

gewisse *Unantastbarkeit* basaler Freiheits- und Personenschutzrechte, wie sie etwa im Artikel 1 des Grundgesetzes unter dem Titel der „Würde des Menschen" artikuliert wird. Man versucht damit, jeder Verrechnung von Werten im Umgang mit Personen durch eine Art modernes Tabu einen Riegel vorzuschieben, und das durchaus zu Recht.

Das Problem ist gerade, dass es *für* den Sklavenhändler oder Sklavenhalter an sich, also ‚für' seine Rolle, einen ‚Eigenwert' des Sklaven oder eine ‚Heiligkeit' seiner Person gar nicht gibt. Entsprechende Reden sind ‚für' den Sklavenhalter oder Händler sinnlos, rein romantische Predigt. Das gilt, wie auch Karl Marx gesehen hat, in bloß leicht modifizierter Form auch für den ‚Kapitalisten' an sich, und zwar in seiner Rolle als rein ökonomisch denkender und handelnder Unternehmer. Dessen Hauptziel ist, sozusagen *per definitionem*, also über die Bestimmung seiner relevanten Rolle, die zinsmäßige ‚Verwertung' bzw. ‚Verrentung' des in das Unternehmen investierten Kapitals, auch des ‚Humankapitals'. Das ist eine *logische* Einsicht, die durch die euphemistische Umbenennung des Kapitalisten in „Arbeitgeber" eher verdunkelt wird, als dass ihre Folgen klar und deutlich bedacht würden. Es geht ja darum, dass *für* die ‚Charaktermaske' des Kapitalverwerters Kriterien wie die der Anerkennung des Eigenwerts der Arbeiter als Personen keine Rolle spielen.

Nun wird man sicher sagen, dass ein Sklavenhalter oder dann auch ein kapitalistischer Unternehmer selbst eine *Person* sei und er sich daher *als Person und Bürger* auch noch auf andere Weise zu seinen Sklaven bzw. seinen ‚Arbeitnehmern' zu verhalten habe, nämlich gemäß einer rollenübergreifenden Ethik und Moral, die es verbietet, andere Menschen, wie sich Kant berühmtermaßen ausdrückt, *bloß* als Mittel für seine Zwecke zu gebrauchen. Damit wird die Sklavenhaltung in der Tat im Grunde unmöglich, und zwar weil einem Sklaven als Privateigentum des Sklavenhalters grundsätzlich die Freiheit der Selbstbestimmung seines Lebens verwehrt, ja schon die Bewegungsfreiheit eingeschränkt wird. Wie steht es dann aber mit dem Verkauf der Ware Arbeitskraft (auf Zeit) an einen kapitalverwertenden Unternehmer? Wie ist dieser formal freie Kontrakt ethisch zu bewerten? Welche ‚Rechte' und ‚Pflichten' von Arbeitnehmern und Arbeitgebern ergeben sich aus ihm? Und wie verhält sich der Verkauf der Arbeitskraft samt Arbeitsleistung zu allgemeinethischen Normen? Spätestens seit Solon gibt es ja sogar in Staatsverfassungen aufgenommene Verbote der Selbstversklavung des freien Bürgers und viel später dann auch jeder *a fortiori* bzw. *a priori* für frei erklärten Person. Wo liegen die Begrenzungen dieses Verbots der Unterwerfung meines Willens unter den Willen einer anderen Person? Bedeutet das Verbot, dass der freie Stadtbürger keines anderen Menschen Knecht sein darf, wie man früher gesagt hätte, und dass die Lohnarbeit (etwa des ‚Handlangers') zwar nicht unehrlich, aber auch nicht achtenswert sei, wie offensichtlich noch Kant gemeint hat?

Die Lohnarbeit ist inzwischen zur allgemeinen Form der Arbeit geworden. Und die Idee, dass der freie Stadtbürger (*bourgeois*) gerade nicht selbst zu arbeiten hat, sondern arbeiten lässt, vielleicht um Zeit für ein Philosophieren, Politisieren oder am Ende auch nur für Tricktrack (Backgammon) im griechischen Café, erscheint uns heute, hoffentlich, als fremd.

Den Sinn des Lebens von Personen von außen in ihrem Produktionsrestwert zu sehen, ist nun nicht etwa bloß ein Gedanke von Sklavenhaltern oder Kapitalisten, er war es auch noch für die Wärter in den Gefangenenlagern der Totalitarismen des letzten Jahrhunderts. Daran zu erinnern, dient hier nur als Hinweis darauf, wie problematisch es wird, wenn der Sinn des Lebens in eine ‚ökonomische' Sinnsphäre gerät. Die Semantik des Wortes „Sinn" wird dann allzu nahe bei der von „Zweck" platziert. Damit wird das instrumentalistische Zweck-Denken zu einem universalen Muster in der Frage danach, was sinnvoll oder vernünftig sei. Wir selbst missdeuten uns oft so. Das führt am Ende so weit, dass sich Menschen fragen, was der Sinn ihres Weiterlebens *im Sinne von ökonomischen Zwecken* sein soll, *wozu sie denn noch taugen*. Entsprechend wollen manche alten Leute den jungen ‚nicht zur Last fallen' und finden ihr eigenes Leben nicht mehr lebenswert oder sinnvoll, weil sie ‚nur noch' leben.

Wird die Rede vom Sinn des Lebens so als *Wert des Lebens* gedeutet, unterstellt man schon eine Unterscheidung zwischen einem ‚lebenswerten' Leben und einem Leben, das wirklich oder vermeintlich nicht (mehr) ‚lebenswert' ist. Es ist von hier nur ein ganz kleiner Schritt zu der bis in die Mitte des letzten Jahrhunderts international völlig üblichen und im Utilitarismus der Gegenwart immer wieder aufgegriffenen Debatte um die Frage, wie mit einem ‚lebensunwerten Leben' umzugehen ist – und wer nach welchen Kriterien bestimmen darf oder soll, welches Leben lebensunwert ist, so dass es daher angeblich ethisch erlaubt oder gar geboten sein soll, einem solchen lebensunwerten, ‚sinnlosen', Leben ein Ende zu machen.

Der Titel für die Debatte um lebensunwertes Leben und für die zugehörige Praxis lautet „Euthanasie". Es geht, wie der Ausdruck euphemistisch suggeriert, um die Herbeiführung eines ‚guten Todes' in Fällen, in denen das Leben angeblich ‚seinen Sinn verliert'. Dabei wurde zu Beginn des 20. Jahrhunderts in ganz Europa der ‚Nutzen für die Gesellschaft' bewertet, also ‚was dem Volke nützt', während man inzwischen eher an die Lust- und Leidensbilanz der Einzelpersonen bzw. sogar auch an die von Tieren denkt. Manch einer meint vielleicht auch, mehr oder weniger paternalistisch, den entsprechenden Personen oder Lebewesen allzu große Leiden ersparen zu müssen. Oder man meint, allein der Einzelne selbst habe über den weiteren Sinn seines Lebens zu entscheiden. Beides ist unangemessen.

Die „Schöne Neue Wissenschaftswelt" des ausgehenden 19. und frühen 20. Jahrhunderts hielt die doppeldeutige Idee von Euthanasie international für akzeptabel. Doch gerade sie führte zu den staatlich organisierten

Einleitung: Die Frage nach dem Sinn

Morden an (geistig) Behinderten in Nazi-Deutschland, mit den bekannten Folgen im Holocaust. Aber auch die Ausmerzung von so genannten ‚Parasiten' in Arbeits- und Todeslagern anderer Staaten geht auf diese Denkform zurück. Der Hinweis auf den Nutzen für die Gesellschaft hat jedenfalls sowohl im Faschismus als auch in Stalins Sowjetunion ‚dem Volk', soweit es nicht Opfer war, offenbar eingeleuchtet.

Es scheint heute leicht, sich von diesem ‚Missbrauch' der Reden vom ‚Wert des Lebens' des Einzelnen für ‚das Volk' oder ‚die Gesellschaft' zu distanzieren. Weniger leicht dürfte die Einsicht fallen, dass der Denkschoß noch immer fruchtbar ist, aus dem diese Verirrungen der Moderne gekrochen sind. Schon daher sind Rückbesinnungen auf den bloß begrenzten Sinn ökonomischen Denkens nach wie vor wichtig. Andererseits sind die Gefahren der Käuflichkeit von Personen in allen Formen des Staatskollektivismus und nicht etwa nur im Kapitalismus als Herrschaftsform ‚des Reichtums' (Hegel) zu beachten.

In jedem Fall gilt es, die jeweils angemessene Sprachebene zu begreifen, in welcher über die Frage nach Sinn nachgedacht wird.

Nach Abkehr von der Ideologie des Volkes als Sinnstifter oder der Gesellschaft als sinngebend scheint heute Sinn immer im Einzelnen, im Hier und Jetzt und damit in je meinem Leben fundiert zu sein. Die Plausibilität des heute herrschenden methodischen Individualismus bzw. der zugehörigen Vorstellung absolut individueller Subjektivität (häufig genug unter Absehung von jeder Reflexion auf deren Genese und Tradition) liegt darin, dass der Einzelne sich seine immanenten Ziele, konkreten Zwecke und subjektiven Präferenzen *immer je selbst setzen* muss. Doch schon in der Betrachtung der als selbstverständlich unterstellten Sinnhintergründe für diese Selbst-Sinn-Setzungen gelangen wir zu den ‚großen' Sinnfragen, wie sie die Frage nach dem Sinn ‚des Ganzen' angesichts der Endlichkeit des je eigenen Lebens zu artikulieren scheint.

Traditionale Prägebilder für die ‚große' Suche des Einzelnen nach *Sinn und Zielorientierung* auf der ‚Wanderschaft des Lebens' reichen von der Formel *lux in tenebris*, der Idee von einem leitenden Licht im Dunkel der Zeit, über die Sehnsucht nach Heimat, Gemeinschaft und Liebe bis zu einem Streben nach *ataraxia* und Gelassenheit, wobei Augustinus den End- und Zielort dieser Unruhe des Herzens mit der Ruhe in Gott identifiziert. Die Vorstellung vom Leben als einer Reise ist dabei eine nicht bloß abendländische Plattitüde. An sie schließt sich, wie es scheint, die Frage nach dem Sinn des Lebens als Frage nach einer Art Endziel an. Die Problematik dieser uralten Idee ist nicht ganz leicht einzusehen (Kapitel 1), insbesondere weil es nicht leicht ist, die logische Form subjektiver Setzungen in ihrer partiellen Abhängigkeit von der logischen Form transsubjektiver Urteile über sinnvolle oder vernünftige Orientierungen zu begreifen.

Die Frage nach dem Sinn führt hier offenbar schon wieder zurück zur Frage nach dem Sinn von Religion als einer je lokalen Praxis der Überlieferung von so genannten Sinnangeboten bzw. der Artikulation von Sätzen, in denen die ‚Transzendenz' von Sinn als Hintergrund über das bloß explizite und subjektive Zwecksetzen hinaus thematisiert wird. Hinzu kommt die Frage nach dem Sinn der theologischen Reden von Gott, etwa auch als Versuch der Artikulation eben des impliziten Sinnhintergrunds unseres Lebens, jedenfalls in manchen Religionen (ab Kapitel 2). Die Religion ist in ihrem Wesen in der Tat als ein (zunächst vielleicht in allen ihren Allegorien und Metaphern bloß erst *ästhetischer*) Ansatz zu begreifen, die ‚Idee (der Entwicklung) des Geistes' explizit als ein Projekt der Menschheit darzustellen. Dabei wird sie ebenfalls oft als vermeintliche Begründung statt bloß als (wesentlich figurative, also im weiten Sinn metaphorische) Artikulation von wichtigen allgemeinen und besonderen Grundformen des Daseins, also des menschlichen Lebens, und der Welt im Ganzen verstanden.

Es ist dann aber immer erst die Philosophie, welche diese Praxis der bloß impliziten, weil zunächst bloß erst ‚bildhaften', Explikation von allgemeinen Formen des (menschlichen) Lebens in Religion und großer Kunst begrifflich explizit macht. Damit ist die Aufgabe philosophischer Aufklärung nicht einfach und in erster Linie, wie man spätestens seit dem 18. Jahrhundert zu meinen scheint, *Religionskritik*. Philosophie ist vielmehr wesentlich immer auch ‚Spekulation' im Sinne einer verbalbegrifflich expliziten und höchststufigen Reflexion auf alle Formen der Reflexion und des Nachdenkens. Dazu gehört das Nachdenken über den besonderen Sinn religiöser Reden und religiöser Praxis (ab Kapitel 3). In diesem Sinn ist Religionsphilosophie durchaus ein zentraler Teil von Philosophie. Aufgabe der Philosophie ist aber ganz generell, implizite Sinnhintergründe wenigstens in gewissen Umrissen durch entsprechende innovative Sprachskizzen explizit(er) und damit kontrollierbar(er) zu machen, und zwar immer auch im Blick auf relevante Momente oder Aspekte, im Blick auf reale Probleme und ihre Lösung, nicht einfach als Selbstzweck.

Philosophische Sinnkritik hat dabei die religiöse Frage nach Gott auf eine weltimmanente, in diesem Sinn notwendigerweise ihren Gehalt säkularisierende, Weise auszulegen: Jeder ‚Aberglaube' ist aus der Rede von Gott zu verbannen (Kapitel 4). Doch auch wenn in der Kosmologie an die Stellen, an denen in der Tradition von Gott die Rede war, neue Wörter wie „Natur" oder „Naturgesetz", „Urknall" oder „Evolution" gesetzt werden, sind die damit angesprochenen Großthemen gar kein Teil der Naturwissenschaft, sondern einer spekulativen Naturgeschichte.

Das Verhältnis von Immanenz (Mensch, Welt) und Transzendenz (Seele, Gott) wird dann zwar gerade auch in der christlichen Religion und Theologie bedacht. Dies geschieht dort aber selten in einer Weise, welche die nötigen ‚radikalen' Konsequenzen zu ziehen wagt. Der unerhörte, scheinbar paradoxe, Kernsatz, der explizit anzuerkennen wäre, lautet: Wahre Religion ist immer in einem gewissen Sinn atheistisch. Wahre Theologie kann keinen ‚Glauben an Gott' predigen. Sie hat vielmehr für eine Haltung vertrauensvoller Hoffnung zu werben, besonders im Umgang mit anderen Menschen. Das zentrale Problem ist *die volle Anerkennung der Endlichkeiten*, insbesondere der endlichen Zeitlichkeit, des Lebens (Kapitel 5).

Die (Selbst)Bildung der Person geschieht im Erwerb von Wissen und Verstehenskompetenz, die in einer allgemeinen Kultur des Geistes und der Vernunft dem Einzelnen als zu lernen verfügbar gemacht ist. Die Existenzweise des Geistes lässt sich dabei nicht über die Gehirnsteuerung des Einzelverhaltens begreifbar machen. Ebensowenig ist der Inhalt der Bücher in Bibliotheken durch eine physiko-chemische Untersuchung eruierbar. Die so genannte (Geist-)Seele, die Hegel orakelartig als den ‚existierenden Begriff' bezeichnet, ‚erwerben' wir über ein zunächst noch weitgehend ‚bewusstloses' Lernen geistiger Kompetenzen (Kapitel 6). Der Sinn des Wortes „Seele" besteht also zunächst darin, dass wir eine geistige Fähigkeit als eine Eigenschaft auffassen und die Rede von der Seele brauchen, um für die entsprechende Eigenschaft ein passendes grammatisches Subjekt zu haben: Während der *Körper* bloß als Träger physischer Eigenschaften aufzufassen ist, ist der *Leib* schon Träger der Fähigkeit zu leben und kann daher als Subjekt für Lebensfunktionen angesehen werden. Die Leibseele oder Psyche wird so zur Trägerin der teils noch animalischen, teils schon personalen Fähigkeiten sinnlicher Wahrnehmung und behavioraler Selbststeuerung, die Geistseele *qua* abstrakt gedachter Person an sich zur Trägerin der Fähigkeit des verständigen und vernünftigen Denkens, also des intelligenten Sprechens und Handelns einer Person im Rahmen einer allgemeinen Kooperationsform des Lebens als Personen.

Die Rede von der Seele wird dann schon von Platon auf die gleiche Weise ausgeweitet, wie wir inzwischen den Gebrauch der Wörter „Person" und „Persönlichkeit" längst schon ausgeweitet haben, nämlich wo wir von der Würde der Person sprechen und uns um deren Schutz über den Tod hinaus kümmern. Nur insofern gibt es eine ‚unsterbliche' Seele. Dabei bleibt die Aufgabe, den Sinn der Rede über die Seele oder über uns selbst, unsere Person und unseren Charakter, auf die reale Welt, wenn auch nicht bloß auf das nahe Hier und Jetzt, zu beziehen. Und es gilt, von der bloß praktischen Beherrschung von Kenntnissen und Techniken zu einem selbstbewussten Wissen über Form, Inhalt und Grenzen unseres Wissens und Könnens überzugehen, also etwa auch von einem bloß erlernten Verständnis von Naturwissenschaft zu einem selbstständigen Kulturverständnis dessen, was wir wirklich tun, wenn wir Wissenschaft betreiben und die Welt unter dem Blick des Technischen, der Sinnverfolgung von Zwecken durch Bereitstellung und den Einsatz technischer Mittel betrachten.

Insgesamt entsteht über die kritische Frage nach dem Sinn von ‚Sinn' ein neues Bild von Aufklärung. Nicht nur die Verhältnisse von Wort und Sinn, Wissen und Handeln, Glauben (*belief*) und vertrauender Haltung (*faith*) werden dabei thematisch, sondern auch die verschiedenen Ebenen des Sinns unserer Reden und anderen Explikationen von Grundformen eines humanen Lebens. Dabei müssen Prophezeiungen, die sich selbst dadurch erfüllen, dass wir entsprechend handeln oder uns zu ihnen haltungsmäßig verhalten, als *praktische Selbstverhältnisse* begriffen werden. William James hat dies in seiner Religionsphilosophie zumindest ansatzweise aufgezeigt (Kapitel 7). Wir dürfen diese in philosophischem Betracht pragmatischen, in psychologischem Betracht haltungstheoretischen Haltungen also nicht rein *epistemisch* verstehen. Das würde unterstellen, es gälte hier, etwas zu wissen, statt etwas zu tun. Es geht hier nicht um schon vordefinierte Wahrheiten. Es geht vielmehr um eine richtige Haltung zur Welt in ihren Teilen oder im Ganzen.

Im Durchgang durch unsere Frage nach dem Sinn ergibt sich, dass es eines besonderen Redemodus bedarf, um eine Gesamtordnung der Dinge überhaupt einigermaßen überschaubar darzustellen. Dabei sind rein schematische Übersichten oft nicht allzu hilfreich. Dass es dabei ein Problem des Sinnverstehens von ‚Merksätzen' verschiedenster Art gibt, insbesondere aber ein Problem des Sinns jedes Versuchs der Bezugnahme auf eine ‚Totalität' von Sinn, lässt sich *ex negativo* im Durchgang durch eine Kritik an der „Großen Sprache" und dem „Großen Denken" Nietzsches zeigen (Kapitel 8).[1]

Kapitel 1: Lebenssinn und Sinnverstehen

Lips: Dass ich dir also sag, ich hab' Visionen.
Kathi: Die Krankheit kennen wir nicht auf'n Land.
Lips: Das sind Phantasiegespinste, in den Hohlgängen des Gehirns erzeugt, die einmal herausgetreten aus uns, sich krampusartig aufstellen auf dem Niklo-Markt der Einsamkeit – erloschene Augen rollen, leblose Zähne fletschen und mit drohender Knochenhand aufreiben zu modrigen Grabesohrfeigen, das is Vision.
Kathi: Mein, was die Stadtleut für Zuständ haben –
Lips: Wenn's finster ist, seh ich weiße Gestalten –
Kathi: Wie is das möglich? Bei Nacht sind ja alle Küh schwarz.

Nestroy, Der Zerrissene

In Nestroys Dialog zwischen dem Städter Lips und dem „Landgewächs" Kathi kennen beide den Sinn des Ausdrucks „Vision" nicht. Kathi meint, wer Visionen hat, der braucht einen Arzt. Viel später sagt das auch der deutsche Bundeskanzler Helmut Schmidt; und viele politische Redner sprechen es ihm nach. Lips, der sich Kathi überlegen dünkt, doziert, ironischerweise dem Missverständnis völlig entsprechend, Visionen seien Hirngespinste, sogar Alpträume, Angstfantasien und Geistererscheinungen. Er selbst sehe des Nachts solche Gespenster. Die bodenständige Kathi kann damit nicht viel anfangen und erklärt, dass man, wenn es dunkel ist, gar nichts sehen kann. Weder Lips noch Kathi wissen also, dass das Wort „Vision" im Sinn von „große Idee" gebraucht wird. Eine Vision gilt es zunächst in Vorwegnahme einer wirklich möglichen Zukunft im Entwurf darzustellen. Es gilt, für sie zu werben und sie dann tätig zu erfüllen.

Visionen und Ideen dieser Art, nicht irreale und unverwirklichbare Utopien, geben unserem Handeln Sinn. Der Sinn des Wortes „Vision", dessen *wörtliche* Bildung zum lateinischen Verbum „videre" dasselbe bedeutet wie „Anschauung", nämlich neben dem Sehen selbst das Gesehene, steht dabei – übrigens ähnlich wie das Wort „Idee" bei Hegel – in klarem Kontrast zu „Utopie", das sich auf etwas bezieht, was keinen Ort hat (*u-topos*) und damit nie und nirgends existiert. Die Wörter „idea" und „eidos" verweisen dagegen auf reale Gestalten des Sehbaren und damit Realen.

1.1 Sinnbestimmungen

Kontraste wie zwischen Idee und Utopie oder zwischen Vision und Phantasma bleiben als ‚bestimmte Negation' (Hegel) in allgemeiner Weise stabil. Das heißt, sie durchziehen alle Varianten nicht missbräuchlicher (oder ironischer) Verwendungen unserer Wörter oder sollten dies tun – so dass z. B. eine Verwendung des Wortes „Vision" im Sinne von „Halluzination" als ein *Fehlgebrauch* des Wortes erkennbar wird. Und in der Tat, wer immer von sich sagt, es sei ihm Christus oder die Heilige Jungfrau erschienen, also von einer göttlichen Vision spricht, behauptet die Realität des Gesehenen. Die Parallele zum ‚faktiven' Gebrauch von „Anschauung" ist unübersehbar: Im Normalsinn des Wortes kann man nur etwas Reales anschauen oder beobachten. Faktiv oder perfektiv ist dabei ein Verb, wenn das Tun, das im Wort ausgedrückt wird, das Erreichen des Zieles impliziert, so wie das Wort „töten" impliziert, dass das zu Tötende nachher tot ist, das Wort „wissen", dass der Wissensanspruch erfüllt oder wahr ist, oder das Wort „erkennen", dass das zu Erkennende existiert. In Fällen, in denen sich diese Bedingung als nicht erfüllt herausstellt, müssen wir Aussagen korrigieren und von einem bloßen Tötungsversuch, einem bloßen Wissensanspruch, einem reinen Meinen oder Glauben bzw. einer Scheinerkenntnis sprechen. Daher ist auch die Rede von einer „intellektuellen Anschauung" im Sinne einer ‚Beobachtung von etwas bloß Gedachtem' im wörtlichen Sinn in sich widersprüchlich und daher aus begrifflichen Gründen leer, wie Kant klar erkennt. Es ist sogar schon die inzwischen in allen Sprachen allzu übliche Rede von einer ‚inneren Anschauung' oder ‚Intuition' ein Fehlgebrauch des allgemeinen Sinns des Wortes „Anschauung" bzw. des lateinischen Wortes „intuitio". Denn eine *bloße Imagination* oder ‚denkende Vorstellung' garantiert im Unterschied zu Beobachtung oder eben Anschauung gerade nicht die objektive Realität oder das präsentische Dasein des (bloß in symbolischer Repräsentation) Vorgestellten. Viele Leser Kants scheinen eben das zu übersehen und ‚Anschauung' im verblassenden Sinn von „Intuition" zu lesen – was bei der Lektüre englischer Übersetzungen fast unausweichlich ist. Innere Anschauung wird dann zumeist als eine Art erweiterter Propriozeption oder Selbstwahrnehmung, als *Selbstempfindung* wie beim Spüren von Schmerzen oder körpernaher ‚Eindrücke' missverstanden.

Partiell gegen Kants Wortlaut der Rede von einem ‚inneren Sinn' bemerken Fichte, Schelling und Hegel, dass wir die Ausdrücke „intellektuelle Anschauung" und „innere Anschauung" auch ganz anders verstehen können, nämlich als Titel für ein *praktisches Selbstwissen* bei der spontanen Produktion von irgendetwas, z. B. von Zeichenfolgen. Man denke etwa an eine Serie von Takten und an das Zählen. Für Kant war dies das wichtigste Beispiel, um die Zeit als (innere) Form des (inneren) Sinns verstehbar zu machen. Die zentrale Wendung, welche schon Fichte diesem Gedanken gibt, besteht darin, dass das praktische Selbstwissen nicht auf einer Selbst*beobachtung* beruht und eben daher, weil es praktisch ist, also ein Tun und damit ein spontaner Vollzug ist, in einem gewissen Sinn unmittelbarer ist als alles, was wir durch die Vermittlung von Sinneserfahrung über die Welt oder von uns selbst wissen. Damit wird auch der ‚transzendentale' Status des carte-

1.1 Sinnbestimmungen

sianischen Schlusses von einem Tätigkeitsvollzug auf das eigene praktische Sein neu und endlich richtig begriffen. Descartes hatte noch einfach aus der Performanz des eigenen Denkens oder Vorstellens, Zweifelns, Fragens usf. auf die präsupponierte Tatsache geschlossen, dass ich denke, also einen Denk- oder Sprechakt ausführe, und dann darauf, dass diese Akte schon Sinn und Inhalt haben müssen, sonst wären sie keine Denkakte oder geistigen Akte. Mit diesem transzendentalen bzw. spekulativen Gedanken oder Schluss beginnt die Philosophie der Neuzeit.

Wir sehen, dass für ein genaues Verständnis des Sinns eines Wortes in seinem relativ unmissverständlichen allgemeinen Gebrauch immer auch begrifflich genau zu reden und nachzudenken ist. Dennoch werden die Sprachtechniken des differenzierten Ausdrucks, des genauen Lesens und des urteilskräftigen Sinnverstehens in ihrer Bedeutung nach wie vor unterschätzt und vernachlässigt. Das gilt gerade auch für die Artikulation und Verbreitung angeblicher oder wirklicher wissenschaftlicher Ergebnisse. Hier wirkt die Selbstanpreisung einer dem Heroenkult teils eines Erstentdeckers, teils eines kriminalistischen Aufdeckers verpflichteten Werbung für die eigene Bedeutsamkeit auf besondere Weise sinnverdeckend oder gar sinnzerstörend, was schon Sokrates in seiner Kritik an den Mängeln der Wissenschaft seiner Zeit, der Sophistik, erkannt hatte. Nachhaltiges Wissen ist immer viel bescheidener, zugleich aber auch viel robuster und am Ende selbstverständlicher als jede sensationelle ‚Entdeckung' oder die je neueste ‚Aufdeckung' eines scheinbaren Scheins.

Der allgemeine Sinn des Wortes „Sinn", und dann auch von „Bedeutung" und „Verstehen", ist nun allerdings nicht leicht zu explizieren, also sprachlich zu erläutern, obwohl wir diese Wörter längst praktisch gebrauchen und verstehen. Dabei muss insbesondere die Plastizität, also die Formbarkeit des Sinns von „Sinn" durch den Kontext beachtet werden.

Zunächst kann sich das Wort auf die verschiedenen Sinne der *Wahrnehmung* beziehen, etwa das Sehen oder den *Gesichtssinn*. Dann wird es zu einer Art *Großmetapher*, die sich in den entsprechenden Kontexten wie eine ‚eingefrorene', also partiell schon schematisierte Metapher verhält und eben damit einen kontextbezogenen *Spezialsinn* erhält. Das Urbild dieser metaphorischen Übertragung steht damit direkt neben „Anschauung", „Vision" bzw. „Idee", aber auch neben „Vernunft". Wie das *Hören* zum *Gehorchen* wird, so wird das *Vernehmen* zur Fähigkeit des *vernünftigen* ‚Verstehens' dessen, was uns erstens sinnlich, also durch die Sinne, in der Welt zugänglich wird und was zweitens als äußere und innere Formen bzw. ‚Inhalte' hörend oder lesend aufzunehmen ist. Das heißt zunächst immer bloß, dass wir die verbalen oder eikonischen, also bildlichen, Formen reproduzieren bzw. wiedererkennen und dann insgesamt gemeinsam gebrauchen lernen. Damit verstehen wir vielleicht auch schon, warum in vielen Kontexten die Wörter „sinnvoll" und „vernünftig" gleichbedeutend sind. Mit beiden

Wörtern lässt sich eine gewisse *Richtungsrichtigkeit* einer allgemeinen bzw. gemeinsamen *Orientierung* artikulieren.

Der begriffsgeschichtliche Zusammenhang von Wahrnehmungs-Sinn und enaktiver[2] Orientierung in der Selbstbewegung eines Lebewesens, also in dem mit Hilfe der Sinneswahrnehmung selbstgesteuerten Verhalten und Tun, ist durchaus schon ein *logisch-begrifflicher,* nicht bloß ein konnotativer oder etymologischer Zusammenhang. Sinn als Orientierung hängt insgesamt zusammen mit dem perspektivischen *(Dreh-)Sinn* nach links oder rechts, also im Uhrzeigersinn oder gegen den Uhrzeigersinn, eben daher auch mit der *Richtung*, in die man geht oder in die uns ein Weg führt. Ein weiterer Zusammenhang ergibt sich zur Rede vom Sinn kommunikativer Symbole, mit denen wir Orientierungen artikulieren können, wie schon mit einem bloßen Pfeil. Interessanterweise muss man, um Pfeilen folgen zu können, schon wissen, wie ein Pfeil fliegt, nämlich nicht in die Richtung der Federn. Analoges gilt, wenn eine weisende Hand als Wegweiser gebraucht wird. Man muss dazu schon wissen, wie man mit den Fingern etwas zeigt.

Der Mensch orientiert sich im Handeln offenbar nicht bloß an natürlichen Anzeichen, die er durch seine fünf Sinne wahrzunehmen hat, sondern auch an Informationen, die symbolisch durch Bilder oder Sprache vermittelt sind, oder dann auch an symbolischen Vorwegnahmen von Zwecken und den Mitteln, mit welchen wir ein Ziel oder eine Richtung verfolgen. „Sinn" bedeutet demnach im Deutschen „Wahrnehmung", „Orientierung" („Drehsinn"), ferner „Ziel", „Zweck", aber auch „Bedeutsamkeit" und „Bedeutung".

Die Frage nach dem Sinn oder besser: die Sinnfragen fragen daher möglicherweise immer auch nach ganz Verschiedenerlei. Es wird im Folgenden darum gehen, auseinander zu halten, wonach gerade gefragt ist, und dennoch auch Zusammenhänge bemerkbar zu machen.

Es ist keine geringe logische Einsicht Hegels, der dabei in gewisser Nachfolge zu Platon, Aristoteles, Spinoza und Leibniz steht, den Sinn von Wörtern oder Sätzen mit einer *Negation der Negation* zu identifizieren. Das bedeutet, der Sinn wird spezifisch oder bestimmt, indem er von einer Fehlorientierung unterschieden wird, einem Fehler oder einem Un-Sinn. Der spezifische, bestimmte, Sinn besteht dabei in den meisten Fällen in der Ausgrenzung von konkreten Fehlorientierungen und Mängeln. Das drückt die orakelartige Formel „Negation der Negation" aus. Der zentrale Punkt ist dabei, dass eine solche ‚bestimmte' Negation nur vor dem Hintergrund unterstellter Selbstverständlichkeiten oder Normalitäten ihren Sinn hat.

Als Beispiel betrachten wir dazu Platons Bestimmung der Sophisten als bloße Scheinwissenschaftler: Sie ist nur möglich, wenn man schon voraussetzt, dass Sophisten etwas zu wissen meinen, sich als Wissende und Wissenschaftler anpreisen oder von uns als solche anerkannt werden. Der praktische Begriff von Wissen und Wissenschaft wird also vorausgesetzt.

1.1 Sinnbestimmungen

Es lässt sich dann die bestimmte Negation des Scheinwissens nur durch Abgrenzung definieren, wobei Platon unter anderem folgende Fehlorientierungen eines bloßen Sophisten nennt: Es ist, erstens, ein Mangel, sein Wissen zu überschätzen, es ist, zweitens, falsch, seine eigenen Urteile selbst als Wissen zu beurteilen, statt sie von anderen noch weiter beurteilen zu lassen. Es ist, drittens, falsch, sich konformistisch an eine Mehrheitsmeinung zu halten oder, viertens, an die ökonomische Nachfrage. Und es ist, fünftens, falsch, mit den logischen Methoden des Begründens bloß schematisch-scholastisch umzugehen.

Echte Wissenschaft ist immer nur Teilhabe an einem gemeinsamen Streben nach Wissen. Der Sinn des Wortes „Philosophie" wird daher noch nicht verstanden, wenn man Platons Forderung, dass Philosophen zu Politikern werden sollen und Politiker Philosophen sein sollten, nicht so begreift, wie sie gemeint ist: Politik muss wissensbasiert werden, sonst ist es keine gute Politik. Ein Philosoph ist daher im Unterschied zu einem Sophisten bei Platon gerade nicht als ein Mitglied einer selbsternannten Gruppe vermeintlicher Experten aufzufassen.

Die Ausgrenzung spezifischen Sinns wird immer in Unterscheidungen oder Differenzierungen artikuliert, welche den Bereich, in dem etwas von anderem unterschieden wird, schon implizit als bekannt voraussetzen. Als solche sind differenzierende Bestimmungen ‚bestimmte Negationen' innerhalb von Normalbereichen: Etwas als etwas bestimmen heißt, es negativ von anderem abzugrenzen: *determinatio est negatio* (Spinoza). Allerdings ist dann von der bestimmten Negation der Art, dass die Zahl 9 keine Primzahl ist, die unbestimmte oder unendliche Negation zu unterscheiden, etwa der Art, dass Caesar keine Primzahl ist. Im zweiten Fall wird dementiert, dass sich das Satzsubjekt bzw. das, was durch es genannt ist, im Normalbereich des unterscheidenden Prädikats befindet. Frege und der (Neo-)Logizismus haben sich mit dieser zentralen logischen Unterscheidung schwerer getan als noch Aristoteles, Leibniz, Kant oder Hegel.

Was ‚in sich' nicht feiner differenziert wird, ist ‚mit sich identisch', wie wir erst einmal grob und metaphorisch zu sagen geneigt sind. Das führt dann schon zu einer tiefen, weil schwierig zu artikulierenden und dann immer noch nicht leicht zu verstehenden, aber ebenfalls fundamentalen logischen Einsicht: *Gleichheiten* auf der Aussage-Ebene und *Identitäten* auf der ‚objektstufigen' Ebene des Besprochenen sind generell durch einen *Verzicht* auf gewisse feinere Unterscheidungen bestimmt, die immer *möglich* wären, aber selten *relevant* sind. In diesem Sinn ist jeder Redegegenstand in seiner Einheit und Identität über eine Art *relevanzlogische Negation der Negation* bestimmt. So ist z. B. eine Person mit sich selbst jeweils nur insoweit identisch, als wir verzichten, etwa zwischen ihren verschiedenen Rollen oder Lebensphasen feiner zu unterscheiden. Analoges gilt für abstrakte Bedeutungen bzw. Bedeutsamkeiten und damit für das, was wir meinen, wenn wir reflexionslogisch über den Sinn einer Rede oder eines Tuns sprechen.

Damit wird auch schon in Umrissen klar, dass wir von der Sprache und den in ihr artikulierbaren allgemeinen, also für jedermann als richtungsrichtig oder sinngemäß nachvollziehbar vorgesehenen Orientierungen nie zu viel erwarten dürfen. Wir dürfen nie zu feine Unterscheidungen anlegen. Wir müssen insbesondere immer schon einen Verstehenshintergrund voraussetzen. Ohne einen gemeinsamen Horizont des Vorverständnisses, worum es in einer Rede geht, verstehen wir keinen Sinn. Es ist eben daher auch nie direkt, positiv und vollständig, also nie ohne schon als bekannt unterstellte Voraussetzungen bestimmt, was eine richtige Orientierung oder was Wahrheit ist. Das geschieht immer nur in bestimmter Negation oder Ausgrenzung dessen, was in einem Bereich eines schon weitgehend funktionstüchtigen Aussagens, Urteilens und Schließens als falsch oder unrichtig zu gelten hat.

Richtig ist in unseren kommunikativen Einzelakten, etwa wenn wir jemanden über etwas informieren, im Grunde alles, was in Anbetracht des Relevanzhintergrundes nicht allzu falsch ist. Das in der normalen, alltäglichen, wenn man will ‚bürgerlich-zivilen' Kommunikation Richtige oder Wahre ist also immer nur das nicht allzu Falsche. Es wird damit als zureichend für die relevante Information oder Kooperation zwischen Sprecher und Hörer bewertet, oder dann auch zwischen Autor und Leser. Völlig situationsübergreifende und relevanzinvariante Wahrheiten, die sich auf die reale Welt beziehen, gibt es nicht. Das Richtige oder Wahre im kooperativen Weltbezug hat daher immer einen offenen Spielraum. Das muss so sein. Denn das Sinnverstehen ist selbst immer schon ein freies Urteilen und Handeln der an der Kommunikation beteiligten Personen, sozusagen im Horizont des Wahren. Nur so können wir die Tatsache berücksichtigen, dass jeder einzelne Mensch in je seiner Situation lebt und dabei auf die Welt immer je seine subjektive Perspektive hat, die er nicht ablegen kann.

Allzu absolute (‚absolutistische' oder ‚dogmatische') Richtigkeits- oder Wahrheitsansprüche, wie sie sich aus einem Fehlverständnis unserer eigenen Idee und unseres Ideals der Entwicklung richtungsrichtiger Orientierungen immer auch recht schnell ergeben, verbieten sich gerade deswegen, weil gute Orientierungen hinreichend robust sein müssen. Die allgemeine bzw. gemeinsame Orientierung muss dazu die Unvermeidlichkeit der subjektiven Perspektiven der einzelnen Teilnehmer immer mit einrechnen, freilich nur insoweit, als ihnen eine gewisse Kompetenz zur Teilnahme und gutwillige Kooperativität zugemutet werden kann und muss.

Wenn ein Skeptiker meint, er könne an einer allgemeinen Orientierung oder gemeinsamen Wissenspraxis nicht teilnehmen, liegt das zumeist daran, dass er überspitzte Kriterien des Wahren, der Infallibilität oder perspektiventranszendenten Objektivität unterstellt. Er unterstellt dann unerreich-

1.1 Sinnbestimmungen

bare Kriterien allgemeiner Sinnbestimmungen oder verlangt allzu viel von so genannten Definitionen oder abgrenzenden Bedeutungsbestimmungen. In seinen hochidealen Unterstellungen ist der Skeptiker also längst schon ein negativer Idealist – und hätte in gewissem Sinn sogar darin Recht, den Status unseres Appells an Wahrheit und Wissens an sich als ideal zu begreifen. Denn ein solcher Appell überschreitet immer schon das bürgerliche Wahre, das situationsrelevante Realwissen. Nicht anders als sein dogmatischer Gegner, der naive ‚Objektivist', begreift aber der Skeptiker unsere reflexionslogischen Artikulationen der Differenz zwischen einem bürgerlichen Realwissen und einem unendlichen Wissensideal, einer endlichen Richtigkeit und einer absoluten Wahrheit nicht, mit der es immer angemessen umzugehen gilt. Unsere idealen Überschreitungen des jeweiligen Realwissens dienen immer nur der Reflexion auf die reale Endlichkeit jedes Wissens. Sie dürfen nie dazu missbraucht werden, dafür zu argumentieren, dass es eigentlich gar kein Wissen, sondern immer nur ein Glauben gebe. Das Problem besteht darin, dass man von der Perspektivität im realen Begriff des Wissens abstrahieren möchte. Der Skeptiker folgert daraus die begriffliche Trivialität, dass keine Einzelperson im Besitz absoluter Wahrheit oder Wissens sein kann; der Dogmatiker meint, man könne immerhin an eine solche glauben. Der Unterschied zwischen einer Skepsis als philosophischer Kritik an unbedachten Objektivitätsunterstellungen und einem Skeptizismus als unheilbarer Krankheit besteht daher auch darin, dass letzterer sich am Ende bloß weigert, an der gemeinsamen ‚bürgerlichen' Praxis der Entwicklung *möglichst* allgemein brauchbarer Orientierungen und ihres *möglichst* richtigen gemeinsamen Gebrauchs teilzunehmen.

Dabei spielt die philosophische Tradition der Neuzeit, die mit Descartes beginnt, eine durchaus ambivalente Rolle. Denn einerseits weist sie mit Recht auf die noch näher zu untersuchende absolute und transzendentale Rolle des denkenden und erkennenden Subjekts und seiner Perspektive hier und jetzt in und für jeden Anspruch eines (bürgerlichen) Wissens oder (endlichen) Erkennens mit Weltbezug hin. Andererseits überschätzt sie das denkende Subjekt in idealistischer Weise und unterstellt zugleich eine vermeintlich perspektivfreie, objektive, eben daher schon rein göttliche, also transzendente, unerreichbare Bedeutung bzw. Wahrheit, nach der wir angeblich streben. Der sensualistische und damit subjektivistische Empirismus Humes steht dabei durchaus noch in dieser Tradition. Immerhin macht sein Pragmatismus den Weg frei für die spätere Einsicht, dass das, wonach wir in der Praxis des Wissens, nicht nur in einer akademisch betriebenen Wissenschaft, gemeinsam streben, immer nur das Beste des real verfügbaren immanenten Weltwissens ist, das wegen seiner Allgemeinheit notwendigerweise robust, endlich, eben ‚bürgerlich', und damit auch immer verbesserbar ist. Ein Streben nach subjektiver Sicherheit und Gewissheit auf der einen Seite, nach Infallibilität bzw. absoluter, also von allem

Realwissen losgelöster, rein idealer Wahrheit andererseits sollte sich daher verbieten.

Nun ist gerade auch der empiristische Begriff des Erkennens bei Hume mit allzu idealen Vorstellungen belastet. Ein im Grunde unheilbarer Skeptizismus ist die natürliche Folge. Schlimmer noch, es wird durch Angleichung des menschlichen Erkennens an die tierische Kognition die von Descartes mit Recht so betonte Differenz zwischen dem Menschen als denkfähigem Wesen mit Zugang zu Denkmöglichkeiten und dem Tier als einem seine präsentische Umwelt immer bloß subjektiv perzipierenden und auf sie verhaltensmäßig reagierenden Wesen übersehen. Kant sieht eben dies, dass Humes Diagnosen, so wichtig sie als Kritik gegen welt- und erfahrungsvergessene Dogmatismen sein mögen, samt der vorgeschlagenen empiristisch-pragmatistischen Therapien des Humeschen Skeptizismus möglicherweise das Kind mit dem Bade ausschütten. Man verwechselt dann nämlich die regulativen Ideen, welche die Sinnbestimmungen und Zielrichtungen unserer gemeinsamen Arbeit an einem allgemeinen Wissen artikulieren, mit einer transzendent-dogmatischen ‚Metaphysik', die angeblich dem Feuer zu übergeben sei. Dabei liegt ein solches allgemeines (Vor-)Wissen der Artikulation einer empirischen Einzelerfahrung immer schon zugrunde, und zwar als begriffliche Form des rechten Unterscheidens und Folgerns, das ein Reden und Schreiben, Lesen und Sinnverstehen allererst möglich macht. Schon die Metaphysik des Aristoteles thematisiert dies als *prima philosophia* – zu übersetzen mit *„Erster Wissenschaft"* oder auch: *„Grundlagen selbstbewussten Wissens"*. Sie ist als solche nichts anderes als eine Überlegung zu den *materialbegrifflichen Voraussetzungen sprachlich artikulierten Wissens*. Eben daher brauchen wir auch eine feinere Sinnbestimmung im Gebrauch der Wörter „Erfahrung" und „Empirie", als es die ist, die im (sensualistischen) Empirismus unterstellt wird. Denn die Aussagen, die seit Kant unter dem Titel des (relativ zu empirischen Einzelaussagen) apriorischen Wissens thematisiert werden, sind selbst durchaus abhängig von einer *allgemeinen Erfahrung* – sozusagen der ganzen Menschheit, nicht etwa einzelner Personen. Sie sind nicht etwa ‚angeboren' oder in einem Gehirn ‚implementiert'. Sie sind aber auch nicht unmittelbar *empirisch* aus Einzelwahrnehmungen und individuellen Beobachtungen zu gewinnen.

So unklar bei Kant der Begriff des Apriorischen im Einzelnen ist, so wichtig ist seine allgemeine Einsicht, dass die Beherrschung begrifflicher Formen im Sinnverstehen empirischer Einzelaussagen immer schon vorausgesetzt ist. In genau diesem Sinne ist der Status des Begrifflichen relativ *a priori*. Und auch die reflexionslogische Explikation dieser Formen in entsprechenden Aussagen erhält diesen besonderen Status. Dabei stehen neben analytischen Sätzen, welche sich aus rein konventionellen Verbaldefinitionen ergeben, etwa der Art „Junggesellen sind nichtverheiratete Männer" auch synthetische Urteile *a priori* wie z. B. „die Winkelsumme

1.1 Sinnbestimmungen

im Dreieck ergibt zwei rechte Winkel". Letzteres artikuliert eine ganz allgemeine Aussage über entsprechende Möglichkeiten, dreiecksförmige Figuren und Figurenkopien in einem Tangram-Spiel zusammenzulegen. Wir wüssten nicht, was Winkel sind, ohne Vorkenntnis, was es heißt, mit körperlichen Figuren entsprechend zu hantieren oder dann schon Figuren durch Striche im Sand oder auf dem Papier symbolisch zu skizzieren. Dieser allgemeine Welt-Bezug wird in einer rein mathematisch betriebenen Geometrie vollständig ausgeblendet. Die Folge ist, dass es am Ende als ein Wunder erscheint, wie sich überhaupt reine Mathematik auf die Welt beziehen kann. Der neupythagoreische Wissenschaftsmystizismus der gegenwärtig herrschenden wissenschaftlichen Weltanschauung ist die fast unvermeidliche Folge dieses Mangels der Nachfrage nach dem weltbezogenen Sinn von mathematischer, am Ende rein algebraisch-analytischer bzw. arithmetisierter Geometrie.

Materialbegriffliche Aussagen wie die der Elementargeometrie haben einen ‚achronen' Status, ohne dass sie sich schon aus rein formallogischen bzw. rein analytischen, definitorischen Formen der Aussagebildung und des formalen Schließens ergäben. Insofern sind sie der Geltung nach ‚unendlich', wie Hegel terminologisch sagt, während die empirischen Aussagen sich auf zeitlich Besonderes beziehen und insofern ‚endlich' heißen. Der Sinn der apriorischen oder unendlichen ‚Wahrheiten' besteht darin, dass die entsprechenden Sätze formal *und* materiell, analytisch *und* synthetisch *allgemein gültige* Inferenzformen explizit machen und insofern *sinn-* oder *inhaltsbestimmend* sind.

Für die Erfüllung der Aufgabe der Sprache in der Kommunikation über das Reale, das als solches immer etwas Endliches, Empirisches ist, muss es, das ist jetzt festzuhalten, immer reichen, wenn der ‚Sprachsinn' in den je konkreten Fällen bei angemessenem Gebrauch der Beteiligten eine *richtungsrichtige gemeinsame Orientierung* ermöglicht. Es ergibt sich, dass kritische Philosophie in ihrer Suche nach Klarheit und Deutlichkeit immer nur die *relevanten* allgemeinen Unterscheidungen explizit zu machen und damit zu kontrollieren hat. Die irrelevanten und einzelnen, bloß möglichen, Differenzierungen sind zunächst häufig als äquivalente Varianten des im Wesentlichen Gleichen zu verstehen. Wenn daher unsere Zeit das Einzelne und die Differenz bzw. das ‚Nichtidentische' (Adorno) allzu sehr lobt und immer nur irgendwelche Unterschiede lehren will (Wittgenstein: „*I teach you differences*"), dann ist das nicht in jedem Betracht weise. Denn es gibt keinen Sinn und Inhalt ohne eine Einheit oder Identität des Sinns, wie sie sich aus allgemeinen Äquivalenzen oder Nichtunterscheidungen ergeben. Wer daher nur auf das Einzelne geht, landet, wie der skeptizistische Empirist, am Ende bei der Willkür oder in der Sinnleere eines bloßen Sinnenwesens, des Tieres, das ja im Grunde gerade nur Einzelnes kennt.

Demnach steht Sinn im Sinne der Wahrnehmungsfähigkeit und Sinn im Sinne der begrifflichen, d.h. sprach- und symbolvermittelten Denkfähigkeit durchaus im Kontrast. Sinn steht jetzt der Sinnlichkeit *gegenüber*. Das bloß sinnliche *Vernehmen* ist vom gedanklich-begrifflichen, sprachlich oder bildlich schon expliziten *Aufnehmen* des sinnlich Wahrgenommen zu unterscheiden. Vernunft ist das längst schon *höherstufige* Vermögen der *erfahrenen Kontrolle* von *begrifflichen Auffassungen* sinnlich wahrgenommener Welt. Das setzt längst ein allgemeines *Vorwissen* voraus, das die *Einzelerfahrungen* der Einzelnen schon weit übersteigt.

1.2 Der Sinn von Titeln und Merksätzen

Es bedarf offenbar schon einiger Kenntnisse der Logik oder Grammatik, um unsere Rede von ‚dem Sinn' oder ‚der Bedeutung' von etwas zu verstehen. Denn sie nennt keineswegs immer ein einziges und klar bestimmtes Etwas, schon gar nicht immer einen bestimmbaren endlichen Zweck. Die Nominalisierung von Wörtern wie „sinnvoll" oder „bedeutungsvoll" gehört vielmehr zu einer Sprachtechnik, die es erlaubt, mit Hilfe der entstehenden Titelwörtern ‚über' einen vage bestimmten Sinn zu reden oder sich anaphorisch auf eine vage bestimmte Bedeutung zu beziehen.[3] Dabei bestimmt in der Regel der Kontext, was als ‚relevante Bedeutung' oder auch ‚Bezugssinn' unterschieden ist von dem, was nicht als relevant oder nicht als wesentlich für den Sinn gilt. Wir sprechen entsprechend von ‚der Bedeutung' eines Ausdrucks (Wortes, Satzes), wenn wir auf seinen allgemeinen oder typischen *Gebrauch qua* (inhaltlicher) *Form* reflektieren. Ausdrücke wie „die Bedeutung des Wortes „Sinn"" oder auch „der Begriff des Sinns" sind demgemäß Titelwörter oder ‚Reflexionstermini', mit denen wir Erläuterungen zum Gebrauch des Wortes „Sinn" überschreiben. Entsprechendes gilt für alle Ausdrücke der Form „die Bedeutung von X" oder „der Begriff X". Es ist dabei nie einfach anzunehmen, dass es kontextübergreifend genau eine Bedeutung oder Gebrauchsform gibt, auch wenn das im Ausdruck suggeriert wird. Der Ausdruck X (also das Wort) ist es zunächst allein, der hier eine Einheit schafft: Es geht um seinen Gebrauch, der sich freilich aufspalten kann in unterscheidbare bzw. wesentlich zu unterscheidende Gebräuche. Die Formbarkeit oder Plastizität der Sprache in den Anwendungen ihrer grammatischen, logischen bzw. kategorialen Formen muss dabei immer berücksichtigt werden.

Es ist ein logisch-kategorialer Fehler, wenn man wie in einem bedingten Reflex verlangt, plastische Form- und Titelbegriffe wie z.B. „Sinn" und „Bedeutung" oder dann etwa auch „Religion" und „Philosophie" nach Art von sortalen Begriffen oder taxonomischen Artbezeichnungen wie etwa „Primzahl" oder „Löwe" über ‚klare und deutliche', d.h. rein schematisch anwendbare Kriterien definieren zu wollen oder zu sollen. Stattdessen ist

1.2 Der Sinn von Titeln und Merksätzen

die genannte grammatische Technik des rechten Umgangs mit Titelworten und Merksätzen einfach *praktisch zu lernen*. Ohne diese Technik gibt es auch sonst kein Sinnverstehen. Zu dieser Technik gehört es insbesondere zu wissen, dass es nicht immer sinnvoll ist, nach einer eindeutigen Bestimmung „des Sinns" oder auch „der Bedeutung" zu fragen, wo die Ausdrücke „der Sinn von X" oder „die Bedeutung von Y" titelartig gebraucht werden, um auf einen sinnvollen bzw. bedeutungsvollen Umgang mit X oder Y bzw. ein vernünftiges Verständnis von X oder Y in konkreten Kontexten zu verweisen.

Eine Sinnanalyse von Titelworten, Reflexionstermini und ‚spekulativen' Merksätzen zur Groborientierung in ganzen Themenbereichen gibt es noch kaum.[4] Das liegt erstens daran, dass man in der Nachfolge von Kant und Frege bisher auf die Frage fokussiert war, wie ‚objektstufige' Aussagen über diese oder jene Gegenstände in ihrem Sinn und ihrer Wahrheit konstituiert sind, und die Besonderheit reflexionslogischer Sprachformen noch gar nicht in ihrer Bedeutsamkeit aufgefallen ist; zweitens daran, dass man sich dabei auch noch an einer formallogischen Analyse schon reglementierter Sprachen wie in der Mathematik orientiert. Titel und Merksätze kommen dabei nicht vor. Ausdrucksformen der Art „das X" werden gleich als Kennzeichnungen gedeutet. Man unterstellt also, dass es, wenn ein Ausdruck der syntaktischen Form „der/die/das X" logisch richtig gebraucht wird, schon genau einen einheitlichen Gegenstand geben muss, der die im Ausdruck X enthaltene ‚Beschreibung' bzw. ‚Bedingung' erfüllt, etwa so wie in dem Ausdruck „die größte Primzahl kleiner als 20". Obwohl Titelausdrücke in der Tat die gleiche syntaktische Form wie Kennzeichnungen haben, ist ihre semantische Form wesentlich verschieden. Das ist der tiefe, nicht ganz leicht zu begreifende, Grund dafür, warum wir nicht nach ‚der' Bedeutung des Wortes „Sinn" so fragen können, als gäbe es hier schon eine Art eindeutigen Gegenstand, den es zu charakterisieren gelte, oder als gäbe es auch nur eine eindeutige Antwort auf die Frage. Analoges gilt durchaus auch für die Rede von ‚dem' Sinn des Lebens.

Die Nichtbeachtung dieses Problems führt dazu, dass man schon unterstellt, die Frage nach dem Sinn sei schon verstanden, es gehe nur noch darum, sie richtig zu beantworten. Hinzu kommen dann oft auch noch allzu selbstsichere Selbstbeurteilungen derer, die sich für befugt halten, entsprechende Antworten zu geben. Das Problem zeigt sich besonders deutlich am Beispiel eines Buches des bekannten Psychoanalytikers Alfred Adler mit dem Titel *„Der Sinn des Lebens"*.[5] Adler schreibt von sich, dass er „ein ungeheueres Menschenmaterial" überblicke und dass er es sich „zur strengen Aufgabe" mache, „nichts auszusagen, was ich nicht aus meiner Erfahrung belegen und beweisen konnte" (S. 7). Was Adler schon nicht mehr bemerkt, ist die Weite des Weges von seinen Fallberichten zu den allgemeinen Aussagen, die er mit ihnen ‚beweisen' will. Gerade im Bereich von generischen

Aussagen bedarf es eines Sinnverstehens und der Beherrschung von Sprachtechniken in allen Registern. Es bedarf einer Bildung in den jeweiligen Regionen des Wissens und Könnens. Entsprechendes gilt für Titelausdrücke und Merksätze.

Eine gewisse unglückliche Selbstsicherheit in Bezug auf die ‚Methode' der Bedeutungsanalyse und Sinnkritik lässt sich auch an einem anderen Werk mit dem gleichen Titel *Der Sinn des Lebens* von Christoph Fehige, Georg Meggle und Ulla Wessels bemerken.[6] Das Buch ist eine Art umfassendes Kompendium von Texten zum Thema Lebenssinn und versammelt Autoren wie Bertrand Russell, Alfred J. Ayer, Karl Popper, Richard M. Hare, Kurt Baier, John Wisdom oder David Wiggins. Ein erstes Problem sehe ich hier in der allzu schnell eingenommenen Haltung des ‚Kannitverstan' der Herausgeber, die sich gegen eine manchmal wirklich, manchmal aber bloß vermeintlich sinnleere akademische Bildungssprache richtet, wie sie besonders bei Vertretern deutschsprachiger Philosophie und Theologie von Hegel bis Heidegger zu finden ist. Die Herausgeber versuchen, diese Sprache als völlig unverständlich darzustellen, etwa wenn sie schreiben:

„Für Martin Heidegger bedeutet Sinn, streng genommen […] das Woraufhin des primären Entwurfs des Verstehens von Sein'."[7]

Auf derselben Seite wird suggeriert, der folgende Satz Bernhard Weltes sei klarer Unsinn:

„Sinn-Ergreifen ist als das aktive Ergreifen der möglichen Übereinkunft meiner mit meinem ganzen Sein im Ganzen die Ur-Handlung, die jeder Einzelhandlung erst den ermöglichenden Grund gibt".

Die Herausgeber verwenden dabei eine rhetorische Form, die wir schon bei Adler kennengelernt haben:

„Kehren wir von diesen Ausflügen heim zum analytischen Philosophieren, mit einer eher atmosphärischen Bemerkung: Analytisches Philosophieren ist in der Regel bescheiden und nüchtern. Analytische Philosophen versuchen, Poesie und Argument auseinander zu halten […]."[8]

Man reiht sich also ein in die Guten, Klaren und Bescheidenen. Das hinterlässt zunächst einmal einen etwas schalen Geschmack. Schlimmer ist ein gewisser Mangel sinnanalytischen Sprachverständnisses. Denn Heideggers allgemeine Skizze dazu, was wir mit dem Ausdruck „Sinn" meinen, ist keineswegs so abwegig, wie unterstellt wird. Um Heideggers Satz lesen zu können, muss man allerdings nicht nur etwas mehr vom Kontext kennen, der uns hier vorenthalten wird, sondern auch die Grammatik bzw. logische Semantik von Nominalisierungen, Titelwörtern und Merksätzen beherrschen. Zu dieser ‚Grammatik' oder logischen Technik gehören Standardverfahren der Re-Verbalisierung. Der verdichtete Merksatz Heideggers sagt

1.2 Der Sinn von Titeln und Merksätzen

demgemäß, dass wir unter den Titel „Sinn" eben das stellen, worauf wir uns in einem unmittelbaren Entwurf unseres Selbst- und Seinsverständnisses vollzugsmäßig in unserer Haltung und unserem Tun ausrichten. Sinn ist also das, was wir als Ziel oder Erfüllung unseres Tuns und Seins verstehen können, das eben daher diesem Tun und Sein eine Orientierung gibt, was immer das jeweils konkret sein mag. Heideggers Satz artikuliert daher in einer besonderen Ausdrucksform die ganz allgemeine *logische Form* der Rede von einem Sinn von etwas. Die formale Logik, die für mathematische Sprachen entworfen wurde, hat für derartige logische oder begriffliche Formen selbstverständlich kein Pendant. In jenen lässt sich daher von vornherein nicht über den Sinn von etwas sprechen, und zwar selbst dort nicht, wo sich Teilaspekte der Bedeutung von Sätzen mathematisch kodieren lassen.

Niemand behauptet, dass man Heideggers nominalisierende Ausdrucksweisen, in denen Wörter wie „das Sein" vorkommen, lieben müsse. Unklar sind sie aber nur für den, der sie nicht zu lesen lernen mag und eben deswegen oder aus Mangel an Geduld beim Mitdenken auch nicht lesen kann. Die hier skizzenartig ausgelegten Gehalte sind ganz offenbar in den Texten mit ausgedrückt. Und sie sind noch weiter auslegbar. Sie sind im Text nicht bloß ‚poetisch versteckt' oder ‚nur konnotiert', sondern sprachtechnisch als dessen Sinn enthalten.

Bernhard Welte sagt, dem Gedanken Heideggers durchaus entsprechend, dass ein praktisches Sinnverstehen ein tätiges bzw. haltungsmäßiges Sinn-Ergreifen ist. Die Erfüllungsbedingung dafür, dass der jeweilige Sinn verstanden oder ergriffen wurde, dass also kein Missverstand oder Fehlgriff vorliegt, lässt sich grob und metaphorisch für den allgemeinen Fall so erläutern: Die Bedingung ist, dass ich, wie ich tätig oder urteilend oder in meiner Haltung wirklich *bin*, wie ich also *urteile, handle* oder *mich verhalte*, mit dem übereinstimme, wie ich als Ganzes in meinem Sein als Mensch und Person *zu sein habe*. Die Ur-Handlung oder Basisform aller Handlung ist demnach *die Erfüllung der Normativität des rechten, wesensspezifischen Handelns* – was immer das relevante Wesen der rechten Handlung dabei im Ganzen oder in Teilen konkret ausmacht. Dabei kann die Dimension des Richtigen die der Wahrheit sein oder die der Gerechtigkeit des Urteils, manchmal durchaus auch die der Zweckhaftigkeit instrumentellen Handelns; oder es kann die Normativität des Richtigen an den personalen Rollen hängen, die ich spiele. Für jede Einzelhandlung aber liefert diese Normativität des je Richtigen erst den Grund, genauer: die Sphären der zu bedenkenden möglichen Gründe. Und nur als praktische Folge eines solchen Denkens, Bedenkens und Begründens ist ein Tun eine Handlung und nicht bloß ein zufälliges Verhalten oder gar bloß ein Widerfahrnis. Das bedeutet nicht, dass wir jede Einzelhandlung vorab explizit verbal artikulieren müssen oder auch nur bewusst auf sie aufmerken müssen; es bedeutet aber sehr wohl, dass jede Handlung kontrolliert ist, und wenn auch nur so, dass in ihrem Ablauf die entsprechenden Erfüllungen und Nichterfüllungen bemerkt werden. Die Gründe für das Tun und die Kontrolle ihrer Befolgung können daher oft schon implizit in einer Gesamthaltung enthalten sein, sind also nicht immer vorab explizit verbalisiert. Nur der weiß wirklich nicht, was er tut, der in Bezug darauf, was er tut, gar nichts mehr bemerkt.

Nach dem hier vertretenen Vorschlag, wie der Text sinnanalytisch zu lesen ist, bringt Welte eine gewisse allgemeine ‚logische' Form in seinen Formeln zum Ausdruck. Es ist die Form eines praktischen und als solches immer schon auf ein Ideal hin ausgerichteten Sinnverstehens. Seine Kritiker nehmen das nicht wahr, verstehen den Sinn nicht.

Offenbar ist es eine eigene Sprachform, in der wir logische Formen des Sprechens und Handelns verdichtet artikulieren. Echte analytische Philosophie war immer schon sprachproduktiv in eben diesem Sinn. Sie zieht dabei alle sprachlichen Register, besonders die Register der paradoxen Katachrese. Man denke als Beispiel an Freges in sich widersprüchlichen Satz „der Begriff ‚Pferd' ist kein Begriff" oder Wittgensteins Erklärung, die tautologischen Sätze der Logik seien sinnlos. Oder man denke an eine partiell syntaktische Metapher wie in Freges Erklärung, Begriffe seien, wie die sie ausdrückenden Aussage- bzw. Satzformen, ‚ungesättigt'. Nicht anders steht es mit den Nominalisierungen der Rede von Sein und Nichts. Alle diese orakelartigen Ausdrucksformen verlangen vom Leser ein Wissen, worum es geht, und ein verständiges Mitdenken. Wem das Wissen fehlt oder das Denken zu anstrengend ist, dem erscheinen am Ende alle logische Analysen als unklar, oder er versteht sie *weder als Logik* noch *in ihrer Logik*. Es ist insbesondere in der Logik kein Argument, wie ein Till Eulenspiegel das in formelartigen Ausdrücken verdichtet Gesagte nicht verstehen zu wollen, zumal es sich oft nur um erläuternde Kommentare einer zu lernenden technischen Praxis handelt. Ein ‚Kannitverstan' ist übrigens ganz generell, wie die Verweigerungshaltung eines radikalen Skeptizismus, kein ‚Argument', sondern eine Art der Fehlhaltung, die freilich als freies Tun in gewissem Sinn unwiderleglich bleibt: Man kann niemandem zum Sinnverstehen zwingen. Ein gutes Argument übt bestenfalls einen „zwanglosen Zwang" aus, wie sich Jürgen Habermas bekanntlich, auf offensichtlich ebenfalls katachretisch-dialektische Weise, ausdrückt.

Daher ist es auch keine Kritik an der Sprechform der allgemeinen Merksätze, wenn man darauf hinweist, dass ein gewisses hohes Maß an verständigem Urteil dem Leser überlassen bleibt und nicht alle Folgerungen predigtartig ausgewalzt werden. Wer ein solches Vorgehen kritisiert, unterschätzt den gebildeten Leser und verwechselt einen philosophischen Text mit einem Text werbender Volksaufklärung, die in der Tat so eingängig sein muss, dass der Kirchengänger oder Bildzeitungsleser kaum mehr selbst denken muss. Im Arrangement und kontextuellen Sprechakt kann der Sinn dennoch inferentiell klar und hinreichend deutlich eruierbar sein. Es ist daher ein bloßer rhetorischer Trick, Zitate aus dem Kontext zu reißen und dadurch als unverständlich und sinnlos erscheinen zu lassen. Das ist etwa so, wie wenn man die definitorischen Erläuterungen einer speziellen Wissenschaftssprache unterschlägt und bloß vom Wortklang her denkt. Dieses Vorgehen widerspricht aber jedem Standard analytischen Denkens.

In der Textsammlung *Der Sinn des Lebens* werden dann vorzugsweise solche Textstücke positiv präsentiert, welche darauf setzen, dass die Frage nach einem allgemeinen Sinn des Lebens im Ganzen sinnlos ist. Auf der Reise des Lebens müsse sich jeder vielmehr selbst seine Ziele setzen. Ich selbst soll also je durch meine eigenen mehr oder minder zufälligen *ad-hoc*-Präferenzen dieser Reise einen Sinn geben. Das Gute oder das Glück besteht am Ende in der Erfüllung mehr oder weniger zufälliger Begierden und Wünsche. Doch während das animalische Begehren immerhin einen biologischen Sinn hat, so wie der Hunger uns signalisiert, dass wir essen müssen, könnten das willkürliche Wünschen und das zugehörige Streben nach Wunscherfüllungen selbst weitgehend sinnlos sein; es kann sein, dass sie dem Leben bloß einen Anstrich von Sinn geben. Eine Reaktion auf diese Bedenken ist ein Denkweg, wie man ihn schon im Stoizismus findet: Man soll das Wünschen sein lassen, da es doch nie zu nachhaltigen Erfüllungen führt. Doch auch dieser Gedanke führt in die Irre, wie noch zu sehen sein wird.

1.3 Die Münchhausenlösung der Sinnfrage

Es ergibt sich zunächst die Frage, ob eine reine Subjektivierung von Sinnsetzungen und Sinnwertungen, wie sie eng mit dem Utilitarismus nach Jeremy Bentham verbunden ist, wirklich der Weisheit letzter Schluss ist. Derartige Subjektivierungen treten auch noch in der ‚Moraltheorie' R. M. Hares oder dann auch in der ‚Handlungstheorie' Donald Davidsons auf. Nach dieser Vorstellung stiften am Ende nur unsere subjektiven Präferenzen, Pro-Haltungen, Begierden oder Wünsche Sinn, und zwar zusammen mit gewissen Abschätzungen der Wahrscheinlichkeit, die Erfolgsbedingungen durch ein Tun einer gewissen Art erreichbar zu machen. Ein Handeln erscheint als ‚sinnvoll' oder ‚rational' bzw. ‚vernünftig', wenn und nur wenn das Produkt von Präferenzwert und probabilistischen Erwartungswert maximal ist, wobei wir, so denkt man dann noch, immer auch noch die Interessen aller anderen zu berücksichtigen haben, da jede Person und ihre Präferenzen gleich zählen. Die zugehörigen Maximen der Rationalität sind im Grunde rein ökonomisch und lauten, grob gesagt: Handle so, dass das Produkt von Auszahlung und erwarteter Erfolgshäufigkeit zu maximalen Erträgen führt, und zwar entweder *für dich* oder, falls du nicht bloß subjektiv rational, sondern auch noch im utilitaristisch-konsequentialistischen Sinn moralisch sein willst, irgendwie *für alle* Menschen. Dabei ist schon die Vorstellung einer ‚quantitativen' Größenordnung der ‚Stärke' von Präferenzen als Maß für die Auszahlungen durchaus irreführend. Außerdem wird suggeriert, es gehe darum, möglichst viele möglichst starke Präferenzen möglichst weitgehend zu erfüllen – so dass man am Ende auch die moralische Güte einer Handlung an ihren Präferenzerfüllungen festmachen könnte. In besonderen Fällen mögen dann neben einem Geldwert auch inkommensurabel ‚höhere' Werte wie etwa die Freiheit in Anschlag gebracht werden. Es ergibt sich hier dennoch insgesamt ein Sog in die Richtung eines ökonomisch-utilitaristischen Zweckdenkens. Am Ende wäre dann, wie Nietzsche sieht eine friedensgesicherte Massenmenschhaltung mit Fütterung (Brot) und Unterhaltung (Spiele) das optimale ethische Ziel aller im utilitaristischen Sinn guten (auch politischen) Handlungen.

Das Problem dieser Utopie einer „Schönen Neuen Welt" (Aldous Huxley)[9] zeigt sich schon im klassischen Utilitarismus Jeremy Benthams. Wer sich Bentham zufolge mit einem trivialen Spiel wie *pushpin* oder sonstigen Zeitkillern von Spielautomaten bis zu Computerspielen oder dem TV zufrieden gibt, ist demnach angeblich ebenso glücklich, führt ein ebenso sinnvolles, sprich: sinnloses, Leben wie der, welcher sich irgendwelchen ‚höheren' Zielen verschreibt, etwa dem Kampf gegen Ungerechtigkeit oder dem Schutz der Tiere. John Stuart Mill hat immerhin das damit skizzierte Problem erkannt und in selbstbestimmter Freiheit einen höheren Wert gesehen. Das heißt, nach Mill ist der ‚Wert der Freiheit', also die Wertsphäre des freien Lebens und der freien Verantwortung je für mich und mein Leben, zumindest *prima facie* höher als jeder andere Wert, etwa der der *Wohlfahrt* und damit des Geldwert-Nutzens, aber auch *der Gleichheit* im Sinn der Gleichverteilung an Ressourcen und Eigentum. Mills so genannter ‚Utilitarismus' ist daher längst schon ‚postklassisch': Es kommt nicht mehr bloß auf Befriedigungsempfindungen bzw. das Ausbleiben von Schmerzen an, wie bei Bentham und manchen modernen Tierethikern, die zwischen Mensch und Tier nicht unterscheiden wollen oder können. Aber eben weil er hierin nicht dem klassischen Präferenz- und Empfindungsutilitarismus folgt, lassen sich Mills ethische Wertungen gar nicht mehr als eine lineare Ordnung subjektiver Präferenzen darstellen.[10] Nicht angemessen berücksichtigt wird in Mills Freiheitslehre die Dialektik, die in Fortentwicklung von Einsichten bei Thomas Hobbes zuvor schon Hegel in ihrer tiefen allgemeinen Bedeutung erkannt hat: Es bedarf gut funktionierender *staatlicher Institutionen* als vermittelnder Instanz kollektiver Kontrolle der ökonomischen Sphäre, um eine wirklich liberale Gesellschaft herzustellen und die *personale Freiheit des Einzelnen* gegen die Angriffe abzusichern, denen sie durch die neuen Fürsten in einem plutokratischen Kapitalismus unterworfen ist. Die starke Republik ist Garant der Freiheit, nicht ein Nachtwächterstaat, in welchem der berechtigte Eigentumsschutz in eine ökonomische Herrschaftsform umschlägt, aber schon gar nicht der totalitäre Staat. Einer

1.3 Die Münchhausenlösung der Sinnfrage

Diktatur des Proletariats ist daher ebenso eine klare Absage zu erteilen wie einer liberalistischen Ideologie.

Damit sehen wir auch, warum es ebenso falsch sein kann, nur vom Einzelnen her zu denken wie nur das Kollektiv zu betrachten. Die Ethik des Utilitarismus auch in ihren postklassischen Varianten unterstellt dennoch, dass sich jeder seine Einzelziele selbst zu setzen habe. Diese sollen dann seinem Leben Sinn und Orientierung geben. Doch eben damit verwirrt sich schon das Denken. Denn es kann nicht jede beliebige Sinnsetzung gleich sinnvoll sein. Es gibt auch nicht einfach die Alternative zwischen eigener und fremder Sinngebung oder Sinnsetzung. Wenn eine Person Erfüllung findet in ihrer Elternschaft und ihrem Beruf oder auch in der Form, wie sie darüber hinaus die berufs- und arbeitsfreie Zeit verbringt, in der Natur oder in der Teilnahme und Pflege von Kultur, im politischen oder sozialen Engagement oder auch einfach im familiären Leben und Freundeskreis, dann lässt sich das nicht einfach so darstellen, als hätte sie sich gewisse besondere bzw. individuelle Ziele oder Präferenzen willkürlich gesetzt. Niemand sagt uns freilich, dass wir Eltern sein sollen. Wir selbst sind gefragt, wenn wir uns für einen uns zugänglichen Beruf entscheiden. Es gibt auch keine Pflicht, eine besondere ‚Liebe' zu Natur oder Kultur zu entwickeln, Freundschaften zu pflegen oder sich enthusiastisch und nicht bloß anständig, rechtschaffen um seine Familie zu kümmern. Aber die Sinnerfüllungen oder auch das Lebensglück in den genannten Dimensionen ergeben sich weder zufällig wie die ‚Freude' am ‚Glück' eines vielleicht sogar heiß ersehnten Lottogewinns, noch in einer Weise wie die Lusterfüllung beim Eisessen oder Biertrinken an einem heißen Sommertag.[11]

Es ist offenbar sinnlos, sich bloß willkürlich *irgendwelche* Ziele rein zufällig, etwa nach einem Würfelwurf, zu setzen und an ihrem Erreichen zu arbeiten oder auf ihre Erfüllung zu hoffen. Erkennt man die zufällige Willkür von Zielsetzungen, so erkennt man zugleich ihre Sinnleere.

Aus der These, dass nur selbstgesetzte Zwecksetzungen Sinn geben können, schließen einige mit einiger Logik, dass man sich eigentlich auch gleich die Kugel geben kann. Denn das Maß an Frustration und Enttäuschung bzw. an Leid und Schmerz scheint das Maß an zufällig-sinnleerer Lust- und Präferenzerfüllung immer zu übersteigen. Man könnte auf diese Sichtweise, die wir in ihrer Grundform bei Schopenhauer ebenso finden wie bei Siddharta-Buddha, ähnlich zynisch wie Nietzsche reagieren und sagen: Wenn ihr das wirklich glaubt, dass es in eurer Lusterfüllungsbilanz besser ist, nicht geboren zu werden, dann fragt sich, warum ihr euch und uns nicht von euch befreit. Eine Welt ist sicher besser, wenn sie diesen depressiven Pessimismus überwindet, zumal diese Form des Denkens entweder inkonsistent ist, weil man die praktischen Folgerungen aus seinem Reden nicht zieht, oder evolutionär dysfunktional, weil es sinnlos ist, ein sinnloses Leben weiterzuführen. Wären die ‚pessimistischen' Lehren Buddhas oder

Schopenhauers konsequent durchdachte und praktizierte Orientierungen im Leben, würden sie sich selbst aufheben.

Es ist also am Ende die Rede von der Sinnlosigkeit des Lebens und die These vom Leben als Leiden bloßes Gerede, das sich in der Lebenspraxis immer auf die eine oder andere Weise widerspricht. Es sollte uns jedenfalls als höchst seltsam auffallen, dass Schopenhauer und der Buddhismus die Selbsttötung eigens verbieten müssen, da sie nach ihrer Leidenslehre als Konsequenz allzu nahe liegt. Noch seltsamer ist es zu sagen, dass, wer sich selbst tötet, *nicht* ins Nirwana eingehe, sofern man dieses als ein ewiges Nichtsein versteht.

Schopenhauer ist für Nietzsche der populäre Philosoph dieses rhetorisch in großartiger Plausibilität vorgetragenen Nihilismus des 19. Jahrhunderts. Der Eigenwille der subjektiven Willkür wird hier aber rein willkürlich zum höchsten Unwert. Bei Nietzsche soll in reiner Negation dazu der Wille zum Wollen zum höchsten Wert werden.

Der Präferenzutilitarismus R. M. Hares folgt dabei im Grunde Nietzsche, wenn er die subjektiven Präferenzen und ihre Erfüllung zum Grund jeder Sinngebung erklärt, aber auch Schopenhauer, wenn er zu einer konsequentialistischen Mitleidsethik wird, und damit den moralischen Sinn des Handelns in die ‚unparteiische' Unterstützung der Präferenzerfüllungen anderer Personen setzt. Man definiert dazu die ‚besten Konsequenzen' einer Handlung über das Maximum der Präferenzerfüllungen für irgendwelche betroffenen Personen oder Lebewesen. Und man appelliert daran, dass diese Art des Handelns um der besten Konsequenzen willen doch der Sinn des Ausdrucks „gut handeln" sei.

Mir geht es hier nicht um eine detaillierte Kritik dieses Präferenzutilitarismus, auch wenn Nietzsches Frage durchaus offen ist, warum es Sinn machen sollte, dass ich mein Leben und Tun daran ausrichten soll, wie durch mich bei möglichst vielen anderen Leuten oder Lebewesen deren mehr oder weniger zufällige Präferenzen optimal gefördert werden. Es ist ja richtig, dass ich nicht bloß an mich zu denken habe, sondern immer auch für die Formen der Ermöglichung eines gemeinsamen guten Lebens verantwortlich bin. Und auch das ist richtig: Das Gegenwort zu „gemeinsam" ist „einsam". Ein einsames Leben aber ist nie gut. Es ist schon deswegen gut, anderen, die in Not sind, zu helfen. Aber für die Präferenzerfüllungen anderer bin ich nun einmal nicht verantwortlich, soweit mein Tun nicht ihre Freiheit schmälert oder ihre Selbstverantwortung infrage stellt. Es ist daher ganz irreführend, das ethisch Gute mit der Maximierung der ‚guten' Konsequenzen des Handelns und diese mit der Erfüllung zufälliger Präferenzen zu identifizieren. Es hilft auch nichts, an anderen Stellen das schiere ‚Überleben' als objektiv höchsten Wert zu postulieren und die Anzahl von zu erwartenden Todesfällen bzw. Rettungen zum Maßstab für das Schlimme oder das Gute einer Tat zu erklären.

Das Hauptproblem ist nicht die im Detail sicher schwierige Kritik an den Pseudomaßen von Präferenzen, Tötungen und Rettungen. Wichtiger erscheint, dass die Sinnfrage viel weniger mit subjektiven Präferenzen und Erfüllungsgefühlen zu tun hat, als man glaubt. Das zeigt sich insbesondere an den sich fast notwendig ergebenden nihilistischen Konsequenzen eines Präferenzutilitarismus. Denn warum sollte die Erfüllung meiner Präferenzen gut sein? Nur weil sich das gut anfühlt? Dann sollten wir wohl Drogen nehmen, das fühlt sich auch gut an. Und warum sollte ich die Erfüllung meiner Präferenzen diskontieren zugunsten der Erfüllung fremder Präferenzen?

Benthams und Schopenhauers Moral postuliert einfach dogmatisch Normen wie die einer universalen Hilfe. Dabei ist das Prinzip des *neminem laede* – schade niemandem, sondern hilf, wo du kannst – durchaus ein schönes Prinzip. Aber als bloße Aufforderung, wesentlich für andere zu leben, ist es noch nicht in seinem Sinn einsichtig. Man appelliert daher vielleicht an eine ‚Intuition', nach welcher in diesem oder einem ähnlichen Prinzip eine allgemeine Ethik und in dem Prinzip der Selbstsetzung von präferentiellen Zwecken dieser oder einer anderen Art jede Sinngebung in der Lebenswelt fundiert sei. Dass diese ethischen Lehren selbst unfundiert sein könnten, fällt dann aus dem Blick.

Das gilt am Ende auch noch für die Frage von David Wiggins, ob es gilt, Sinn zu *finden* oder Sinn zu *erfinden*.[12] Eine solche Alternative passt offenbar nur für eine endliche, subjektive Sinnfindung oder Zwecksetzung, nicht für die Frage, ob es auf der allgemeinen Ebene der Beurteilung subjektiver Wahlentscheidungen nach sinnvoll und unvernünftig nicht-transzendente, also immanente und nicht-metaphysische (im Sinne Schopenhauers), also nicht-willkürliche praktische Sinnpräsuppositionen gibt, die es weder zu finden, noch zu erfinden, sondern bestenfalls angemessen zu explizieren gilt.

1.4 Selbstunterschätzungen und Überforderungen

Mit Friedrich Nietzsche oder Sigmund Freud wird häufig ein vermeintliches Wunschdenken einer Anerkennung objektiver Wahrheit gegenübergestellt. Hans Blumenberg meint entsprechend, die Menschen des Westens hätten seit einigen Jahrhunderten ein Problem mit den angeblichen Zumutungen der neuen Wissenschaft, der zufolge weder die Erde noch auch nur die Sonne im Zentrum der Welt situiert sei und erst recht nicht der Mensch, die vermeintliche Krone der Schöpfung. Überhaupt sei der Mensch nicht, wie er meint, Herr im eigenen Haus der Seele, wie Freuds Lehre vom Unbewussten zeige. Der Narzissmus der menschlichen Egozentrik werde damit frustriert – so dass manche am Ende doch lieber zurück in den Schoß des religiösen Glaubens kehren, der sie angeblich wichtiger mache, als sie sind, womit sie in einer gewissen Selbstillusion ihrem Leben einen höheren Sinn zu geben versuchen, den es aber nicht hat. In dieses Horn stoßen viele andere Philosophen des 20. Jahrhunderts, etwa auch Bertrand Russell.

Ernst zu nehmen ist dabei, dass die Frage nach dem Sinn des Lebens in der Tat besonders eine Frage für uns moderne Menschen ist und keineswegs als eine zeit- und kulturinvariante Frage missverstanden werden darf. Das Problem der Moderne ist nämlich, dass sie den logischen Status ihres eigenen Wissens über die Natur und die Kulturgeschichte nicht angemessen begreift und damit in ein grundsätzliches Sinn- bzw. Orientierungsproblem gerät. Dies geschieht, wenn man die Bedeutung der von Descartes bis Kant und Hegel betonten logischen Selbstverständlichkeit verkennt, dass unser Wissen immer *unser* Wissen ist. Dem ist so trotz allem berechtigtem Streben nach Perspektiveninvarianz, also nach so genannter Objektivität. Jede Bewertung eines Wissensanspruchs als berechtigt, richtig oder eben wahr ist *unsere* Bewertung. Kants kopernikanische Wende der Denkungsart ist daher eine im Grunde tief ironische Gegenbewegung zur üblichen Deutung der kopernikanischen Wende unserer Kosmologie – mit der Folge, dass die erfolgreichen Bücher Blumenbergs zur Dezentrierung des Menschen schöner klingen als sie wahr sind. Nicht einmal die logischen Anfangseinsichten der cartesischen Revolution der Denkungsart werden in ihnen erreicht.

Ein Glaube an die ‚Ergebnisse' der Wissenschaft ohne weitere Kontrolle, ob sie nicht vielleicht in manchem Betracht sinnentstellend oder auch nur undeutlich formuliert sind, kann ebenso irreführend sein wie jeder andere, auch religionsvermittelte Glaube an eine bloß behauptete Wahrheit oder Möglichkeit. Daher sind, wie schon Sokrates weiß, die Begriffe des Wissens und der Wissenschaft auch so schwer von denen eines bloßen Scheinwissens oder einer bloß angemaßten Wissenschaft zu unterscheiden, die Sokrates bzw. Platon unter den Titel „Sophistik" stellt. In radikaler Kritik an bloßen Selbstzuschreibungen erkennen Sokrates und Platon dazu schon lange vor Wittgenstein, dass aus der performativen Perspektive der ersten Person, die sich oder uns in mehr oder weniger ehrlicher, subjektiv akkurater und objektiv glaubwürdiger Weise etwas bloß ‚versichert', eine Gegenüberstellung von Wissen und bloßem Glauben unmöglich ist. Daher bedeutet „ich weiß, dass p" praktisch immer bloß dasselbe wie „ich bin mir sicher, dass p". Erst in einer transsubjektiven, gemeinsamen Kontrolle der jeweils ausreichenden Erfüllung von gemeinsam verstandenen und daher schon anerkannten ‚transsubjektiven' Geltungsbedingungen, welche die ‚subjektiven' Kontrollfähigkeiten der Einzelnen in aller Regel systematisch übersteigen, und zwar gerade weil wir längst mit der immer beschränkten Perspektive ihres Zugangs zum ‚Objekt' rechnen, bewerten wir, reflektierend, vorgebrachte Überzeugungen oder Wissensansprüche als zureichendes endliches Wissen.

Wenn ich also sage, ein anderer wisse, dass p, übernehme ich nicht bloß die Verantwortung für die Wahrheit von p, sondern auch dafür, dass der an-

1.4 Selbstunterschätzungen und Überforderungen

dere, der vielleicht p behauptet hatte, dies wahrhaftig, gewissenhaft-akkurat getan hat und ansonsten auch in der Lage ist, die Normalbedingungen der Geltung von p ausreichend zu kontrollieren. Sage ich, ich wisse, dass p, dann versichere ich dies alles von mir selbst und komme daher nicht wesentlich über die Aussage, dass p, hinaus, da für beide Fälle meine Wahrhaftigkeit, Akkuratheit und Glaubwürdigkeit in Bezug auf p auch immer erst zu kontrollieren ist. Im Fall der Betonung meines Wissens sage ich nur *explizit*, ich hätte diese Kontrolle, soweit es an mir liegt, ausgeführt, während dies sonst *implizit vorausgesetzt* wird.

Platon nennt dieser Einsicht entsprechend in dem ebenso berühmten wie selten verstandenen Dialog *Sophistes* folgende Gefahren, denen ein Wissenschaftler in seinem Streben nach echtem Wissen ausgesetzt ist. Er wird zu einem Scheinwissenschaftler oder Sophisten, wenn er nicht angemessen unterscheidet zwischen überzeugenden Argumenten und bloß überredenden Versicherungen. Ein zweiter möglicher Mangel besteht in dem Missverständnis, man könne sich selbst mit Gewissheit Wissen zuschreiben. Das führt zu einer typischen Selbstüberschätzung und Unbescheidenheit des professionellen Wissenschaftlers oder selbsternannten Experten. Ein dritter möglicher Mangel liegt im Konformismus, im Streben nach monetärer oder medialer Anerkennung, ein vierter in einem bloß formalistisch-smarten Einsatz von logischen Formeln und Schlussformen ohne Urteilskraft, ein fünfter in der mangelnden *accuracy*, wie Bernard Williams in seinem schönen Buch „Truth and Truthfulness" die gewissenhafte Eigenkontrolle übernommener Begründungsverpflichtungen (*commitments*) nennt. Hinzu kommt dann noch als sechster Mangel ein vorschnelles ‚theoretisches' (also zunächst rein verbales) Urteil darüber, was es ‚eigentlich' oder ‚objektiv' gibt, wenn man nämlich von Demokrit bis heute meint, in Wirklichkeit gebe es nur (am Ende ‚atomare') *Dinge, Dingbewegungen, ewige Bewegungsgesetze* und vielleicht dann auch noch einen *stochastischen Zufall*.

Damit kommen wir auch wieder zur Frage zurück, ob es ein Wissen geben kann, das zeigt, dass die Freiheit des Entscheidens und Handelns eine Illusion ist. Wenn der normale, bürgerliche Sinn der Unterscheidung zwischen freien Entscheidungen bzw. Handlungen und einer bloß gehirngesteuerten Reaktion auf äußere Einflüsse hinreichend begriffen ist, dann sollte das Folgende klar sein: Verstandenes Wissen kann einer freien Selbstständigkeit nie entgegenstehen. Denn Wissen ist nichts anderes als Fähigkeit zur autonom kontrollierten Sinnorientierung. Dass dies alles ein angemessenes Verständnis der perspektivischen Zentrierung jedes Wissensanspruchs und Sinnverstehens der Einzelnen voraussetzt, ändert daran nichts.

Das Problem ist offenbar, grundsätzliche und allgemeine Tatsachen unseres Lebens und die mit ihm verbundenen Endlichkeiten anzuerkennen. Zu diesen gehört, dass jede Person, ihren einzelnen Erfahrungen und einzelnen Fähigkeiten nach, sich einerseits selbst die Nächste ist, dass es, andererseits, keine besonderen geistigen Fähigkeiten gibt, die wir nicht anderen Personen, ja einer ganzen Kulturtradition verdanken. Wir müssen Dinge lernen. Man muss uns vieles zeigen, etwa wie etwas geht, damit wir es dann selbst zu können. Hinzu kommt das Lernen versprachlichten Wissens.

Das unmittelbare Leben ist immer je in der Gegenwart zentriert. Aber jedes gegenwärtige Tun hat Folgen für mein zukünftiges Sein-Können, also dafür wie ich später leben kann und leben werde. Daher gehören die Sorge (Heidegger) bzw. der Wille (Fichte, Schelling und Hegel; später auch Nietzsche) zur Grundstruktur menschlichen Daseins. Das Titelwort „Sorge" überschreibt dabei die intentionale Haltung von mir oder uns jetzt zu den zukünftigen Möglichkeiten meines oder unseres Sein-Könnens. Der Reflexionsterminus „Wille" überschreibt ganz entsprechend die bewusste und tätige Beziehung von mir bzw. uns jetzt zu mir bzw. uns in einer möglichen Zukunft, und zwar vor dem Hintergrund der folgenden grundsätzlichen Einsicht in die *condition humaine*: Jede individuelle oder kollektive Handlung ist nicht bloß eine tätige Intervention in den Lauf der Welt, sondern hat schon die Form eines reflexiven Selbstbezugs. Dem ist so, weil ich nach der Tat in manchem ein anderer bin als vor der Tat. Es sind also unsere Taten, welche unsere Möglichkeiten, weiter zu leben und zu handeln, ändern und prägen. Für unsere Taten sind wir daher auch uns selbst gegenüber verantwortlich, ob wir das wissen und anerkennen oder auch nicht.

Als Mitglieder eines kooperativ geformten Lebens sind dabei die Sinnerfüllungen unseres Tuns keineswegs darauf beschränkt, welche Befriedigungsgefühle wir später selbst wirklich *spüren* werden. Der Mensch ist als Person sozusagen ein modales Wesen. Er lebt in einem Reich von Möglichkeiten. Jedes Tier lebt dagegen bloß in einer zeitlich und räumlich nur sehr begrenzt ausgedehnten Gegenwart. Diese Gegenwart dauert nur so lange, wie die laufenden Prozesse dauern. Der Mensch dagegen kann mögliche Vergangenheiten und Zukünfte, auch ein mögliches Geschehen an nicht direkt unserer Sinneswahrnehmung zugänglichen Orten, re-präsentieren, sozusagen künstlich oder technisch in Bild und Wort gegenwärtig machen. Der Mensch ist eben deswegen, weil er diese Vergegenwärtigungen als Orientierungen für sein Handeln frei gebrauchen kann, für das Handeln und seine absehbaren Folgen verantwortlich. In eben dem Maße, in dem der Mensch so seine eigene Gegenwart transzendiert, lebt er partiell ‚überzeitlich' und ‚überindividuell'. Es ist eben deswegen die Form seines Handelns und damit der Inhalt und Sinn seines Tuns überzeitlich und überindividuell bestimmt – und auf ihre Güte hin zu beurteilen.

Der Mensch ist als Person immer schon der, der er sein wird, so dass der Name Gottes aus dem 2. Buche Moses (3.13f) in der Form „Ich bin der, der ich sein werde und bin dann da" zumindest zugleich immer auch eine Charakterisierung des Menschen als für sich und seine Zukunft verantwortliche

1.4 Selbstunterschätzungen und Überforderungen

Person ist. Die Person also, d. h. genauer die Fähigkeit zum Denken und Handeln, ist das Göttliche ‚in uns' und nichts sonst.

Personen aber sind wir, indem wir Rollen spielen können. Die Rollen geben dem einzelnen Tun Sinn und Inhalt. Das gilt gerade auch für Denkakte als mögliche Sprechakte. Das Tun ist dann als eine gute oder schlechte Aktualisierung eines Teilstücks eines Rollenspiels zu verstehen und zu bewerten. Rollenspiele sind die ‚Substanz', das Bleibende des Zusammenlebens. Sie machen die Formen personaler Praxis aus. Es gibt sie nur vermittels einer menschlichen Kooperation, selbst wenn es sich um ein rein instrumentelles Denken etwa in leisen Selbstgesprächen handelt. Eine Person besteht also am Ende in den Rollen, die sie als Subjekt spielt bzw. spielen kann. Wie gut eine Rolle gespielt wird, wird nicht von der subjektiven Person allein, sondern in einem gewissen Sinn immer von uns allen beurteilt. Die Rolle selbst transzendiert dabei das Subjekt, ist als solche überzeitlich und allgemein: Sie kann etwa auch von anderen gespielt werden. Das personale Subjekt dagegen ist unvertretbar.

Wenn wir nach Ehre streben, erhoffen wir eine gute Beurteilung dieser oder jener Rollenerfüllung. Das Streben nach Ruhm dagegen begnügt sich mit dem öffentlichen Lob und dem vermeintlichen Glücksgefühl des Gelobten. Das Streben nach Lob ist die Haltung des Kindes oder Schülers, nicht des Erwachsenen, Gebildeten. Es ist als solches noch heteronom. Beim Erwachsenen dagegen ist Streben nach Ruhm am Ende ähnlich sinnlos wie das Selbstlob. Das ist so, weil die *autonome Selbstbeurteilung* der Güte der Rollenerfüllung noch fehlt. Ruhmsucht und Selbstlob sind daher Varianten eines Selbstbetrugs.

Ruhm will das Gefühl des Lobs hier und jetzt *spüren*. Ehre erhält man, indem man sich und sein Tun den überzeitlichen und transpersonalen Normen des Guten bzw. Wahren oder Schönen unterwirft. Ein Ehre verdienendes Tun ist, wie das Werk Johann Sebastian Bachs, immer ein Tun zur ‚höheren Ehre Gottes'. Sein Motiv kann nie (in erster Linie) das Streben nach Ruhm oder Nachruhm sein. Die höhere Ehre Gottes ist dabei ganz einfach *das objektive Verdienst*.

Für einen (sensualistischen) Empiristen kann es in gewissem Sinn nur die Empfindungen geben, die er früher, jetzt oder später hat. Damit scheint eine objektive Ehre jenseits des realen subjektiven Glücksgefühls, wie es sich etwa aufgrund von Lob oder Ruhm einstellt, jedenfalls für einen so denkenden Einzelmenschen nicht weiter interessant zu sein. Sokrates hatte sich als erster vehement gegen diese Fehleinschätzung des Empirismus gewandt. Er sieht es z. B. als eine objektive Frage seiner eigenen Ehre oder Würde an, dass er sich der Strafe nicht entzieht, im klaren Wissen, dass er Opfer eines Justizirrtums ist und ‚er selbst' auch nichts mehr von seinem Entschluss haben kann, etwa keine guten Gefühle erleben wird, da seine Entscheidung ja den sofortigen Tod zur Folge hat.

Die bei Sokrates und Platon so wichtige Unterscheidung zwischen Ruhm und Ehre bzw. Würde ist ein Sonderfall der Unterscheidung zwischen einem bloß subjektiven und einem objektiven, transsubjektiven Sinn. Subjektiver Sinn ist immer bloß Streben nach empfindungsmäßigen Erfüllungen und Befriedigungen subjektiv-zufälliger Wünsche oder Begehrungen. Objektiver Sinn ist durch allgemeine Formen und Normen der Erfüllung bestimmt, etwa von Kriterien des (ethisch oder ästhetisch) Guten und Schönen oder des Wahren (in Wissensansprüchen) oder des Könnens.

Am Ende bewegen wir uns in unseren Beurteilungen von Sinn und Wert unseres Lebens und Tuns immer zwischen diversen, sich keineswegs immer problemlos zusammenfügenden Dimensionen der Sinnbestimmung und Wertbeurteilung. Es gibt hier nie bloß eine Dimension oder ein Ideal, etwa den ‚Reichtum' (Hegel) im Sinne des individuellen oder kollektiven ‚Wohlstandes' oder die ‚Gleichheit' (auch als Brüderlichkeit nach Art einer familiären Gemeinschaft) oder das ‚Recht' (die Gerechtigkeit, auch als Fairness), die immer auch dem Schutz der Freiheit dient, oder eben die ‚Freiheit' selbst als Eigenverantwortlichkeit. Je nach Kontext können Wohlstand (Ökonomie), Gleichheit (Gemeinschaft), Recht (Staat) und Freiheit (Gesellschaft) jeweils vordringliche Beurteilungssphären sein: Im Interesse des Erhalts von Frieden (der Solidarität oder Brüderlichkeit in der Gemeinschaftsstruktur eines Staatswesens) können Freiheiten und Rechte eingeschränkt werden, während zugunsten der individuellen Freiheit in der Gesellschaft gerade auch durch das Recht im Staat die Verfolgung der Utopie einer gemeinschaftlichen Gleichheit einzuschränken sein wird, oft auch im Interesse einer funktionierenden Ökonomie. Wer hier ‚eindimensional' denkt, dem ist die Diversität der genannten Dimensionen zu schwierig. Man schreibt sich dann in die Partei der Freiheit ein und meint damit zugleich, Wohlstand und Frieden erhalten zu können. Oder man beschwört die unsichtbare Hand, um das Streben nach Gleichheit und Brüderlichkeit zum Verstummen zu bringen.

Doch die Sinnerfüllungen des Tuns und Lebens einzelner Personen sind längst schon in verschiede Dimensionen aufgegliedert, die in einer gewissen Balance zu halten sind, ohne dass es immer schematische (‚klare') Verfahren gäbe, welche automatisch zu ‚richtigen' Urteilen führen würden. Blinde Selbstaufopferung für eine ferne Zukunft des eigenen Volkes oder einer vorgestellten Menschheit ist z.B. ebenso schlecht, zumal sie auch selbstgerecht und wichtigtuerisch sein kann, wie eine bloß strategische Verfolgung von Eigeninteressen. Wer nur für Familie und Clan lebt, lebt in einem zu engen Horizont; wer für alle Menschen oder die Ewigkeit zu leben vorgibt aber durchaus ebenfalls, und nicht etwa nur deswegen, weil er sich dabei als einzelner mit Sicherheit überfordert. So nötig die Dezentrierung und Überwindung zu enger Perspektiven ist, so sinnlos wird eine ‚Betrachtung' bzw. Imagination einer Welt im Ganzen, in der wir selbst als Einzelne sinnlos werden. Das ist das Absurde, wie es Thomas Nagel als notwendige Folge einer skeptisch-ironischen Betrachtung unserer selbst von der Seite ansieht: Indem wir über die Fähigkeit verfügen, uns selbst aus einer gewissen Distanz zu betrachten, relativiert sich jeder unmittelbare Ernst, in dem wir das Leben vollziehen.[13] Diese skeptische Entfremdung, diese Selbstverfremdung, hatte auch schon Hegel als wichtigen Schritt eines nicht-naiven Selbstbewusstseins erkannt, allerdings zusammen mit der Notwendigkeit ihrer Aufhebung, einer Art ‚Versöhnung' mit den Fakten des Lebens. Diese stellt sich nicht, wie bei Nagel in unmittelbarer Nachfolge zu Camus, bloß als trotzige Anerkennung einer gewissen Art von Sinnlosigkeit dar, sondern als Einsicht in die Immanenz jeden Sinns, in das Primat des Lebensvollzugs und damit der Praxis, in die Relativität jedes sinnskeptischen Blicks auf uns selbst von der Seite und in die implizite Überheblichkeit jeder (sarkastischen) Ironie – kurz, in die Absolutheit des Daseins hier und jetzt.

1.5 Angst und das Problem, seine Stimmungen zu steuern

Im Leben und Handeln kann sich ein Zusammenbruch jeglicher Souveränität ereignen, wenn einer Person jede Sinnorientierung zu einem Nichts wird, sie also in eine Art Depression fällt. Kaum von dieser zu unterscheiden sind die Stimmungen der Angst oder Melancholie. Allerdings ist dabei ein bloß sinnskeptisches Urteil nach dem Motto „alles ist eitel" oder eine bloß sinnironische Haltung nach dem Motto „nichts ist wichtig" von einem stimmungsmäßigen Zusammenbruch normaler Intentionalität und Zielgerichtetheit zu unterscheiden. Freilich gibt es auch Mischungen, wie in so genannten ‚Gefühlen' der Sinnlosigkeit, in denen ein implizit oder explizit ‚pessimistisches' Urteilen ein enge Verbindung mit einer melancholischen Stimmung eingeht, oder eine stimmungsmäßige Angst mit dem ‚Gefühl' der *Furcht* vor etwas mehr oder weniger Bestimmten.

Der zentrale Unterschied zwischen einem (‚falschen') Urteil und einer (neurotischen) Stimmung besteht darin, dass Urteile durch Argumente relativ unmittelbar beeinflussbar sind, Stimmungen aber nicht. Wenn ich mich als Kind vor der ‚Nachtfrau' *fürchte*, hilft es durchaus, wenn ich lerne, dass es ‚die Nachtfrau' nicht gibt. Jede Furcht als ein auf einen vermeintlich existierenden Gegenstand oder auf ein zu erwartendes Ereignis gerichtetes ‚Gefühl' lässt sich wegen ihrer logischen Abhängigkeit von dem Urteil über die Existenz oder Erwartbarkeit argumentativ auflösen, wenn es den Gegenstand der Furcht nicht gibt. Wer weiß, dass es das Befürchtete nicht gibt und nicht geben wird, wird sich nicht mehr ‚vor ihm' fürchten können. Es ist sinnlos, sich vor nicht Existentem zu fürchten. Wir sagen, wenn wir das bemerken, etwa: ‚es ist nichts' und lassen die Furcht hinter uns. Anders steht es, wenn die Angst bleibt, obwohl wir wissen, ‚es ist nichts', vor dem wir uns fürchten. Eine solche Angst ist *ungerichtet*. Sie ist *nicht propositional* durch ein Urteil über eine vermeintliche oder wirkliche Gefahr bestimmt. Angst ist eben deswegen unserem *unmittelbaren Urteilen und Handeln entzogen*. Sie ist als Stimmung ein reines *Widerfahrnis*, eben eine *Stimmung*. Stimmungen durchziehen unser leibliches Leben – vor und jenseits aller urteilenden und handelnden Selbstkontrolle.

Wir sprechen metaphorisch von einem „Nervenleiden", von „Neurosen" oder „Psychosen", wenn sie als psychische Defekte über das Normale eines bloß gelegentlichen Auftretens melancholischer Stimmungen hinaus auftreten und gewisse Therapien angebracht sind. Es wäre aber nicht bloß ein Therapiefehler, sondern schon ein Kategorienfehler, Neurosen, Psychosen oder Depressionen bloß durch gutes Zureden heilen zu wollen. Man sieht eben daran, warum logische Analysen wie die Heideggers zur Stimmung der Angst durchaus auch praktische Folgen haben können.

Das begriffliche Charakteristikum der Angst ist, in gewisser Nachfolge zu Kierkegaard, von Heidegger als Zusammenbruch der normalen Sorge-Struktur im Leben erkannt worden. Angst besteht in einer stimmungsmäßigen Aufhebung des Willens überhaupt, wobei man die Rede vom Willen mit Hegel in die entsprechende Parallele zu Heideggers Sorge zu stellen hat: Es *interessiert* die Person nichts mehr. Sie kann im wörtlichen Sinn nichts mehr tun. Ihre Spann- und Handlungskraft oder ihre Handlungsorientierung – kurz: ihr Wille – sind ihr abhandengekommen, wie wir auch kolloquial sagen. Wenn in der Angstneurose der Lebenswille so ‚abhandenkommt', dann bedeutet das nicht etwa (immer nur), dass die Person nicht mehr leben möchte. Es bedeutet eher, dass alles Interesse und alles endliche Wollen und Streben zusammengebrochen ist. Die Person kann sich nicht mehr im Leben orientieren. Die Angst streicht allen Orientierungssinn durch, und zwar in einem stimmungsartigen Widerfahrnis. Es wäre dabei falsch zu sagen, die Stimmung der Angst bedeute, dass für die Person alles Tun im Leben und damit das Leben selbst sinnlos geworden ist. Denn das würde suggerieren, dass ein Sinn bewusst und urteilend verneint würde. Das ist aber gerade nicht der Fall. Die ‚Sinnlosigkeit' der Angst oder Melancholie, wenn man denn titelartig so von ihr reden darf, ist von anderem Typ: Es ist eine Abwesenheit von Sinn, ohne bestimmte Verneinung.

Ernst Tugendhat meint in seinem Buch *Anthropologie statt Metaphysik*, Religion sei wesentlich „Folge eines natürlichen Bedürfnisses", eine „natürliche" Angst zu überwinden, und trägt dagegen als „neue biologische Hypothese"[14] vor, „unsere Angst vor dem Tod" (so der Titel des 7. Aufsatzes) diene dem Überleben des Einzelnen und der Spezies, so dass etwa ein zu erwartendes Übel sehr groß sein müsse, wenn wir ihm den Tod vorziehen.[15] Ohne eine solche „biologische Erklärung" bleibe die Angst ein „zusammenhangloses Faktum des Bewusstseins", und das sei unbefriedigend. Dabei lasse sich die Todesangst nicht „intellektuell wegargumentieren". Das allerdings gilt, wie gesehen, für jede Angst, wenn wir nur begrifflich streng

1.5 Angst und das Problem, seine Stimmungen zu steuern

genug unterscheiden zwischen *intentional unbestimmten Stimmungen*, wie die einer *ungerichteten* Angst, und den je auf ein Objekt oder eine Proposition *gerichteten* und dadurch *bestimmten Gefühlen i. e. S.*, wie der Furcht *vor* etwas oder, *dass* etwas geschieht. Dieser Differenzierungsvorschlag zeigt dann auch, dass sich *ereignisartige, diffuse, leibgetragene* Stimmungen wie die für das weitere Überleben keineswegs besonders nützlichen (oft auch depressiven oder neurotischen, aber damit keineswegs immer rein *vegetativen*) Ängste nicht einfach, wie Tugendhat meint, durch „Selbstrelativierung überwinden" lassen.[16] Denn sie sind einer unmittelbaren Handlungssteuerung gerade entzogen. Man kann sich zu ihnen bestenfalls über eine langwierige lebensdiätetische Einübung in eine allgemeine (Denk- und Gefühls-)*Haltung* (*hexis*) verhalten, jedenfalls soweit sie nicht durch Drogen steuerbar sind. Anders steht es mit der Furcht, etwa aus dieser oder jener (ggf. noch zu vermeidenden) Ursache (mehr oder weniger bald) sterben zu müssen, oder mit der zumeist berechtigten Befürchtung, dass ich am Ende nicht so gelebt haben werde, wie ich es für gut halten würde.

Befürchtungen enthalten offenbar *implizite Urteile*, so wie auch andere Gefühle wie das Bedauern, Erwarten, Hoffen, Trauer, Zorn usf. Urteile enthalten und im Blick auf diese explizierbar, daher in einem gewissen Sinn auch begründbar oder als unbegründet oder falsch aufzuweisen sind. Als solche sind sie aber *gerade nicht rein biologisch fundiert*. Hier loten Heideggers Analysen die begriffliche Reichweite des Aussagens, Urteilens und dann auch eines intentional gerichteten Sich-zu-sich-Verhaltens in ihren Grenzen weit besser aus als die Tugendhats. Gerade angesichts von Unvermeidlichem wie dem sicheren Tod und der nie auszuschließenden Möglichkeit, in eine Stimmung sinnvernichtender Angst (Depression, Melancholie) zu verfallen, wird eine bewusste Haltung der Eigentlichkeit die Endlichkeit unseres Lebens im Ganzen anzuerkennen haben. Das ist gerade das Gegenteil einer Furcht vor dem Tod oder vor der Angst. Wenn der Tod intentionales Objekt meiner Furcht ist, fürchte ich im Übrigen bloß, über einen bestimmten Zeitpunkt hinaus nicht weiterzuleben. Wir fürchten also nicht das Totsein, wie schon Sokrates lange vor Epikur wusste. Ob dabei die Vorstellung, dass ich (mehr oder weniger bald) aufhören werde zu sein, schrecklich ist oder nicht[17], hängt entgegen dem Urteil Tugendhats von vielem ab, u. a. von einer Kultur des Todes, vom Alter oder auch davon, was man meint, der Welt noch alles von sich hinterlassen zu müssen.

Das Hauptproblem des Zugangs zu vermeintlich mystischen bzw. religiösen Erfahrungen bei Tugendhat bzw. dann auch noch in dem Buch von H.J. Schneider zur Religion[18] scheint mir darin zu liegen, dass hier in der Nachfolge von William James allerlei Selbststeuerungen von Gesamthaltungen unter Einschluss von Stimmungen mit Religion bzw. Mystik kategorial *verwechselt* werden. Das ist nicht bloß ein Problem der Benennung, wie u. a. Schneider und Henrich gegen Tugendhats Gebrauch des Wortes

„Mystik" einwenden. Ich zweifle vielmehr schon daran, dass es Sinn hat, hier von *religiösen* Erfahrungen zu sprechen – und das trotz meiner eigenen, versuchsweise wohlwollenden Lesart der *Vielfalt der religiösen Erfahrungen* von James unten im 7. Kapitel.

Das Thema der Religion ist die Vergegenwärtigung der Form(en) eines guten menschlichen Lebens im Ganzen. Das geht weit über die teils in eine Gesamtpraxis des Religiösen eingelassenen, teils von der Religion unabhängigen ‚mystischen' und ‚psychologischen' Redeformen hinaus, mit denen wir subjektive Haltungen, Gefühle und Globalstimmungen zu einem Teil artikulieren, zu einem anderen steuern (möchten). Es ist daher auch kein Wunder, dass religiöse Praxis einerseits immer auch allerlei stimmungs- oder gefühlsmäßige Folgen haben kann, dass andererseits die Psychoanalyse von sich meint, als ‚Wissenschaft' ein Erbteil der Religion antreten zu können.

Tugendhat verteidigt in seinem Buch *Anthropologie statt Metaphysik* offensichtlich ein Säkularisierungsprogramm. Mit Nietzsche fordert er die Ersetzung von ‚transzendenter Metaphysik' durch eine ‚immanente Anthropologie' und teilt mit diesem die Hauptthese, Religion sei „weder irrational, noch bloße Tradition", sondern beruhe auf einem Wunsch zur Bewältigung von Kontingenz (wie bekanntlich auch Hermann Lübbe und Odo Marquard sagen).[19] Diesen Wunsch erfülle sich der religiöse Mensch selbst, nämlich indem er im Monotheismus an einen personalen Gott glaube, der aller Endlichkeit des Lebens einen transzendenten Sinn geben soll. Diese Art der Wunscherfüllung scheitere nun aber (leider) an der Haltung der „intellektuellen Redlichkeit".[20] Dabei hatte allerdings schon Hegel die entsprechende Flucht aus den immanenten Tatsachen und den Begrenzungen innerweltlichen Sinns in den Glauben an ein ewiges Jenseits als das Hauptcharakteristikum des *unglücklichen Bewusstseins* diagnostiziert und versucht, die Prämissen dieses Bewusstseins zu erschüttern: Religion und religiöse Rede sind eben immer als (zumeist noch unterentwickelte) Formen der Reflexion auf die durch und durch endliche Faktizität unserer *condition humaine* zu begreifen.

1.6 Probleme angemessenen Sinnverstehens

Tugendhat warnt mit Recht vor einem gedankenlosen Umgang mit idiomatischen Formeln wie „das Leben verlieren"[21], als gäbe es mich danach noch, wie es mich nach dem Verlust von irgendeinem Besitz immer noch gibt. Aber dies ist nur ein Sonderfall der folgenden völlig allgemeinen Tatsache: Ein rein schematischer Umgang mit *figurativ zu verstehenden Ausdrucksweisen*, von der Metapher bis zur Ironie, führt immer auch zu Fehlverständnissen. Es gilt hier generell, den rechten inferentiellen Umgang mit ihnen einzuüben, zumal sie sich keineswegs immer durch eine bloß so ge-

1.6 Probleme angemessenen Sinnverstehens

nannte wörtliche Rede ersetzen lassen. In diesem Urteil fühle ich mich H.J. Schneider eng verbunden, der in seinem Buch *Religion* auf vielfältige Weise darauf aufmerksam macht, dass es neben dem ‚wörtlichen' einen ‚tieferen Sinn' und eine ‚tiefere Wahrheit' geben kann, wie sich etwa mit Bruno Bettelheim am Beispiel von Märchen zeigen lässt.[22]

Das Problem ist, wie Hegel schon erkannt hat, dass wir immer und ganz allgemein unterscheiden müssen zwischen einem ‚wörtlichen' oder allgemein-generischen Sinn ‚an sich' und dem ‚eigentlichen', als solchem je besonderen Sinn im konkreten Verstehen. Dazu müssen wir um die Grenzen eines bloßen schematischen Umgangs mit Wörtern und Sätzen auf der Ebene des bloß formalen ‚an sich' wissen. Es ist demnach ein Aberglaube, man verstehe schon etwas, wenn man etwas ‚wörtlich' versteht, und die Verpflichtung zu Klarheit und Deutlichkeit bestehe darin, alles, was man sagt, im Modus des ‚Wörtlichen' zu sagen. Das ist eine utopische Illusion. Sie rührt aus einem Missverständnis mathematischer Redeformen her. Das habe ich an vielen anderen Orten und Beispielen zu zeigen versucht. Hier geht es ‚nur' um eine besondere Anwendung auf die Frage nach dem Sinn selbst und damit auch nach dem Sinn religiöser Rede und Praxis.

Dieser sprachphilosophische Aspekt hat nun aber erhebliche Folgen für eine Beurteilung der allgemeinen These Tugendhats, es sei Religion und Metaphysik durch eine philosophische Anthropologie als eigentliche *prima philosophia* zu ersetzen.[23] Denn gerade im Bereich der Reflexion auf generische Formen des Lebens beschränkt die übrigens schon in der Figur des Till Eulenspiegel als sophistisch karikierte Haltung, etwas nur ‚wörtlich' verstehen zu wollen, unseren Horizont auf untunliche Weise. Man gibt dabei vor, nur ein unmittelbar empirisches Wahrnehmen und ein schematisches Schließen zu verstehen. Aus dem Wunsch, alles, was gesagt werden kann, sei inferentiell ‚exakt' auszudrücken, und alle Ereignisse seien entsprechend kausal zu erklären, ergibt sich ein willkürlich anwendbares ‚Kannitverstan' gegenüber all den Reden, für deren angemessenes Verständnis praktische Erfahrung und Urteilskraft nötig sind. Doch weltbezogene Rede ist *nie* in diesem Sinne ‚wörtlich' zu verstehen.

Wir müssten am Ende praktisch alle Reden über reale Strukturen in der Welt, besonders aber über Formen der *condition humaine*, als irreführend aus dem Verkehr ziehen, wenn wir immer auf rein formalen inferentiellen Schemata bestünden. Nur in rein idealen Redebereichen wie denen der Mathematik tritt dieses Problem nicht auf, und zwar weil diese von uns gerade so eingerichtet sind, dass in ihnen die formallogischen Schlussformen bedenkenlos und blind anwendbar sind. Leider sind alle derartige Redebereiche der formalen Logik und Mathematik damit auch schon völlig losgelöst von jedem realen Weltbezug. Wenn dagegen die rein formalen Strukturen der exakten, mathematisierten Wissenschaften im *szientistischen Naturalismus* als eigentliche Wirklichkeit einer durch sie angeblich ‚erklärten' Phänomen-

bzw. Erfahrungswelt gegenübergestellt werden, wird ebenso wie schon im *Pythagoreismus* übersehen, dass man damit bloß implizit und unbewusst von entsprechenden analogischen Modellierungen, oft sogar von Metonymie und Synekdoche, Gebrauch macht. Daher gehört der *pythagoreistische Szientismus* nach wie vor in das Reich der „Kindheit des Philosophierens" (Hegel). In Wirklichkeit sind in unseren allgemeinen Modellierungen der Erfahrung ebenso wie in besonderen Sprechhandlungen immer irreführende Inferenzen als irrelevant oder unwesentlich auszusortieren. Es bedarf in jedem Verstehen erfahrener Urteilskraft, um relevante Formgleichheiten auszumachen. Man denke als Beispiele an Platons Analogie zwischen dem „Geist einer Staatsverfassung" und einer „*society of mind*" oder an Atom- oder Wellenmodelle in der Physik.

Der „Lackmustest für die intellektuelle Redlichkeit"[24] betrifft daher nicht etwa nur den Wunschglauben an einen Gott, wie Tugendhat suggeriert, sondern gerade auch den (modernen) Glauben an ‚prinzipielle' kausale Erklärbarkeiten und an exakte Ausdrucks- und Schlussformen. Das könnten wir spätestens seit Kant und Hegel wissen. Es bedarf darüber hinaus immer der Anerkennung nicht weiter sinnvoll erklärbarer Tatsachen (der Natur- und der Weltgeschichte) und der mühsamen Einübung in den kompetenten Gebrauch *realistischer Sinnfilter*, mit welchen wir im autonomen Verstehen konkreter Verhältnisse relevante und richtungsrichtige Inferenzen generischer Aussagen von unwesentlichen und irreführenden unterscheiden. Die Hypostasierung eines Jenseits oder einer absoluten Wahrheit sowohl im Theismus als auch im Szientismus ist daher in der Tat durch ein wahrhaft *pragmatisches* Verständnis wissenschaftlicher Erklärungen zu ersetzen.[25] Dazu brauchen wir aber eine sinnkritische Metaphysik im Sinne einer allgemeinlogischen Reflexion auf generische Formen des Seins und eine kompetente Beherrschung ihrer sprachlichen Darstellungen, selbst wenn weder eine *empiristische* ‚Intuition' des *common sense* noch die *Scholastik formalistischen Denkens* den Status solcher strukturtheoretischen Reflexionen begreifen mögen, zumal sie die besondere Technik figurativer und modellartig-analogischer Ausdrucksformen nicht (an)erkennen.

Es geht in solchen metaphysisch-anthropologischen Reflexionen dann freilich wesentlich um eine *Differentialanalyse* der begrifflichen Grundlagen des *menschlichen Verstehens* im Unterschied zu den Formen tierischen Lebens. Dabei ist der im Deutschen angemessene Oberbegriff für Mensch und Tier „(animalisches) *Lebewesen*" (*zōon, animal*), nicht etwa „*Tier*" (*bestia*): Nur über unsere Herkunft sind wir mit den Tieren verwandt. Wir Menschen sind also, anders als Tugendhat penetrant zu sagen beliebt, keine Tiere, so wenig wie Hunde Katzen sind. Das heißt, in der relevanten Epoche der Entwicklung, also heute, sind die Lebensformen und Seinsweisen ‚kategorial' bzw. ‚existential' zutiefst verschieden.

1.6 Probleme angemessenen Sinnverstehens

Zur Besonderheit des Menschen gehört insbesondere seine Fähigkeit, die gegenwärtige Situation ‚denkend' zu transzendieren, wofür das Urteilen und das reflektierende Erfragen und Geben von Gründen und damit der prädikative Satz systematische Voraussetzung ist. Tugendhat erinnert hierzu mit Recht an seine wichtigen *Vorlesungen zur Einführung in die sprachanalytische Philosophie*.

Tugendhats Überlegungen sind dann aber generell geprägt durch einen nicht unproblematischen methodischen Individualismus und den heute üblichen Anfang mit diffusen Ich-Gefühlen und Wir-Appellen. Dabei sollte die Philosophie alle Erbaulichkeiten wohl generell besser den diversen Praxisformen einer (Zivil-)Religion überlassen. Das gilt schon für jeden Appell an eine selbstlose Liebe und das allgemein Gute (wie bei Tugendhat mit Simone Weil oder Iris Murdoch). Stattdessen wäre das zugleich Generische und Prekäre aller transsubjektiven *Normen* des richtigen Urteilens, Schließens und Handelns einerseits, die Bedeutung des Erwerbs allgemein ‚richtiger' (Denk- und Gefühls-)*Haltungen* in einer Primärgemeinschaft andererseits zu explizieren. Auf ihrer Grundlage werden artikulierbare Erfahrungen *allererst möglich*, was wiederum für einen gerichteten Weltbezug gerade auch der einzelnen Person *Voraussetzung* ist.

Religion ist immer schon diffuse Expression dieses Sachverhaltes. Zu ihr gehört u. a. auch die Haltung einer nicht personal ausgerichteten (Dieter Henrich sagt: ‚anonymen') Dankbarkeit der Tradition gegenüber, die uns allererst zu Personen macht. Tugendhat erklärt dagegen, es verlange jeder Dank eine Antwort auf die Fragen „Wofür?" und „Wem gegenüber?"[26] Man könne daher nur einer realen Person gegenüber dankbar sein. Und man könne heute auch nicht mehr beten. Richtig ist daran, dass die stille Rede mit sich selbst und das Gebet als Rede mit einem vorgestellten Gott abkünftig sind im Vergleich zu einer Rede mit einer realen Person. Aber abkünftige Praktiken und Haltungen sind als solche noch lange nicht sinn- und gehaltlos, so wenig wie andere figurative Redeformen auch. Sonst wäre etwa die Erklärung der Planetenbewegungen durch mehr oder minder als frei schwebend vorgestellte Kräfte ebenfalls sinnlos, nachdem der Ursprungsbegriff der Kraftaufwendung aus dem Bereich der menschlichen Arbeit stammt.

An der Haltung der Dankbarkeit der Tatsache gegenüber, dass wir die personalen Kompetenzen des Verstehens besitzen, ist nichts falsch. Analoges gilt für die Rede davon, dass ich Verantwortung für mein Leben zu übernehmen habe[27], selbst wenn ganz diffus bleibt, gegenüber wem ich das tue: mir selbst gegenüber, der ich später vielleicht auf mein Leben zurückblicke, meiner Familie und meinen Freunden gegenüber, die sich an mich, mein Tun und meine Leistungen oft dann noch erinnern, wenn ich das nicht mehr tue oder nicht mehr tun kann, oder einer bloß vorgestellten generischen Menschheit gegenüber, also der bloßen Möglichkeit der Erinnerung an mich, wie sich wohl Sokrates die Sorge um seine an sich nicht sterbliche *psychē* oder Seele vorgestellt hat, ohne dass ihn darin allzu viele verstanden hätten. Daher ist es durchaus fragwürdig, wenn Tugendhat erklärt, es gäbe entweder gar keine Verantwortung, wenn bzw. weil es kein (wohlbestimmtes) Gegenüber gebe[28], oder man müsse dieses Gegenüber als die moralische Gemeinschaft verstehen. Gegen das zweite Horn spricht dann nichts, wenn man versteht, dass und warum eine entsprechend diffus adressierte Verantwortung sinnvoll ist. Sie ist sogar klarer artikuliert als die immer auch in die Irre führende und daher von Tugendhat mit Recht infrage gestellte Rede (Husserls) von einer „Selbstverantwortlichkeit".[29]

Zusammen mit einem gewissen *mainstream* in der zeitgenössischen sprachanalytischen Philosophie übersieht Tugendhat, dass es jenseits ontischer Hypostasierungen von Göttern und Seelen wie im Christentum und einer gewissen metaphysischen Tradition des Cartesianismus eine sinnvolle Rede über Bewusstsein, Seele, Geist und (freien) Willen gibt, welche die Halbheiten der bloß kompatibilistischen Versöhnungen eines angeblich durchgängigen Kausaldeterminismus in der Natur mit einem frei verantwortlichen Handeln samt der merkwürdigen Rede von einem „Ichgeschehen"[30] nicht nötig hat.[31] Dazu bedarf es allerdings eines angemessenen Verständnisses unserer immanenten Unterscheidungen zwischen einem Reich der *(handlungsfreien) Natur* unter Einschluss der natürlichen Welt der Tiere einerseits, einem Reich des menschlichen Geistes und der Freiheit des Handelns andererseits, in der *einen und einzigen Welt*, in der wir leben. Die unbezweifelbare Weltimmanenz von allem, was es gibt, ist daher zu unterscheiden von den (übrigens rein apriorischen) Thesen eines (in seinem logischen Status völlig unklaren) Naturalismus, dem zufolge alles, was je geschieht, ‚naturwissenschaftlich' darstellbar und erklärbar sei. Offenbar sind sowohl in den religiösen als auch in den szientistischen Denktraditionen sinnvolle und abwegige Gedankenteile oft diffus miteinander vermengt. Ein bloßer Appell an intellektuelle Redlichkeit und Wahrheit hilft hier eben daher nicht weiter.

Kapitel 2: Transzendenz und Immanenz

> Nur wer sich an die Welt verliert,
> wird sich auch in sie finden können.

2.1 Philosophische Anthropologie

Die Frage nach dem Sinn führt uns immer auch zu dem, was seit Langem unter dem Titel „Transzendenz" steht. Dabei ist zunächst durchaus unklar, was das ist. Wenn wir das Wort nicht schon von vornherein abwerten wollen, sollten oder könnten wir es vielleicht so erläutern: In jeder Rede von einer *Transzendenz*, und durchaus auch noch in Kants ganz besonderem Gebrauch des Wortes „transzendental", geht es auf die eine oder andere Weise um eine *Überschreitung* eines eingeschränkten, in diesem Sinn endlichen, Bereiches. Man kann so z. B. eine objektstufige Fokussierung auf endliche Dinge oder empirische Phänomene überschreiten, etwa indem man mit Martin Heidegger nicht auf Gegenstände der Rede und Objekte empirischer Untersuchungen fokussiert, sondern auf den *sinngebenden Rahmen*, in dem wir so und so reden und etwas so und so untersuchen. Dieser Rahmen im Ganzen ist am Ende unsere eigene Seinsweise. Zu ihr gehört auch der Vollzug von Wissenschaft. Wissenschaft steht damit im Kontext von und neben anderen Vollzügen.

Die Logik des Übertritts aus dem Vollzug oder einer begrenzten Praxis in die Ebene des Nachdenkens *über* die Praxis und den Vollzug ist ganz offenbar schwer zu explizieren. Das ist nicht etwa nur dort so, wo es sich um eine Rede-Praxis und ihre metastufige Explikation handelt. Ein besonderes Problem entsteht dadurch, dass ein solcher Schritt aufgrund der ‚spekulativen' Sprachformen als Eintritt in eine Beziehung zu etwas ‚Höherem' erscheint, zu etwas ‚Metaphysischem', vielleicht sogar schon zu Gott. In Kants Gegenüberstellung von „transzendent" und „transzendental" geht es daher gerade darum, jede Rede über ein solches vermeintes Jenseits immanent zu deuten, also auf Formen unserer *condition humaine* zu beziehen. Transzendentale Bedingungen eines auf Objekte bezogenen und insofern objektiven (Erfahrungs-)Wissens sind damit Präsuppositionen, genauer: implizite Voraussetzungen im Vollzug, wie sie in der objektstufigen Fokussierung auf Erfahrung nicht bemerkt werden, eben weil sie als selbstverständlich vorausgesetzt werden. Sie zu artikulieren oder explizit zu machen, ist die Aufgabe von Transzendentalphilosophie. Diese ist kritische Philosophie eben dadurch, dass ‚*transzendente*' Deutungen des Übertritts von den Erscheinungen zu einem Jenseits als bloß halb verstandene Vorformen einer ‚transzendentalen' Analyse erkennbar werden sollen. Unglücklicherweise ist bis heute die Bedeutung dieses Ansatzes kritischer Immanenzphilosophie und ihre zentrale Unterscheidung zwischen einer *transzendenten Metaphysik* und einer *transzendentalen Philosophie* als meta-wissenschaftlicher Explikation des praktischen und als solchem immer schon normativen Rahmens jedes Wissens, aber auch anderer Praxisformen, gerade in einer empiristisch geprägten Denktradition, etwa im englischsprachigen Bereich, noch kaum begriffen.

Die zentrale Einsicht der Transzendentalphilosophie, ganz allgemein gesehen, besteht darin, dass jedes empirische Wissen oder auch nur jeder sinnvolle Wissensanspruch über die immanente Welt der innerweltlichen Erscheinungen, also was wir real erleben und erfahren, und zwar selten oder nie bloß als Einzelne, eine Einbettung in bestimmte und in ihrer Bestimmung begrenzte gemeinsame Praxisformen schon voraussetzt. So setzt jede Aussage der Physik z. B. längst die Arbeitsteilung und thematische wie methodische Aspektdifferenz zu einem chemischen oder biologischen Wissen voraus. Letzteres wiederum setzt ein Wissen von der Differenz bloß biologischer Prozesse bzw. dem Verhalten der Tiere zu unserem Handeln voraus, auch wenn dies immer wieder vergessen wird.

Hinzu kommt dann noch die Artikulation so genannter regulativer Ideen, in denen wir kontrafaktisch so sprechen, als seien ‚unendliche' Erfüllungsbedingungen erfüllt, etwa indem wir über eine Betrachtung der Welt *sub specie aeterni*, also vom Blickpunkt eines vorgestellten Gottes aus reden. Diese Idee bzw. diesen Gott ‚gibt' es dann aber, wie schon Kant erkennt, nur intern, in einer besonderen Form des Redens. Es ergibt sich, dass es hier nichts zu ‚glauben' gibt, es sei denn, man meint mit dem Glauben eine bloße *Haltung* zur regulativen Idee Gottes, also eine Art säkularisierte Version von ‚*Faith*'. Wenn es diese Haltung der vertrauenden Hoffnung auf das Gute ist, dem Kants immanenter und endlicher Wissensbegriff Platz schaffen soll, dann fallen alle Deutungen, welche Kant eine gewisse Apologetik christlichen Glaubens zuschreiben, in sich zusammen. Kants Religion in den Grenzen der Vernunft und seine Christologie wären dann nur als Verteidigung einer immanenten Bedeutsamkeit analogischer Vergegenwärtigungen der ethischen *condition humaine* zu lesen.

In seinem 2007 erschienenen Buch *A Secular Age* richtet sich eine Hauptkritiklinie von Charles Taylor gegen Kant.[32] Er sieht den ‚Glauben an Gott' als durch die Überschreitung einer stabilen ‚mittleren Lage' (‚*stabilized middle condition*') in die Richtung einer (am Ende nie voll erreichbaren) Fülle (‚*fullness*') bestimmt. Eine derartige Sinnorientierung verfehle ein moderner Ungläubiger (‚*unbeliever*') allein schon deswegen, weil er die Beurteilung seiner mittleren, sozusagen bürgerlichen Erfolge am Ende selbst in seinen Händen behalten möchte. Aufgrund dieser Art von durchgehender Selbstbeurteilung, die ihm selbst als Selbstbewusstsein und Selbstbestimmung erscheint, kann ein solcher Mensch nach Taylor keine Fülle er-

2.1 Philosophische Anthropologie

reichen und schon gar keine widerfahrnisartige göttliche Gnade erleben, ja sich nicht einmal vorstellen, was das denn sein könnte. Zugleich steht er in der Gefahr der Selbstgerechtigkeit. An diesem Gedankengang ist durchaus einiges dran. Problematisch wird dann aber die These, dass die immanenten Ziele der Verbesserung der menschlichen Lage (,*human flourishing*') am Ende die Frage nach dem Sinn nicht zu befriedigen vermöchten. Denn es ist absolut zentral, die Differenz zwischen dem begrenzten Ziel der Verbesserung der Lage von mir und den Meinen (wer immer das auch sein mag, die Familie, der Stamm, die Nation) und der Teilnahme an einem ,unendlichen' Projekt der Entwicklung ,der Menschheit' zu begreifen. Letztere transzendiert jeden bloß ,subjektiven' Sinn, ohne auf ein ,göttliches' Jenseits hoffen zu müssen. Wenn der ,Mensch' im Mittelpunkt steht, heißt das also noch lange nicht, dass nur ich oder wir uns zu wichtig nehmen. Wer ,den Menschen' im rechten Sinn in den Mittelpunkt stellt, tut dies unter Einschluss von Tieren, Pflanzen, der Erde und dem Leben auf ihr.

Taylors Kritik ist insofern fragwürdig, weil erst einmal zu klären wäre, ob es nicht einfach eine Selbstverständlichkeit ist oder sein sollte, dass jede Sinngebung in einem guten Leben der Menschen bzw. der Menschheit in einer lebenswerten Welt und auf einer lebensfreundlichen Erde an ihr Ende kommt. Es könnte dann ein bloßer Streit um Worte sein, ob wir diesen Gesamtrahmen in Überschreitung bloß subjektiver Sinnsetzungen lieber auf die eine oder auf die andere Weise artikulieren wollen. Der eine möchte dazu religiöse Redeformen und dabei vielleicht auch die Rede von Gott gebrauchen. Der andere besteht darauf, dass diese Redeformen nur dann autonom und aufgeklärt begriffen sind, wenn man ihre wesentlichen Äquivalenzen mit der Rede über das immanent Gute im menschlichen Leben begreift – wobei dieses immanent Gute freilich von dem zu unterscheiden ist, was ein Einzelner bloß jetzt gerade für gut hält oder in vermeintlicher Autonomie in mehr oder minder sinnloser Willkür für einige Zeit als für sich gut zu setzen gewillt ist. Außerdem ist es problematisch, dass Taylor seine Untersuchung des Verhältnisses von Säkularität und Religiosität (im Grunde nicht anders als Schneider oder Tugendhat) mit der bloß subjektiven Empfindungsperspektive des Einzelnen anfängt. Damit werden die allgemeinen begrifflichen Analysen der Transzendentalphilosophie von Kant und Hegel bis Husserl und durchaus auch Heidegger im Grunde unterschätzt. Denn um *Erfüllungsgefühle* geht es *nicht*, eher um eine Kritik eines bloß partiellen Selbstbewusstseins *sowohl* der religiösen Traditionen *als auch* einer vermeintlich ,wissenschaftlichen' Aufklärung und *szientistischen Säkularisation* mit ihren Materialismen und Empirismen. Taylors Deutung der Vernunft als bloß verstandesmäßige Haltung verkennt wohl schon, dass es hier um einen dritten Weg geht.

Die erwähnte Gefahr der Selbstgerechtigkeit einer bloß vermeintlichen Moderne (Aufklärung, Vernunft) wurde allerdings schon im 19. Jahrhundert gesehen, durchaus unter dem Einfluss der Diskussionen der so genannten Romantik und der klassischen deutschen Philosophie von Kant bis Hegel. In der damals üblichen Rede von einem „Philistertum" zeigt sich am Ende das Moderne dieser Autonomiebewegung, in welcher es um die Gegenüberstellung von *Bourgeois* und *Citoyen* geht: Der Lebensentwurf eines *Citoyen* reicht über sein eigenes Leben insofern hinaus, als er sein Tun im Rahmen eines Menschheitsprojektes versteht, also nicht etwa nur, wie im 19. Jahrhundert leider zumeist, im Dienste seiner Nation. Demgegenüber kreist ein *philiströser Bourgeois* in seinem Denken und Tun nur eitel und sinnleer um sich selbst. Die *philosophisch säkularisierte* Moderne gerade auch der Romantik erkennt auch jeden ‚ontischen' Glauben an Gott als begrifflich verwirrt, ohne damit religiöse Rede in Bausch und Bogen abzulehnen. Zugleich differenziert sie zwischen Menschen, die sich mit einer mittleren Lage, auch Gemütslage, abfinden möchten, und Personen, welche nach immer größerer *Fülle* streben und in diesem Streben eine *Sinngebung* ihres Tuns erkennen. Ein naturalistischer Szientismus und eine Überschätzung des Technischen scheinen diesen Gegensatz freilich kaum mehr zu kennen oder nicht mehr zu verstehen. Daher droht die säkulare ‚Moderne' am Ende völlig in den philiströsen Zustand zu verfallen, den schon Johann Gottlieb Fichte mit dem ebenso blumigen wie schwierigen Titel eines ‚Standes der vollkommenen Sündhaftigkeit' bezeichnet hat. Es ist die Haltung der unbefragten und unreflektierten Akzeptanz einer am Ende rein kapitalistischen ökonomischen und gesellschaftlichen Ordnung und ihrer liberalistischen Ideologie, samt einer Vorstellung von einem Staat, der keine weiteren Ziele der Verbesserung der Situation der Menschen über die Verteidigung des Wohlstands der Einzelnen und ihres privaten Eigentums hinaus verfolgt.

Bei aller Wirkkraft fichteanischer Formulierungen müssen wir allerdings vorsichtig bleiben, wo immer in Bezug auf uns selbst von „Säkularisierung" oder „Moderne" oder dann auch „dem Menschen" im generischen Singular gesprochen wird. Denn es geht um grundsätzliche Haltungen ‚der Menschen', die sich auf typische Weise voneinander unterscheiden können. Daher ist auch zwischen allgemeinen Aussagen zu ‚der Lebensform' *des Menschen* und besonderen, aber immer noch generischen, idealtypischen Aussagen über *Lebensformen* der Menschen samt der entsprechenden *Lebenshaltungen* zu differenzieren. Es gilt sozusagen zwischen einer *philosophischen Anthropologie* und einer Art *philosophischen Ethnologie* zu unterscheiden.

In einer recht verstandenen *philosophischen Anthropologie* geht es um *eine einzige gemeinsame condition humaine*, etwa in Abgrenzung von den Lebensformen der Tiere. Und es geht um die rechte Haltung zu dieser Lebensform, die zwar Variationen in ihren Ausprägungen erlauben mag, aber in Differenz zu unrichtigen Haltungen immer auch in ihrer Einheit zu be-

2.1 Philosophische Anthropologie

greifen sein muss. Dabei ist die Artikulation der Reflexion auf diese Einheit laufend zu verbessern – wie alles generische Wissen über unsere Lage in der Welt.

Der Mensch als sprach- und handlungsfähiges Wesen ist dabei kein Tier (*bestia*), sondern seine Seinsform ist der von Tieren *kategorial* und *existenzial* ebenso entgegengesetzt wie die der Tiere, der der Pflanzen und wie die Seinsweise von Organismen zu der einer unbelebten Natur. Heidegger hat dabei in seiner Unterscheidung zwischen Vollzugsform und Bezugsform mit Recht das Wort „existenzial" für die Seinsform(en), das Wort „kategorial" für die Aussage- bzw. Zuschreibungsformen reserviert. Der Mensch ist wie das Tier und anders als die Pflanze ein ‚animalisches' Lebewesen, ein *zōon* mit besonderen ‚Eigenschaften', die freilich genauer als *Fähigkeiten* bzw. als *Daseinsweise* zu bestimmen sind. Es ist angesichts dieser begrifflichen Grunddifferenzierungen eine Art logischer Fundamentalirrtum szientistischer Lebenswissenschaften, das ‚Leben' als Eigenschaft eines ‚Systems' aufzufassen, zumal das Wort „System" völlig unklar und verblasen ist.

In einer recht verstandenen *philosophischen Ethnologie* ginge es dann um differente humane Lebensformen entweder in verschiedenen Epochen der Menschheitsgeschichte oder in verschiedenen Ethnien. Im Grunde enthält eine solche philosophische Ethnologie längst schon eine Geschichtsphilosophie, also auch begriffliche und wissenschaftstheoretische Reflexionen über eine ‚empirische' Ethnologie und Geschichtswissenschaft.[33]

Begrifflich ist die Unterscheidung zwischen einer philosophischen differentiellen Anthropologie und einer geschichtsphilosophischen Ethnologie bzw. Ideen- und Praxisformgeschichte deswegen nötig, weil eine Artikulation von Formaspekten humanen Lebens samt den Fähigkeiten der Teilnahme an ihnen, wie sie *allen* Menschen im Normalfall der Möglichkeit nach *gemeinsam* sind, etwas anderes ist als die begriffliche Analyse *besonderer Ausprägungen* der menschlichen Lebensform, wie sie unter den Titel „*Lebensformen*" gestellt werden können. Im ersten Fall soll und darf nicht ethnisch oder kulturell differenziert werden. In einer philosophischen Ethnologie bzw. einer Geschichts- bzw. Kulturphilosophie dagegen geht es um die Differenzierung *verschiedener* Ausprägungen menschlicher *Kultur*. Hier muss zwischen verschiedenen Realisierungen basaler Praxisformen, wie sie unser Dasein prägen, idealtypisch-allgemein unterschieden werden.

Das Beiwort „philosophisch" verweist dabei auf die Allgemeinheit der Rede-Ebene und damit darauf, dass es keiner besonderen Empirie, Statistik oder Einzelhistoriographie bedarf, um die *allgemeinen* Unterschiede in ihrer impliziten *Selbstverständlichkeit* und eben dadurch *als Allgemeine* zu bemerken und zu artikulieren, zumal diese umgekehrt in jeder empirisch-historischen Beschreibung des Handelns einer Person in einem Kulturkreis längst schon vorausgesetzt werden müssen. So wissen wir, dass Mutterschaft ein anthropologisches Universale ist. Andererseits kann man nur dort sagen, dass ein Mann einen Mann heiratet, wo es eine entsprechende Institution gibt, so wie ja schon die Heirat zwischen Frau und Mann eine Institution ist, die nicht universal ist.

Die Bedeutung von Lebensform und Lebensformen bzw. Institutionen und Praxisformen für die Frage nach dem Sinn wird nun insbesondere dadurch klar, dass nur in ihnen Wörter und Sprechhandlungen eine konkrete Bedeutung erhalten, ihren Sitz haben. Sinn und Bedeutung von Wörtern, Sätzen und Sprechhandlungen müssen sogar selbst als Institutionen oder Praxisformen betrachtet werden. Der Unterschied zwischen Institution und Praxisform besteht dabei im Grunde nur darin, dass Institutionen wenigstens in ihren Prinzipien auch durch explizite Regeln bestimmt sind. Praxisformen können weitgehend durch implizite Normen des rechten Handelns bestimmt sein, die *per se* noch keiner Artikulation durch sprachliche Sätze oder Regeln bedürfen. Freilich sind die Übergänge fließend. Je formeller, ausdifferenzierter und schematischer die Regeln und Regelbefolgungskontrollen werden, desto selbstverständlicher sprechen wir von einer Institution, wie z. B. der des Rechtswesens oder der Universität. Je informeller die normativen Formen der rechten Teilnahme an einer Praxisform sind, desto weniger neigen wir zum Gebrauch des Wortes „Institution". Das moralische Urteilen könnte daher gerade wegen des (wohlbegründeten) Mangels an festen Regeln als Praxisform angesprochen werden – obgleich sie ein notwendiger Bestandteil menschlicher Lebensform ist.

2.2 Entwicklung zum Besseren und der Begriff der Idee

Von zentraler Bedeutung für die Frage nach dem Sinn im Kontext eines Strebens nach Vollkommenheit oder Fülle ist eine Einsicht, welche im Kern schon bei Sokrates und Platon zu finden ist und welche für die Philosophie als Institution oder bestimmte kulturelle Praxis geradezu fundamental ist: Institutionen und Praxisformen haben erstens immer schon eine Geschichte. Sie sind aber, zweitens, immer auch schon auf eine Verbesserung für die Zukunft angelegt. Sie haben aufgrund ihrer Tradition eine Form (*eidos*). Sie sind also schon *geformte* Praxen mit zunächst impliziten Normen des Richtigen und Falschen. Diese bestimmen *als empraktische* im Sinne Karl Bühlers unser eigenes Tun und Leben, und zwar indem wir die richtige Teilnahme an ihnen lernen. Was wir dabei lernen, wird seit alters am schnellsten und besten durch die Rede von der *Rolle* in einem Spiel erläutert. Hierher gehört auch die Rede von einer individuellen *Person*, welche (als Subjekt) ein bestimmtes Set von Rollen zu spielen gelernt hat oder zu spielen lernen kann. Eine Person in diesem Sinn zu sein, besteht, wie gesagt, gerade in der Kompetenz, relevante *Rollen* (gut) spielen zu können.

Aufgabe von Philosophie ist es nun, diese Formen explizit zu machen. Ziel ist, durch Artikulation von impliziten Normen in der Form von Sät-

2.2 Entwicklung zum Besseren und der Begriff der Idee

zen, Prinzipien oder Regeln die Aktualisierungen und Entwicklungen von Praxisformen und Normen selbstbewusst kontrollierbar zu halten. Doch das ist nicht einfach. Schon die Auseinandersetzung des platonischen Sokrates mit seinen eigenen Forderungen nach definitorischen und kriterialen Bestimmungen von normativen Urteilen über Aspekte oder Dimensionen unseres (gemeinsamen) Handelns zeigt dies. Das gilt für die Frage, was Wissen oder Wahrheit sind und wie sie erkennbar sind, bis zur Frage nach einer gerechten Ordnung oder Verfassung im Staat oder danach, welche Handlungen wie als fromm, tapfer, besonnen oder einfach als gut und richtig zu beurteilen sind. Dabei erkennt Platon, dass, wie im Fall des Wortes „groß", die Grundform dieser Bewertungen *relational* ist, so dass eine Handlung schon dann als richtig gilt, wenn sie die Mindestanforderungen des je relevanten Maßes des Richtigen erfüllt, nicht erst dann, wenn sie ‚absolut perfekt' ist. Platon drückt sich dabei so aus, dass die Handlung ausreichend an der Idee des Richtigen oder Guten teilhat (*metechein*). Die ideale Idee (*eidos*) artikuliert damit gewissermaßen die Richtung einer relationalen Ordnung. Ihre reale Anwendung hängt ab vom rechten Maß, wie Hegel auch in seiner Logik betont. Das Relationale im Idealen lässt sich gerade auch am Beispiel einer geometrischen Idee oder Form (*eidos*) z. B. des Geraden oder der Ebene erläutern: Die ideale Form artikuliert im Grunde immer bloß die Richtung einer möglichen Verbesserung der Geradheit von realen Linien oder der Ebenheit von realen Oberflächen. Was realiter je hinreichend gerade oder eben ist, muss immer über die Wahl eines Maßes in relevanter Anpassung des idealen Allgemeinen an den besonderen Fall als gut genug beurteilt werden. Die dabei zum Zuge kommende *Idee des Guten*, Platons *idea tou agathou*, hat aber keine feste Form, ist also kein allgemeiner und doch endlich-bestimmter Begriff, heißt daher auch nicht „*eidos*", sondern „*idea*".

Praxisformen oder Institutionen haben ebenfalls eine relationale Form, indem einzelne Aktualisierungen als mehr oder weniger gut zu bewerten sind. Das gilt dann auch für kollektive Entwicklungen der Formen selbst. Die Formen sind als empraktische Ideen im einzelnen Handeln wirksam, gerade indem sie ihm Sinn und Orientierung geben. Sie verweisen auf die immer bestehende Möglichkeit der Verbesserung der allgemeinen Idee des allgemeinen Guten im gemeinsamen Handeln. Sie sind sozusagen auf eine solche Verbesserung angelegt. Als Ideen-im-Vollzug leiten sie sowohl jede hinreichend gute Umsetzung im einzelnen Handeln als auch die Versuche einer ausdifferenzierenden Entwicklung der Praxisformen im Ganzen.

Wir können daher sagen: Der Sinn einer Handlung ist in der Regel im Rahmen einer Praxisform bestimmt. Der Sinn der Praxisform aber ist durch die Idee des guten Lebens bestimmt, die ihrerseits eine Art ‚ideale' Richtungsbestimmung ist, nicht eine eindeutige Form.

Damit führt die Frage nach dem Sinn, wie schon Sokrates und Platon zu sehen scheinen, immer auch gleich zur Frage nach dem Status von Ideen und Idealen. Es könnte dabei schon ein tiefes Missverständnis sein, wenn die jüdisch-christliche Tradition nur in einem Gottesglauben ein die endlichen und bürgerlichen mittleren Verhältnisse transzendierenden Sinn zu erkennen vermag. Sicher, man *kann* die mythische Rede von Göttern und Gott dazu gebrauchen, um die Ideen und Ideale in einem weiten Sinn metaphorisch oder allegorisch, also figurativ, darzustellen. Doch wer *nur* diese Form der Darstellung der Ideen und Ideale kennt, der versteht sie und ihren Sinn noch nicht autonom und selbstbewusst, selbst wenn er mit ihnen empraktisch ganz gut umgeht und dabei ein gewisses Gefühl der Erfüllung entwickelt. Daher sind *bloß* mythisch-metaphorische Antworten auf Sinnfragen immer auch noch ungenügend. Man sieht dann oft nicht, dass es in Wirklichkeit um die gute Teilnahme an einer immer offenen, also nie abgeschlossenen, Entwicklung der Idee des Guten geht und um nichts sonst.

Ein Grundproblem jedes Glaubens an eine positive Religion ist dabei eine verfehlte Reifizierung figurativer (metaphorischer) Redeformen. Gegen metaphorische Vergegenwärtigungen von Ideen ist nur solange nichts einzuwenden, als nicht behauptet wird, der mythische Glaube an einen Gott sei die beste oder gar einzige Antwort auf die Sinnfrage. Dass ein solcher Glaube vielleicht besser ist als die selbstgerechte Haltung des Philisters, steht dem nicht im Wege. Damit sehen wir auch schon, in welchem Sinn die Frage nach dem Sinn immer zugleich auch eine Frage der Religion und der Religionskritik ist.

Die Frage nach dem Sinn unseres Tuns und Lebens ist dabei für manchen die Frage aller Fragen. Glücklich scheint, wer auf sie eine Antwort weiß. Allerdings steht ihr die Frage nach dem Sinn *in* unserem Tun und Leben durchaus gegenüber. Denn in ihr wird anerkannt, dass die Sinnfrage immer nur relativ zu einem schon anerkannten Rahmen selbst einen Sinn hat.

2.3 Sinn und Bedeutung, Orientierung und Funktion

Die Frage nach dem Sinn ist generell die Frage nach einer als gut bewerteten Orientierung oder Richtungsbestimmung für unser weiteres Tun. Das gilt durchaus auch für die Frage nach dem Sinn von etwas Gesagtem, seinem rechten Verständnis auf Seiten des Hörers und seiner für das Verstehen oder die Verständigung zureichenden Artikulation auf Seiten des Sprechers. Denn das gute Sinnverstehen in der sprachlichen Kommunikation ist längst selbst schon durch die gute Richtung des gemeinsamen oder wenigstens gemeinsam in seiner Form bestimmten und seiner Güte bewerteten Tuns bestimmt. Dabei ist hervorzuheben, dass eine Richtung, wie in der räumlichen Orientierung auch, nur manchmal durch ein endlich erreichbares Ziel bestimmt ist, so wie die Richtung durch den zu erreichenden Ort festgelegt

2.3 Sinn und Bedeutung, Orientierung und Funktion

sein kann. Während auf der Erde die Richtungen nach Norden und Süden durch zwei Orte, die beiden Pole, bestimmt sind, gilt das für die Richtungen Ost und West nicht. Es gilt schon gar nicht für die Richtungen im Raum.

Entsprechend lässt sich schon jetzt das Folgende einsehen: Der Sinn eines Tuns ist nur manchmal, nicht immer durch den endlich zu erreichenden Zweck bestimmt. Wo der Sinn eines Tuns wie z. B. beim Streben nach einer besseren, vielleicht gerechteren, glücklicheren und schöneren Welt durch die Richtung des Tuns bestimmt ist, wie wir jetzt metaphorisch sagen können, ist es kein Argument, wenn erklärt wird, dass das Tun nie endgültig an ein ‚vollkommenes' Ziel gelangt.

Dabei sind auch terminologische Sonderverwendungen in philosophischen Spezialkontexten dringend als solche zu beachten. Zunächst meint dabei zwar „Sinn" auch dort allgemeine Richtungsangabe, wo, wie in der neueren Sprachphilosophie nach Gottlob Frege, zwischen dem Sinn eines etwas benennenden oder benennungsartigen Ausdrucks, etwa einer Kennzeichnung, und seiner Bedeutung, worauf er also deutet, nämlich den benannten Gegenstand, unterschieden wird. Die Bedeutung ist gemäß diesem terminologischen Unterscheidungsvorschlag der konkrete oder abstrakte Gegenstand, den ein namenartiger Ausdruck benennt. Der Sinn ist die mit dem Ausdruck mitgegebene Form der Suche nach der Bedeutung, das Verfahren der Suche vielleicht, das manchmal, aber nicht immer ein Verfahren des Findens ist. Namenartige Ausdrücke können demgemäß Sinn haben, ohne dass sie Bedeutung haben, etwa wenn es gar keinen eindeutigen Gegenstand gibt, den der namenartige Ausdruck benennt. So hat z. B. der Ausdruck „die größte Primzahl" Sinn, aber keine Bedeutung. Das heißt, wir wüssten, wonach zu suchen wäre, wenn es eine solche Zahl gäbe. Die Richtung der Suche ist durch die Eigenschaft bestimmt, nicht aber ein Gegenstand, der die Eigenschaft erfüllte.

Daher sind, wie Frege offenbar noch besser wusste als die meisten seiner Leser, für die Bedeutungen von zwei namenartigen Ausdrücken Gleichungen objektstufig definiert. Für den Sinn zweier namenartiger Ausdrücke ist aber zunächst gar keine Gleichheit oder Ungleichheit bestimmt, auch wenn der Ausdruck „der Sinn des Ausdrucks A" so klingt, als sei er ein namenartiger Ausdruck mit einer Bedeutung. Das aber ist er gerade nicht: Der Sinn des Ausdrucks A ist kein Gegenstand, also keine Bedeutung. Das ist so, weil es Gegenstände nur gibt, wo für ihre Repräsentationen und Präsentationen Gleichungen und Ungleichungen schon definiert sind. Gegenstände sind also Elemente in sortalen Gegenstandsbereichen. Aber nicht jeder Ausdruck der syntaktischen Form „das X" benennt schon einen solchen Gegenstand. Das gilt für den Ausdruck „der Begriff ‚Pferd'" ebenso wie für die Ausdrucksform „der Sinn von A", und war weil für sie und andere Ausdrücke dieser Art gerade keine Gleichungen definiert und damit keine Bedeutung im Sinn Freges vorab festgelegt sind. Anders gesagt: Nur für namenartige Ausdrücke *mit* schon bestimmter gegenstandsartiger Bedeutung sind Gleichungen definiert, aber eben nur als Bedeutungs- nicht als Sinngleichheit.

Verbal oder formal können wir jeden Ausdruck durch Nominalisierung in eine Art Benennung verwandeln. Wir können sogar von ‚dem Sein' oder ‚dem Werden', ‚dem Begriff X' oder ‚der Eigenschaft Y' sprechen, als wären Begriffe und Eigenschaften Gegenstände. Es fragt sich aber, was wir tun müssen, um solchen namenartigen Ausdrücken, die schon einen Sinn zu haben scheinen, eine Bedeutung zu geben. Was also müssen wir tun, um solche namenartige Ausdrücke in bedeutungsvolle Namen zu verwandeln?[34]

Die Antwort auf die Frage lautet: Wir müssen allererst Gleichungen definieren und dazu passende Eigenschaften festlegen, indem wir die Geltungs- oder Begründungsbedingungen für konkrete Sätze bzw. Aussagen ‚über' die so zu schaffenden neuen Redegegenstände definieren bzw. bestimmen. Diese Bestimmung geschieht in praktischen Erläuterungen, welche kompetent zu verstehen sind, nicht im Rahmen einer formalen Definitionslehre, welche schon Frege und dann auch einen formalistischen Zweig der analytischen Philosophie bis hin zu Quine und Davidson in ihrer Überschätzung der sinnanalytischen und sinnexplikativen Leistungskraft von Freges für mathematische Idealschriften entworfene Aussagen-, Funktionen- und Quantorenlogik in die Irre führt. Denn nur manche Eigenschaften oder Prädikate P lassen sich durch logisch komplexe Aussageformen A(x) in einem schon als definiert unterstellten Gegenstands- oder Redebereich definieren, also in der von Frege favorisierten Form „x hat die Eigenschaft P dann und nur dann, wenn A(x) gilt". Schon was eine Zahl ist oder die basalen Eigenschaften und Relationen der Zahlen lassen sich so nicht zureichend definieren. Die Folge ist, dass man formal-axiomatisch vorgeht. Das bedeutet, dass man die Rede- und Variablenbereiche, den arithmetischen oder geometrischen Wahrheitsbegriff und damit die Bedeutung der Zahlkennzeichnungen und Zahlvariablen gar nicht mehr vollständig definiert – womit man die von Wittgenstein radikalisierte Frage Freges nach dem Sinn mathematischer Wahrheit endgültig nicht mehr beantwortet.

Der Ausdruck „der Begriff ‚Pferd'" ist kein Begriff. Wäre er ein Begriff, müsste man sagen können: „Rosinante ist der Begriff des Pferdes". Aber das ist ganz absurd. Man kann nur sagen: „Rosinante ist ein Pferd". Der Ausdruck „der Begriff ‚Pferd'" ist aber auch kein bedeutungsvoller Name, es sei denn wir *legen zuvor fest*, wie wir Begriffe identifizieren, mit welchen Prädikaten wir sie unterscheiden und zueinander in Beziehungen setzen wollen. Entsprechend gilt, dass der Sinn eines namenartigen Ausdrucks wie z. B. „der erste Konsul Frankreichs im Jahre 1799" zwar auf Napoleon verweist, aber dessen Sinn ist kein Gegenstand. Der Ausdruck „der Sinn des Ausdrucks ‚der erste Konsul Frankreichs im Jahre 1799'" hat zwar einen Sinn, aber zunächst noch gar keine Bedeutung, da dazu eine Relation der

2.3 Sinn und Bedeutung, Orientierung und Funktion

Sinngleichheit erst definitorisch festzulegen wäre. Wir sehen damit: Ein zu lernender oder als bekannt und anerkannt unterstellter Redekontext bzw. ein schon bekannter oder anerkannter Rahmen bestimmt erst den Sinn der Frage nach dem Sinn, also die Richtung der Frage. Bestimmt ist damit, welche Orientierung von einer Antwort erwartet wird bzw. was die Erfüllungsbedingungen sind, die eine Antwort zu einer befriedigenden oder hinreichend guten machen. Wahrheit wird damit als eine Art des Guten und Richtungsrichtigen begreifbar. Dabei sind sogar formale Wahrheiten wie in der Mathematik als Artikulationen verlässlicher Urteile und Schlüsse zu deuten. Sie orientieren eben damit unser mathematisches Begründen und Rechnen. Wahre Informationen über die Welt orientieren entsprechend unser weltbezogenes Urteilen, Schließen *und* Handeln. Erst dadurch erhält eine mögliche Wahrheit einen Sinn, was gerade Wittgenstein früh bemerkt hat. Damit wird klar, warum die Fragen nach dem Sinn von allem und jedem keinen Sinn hat. Die Frage nach dem Sinn von Verkehrszeichen endet z. B. mit der Angabe ihrer Funktion für einen reibungslosen und sicheren Verkehr. Die Frage nach dem Sinn (der Berechtigung) des Verkehrs schließt sich hier nicht etwa ‚logisch' an, sondern wird schon als positiv beantwortet vorausgesetzt. Sie ist daher eine *ganz andere* Frage.

Wie wichtig diese Unterscheidung ist, sieht man an der analogen Unterscheidung zwischen der ‚objektstufigen' Frage, ob Diebstahl *moralisch* verwerflich ist und daher ‚mit Recht' rechtlich sanktioniert, also mit einer Strafandrohung bewehrt und damit durch eine Institution des Strafens zu verhindern ist, auf der einen Seite, der ‚metastufigen' Frage, ob die Institution von Besitz und Eigentum, welche den moralischen und rechtlichen Begriff des Diebstahls allererst möglich macht, selbst eine erwünschte und entsprechend zu schützende Institution ist, auf der anderen Seite. Die Existenz der Institution ist nicht etwa dadurch gerechtfertigt, dass wir sie subjektiv wollen können, sondern dass sie objektiv gewollt ist, nämlich im Rahmen einer unsere Lebensform ermöglichenden Sittlichkeit, die sich faktisch dadurch ergeben hat, dass entsprechende Handlungsformen und Normen anerkannt sind, in der Tradition sozusagen instituiert wurden. Diese ‚Normativität des Faktischen' gilt und definiert Geltung, wie auch immer wir verbal zu dieser Tradition Stellung zu nehmen belieben.

Mit anderen Worten, der Satz, dass Diebstahl moralisch verwerflich ist, ist analytisch wahr. Der Satz, dass das Eigentumsregime und damit das ‚System' des ökonomischen Handelns eine sinnvolle und gute Institution ist, ist *nicht* analytisch wahr, sondern gehört zu einer normativ-generischen Ideengeschichte der uns prägenden Ideen und Institutionen, deren ‚Rekonstruktion' aus einer Verbindung von Gründe- und Wirkungsgeschichte und einer präsentischen Beurteilung im Rückblick besteht. Billiger ist eine sinnvolle Ideen- und Begriffsgeschichte nicht zu haben.

Änderungen von Institutionen kann man zwar vorschlagen. Aber Vorschläge schaffen noch keine neuen Normen oder Formen.

Kants allgemeiner kategorischer Imperativ ist, wie gerade in diesem Kontext Hegel bemerkt, im Grunde nicht geeignet, um die Frage zu beantworten, warum wir nicht stehlen sollen. Nur sofern wir schon annehmen, dass es die Institutionen Eigentum und Besitz anerkannterweise faktisch gibt, ist Diebstahl moralisch (und dann auch rechtlich) verwerflich. Warum aber sollten wir ein solches Eigentumsregime überhaupt wollen (können)? Was ist sein Sinn? Dieser Sinn lässt sich nur zeigen, indem man die sich aus dem Schutz des privaten Eigentums ergebenden Formen kooperativer Zusammenarbeit darlegt und vielleicht auch die Probleme alternativer Formen des Zusammenarbeitens. Dann sehen wir vielleicht, dass Eigentum und Besitz als Institutionen wichtig sind für eine funktionstüchtige menschliche Kooperation bei gleichzeitiger Berücksichtigung von Eigeninteressen und Freiheiten. Dazu müssen wir immer auch bedenken, was die Folgen wären, wenn jeder jedem Beliebiges wegnimmt, wann immer es ihm beliebt. Wir können das deswegen nicht wollen, weil es naiv wäre zu glauben, jeder würde sich immer nur das nehmen, was der andere gerade nicht braucht. Anders gesagt, wir brauchen ein Eigentumsregime samt der zugehörigen expliziten Ächtung des Diebstahls oder dann auch des Raubes und die entsprechenden rechtlichen Strafandrohungen gerade deswegen, weil eine freie Moralität keineswegs ausreicht, um eine gute ökonomische Koordination des eigeninteressierten Handelns unter ansonsten freien Personen zu etablieren. Hegel verteidigt mit diesen Überlegungen übrigens den Liberalismus gegen ein im Grunde anarchisches, nur scheinbar ‚moralisches' Denken, wie es bis heute naive sozialistische Vorstellungen von ‚freien' Gesellschaften prägt. Zugleich verteidigt er die Bindekraft oder *‚religio'* der Tradition, der Institutionen und Praxisformen, samt ihren Normen des Richtigen.

Überhaupt ist Religion wesentlich und im Kern gemeinsame Feier der Praxisformen, die uns Menschen zu handlungsfreien und kooperationsfähigen Personen machen. Religiöse Praxisformen sind insofern Praxisformen der Reflexion auf die besondere *condition humaine*. Wie die Philosophie gehören sie zu einer Praxis der Vergegenwärtigung ‚des Geistes', d.h. der besonderen Lebensform der Menschen, die es uns erlaubt, unser Leben mit offenen Augen zu führen, wie wir im übertragenen Sinn sagen. Das heißt, dass wir etwas über die Welt und über das in ihr Wirkliche, Mögliche und Notwendige *wissen*.

Die religiöse Praxisform entwickelt in dieser Sicht unser Selbstbewusstsein und steht daher in einer nur auf den ersten Blick überraschenden Parallele zur logischen Reflexion. Die Form dieser Reflexion wird aber als solche erst explizit in der Philosophie.

Philosophie ist daher immer auch wesentlich Explikation der *religio*, des impliziten Selbstbewusstseins des Geistes. Sie expliziert den Sinn unserer

2.3 Sinn und Bedeutung, Orientierung und Funktion

Praxisformen, besonders auch der großen Praxisformen bzw. Institutionen Religion und Wissenschaft, Staat und Recht. Im Falle des Rechts geht es etwa um den Sinn von Teilformen wie Sühne und Strafe oder um die zugehörigen dichten Begriffe wie Eigentum und Diebstahl. Solche dichten Begriffe sind nie bloß klassifikatorisch oder rein deskriptiv. Sie sind immer schon normativ, *wertend*. Ihr angemessener Gebrauch ist zumeist sogar schon *sanktionsbewehrt*. Als dichte Begriffe sind sie Bestandteil der Praxis des Rechts. Dieses wiederum ist institutionalisierter Schutz freier Kooperation zwischen den Menschen.

Die so genannten Werte der Ethik und Moral sind am Ende nichts anderes als Reflexionsformen unserer Wertungen. Es gibt sie nur als Ideen, welche unsere Praxisformen im Vollzug anleiten, wie sie dann aber auch in Reflexionen zum Gegenstand metastufiger Aussagen und Urteile über Wertungen werden. Werte transzendieren unsere je einzelnen Wertungen also (nur) insofern, als wir letztere selbst wieder daraufhin bewerten, ob sie hinreichend richtungsrichtig, also sinnrichtig sind. Der Gesamtsinn von Werten und Wertungen ist immer nur im Rahmen einer gesamten Praxisform und diese immer nur im Rahmen einer Lebensform als Gesamt von Praxisformen zu begreifen.

Werte sind damit nicht etwa in einem religiösen Glauben ‚begründet'. Religion ist vielmehr bestenfalls Erinnerung und Vergegenwärtigung des freien Ethos in freien Gemeinschaften und der dieses Ethos leitenden Normen und Werte.

Hegel unterscheidet entsprechend das in der Familie und dann in familienartig verfassten Gemeinschaften implizit tradierte Ethos als ‚göttliches Recht' von einem ‚menschlichen Recht', welches einen Staat und seine Sanktionsmacht voraussetzt. Die implizite Tradition des göttlichen bzw. religiösen Rechts geschieht in der Form strikter Gewohnheiten und selbstverständlicher Tabus in Familien, Clans und religiösen ‚Bruderschaften', ist aber gerade darum extrem wirkmächtig. Ein Bruch wird im Grunde durch den Ausschluss aus der Gemeinschaft geahndet, jedenfalls wo die Verfehlung ‚unverzeihlich' erscheint. Er macht zumindest eine gewisse Wiederaufnahme in die freie Anerkennung der Person durch die Gemeinschaft über den Weg von Buße und Reue nötig. Ein solches ‚göttliches Recht', dessen modernes Erbe der gegenwärtige freie Moraldiskurs ist, kommt zwar weitgehend ohne formelle Strafandrohungen aus, führt aber, wo es alleinige Norminstanz ist, zu einer weit unfreieren, weil wirklich immer bloß geschlossenen, *Gemeinschaft* als das ‚menschliche', also säkulare, weltlichstaatliche Recht. Dessen Vorteil ist, dass es die Kooperativität in einer ganzen *Gesellschaft* (zunächst einer *polis*, dann eines *Reiches*) schützen kann. Ein Ausschluss aus dieser Gesellschaft untersteht nicht mehr der Willkür eines *pater familias* oder dessen Erben, also eines Priesters oder Imams als Übervater einer religiösen Gemeinschaft (*umma* oder *Kirche*). Verbote und

Gebote sind in einem Staat klar und explizit für alle artikuliert und mit prognostizierbaren Strafen bewehrt.

Das allgemeine Ethos, die Sittlichkeit, spaltet sich damit auf in die informelle Moralität und Sitte mit ihrem für heilig oder göttlich erklärten Gewohnheitsrecht – das Pseudorecht jeder Theokratie – und das wirkliche Recht in einer staatlich verfassten Gesellschaft. Im wirklichen Recht verwandeln sich die informellen Bewertungen, was je als normgerecht gelten soll, in die freie Teilhabe am metastufigen politischen Diskurs der Rechtssetzung und der Kontrolle der Anerkennungswürdigkeit positiven Rechts. Insofern unterscheidet sich der Diskurs um Gerechtigkeit von der Billigkeit, der Bestimmung des Angemessenen in der Rechtsprechung. Billigkeit gehört zur logischen Sphäre der bestimmenden Urteilskraft in der Rechtsprechung. Gerechtigkeit gehört zur logischen Sphäre der reflektierenden Urteilskraft in der Rechtssetzung und Normenkontrolle und damit zur (praktischen) *Vernunft*. Das Problem kantischer Moralität besteht dann darin, dass der Einzelne, der eine Maxime oder Norm wirklich für allgemein *anerkennungswürdig* hält und sich konsequent an diesem seinem autonomen Urteil auch handelnd orientiert, noch keineswegs sicher sein kann, das ethisch Richtige zu tun. Denn dazu muss seine Maxime als allgemein guter Orientierungsmaßstab auch noch von den anderen wirklich *anerkannt* sein.

Doch kommen wir zu unserem Beispiel zurück, dem Diebstahl. Diebstahl gibt es nur in einer schon anerkannten Sittlichkeit, die zunächst durchaus informell, familial, sein kann. Als rechtlicher Begriff im Sinn des positiven, ‚menschlichen‘, ‚weltlichen‘ oder ‚säkularen‘ Rechts setzt der Begriff des Diebstahls aber schon den Staat voraus, wie übrigens auch schon Hobbes bemerkt. Dass Diebstahl nicht bloß rechtlich verboten und rechtlich geahndet wird, sondern sittlich schlecht ist, ist begrifflich ‚wahr‘. In eben diesem Sinn haben wir den Diebstahl als einen ‚dichten‘ moralischen bzw. rechtlichen Begriff angesprochen, in dem Kriterien des Tatbestandes mit inferentiellen Wertungen und Beurteilungen längst schon verbunden sind, selbst wenn die ‚Verurteilung‘ am Ende nur darin besteht, dass man sich vor dem Dieb in Acht nimmt und, wie mit einem Lügner, möglichst nicht weiter kooperiert, also dem Täter das für freie Kooperationen immer nötige und frei zu gewährende *Vertrauen* entzieht.

Ein Problem stellt dabei die notwendige grundsätzliche Anerkennung des positiven weltlichen bzw. staatlichen Rechts dar. Dieses Recht muss in Bezug auf das implizite Ethos und diese informelle Sittlichkeit muss in Bezug auf das positive weltliche Recht am Ende so sein, dass seine Anerkennung nicht bloß möglich, sondern wirklich wird. Dafür bedarf es einer gewissen Art von Kohärenz oder Versöhnung zwischen göttlichem und weltlichem, familial-tribalistischem und staatsgetragenem Recht, also auch zwischen impliziter Moral und explizitem Recht. Der historische Kampf zwischen Kirche und Staat, Religion und Gesellschaft wird damit als Streit um die rechte Ausgestaltung dieser gegenseitigen relativen Konsistenzforderung an beide Traditionsmomente der Sittlichkeit begreifbar. Damit wird erstens klar, dass das Problem nicht bloß ein solches der Vergangenheit ist, und zweitens, warum eine Identifizierung von Staat und Religion bzw. Staat und Stamm, wenn man will: von Gesellschaft und Gemeinschaft die Ursünde jedes völkischen oder religiösen ‚Nationalismus' ist.

Was aber ist dann der Sinn von Strafe, nachdem die Tat ohnehin nicht ungeschehen gemacht werden kann? Lässt man hier den Rahmen außer Acht, versteht man den Sinn von Strafe nicht mehr. Zu diesem Rahmen gehört erstens die Rolle von Sanktionsandrohungen für die Steuerung kollektiven Verhaltens und Handelns, insbesondere auch zum Schutz von Leben und Freiheit und zum Erhalt von Institutionen wie Eigentum und Besitz, zweitens die ‚Dokumentation' der Anerkennung oder Nichtanerkennung der Maxime des Handelns im Gerichtsurteil. Der Sinn von Strafe liegt also *nicht* darin, die begangene Tat ungeschehen zu machen. Es geht nicht einmal *bloß* darum, die Wahrscheinlichkeit, dass solche Taten getan werden, durch Strafandrohungen zu beeinflussen. Es geht um die *allgemeine Durchsetzung eines Rechts*, das auch der Rechtsbrecher kennt und ironischerweise gerade dadurch *anerkennt*, dass er *sich zur Ausnahme erklärt*. Eben damit verzichtet er aber selbst in autonomer Weise auf *den Schutz* und *die Kooperation* in der Gesellschaft. Die Folge ist, dass er, sozusagen, erst wieder neu als Mitglied aufgenommen werden muss. Die Strafe restituiert ihn als Person. Strafe korrespondiert damit auf der rechtlichen Seite durchaus der Buße auf der religiös-moralischen.

Es gilt aber auch: Sanktionsdrohungen wirken nur, wenn sie, wo sie als bloße verbale Drohungen nicht fruchten, auch real in Strafen umgesetzt werden. Strafen gehören daher zusammen mit den zugehörigen Drohungen, nicht anders als etwa Versprechungen, zu den Institutionen, in denen sich die *Macht der Sprache* für das gemeinsame Handeln zeigt. Da nun aber Sanktionsdrohungen nur ein freies Handeln beeinflussen können, ist es logisch klar, dass keine *Widerfahrnisse* zu bestrafen sind. Daher gilt das Prinzip: *Nulla poena sine lege*, keine Strafe ohne explizite Strafandrohung, und das Prinzip *ultra posse nemo obligatur*, über mein Vermögen hinaus kann ich zu nichts verpflichtet werden – es sei denn, ich hätte mich etwa in einem unzulässigen Versprechen selbst verpflichtet und damit selbst das Prinzip missachtet. Zumindest das grundsätzliche Wissen um das Unrechte muss vorausgesetzt sein. Und es musste die Tat vermeidbar gewesen sein.

Widerfahrnisse mit Strafen zu bedrohen ist also widersinnig. Der Bestrafte muss immer in einem gewissen Sinn vorher wissen können, was er tun oder lassen muss. Dieses Müssen betrifft immer nur etwas, das er tun oder lassen kann. Das bedeutet dann aber auch, dass der Handelnde einsehen kann, *dass er für die Strafe selbst der Form nach verantwortlich ist*.

Das ‚freie' Handeln ist gerade im Blick auf die Sanktionsdrohungspraxis als zentrale Institution der Vergesellschaftung gleichursprünglich mit der ‚Verantwortung' für das handelnd Getane. Wer daher leugnet, dass es einen signifikanten Realunterschied in der Welt zwischen Widerfahrnissen bzw. nicht steuerbarem Geschehen und freiem Handeln gibt, kehrt auf vermeintlich hohem szientistischen Niveau zurück zur Praxis einer barbarischen Menschheit. Dort wurde der bloße ‚Verursacher' eines Geschehens ‚gestraft'. Gemäß dieser Logik kann Xerxes noch das Meer auspeitschen oder den Boten für die Nachricht strafen, oder den, der ihm aus Versehen auf die Zehen tritt. Auch in der Moderne wird unter ‚Strafe' dementsprechend bloß die Unschädlichmachung potentieller Schädiger verstanden und damit missverstanden.

2.4 Der Sinn des Ganzen

Wie steht es nun aber mit der großen Frage nach dem Sinn ‚des Ganzen'? Ist es nicht diese Frage, welche die eigentliche philosophische Frage ist?

In dem Buch von Oswald Hanfling, *The Quest for Meaning* wird die Frage nach dem Sinn von vornherein als Kurzform für die Frage nach dem Sinn des Lebens im Ganzen verstanden.[35] Ganz grob lassen sich dabei schon jetzt die unterschiedlichen Weisen, auf die Frage nach dem Sinn des Ganzen zu reagieren, so charakterisieren: Religionen und Weltanschauungen unterstellen schon, dass die Frage sinnvoll ist. Und sie bieten entweder positive oder negative Antworten an. Besonders positiv scheinen Antworten zu sein, welche in der Rede von Gott ein Sinnfundament behaupten.

Die Philosophie dagegen befragt zunächst den Sinn der Frage. Und sie prüft die möglichen Bedeutungen der Antworten, bevor sie selbst derartige Antworten zu artikulieren versucht. Das philosophische Nachdenken ist also metastufig. Das heißt, die Philosophie reflektiert immer auch auf den Sinn der eigenen und fremden Sprachpraxis. Das wiederum heißt, dass wir Philosophie so verstehen *sollten*, und zwar auch in unseren Rekonstruktionen dessen, was zu einer Geschichte der Idee der Philosophie als Institution gehört.

Weltanschauliche Glaubensphilosophien meinen in der Regel, auf die Frage nach dem Sinn eine mehr oder minder endgültige Antwort geben zu können. Dabei könnte diese Antwort auch darin bestehen, dass das Leben und der Kosmos, insgesamt genommen, sinnlos, am Ende alles Zufall sei. In welchem Sinn jedoch sollen einer solchen Meinung nach das Leben und der Kosmos sinnlos sein? In dem Sinne etwa, dass die Existenz von Leben im Allgemeinen, von humanem Leben im Besonderen *gleichgültig* wäre? Die Gegenfrage lautet natürlich: *Wem* soll sie gleichgültig sein? Uns selbst? Dem Weltall? Unser Leben ist schon dem kleinsten Stein und den meisten anderen Lebewesen völlig gleichgültig. Genauer, es hat gar keinen Sinn, von

2.4 Der Sinn des Ganzen

einer derartigen Gleichgültigkeit zu sprechen. Es wäre daher offenbar erst einmal zu klären, wovon man und von wem man auf eine sinn- oder gehaltvolle Weise überhaupt sagen kann, dass es ihm gleichgültig ist oder nicht gleichgültig sein könnte oder sollte.

So wie etwas nur groß ist, wenn klar ist, in Bezug worauf, auf welches Maß es eine Art Minimalgröße überschreitet, so ist auch etwas gleichgültig oder sinnvoll nur unter Bezugnahme auf ein solches Standardmaß. Die Grammatik der Wörter „sinnvoll" und „gleichgültig" ist aber dann schon darin komplexer, dass etwas sinnvoll oder gleichgültig immer nur für ein Lebewesen ist, oft sogar nur für Personen, also für uns. Dabei kann etwas sinnvoll oder gleichgültig für manche von uns sein oder für jeden einzelnen von uns. Oder etwas kann für uns Menschen im generischen Sinn, also für uns allgemein sinnvoll oder gleichgültig sein, unabhängig davon, wie Einzelpersonen darüber urteilen. Denn ein zufälliges Einzelurteil kann sich täuschen. Ein Einzelner kann z. B. meinen, was seine Frau von ihm denkt, sei ihm gleichgültig. Doch das ist selten bis nie der Fall. Es könnten sogar viele meinen, etwas sei gleichgültig oder sinnlos, ohne dass dies wirklich der Fall ist. Was also manche oder viele für sinnvoll oder sinnlos, für relevant oder gleichgültig *halten*, muss deswegen nicht schon sinnvoll oder sinnlos *sein*. Das gilt, ohne dass wir beanspruchten, völlig ‚objektiv' zu urteilen. Es heißt nur, dass wir zwischen den Urteilen „für sinnvoll halten" und „sinnvoll sein" unterscheiden.

Das Grundproblem jedes Präferenzialismus ist, dass er das offenbar nicht angemessen berücksichtigt. Freilich ist es nicht leicht zu sehen, dass mein Urteil der Form „x ist sinnvoll" nicht einfach gleichbedeutend ist mit „ich halte x für sinnvoll". Was aber ist hier ‚wirklich der Fall'? Bedeutet so zu reden schon, dass ein metaphysisch-transzendenter Sinn jenseits je unserer Sinnanerkennungen ‚ontisch' unterstellt würde? Gibt es ein Urteil über Sinn, der darüber hinaus geht, dass je ich oder einige oder viele von uns etwas für sich als sinnvoll anerkennen? Was wäre das für eine Objektivität des Sinns? Beruht also jeder Appell an einen allgemeinen Sinn oder Unsinn schon auf einem metaphysisch-dogmatischen Urteil? Oder ist der umgekehrte Glaube schon metaphysischer Dogmatismus, etwas sei immer nur soweit sinnvoll, als einzelne Wesen (etwa Personen) es als sinnvoll *für sich* anerkennen? Ist dieser ‚methodische Individualismus' selbst schon Ausdruck einer metaphysisch-dogmatischen Weltanschauung? Vielleicht stellt er sich sogar als die Weltanschauung unserer Zeit und diese am Ende noch dazu als ethisch problematisch oder ‚falsch' heraus.

Kritische Philosophie hebt bei angeblich letzten Antworten und fundamentalsten Prinzipien in der Regel ihre Begrenzungen hervor. Praktisch gesehen können jene nämlich in der Tat immer bloß formale, d. h. verbale ‚Allgemeinheit' und ‚Wahrheit' beanspruchen. Dem korrespondiert, dass sich immer nur einige, wenn auch oft viele, mit den je gegebenen religiösen Antworten begnügen und dass sich immer gerade die tiefsten ‚religiösen' Denker oder Frager mit den konventionellen Antworten ihrer ‚alten' Religion nicht oder nicht ganz zufrieden gegeben haben. Denn sie haben bemerkt, wie Worte schal werden und wie Institutionen zur bloßen Äußerlichkeit, zu bloßen Konventionen und geist- oder leblosen Riten erstarren können. Auf der anderen Seite ist nicht verwunderlich, warum der Umgang der Philosophie mit der Frage nach dem Sinn nicht die Verbreitung und Anhängerschaft finden kann wie die der Religionen. Denn die Philosophie gibt keine Antworten. Das aber wünschen sich die Menschen: letzte Antworten auf ihre tiefsten Fragen, Richtlinienkompetenz auf Orientierungsfragen und gangbare Wege oder Methoden, um richtig zu leben. Die Philosophie versucht zu zeigen, dass es das nicht gibt, und dies, ohne dass daraus ein Problem entstehen muss.

2.5 Begriffliche Grenzen von Sinnfragen

Eine der wichtigsten Einsichten der Philosophie ist dabei, dass mit dem Stellen von Fragen, genauer: mit der Artikulation von Fragesätzen, an sich noch gar nichts gefragt ist. Der Sinn der Frage, ja ob die Frage überhaupt einen (guten, klaren, bestimmten) Sinn hat, das sieht man ihrem Wortlaut (allein) nicht an.

Wozu leben wir? Ist die Frage überhaupt sinnvoll? Man kann fragen, wozu ein Ding, ein Gerät taugt oder wozu eine Handlung dient. Aber man kann nicht mehr fragen, wozu das Taugen taugt, oder das Leben, in dem es zum Leben Taugliches gibt.

Warum müssen wir sterben? Mit dieser Frage mag man wissen wollen, was es so alles an Todesursachen gibt. Es macht aber keinen Sinn zu fragen, warum das Leben endlich ist. Es ist endlich. Damit müssen wir uns ebenso abfinden, wie auch mit der Möglichkeit und Wirklichkeit von Unglück und Leid, soweit es nicht durch unser eigenes Handeln verhinderbar oder in Ausmaß und Wahrscheinlichkeit verringerbar ist. Aber auch der Umgang mit diesen Grundtatsachen des Lebens steht in einem gewissen Grad in unserer Macht.

Allerdings wäre die Unterstellung schon falsch, es könne einen ‚Sinn' von Tod und Leid geben. Tod, Unglück und Schmerz sind aber auch nicht einfach ohne Sinn. Es hat nur keinen Sinn, nach einer positiven Orientierung bei etwas zu suchen, was aus der Sicht des guten Lebens her als Defekt zu verstehen ist.

Es kann zwar einen Sinn für eine gewisse Unordnung geben. Aber *an sich* ist Unordnung Abwesenheit einer guten oder sinnvollen Ordnung. Es gibt dabei unendlich viele Weisen der Unordnung, wie man also eine Ordnung durcheinander bringen (*diaballein*) kann. Es gibt daher in gewissem Sinn immer viele Teufel (*diaboloi*), doch nur eine Idee der guten Ordnung

2.5 Begriffliche Grenzen von Sinnfragen

(bei allen ihren Varianten). Wir sollten uns daher eher hüten, im Defekt ein Ideal zu suchen. Es ist bloß ironisch, wenn wir Fouché als Muster eines politischen Schurken ansehen oder Beckmesser und die Meistersinger als Muster einer schlechten Evaluationskommission. Sie sind Paradigmen einer schlechten Form, der es gerade nicht nachzueifern gilt. Nicht jede Form ist daher eine ideale Form oder Idee. Es ist vielmehr zwischen einer Idee als Orientierungsrichtung und einer bloßen Form zu unterscheiden. Ideale Ideen sind verbal, bildlich oder paradigmatisch vorgestellte Zielorientierungen, in den Dimensionen des Wahren, Guten und Schönen, mit den entsprechenden ‚diabolischen' Gegenbildern.

Gott ist die Wahrheit. Das ist ein Kernsatz christlicher Religion und Theologie. Es gibt nur eine Wahrheit. Und diese Wahrheit hat so viel mit dem Guten und Schönen gemein, dass man das Wahre sogar mit dem Guten identifizieren kann und das Gute mit dem Perfekten, dem Schönen. Das drückt die orakelartige Formel aus: *deus unum verum bonum.* Was sagt diese Formel aber genauer?

Eine erste Antwort ist: Sie sagt etwas über den Zusammenhang von Wissen, ästhetischem und ethischem Urteil. Wir verwenden, wenn wir diesen Zusammenhang artikulieren, aus traditionellen Gründen (nicht erst seit Platon) die Rede von einem Gott oder dem Gott. Da spekulative Reflexionen dieser Art traditionell in religiösen oder theologischen Redeformen artikuliert werden, haben nach Hegel die Philosophie und die Religion ein gemeinsames Thema.

Es sollte uns allerdings nicht wundern, dass das Diabolische oft ‚interessanter' ist als die Normalordnung des Guten und Wahren. Diese ist am Ende immer langweilig, und zwar weil sie ja eine Selbstverständlichkeit sein soll. Nicht langweilig ist immer nur der Kampf um die Anerkennung des Wahren und Guten, dessen Selbstverständlichkeit noch nicht eingesehen ist. Demgegenüber ist der immer sehr leichte Aufweis der faktisch vielfältigen ‚Mängel' der realen Welt am Ende selbst ganz langweilig.

Soll nun mit dem Tod, mit dem Ende unseres Lebens alle Sinnorientierung aus und vorbei sein? Oder gibt es einen höheren Sinn der Art, wie ihn die Lehren von einem Weiterleben der Seele nach dem Tode des Leibes behaupten? Wäre es nicht schöner und besser, wenn derartige Lehren wahr wären? Wird unser Leben nicht glücklicher, wenn wir an derartige Lehren glauben und auf ein Leben nach dem Tod, die Unsterblichkeit und einen Gott hoffen? Welchen Nutzen sollte es dann noch haben, einen derartigen Glauben als falsch oder unbegründet widerlegen zu wollen – sofern einer, der glaubt, sich überhaupt so widerlegen lässt?

Was, andererseits, soll der Sinn des Ganzen sein, wo doch nicht nur die Menschen und Tiere, sondern sogar die ganze Erde und das ganze Sonnensystem eine begrenzte ‚Lebensdauer' haben und der ganze Kosmos, wie wir aus der Physik durchaus wissen, dem großen Wärmetod entgegen geht?

Es sind Fragen dieser Art, die als die großen Sinnfragen angesehen werden. Wir können sie als die *kosmologischen Sinnfragen* von handlungstheoretischen oder praktischen Sinnfragen unterscheiden. Sie sind aber Fragen ohne Sinn. Denn sie sind viel zu vage formuliert, als dass irgendeine Antwort eine gute Orientierung darstellte. Mit dem Ende des Lebens ist z. B. nie *alles* vorbei. Und die Endlichkeit von Leben oder Erde beeinträchtigt relative Urteile über Sinnvolles und Sinnloses *in* der Zeit des Lebens auf der Erde nicht. Die Hauptschwierigkeit ist zu begreifen, wie eng die Frage nach dem Sinn mit der besonderen Frage nach der faktischen Bedeutsamkeit, der immer bloß endlichen Relevanz einer Rede und diese mit den durch das Reden mitgetragenen praktischen Orientierungen zusammenhängen.

Man sollte vielleicht die Frage nach dem Sinn einer Rede als allgemeine Frage, die Frage nach dem Sinn des Redens über den Sinn des Lebens als besondere Frage ansehen. Was wollen wir in diesen Reden erreichen und bewirken? Wollen wir hier etwas ‚wissen‘? Oder geht es um unsere ‚Haltung‘ zum Leben?

Sinnfragen sind vielleicht doch immer nur Haltungsfragen. Und Gleichgültigkeit ist dabei eben auch eine Haltung. Daher sind Sinnfragen keine von ethischen Urteilen über das Gute unabhängigen ‚Wissensfragen‘. Wissen ist weitgehend invariant zu den bestimmten Zwecken, die wir verfolgen können, indem wir Wissen einsetzen. Das heißt nicht, dass Wissen zweckfrei wäre. Wissen und Wahrheit sind immer auf Sinn orientiert, aber eben nicht bloß auf ‚subjektiven‘ Sinn oder auf einzelne, gar bloß zufällige Zwecke Einzelner hin. Wissen ist allgemein.

Gerade auch unsere Überlegungen zum Sinn von Strafe hätten keinen Sinn gehabt, wenn alles, was geschieht, auch wie wir uns verhalten, durch unsere Vorgeschichte völlig vorausbestimmt wäre. Die Praxisformen der Drohung und des Tadels wären dann sinnlos. Drohungen wären bloßes Gerede, Strafen bloße Rache. Daraus folgt nun aber ganz einfach, dass die Prämisse falsch ist. Denn wir wissen faktisch sehr gut, dass Drohung, Tadel und Strafe als allgemeine Praxisformen im Zusammenleben einen guten Sinn haben, auch wenn sie im Einzelfall nicht immer richtig eingesetzt werden. Es gibt zwar Glaubensphilosophen, die sich zum konsequenten Determinismus bekennen und diese Tatsache verbal bestreiten. Die Frage ist aber, ob derartige Urteile zu ihrem Handeln passen. Denn sie wollen zumindest, dass wir ihre Urteile inhaltlich ernst nehmen und nicht bloß kausal auf die von ihnen erzeugten Luftströme reagieren. Eine Variante wäre, dass wir uns einfach von ihnen abwenden, wie wenn ihr Atem nicht gut wäre. Würden wir das tun, würden sie uns wohl tadeln, also von einer der geleugneten Praxen Gebrauch machen. Denn sie wollen doch wohl, dass wir ihr Urteilen und Begründen übernehmen, also frei handelnd anerkennen.

Es mag extrem schwer sein, das sinnvolle Urteilen in den mittleren Bereichen unseres realen Lebens von allzu formalistischen und idealistischen

2.5 Begriffliche Grenzen von Sinnfragen

Vorstellungen frei zu halten, also das begrifflich Sinnvolle und Richtige realistisch und nicht utopistisch zu beurteilen. Utopisch ist zum Beispiel schon der Schachzug, unser gemeinsames Wissen dem bloßen Einzelwissen eines Einzelnen anzugleichen und die Fallibilität je meiner Erkenntnis zur möglichen Fallibilität jedes menschlichen Wissens auszudehnen. Die scheinbar bescheidene These, wir alle könnten einem Irrtum verfallen sein, öffnet so die Tür, an eine transzendente Hinterwelt mit oder ohne Gott oder mit oder ohne Kausaldeterminismus *zu glauben*. Gerade die Furcht vor der Unschärfe der Endlichkeit in unseren mittleren Verhältnissen führt also zum Sprung in eine Glaubens- und Bekenntnisphilosophie. Sie ist die verbreitetste Art des Selbstmordes der Vernunft.

Wer also den Sinn jedes Bemühens infrage stellt, weil es doch sein könne, dass alles naturkausal erklärt werden kann und daher möglicherweise prädeterminiert ist, begeht schon einen Denkfehler. Denn die angesprochene Möglichkeit ist nicht von der Art, dass es sinnvoll wäre, sich an ihr so zu orientieren, wie es sinnvoll ist, mit einem immer möglichen Unglück zu rechnen. Es ist entsprechend ganz falsch zu sagen, wir redeten zwar von einer Freiheit des Willens, aber ‚in Wirklichkeit' gäbe es nichts dergleichen. Der Ausdruck ‚in Wirklichkeit' hat nur einen endlichen, immanenten, Sinn. Mit ihm dementieren wir oberflächliche Aussagen über einen Anschein oder über Erscheinungen, etwa wenn wir sagen, dass sich die Erde in Wirklichkeit um die eigene Achse dreht. Es hat aber keinen Sinn zu versichern oder auch nur die Möglichkeit zu erwägen, in Wirklichkeit könnten oder bräuchten wir nicht zwischen einer frei gewollten Handlung und einem bloßen Widerfahrnis zu unterscheiden, auch wenn wir im Einzelfall hierbei gelegentlich unrichtig urteilen.

Dass unsere Wünsche oft nicht in Erfüllung gehen, ist eine andere Geschichte. Es mag dann durchaus sein, dass wir zufällige Erfolge uns gerne selbst zuschreiben, Misserfolge aber den anderen. Mancher metaphysische Mystiker, bis herunter zu Arthur Schopenhauer, meint entsprechend, die wahre Haltung sei, an dem Wollen und Wünschen möglichst nicht teilzunehmen, sondern die Welt so unvoreingenommen und so uninteressiert-objektiv bzw. redlich (Tugendhat) zu betrachten, wie dies nur möglich ist und wie dies besonders einem Wissenschaftler anstehe. Es ist kein Wunder, dass diese Haltung am Ende Verwandtschaften zeigt mit der eines Buddhisten, fatalistischen Stoikers oder mit sufistischen Derwisch-Lehren im Islam. Doch die Haltung der Gelassenheit ist kein Fatalismus, wie noch zu sehen sein wird.

Eine bloße Beschränkung auf eine *vita contemplativa*, auf eine reine *theoria*, auf die bloße Betrachtung oder ‚Beobachtung' (so auch immer wieder Niklas Luhmann) des unvermeidlichen und zugleich kontingenten Geschehens würde am Ende alles Schauen selbst sinnlos machen. Wir säßen dann am Ende macht- und sprachlos der Welt *vis à vis* gegenüber, glotzten sie, um mit William James zu sprechen, bloß wie eine peruanische Mumie mit großen, leeren Augen an.

Weniger dramatisch, aber nicht weniger bedeutsam erscheint die Frage nach dem Sinn aus der Perspektive jedes einzelnen Menschen, der sich in eine vorgeprägte soziale Welt einzufügen hat. Was, so fragt der Jugendliche, soll der Sinn der Schule sein, wenn es doch nur darum geht, nachher entweder arbeitslos herumzuhängen oder tagein, tagaus die von anderen bestimmten Anforderungen eines Arbeitsplatzes zu erfüllen? Der Sinn der Arbeit ist doch oft kaum einzusehen, und dies nicht nur dann nicht, wenn etwa Waffen oder unsinnige Konsumartikel produziert oder wenn überflüssige Akten verwaltet werden. Selbst ein Lehrer, Architekt oder Arzt und andere allgemein für nützlich erachtete Mitglieder der Gesellschaft könnten (oder sollten) sich manchmal fragen, worin denn der Sinn ihres Tuns besteht. Und sie könnten dann sehen, wie wenig sie an den bestehenden Verhältnissen ändern können. Zumindest ist jeder ersetzbar. Und überhaupt: Was tun wir nicht alles für Geld? Das Geld ist dabei am Ende selbst nur die Anrechtsbescheinigung dafür, ein langweiliges Leben in Wohnblocks oder Reihenhäusern mit ihren Fernsehern und Küchen, Kakteen und Vorgartenzwergen führen zu können, soweit man die Zeit nicht schon in Büros oder Fabriken, in Kneipen oder sonst wo hinter sich gebracht hat. Ist das nicht insgesamt sinnlos? Sicher, denn es gibt viel bessere Alternativen, die nicht ergriffen wurden. Sind wir aber nicht den Routinen ausgeliefert? Das Schematische, manchmal geradezu betonartig Festgefügte ist keineswegs beschränkt auf abhängige Arbeit. Auch die scheinbar freieren akademischen Berufe oder scheinbar selbstständigere Arbeiten bleiben wesentlich geprägt von Routinen und von einer bloß relativen Sinnhaftigkeit.

Vielleicht ist ein Leben, das weitgehend allgemeinen Routinen folgt und durch Konventionen und Lebensablaufsmuster fest geprägt ist, die große Errungenschaft der Moderne mit ihrer technischen Arbeitsteilung in einer bald die ganze Welt umspannenden Massengesellschaft. Dabei sind uns die besonders schematischen Organisationen in Gesellschaften wie der Volksrepublik China oder Nordkorea nur etwas schneller und deutlicher aufgefallen als das Uniformierte und Konventionelle unserer eigenen Tradition. Wem dies aber auffällt – und es sind verständlicherweise gerade die jungen Leute, denen es auffällt, weil sie den Betrieb noch von außen betrachten –, der stellt sich womöglich die Frage nach dem Sinn all dieser Routinen und Konventionen. Es ist dies eine *praktische Sinnfrage,* die sich von der kosmologischen Frage deutlich unterscheidet, aber auch von der allgemeineren handlungstheoretischen Frage nach dem Sinn des Wollens und Sollens. Es ist dies die Frage nach dem Sinn des eigenen, authentischen, besonderen Lebens außerhalb des in seinem Lauf vorgeprägten Riesenrades des Lebens einer Menschenmasse.

2.5 Begriffliche Grenzen von Sinnfragen

Es gibt eine bekannte Haltung zu den Sinnfragen der geschilderten Art, welche der Haltung des Pilatus zur Wahrheitsfrage ähnelt: Man geht schulterzuckend zur Tagesordnung über. Und in der Tat, worin soll der Sinn bestehen, sich mit sinnlosen Fragen nach dem Sinn zu beschäftigen? Man kümmere sich lieber um die Probleme des Alltags, das Studium etwa oder den Beruf, die Familie oder die Freunde, um die, welche unsere Hilfe brauchen, und dann auch um uns selbst und um unsere absehbare Zukunft! Diese Haltung mag vernünftig sein, wenn das Fragen zum Selbstzweck wird oder uns von Wichtigerem abhält. Aber ist es immer eine weise Haltung? Es könnte nämlich sein, dass uns praktische Sinnfragen besonders dann geradezu unvorbereitet überfallen, wenn wir sie zuvor durch allerlei Aktivitäten verdrängt hatten. Dabei könnten wir die zugehörigen Sinnkrisen in Umrissen schon kennen, in die wir auch ohne besonderes eigenes Zutun geraten können, etwa durch Krankheit oder im Scheitern eines Lebensplanes oder einfach in gewissen Stimmungslagen. Freilich gibt es falsche und rechte Zeitpunkte für jedes Tun, auch für das Fragen nach dem Sinn. Dabei mag es durchaus auch zum Sinn einer philosophischen Beschäftigung mit der Frage nach dem Sinn gehören, sich gegen einen allzu unvermittelten Überfall durch die Sinnfragen in Sinnkrisen partiell zu immunisieren oder besser: sich auf die Auseinandersetzung mit derartigen Sinnkrisen vorzubereiten. Es ist dazu nicht notwendig, dass jeder in die gleichen Fragen faktisch gerät. Und es ist schon gar nicht notwendig, diejenigen für die tieferen Menschen zu halten, die sich intensiver mit Sinnkrisen und Sinnfragen herumgeschlagen haben. Es reicht, sich die Möglichkeiten von derartigen Fragen und Krisen zu vergegenwärtigen.

Andererseits gibt es dann doch auch die erstaunliche Erfahrung, dass viele Menschen im Rückblick auch ihr Unglück, ihr Leid oder ihre (praktischen) Sinnkrisen nicht missen wollen. Manche gehen in ihrer Hochschätzung der Kontingenz soweit, dass sie, fast religiös, von einer zweiten Wiedergeburt sprechen, wie dies etwa William James tut. Dennoch wäre es ganz falsch, nur dem ein authentisches Leben zuzusprechen, der sich am tiefsten mit Sinnfragen herumquält. Hier gilt das Hölderlin-Wort, an das Heidegger durchaus in analoger Absicht erinnert: „Wer das Tiefste gedacht, liebt das Lebendigste." Er kehrt zum ‚einfachen', d. h., wenn man will, zum ‚oberflächlichen' Leben, zum bloßen Vollzug einer durch Tradition schon weitgehend vorgeprägten Form zurück. Und doch bleibt oft ein Unterschied, wie wir mit James wissen, zwischen einem vielleicht sogar robusten ‚einfachen Leben' im Rahmen einer unmittelbar eingeübten Praxis einerseits, der Rückkehr zu einer Tradition aus einem sinnkritischen, problematisierenden Nachdenken über die tradierte Praxisform andererseits. Dabei ist jedes Verstehenwollen selbst schon eine sinnkritische Tätigkeit der hier relevanten Art, in welcher der thematisierte Teil einer im Vollzug des Lebens, also empraktisch, längst bekannten Praxis eingeklammert wird, uns als fremd gegenübertritt, als verstünden wir den Sinn dieser Praxis(form) gerade nicht (mehr). Insofern stellt auch Wittgenstein in seinen Sprach- und Bedeutungsanalysen die Frage nach dem Sinn eines üblichen Gebrauchs ununterbrochen, wenn auch oft implizit.

2.6 Wissenschaft und Glaube

„Der Versuch einer Synthese von wissenschaftlicher und religiöser Welterkenntnis kennzeichnet [...] die europäische Philosophie seit dem Entstehen des Christentums",

schreibt Ludwig Siep in seinem Buch *Der Weg der Phänomenologie des Geistes*,[36] und deutet Hegels ‚System' als letzten, ‚hybriden', metaphysischen Ansatz dieser Art nach Thomas von Aquin und Leibniz. Heute dagegen sei der

„Glauben an die Vernunft und ihren Fortschritt in der Geschichte schwer erschüttert",[37]

um vom Glauben an eine göttliche Schöpfung und Vorsehung gar nicht zu reden. Siep fährt später fort:

„Der Fortschritt der Theologie hat, wie Hegel glaubt zeigen zu können, den der Naturwissenschaft nicht verhindert, sondern ermöglicht."[38]

Warum Hegel das geglaubt haben mag, ist zunächst unklar. Es könnte sein, dass er erkannt hat, wie sich innerhalb der Theologie nicht nur die Textexegese und damit das Sinnverstehen als Proto-Wissenschaft *par excellence*, sondern mit der Philologie als *Geisteswissenschaft* auch das strukturelle Denken selbst allererst entwickelt und verbreitet hat. Das sagt Siep leider nicht. Hegels angebliche Synthese von Theologie und Wissenschaft findet auch sonst keine allzu große Gegenliebe. Das zeigen nicht zuletzt die Bemerkungen Joseph Ratzingers zu Hegel. Diese Haltung Papst Benedikt XVI. sollte uns am Ende nicht allzu sehr wundern. Denn weder gibt es bei Hegel eine Synthese von Vernunft und Glaube in Sieps Sinn, noch eine *ontische*, also einfach in die Objektwelt projizierte Teleologie. Was wir stattdessen finden, ist, erstens, eine Kritik an einer ebenso selbstherrlichen wie in ihrem eigenen begrenzten Status noch nicht begriffenen *naturwissenschaftlichen* Aufklärung. Dieser wird eine implizite Vernunft in den religiösen Diskursen gegenübergestellt, in denen es immer auch um die Rahmenbedingungen sowohl unseres allgemeinen als auch eines wissenschaftlich formatierten Wissens geht. Wir finden, zweitens, eine radikale Kritik an allen *ontischen Hypostasierungen* der Gegenstände religiöser Rede und der Reflexionsformen auf uns selbst, wie z. B. in unseren Reden über Seele, Bewusstsein, Verstand, Vernunft, Wille oder Geist. Hier betreibt Hegel, wenn man ihn verständig liest, was sicher nicht einfach ist, eine *lo-*

gisch fundierte Säkularisierung sowohl theologischer als auch psychologischer Redeformen. Es geht ihm dabei u.a. wesentlich darum, die *Idee des Fortschritts in der Humangeschichte* zu erhalten. Das gelingt ihm am Ende sogar auf so moderne Weise, dass diese Idee auch durch spätere Evolutionsgeschichten nach Darwin nicht infrage gestellt werden kann. Um das im Detail zu sehen, bedarf es freilich eines angemessenen Verständnisses von Hegels Geschichtsphilosophie, die hier nicht Thema ist.[39] Hegels Analysen richten sich außerdem gegen jeden Mentalismus und Dualismus von Descartes bis Kant, der ja immer noch notorisch schwankt zwischen einem Physikalismus, nach dem eine mechanik-analoge Physik den Bereich *echter Wissenschaft* bestimmen soll, und einer obskuren Erlaubnis, an eine mehr oder minder theologiefreie Teleologie in Natur und Geschichte oder, wie im bis heute üblichen Kompatibilismus, an die Freiheit des Willens bzw. die Verantwortung für unser Handeln *zu glauben*, und das heißt am Ende wohl nur: so zu reden und zu handeln, *als ob* es sie gäbe.[40]

Dabei stehen sich, wie Siep durchaus sieht, verschiedene Interpretationen Hegels gegenüber. Eine scheinbar kritische deutet Hegels Sätze *objektstufig*. Damit werden sie zu ontischen Behauptungen über metaphysische Entitäten, etwa über Gott, das Absolute oder den Weltgeist. Die meisten Hegel-Leser verzweifeln an dessen Texten, indem sie diese so lesen, als meinte Hegel, er hätte irgendwelche metaphysische Aussagen in irgendeiner mystischen Methode des dialektischen Schließens begründet. Man sollte Hegels Sätze aber vielleicht gerade nicht als Behauptungen, sondern als Artikulationsversuche lesen, die *metastufig* auf unsere *condition humaine* reflektieren, und zwar unter Einschluss einer Reflexion auf das rechte Verständnis der dabei gebrauchten ‚spekulativen', d.h. höchststufigen, Reflexionsformen. Gerade wenn wir uns um ein Verständnis dieser spekulativen Reflexionsebene bemühen, zeigt sich für den Diskurs zwischen Philosophie und Theologie, dass die Einsicht in die implizite Sinnhaftigkeit religiöser und theologischer Redeformen und ‚Argumente' nicht als Verteidigung eines ontischen religiösen und theologischen Glaubens zu verstehen ist. Und nicht jede Kritik an der ‚wissenschaftlichen Aufklärung' ist ein Rückfall in angeblich unhaltbare Positionen der Voraufklärung.

2.7 Gott und Wahrheit

Der wohl wichtigste theologische Satz, wenigstens aus der Sicht der Philosophie, lautet: „Gott ist die Wahrheit".[41] An diesem Satz scheiden sich die Geister. Hegel bemerkt, dass zunächst als ganz unklar zu gelten hat, ob in dem Satz der Sinn unserer Rede von Gott erläutert werden soll, oder ob eine Eigenschaft von einem als existent schon vorausgesetzten höchsten Wesen ausgesagt ist.[42] Hegel erkennt damit das Grundproblem jeder Unterstellung, der allgemeine Gegenstand objektstufiger Redeformen sei schon geklärt. So wollen Theologen Gott erforschen und zwar in ähnlicher Weise wie die Psychologie die Seele, die Kosmologie den Kosmos bzw. die Naturwissenschaften überhaupt die Natur, ohne dass die Bereichsbestimmungen in ihrem Sinn schon begriffen wären.

Bloß negative Theologie mit ihrer These von der *wesentlichen Verborgenheit Gottes* ist immerhin bescheiden. Diese Rede von einem *deus absconditus* (dem verborgenen Gott) steht freilich längst schon in bedenkenswerter Analogie zur uralten Einsicht in die *wesentliche Verborgenheit der Natur oder Wirklichkeit* (des Seins der *physis*). Denn der Satz des Heraklit: „*physis kryptesthai philei*", „die Natur bzw. das Wesen pflegt sich zu verbergen", besagt schon, dass sich die Wirklichkeit in den Erscheinungen zwar zeigt, aber eben nie unmittelbar. Die Wirklichkeit oder Natur der Dinge wird damit als das Wesen der Erscheinung angesehen. Sie wird der Erscheinung selbst, also dem, was wir unmittelbar, empirisch wahrnehmen, erst einmal gegenübergestellt. Hegel sieht nun, dass die Begriffspaare „Wirklichkeit-Schein" und „Wesen-Erscheinung" in eine besondere Sphäre logischer Formen gehört. Die (Formen der metastufigen) Reflexion auf diese Sphäre und ihre Formen heißt „Wesenslogik". Unter dem Titel „Begriffslogik" behandelt er dann auch noch die Reflexion auf alle ‚idealen' Formen der Darstellung logischer Formen. Hierher gehört etwa die Reflexion auf die Idee einer ‚absoluten' Wahrheit, welche angeblich die Endlichkeit all unserer ‚Hypothesen' transzendieren soll. Was ist aber der Sinn dieser Vorstellung von einer Transzendenz der Wahrheit genauer? Sagt sie nur, dass der ‚unendliche' (ideale, absolute) Begriff der Wahrheit das ‚notwendigerweise endliche' menschliche Realwissen (von mir und uns) immer überschreitet?

So wie wir in der Geometrie von der Rede über konkrete und endliche Kreisfiguren zu der idealen Rede über einen perfekten Kreis übergehen, indem wir formal ‚alle Endlichkeit' verneinen, so gehen wir von einem realen, bürgerlichen, Wissen (etwa dass Napoleon die Völkerschlacht bei Leipzig verlor oder die Erde ein Sonnenplanet ist) über zur Idee eines absoluten Wissens und appellieren an dieses, wenn wir etwa sagen, dass es doch sein könnte, dass Cäsar am Rubikon wirklich gewürfelt hat oder dass historische Aussagen eben wahr oder falsch sind, unabhängig von unserem endlichen Wissen. Problematisch ist nicht der Begriff einer absoluten Wahrheit und des zugehörigen unendlichen Wissens, sondern dass man sich seiner ohne sinnkritische Reflexion einfach bedient und ohne weitere Bedenken mit der Rede vom Unendlichen operiert. Das tut man in der Regel schon dann, wenn man den Unterschied zwischen einem wohlbegründeten Glauben und der Wahrheit (qua Inhalt eines Wissensanspruchs) einfach als schon geklärt unterstellt.

Dabei ist gerade eine solche Unterstellung für die Theologie höchst attraktiv. Sie kann dann, wie jede Sachwissenschaft, Argumente für einen vernünftigen Glauben vorbringen, der zwar (sozusagen *per definitionem*)

2.7 Gott und Wahrheit

immer endlich, fallibel bleibt, aber am Ende gerade aufgrund der Anerkennung einer ohnehin nie absoluten Gewissheit pragmatisch als wohlbegründet erscheinen kann. Vernunft und Glaube gehen in dieser Sicht gerade deswegen so gut zusammen, weil auch das Realwissen der anderen Sachwissenschaften, sagen wir der physikalischen Kosmologie, am Ende nie absolutes Wissen ist, sondern bestenfalls, so meint man, als ein mehr oder weniger vernünftig begründetes System von Überzeugungen gelten kann.

Es ist kein Wunder, dass sich ‚pragmatistisch' denkende Theologen und Religionsphilosophen (übrigens spätestens seit Blaise Pascal) auf eben eine solche Ansicht stützen. Richard Swinburne[43] oder Alvin Plantinga[44] suchen entsprechend nachzuweisen, dass das *probabilistische Vernunftmaß* eines *rationalen Glaubens* an Gott und an das ewige Leben bzw. an mögliche Erfahrungen nach dem Tode sogar höher sei als das Maß, das viele wissenschaftliche Überzeugungssysteme für sich beanspruchen können. Popper freilich will sich dann doch lieber auf den Bereich der möglichen Erfahrungen in der immanenten Lebenswelt beschränken und hält damit – am Ende selbst nicht völlig undogmatisch – ,Spekulationen' über mögliche Erfahrungen etwa nach dem Tode für sinnlos. Generell aber appelliert der Pragmatismus, nicht anders als die Tradition der Theologie, an eine *Entscheidung zum Glauben*, einen *will to believe* (Willliam James). Demgegenüber meint der Logische Empirismus (Russell, Carnap, Reichenbach u. v. a. m.), dass alles, was über die Kontrolle der begrifflichen Konsistenz und den sachbezogenen deduktiv-inferentiellen Gehalt von Theorien hinausgeht, *bloße Meinungsphilosophie* sei, also am Ende *Ideologie*.

Die gegenwärtige Situation der Philosophie ist dadurch geprägt, dass der (scheinbare oder wirkliche) Zusammenbruch des Logischen Empirismus und die Attraktivität des Pragmatismus eine bestimmte Art von (metaphysischer) Glaubensphilosophie zu rechtfertigen scheint. Doch diese ganze Denkbewegung führt in die Irre. Dazu ist erstens zu beachten, dass echte Philosophie *auf kategoriale Weise bescheidener* ist als jede Sachwissenschaft, indem sie nämlich nicht wie diese schon voraussetzt, dass klar sei, *was die Rede von der Wahrheit und Wirklichkeit im je relevanten Gegenstandsbereich überhaupt besagt*. Damit wird sie zugleich auch in ihrer Sinnkritik weit anspruchsvoller als etwa der Kritische Rationalismus oder ein bloß vager Pragmatismus. Diese stellen die Frage nach dem allgemeinen und besonderen Sinn unserer kriterialen Wahrheitswertfestlegungen und epistemischen Erfüllungskontrollen gar nicht, sondern halten den objektiven Wahrheitsbegriff für ausreichend klar, oder sie begnügen sich mit vagen Nützlichkeitserwägungen. Im Kritischen Rationalismus nimmt man an, dass wir uns in unseren Überzeugungen einer *per definitionem* immer jenseitigen, transzendenten Wahrheit *zu nähern* suchen, so dass für unsere Theorien immer nur eine *verisimilitudo*, eine *Wahrheitsähnlichkeit*, nie eine (absolute) Wahrheit in Anschlag zu bringen sei. Ironischerweise bleibt man damit, wie schon Nietzsche, im Denkmodell einer transzendent-metaphysischen Korrespondenztheorie der Wahrheit verfangen, trotz aller verbalen Abwehr jeder Hinterwelt und einer funktionalistischen Deutung von Überzeugungen. Die Vermeidung von Worten wie „absolut" verhindert dabei gerade, unsere immanente Differenzierung zwischen einem Realbegriff des Wissens und einem Idealbegriff der Wahrheit und die Funktion der Idee eines absoluten Wissens in der spekulativen Formanalyse explizit begreifbar zu machen. In der Nachfolge Kants, modifiziert durch die Kenntnis der Überlegungen Platons und des Aristoteles, sieht Hegel demgegenüber, dass wir unmittelbar weder den Sinn unserer Rede von der Wahrheit oder unserer Unterscheidung zwischen Glauben und Wissen verstehen, noch den Sinn irgendeiner Rede von einem Gott. Philosophie sollte seit Sokrates wissen, dass es leichter ist, mit derartigen Wörtern zu hantieren, als zu begreifen, was wir sinnvollerweise tun, wenn wir dies tun.

Kapitel 3: Religionskritik und die Wiederkehr der Religion

> Mosche sprach zu Gott:
> „... Sie werden zu mir sprechen: Was ist's um seinen Namen?"
> Gott sprach zu Mosche:
> „Ich werde dasein, als der ich dasein sein werde.
> So sollst du zu den Söhnen Israels sprechen:
> ICH BIN DA schickt mich zu euch."
> ...
> Pharao sprach:
> „Wer ist ER, dass ich auf seine Stimme hören sollte?"
>
> Martin Buber / Franz Rosenzweig,
> Die Schrift. Die fünf Bücher der Weisung. Namen.
> 3.13 f. & 5.2

> Den Sinn des Lebens, d.i. den Sinn der Welt,
> können wir Gott nennen.
>
> Ludwig Wittgenstein, Tagebücher 11.6.1916.

3.1 Das neue Bedürfnis nach Religion

Ein amerikanischer Philosoph, Hubert Dreyfus, erhielt vor Kurzem das Angebot von einem Publikumsverlag, ein Buch mit dem Titel *The Lure of the Gods*, also „Die Anziehungskraft der Götter" zu schreiben, und zwar für eine Vorausgabe von $ 200.000,00. Es gibt offenbar ein erwartet hohes Interesse an der Religion und an der Frage nach ihrer Wiederkehr. Das Interesse an einer vermeintlichen Sinnfindung in einer Religion oder auch schon spezieller in einem Gottesglauben wird aus anderer Sicht bekämpft, etwa wo, wie in Großbritannien oder jetzt auch in Deutschland, Busse durch die Länder fahren mit der Aufschrift, es sei wissenschaftlich gesehen äußerst unwahrscheinlich, dass Gott existiert. Wir sollten uns ‚daher' des Lebens freuen (‚*Enjoy your life!*'). Dabei fällt auf, dass diese Werbung für Religionskritik schon eine Vorstellung von Gott unterstellt, den es so geben soll wie einen Berg oder den Mond, vielleicht als guten alten Vater mit Bart oder als Weltenschöpfer oder Weltarchitekt mit Zirkel und Lineal. Wie anders soll man die Busse verstehen, da es ja auch keine Plakate gibt, auf denen steht, dass Madame Bovary nicht gelebt hat oder dass man die Kreiszahl π nicht sehen kann?

Ist es wirklich Aufgabe von Naturwissenschaftlern, von Physikern oder Biologen, über Wahrscheinlichkeiten der Existenz von Gott zu spekulieren oder, in einer modischen evolutionären Theologie oder Neurotheologie, die vermeintlichen Ursachen in Evolution oder Gehirn für den Glauben an Gott zu finden? Ist es nicht doch eher ein Problem für eine klassische Theologie und Philosophie zu fragen, was der Sinn gewisser religiöser Sätze ist, wie sie zu lesen sind und welche der in ihnen artikulierten Aussagen in welchem Sinn als richtige bzw. wahre ausgezeichnet werden können? Was also erlaubt es uns, gewisse religiöse Sätze oder Riten als anerkennenswert oder gar vernünftig anzuerkennen? Und welche Sätze oder Praktiken sind als falsch zu kritisieren? Was ist also reiner Aberglaube? Kann es in dieser Beurteilung religiöse Inkompetenz geben, so wie es eine Inkompetenz im Verstehen von Wissenschaft, Dichtung, Musik oder Malerei gibt? Und was heißt es, wenn einer von sich sagt, er sei in der Sphäre der Religion ‚unmusikalisch'? Besagt es etwas Ähnliches, wie wenn ein anderer die Frage „Lieben Sie Brahms?" verneint, etwa Klavier- und Chormusik hasst und Gedichte erst recht? Oder ähnelt es der Aussage einer dritten Person, sie sei mathematisch oder literarisch unbegabt? Ist es ein Ausdruck dafür, etwas nicht zu mögen? Oder ist es ein Zeichen von sprachlichem und kulturellem Unvermögen? Es könnte am Ende sogar so sein, dass in allen genannten Bereichen die Inkompetenz und damit die (kulturelle) Wüste wächst (Nietzsche), gerade wenn wir individuell oder kollektiv unser Unvermögen durch unser Nichtmögen vertuschen.

Es ist also erst einmal zu klären, wie sich der Sinn religiöser Rede und religiöser Praktiken zu dem Sinn von Aussagen über endliche Dinge oder erfahrbare Ereignisse und zu unserem Umgang mit solchen Dingen und innerweltlichen Prozessen verhält.

Die Religionskritik des Biologen Richard Dawkins[45] ähnelt am Ende verdächtig der des Kosmonauten Gagarin, welcher bekanntlich nach seiner ersten Erdumkreisung zum Besten gab, er habe im Himmel keinen Gott angetroffen. Freilich gibt es auch andere, welche, wie wir schon sahen, mit Blaise Pascal eine vermeintlich ‚wissenschaftliche' Rede von ‚Wahrscheinlichkeiten' und ‚rationalen Wettentscheidungen' dazu benutzen wollen, die Vernünftigkeit eines Glaubens an einen Gott positiv zu beweisen.[46] In dieser Parallelisierung der Wahrscheinlichkeit etwa eines Reaktorunfalls und der Wahrscheinlichkeit der Existenz Gottes wird Gott ebenfalls ganz krude als ein Gegenstand vorgestellt oder unterstellt. Im Übrigen wird die kategoriale Differenz zwischen einem Glauben, dass etwas der Fall ist, (*belief*) und einer vertrauensvollen religiösen Haltung zum Leben (*faith*) durch diese Parallelisierung von vornherein missachtet. Thomas Rentsch schreibt dazu ganz richtig:

„In Feier und Lob, Dank und Bitte, im meditativen Gespräch lassen sich ganze Sätze in ganzen Situationen angeben, in denen die Rede von Gott *synsemantisch*, d.h. im Kontext dieser ganzen Sätze und Verwendungssituationen einen Sinn hat."[47]

3.1 Das neue Bedürfnis nach Religion

Lange vor Frege und Wittgenstein hat Hegel die Bedeutung der Tatsache erkannt, dass viele Gegenstandsnamen in ihrem Sinn nur synsemantisch bzw. *synkategorematisch* zu verstehen sind. Das gilt nicht bloß für Scheingegenstände wie die infinitesimalen Größen im Differential- und Integralkalkül, sondern etwa schon für die reinen Zahlen wie 7 oder 12 oder für *reine* Größen wie das proportionale Verhältnis zwischen Diagonale und Seite im Quadrat. Die abstrakten Reden über sie erhalten weltbezogenen Sinn nur in *unreinen*, benannten, Zahlen oder Größen wie 7 cm oder 7/5 kg. Entsprechend erhalten die abstrakten Redeformen etwa über den Willen, den Geist oder die Seele ihren weltbezogenen Sinn auch nur über attributive Kontexte, wie man sagen könnte, in denen von einer willentlichen oder freiwilligen Handlung oder einer geistigen Fähigkeit die Rede ist, oder, wie im Fall der Seele, von der ganzen Person als Trägerin dieser Fähigkeiten. Welchen Sinn oder Sitz im Leben hat dann aber die Rede von Gott?

Es wäre falsch, die Frage als geklärt zu unterstellen oder gar die mythischen Reden über Gott wörtlich zu nehmen und einfach für wahr oder für falsch zu halten. Hier ist noch nicht der Ort, die basalen logischen und methodischen Fehler eines solchen Wörtlichnehmens nachzuweisen. Es reicht erst einmal, sie als Möglichkeit anzudeuten. Denn es lässt sich dann schon eine ganze Klasse von ‚Argumenten' für oder wider Sinn und Wahrheit eines Gottesglaubens aus dem Bereich ernst zu nehmender Verständnisse von Religion in den Bereich ernst zu nehmender Unverständnisse verschieben. Die Aufgabe des Verstehens des Sinns von Religiosität und religiöser Rede ist entsprechend abzutrennen von der Aufgabe, grundlegende oder grundbegriffliche Fehldeutungen aufzuweisen und aufzuheben.

Dabei ist insbesondere unklar, ob die Gretchen-Frage nach ‚Religion', also nach dem Glauben an die Existenz eines Gottes, überhaupt mit der Frage nach dem Sinn von Religion zusammenfällt. Daher haben wir erst einmal zu fragen, was Religion ist oder sein soll, um zu sehen, ob es wirklich ein Interesse an Religion ist, das angeblich oder wirklich zunimmt. Nimmt es vielleicht doch eher ab, und zwar selbst dann, wenn ein vages Interesse an so etwas wie ‚Spiritualität' zunehmen sollte? Denn eine solche ‚Spiritualität', wie sie übrigens auch ein Bertrand Russell an vielen Stellen beschwört, ist im Allgemeinen höchst verblasen, ähnlich wie alles Esoterische, und interessiert sich nur für Gefühle. Religion ist dagegen immer auch und darüber hinaus als eine kulturelle Praxisform zu begreifen.

Wie unterscheiden wir Religion und die religiöse Sphäre dann aber von anderen, säkularen Entwicklungen, etwa auch nationalpolitischen, Bewegungen, welche auf die eine oder andere Weise an tradierte Religionen anknüpfen? Manche dieser Entwicklungen sind offenbar ein sozialhistorisches, staatstheoretisches und ideengeschichtliches Phänomen der Moderne.

Religion ist häufig schon Einheit von Glaubensdogmatik und kirchenanaloger Organisationsform. Sie fungiert dabei oft als Stütze einer bestimmen Form von Herrschaft, etwa durch eine ‚Mehrheitsgesellschaft' bzw. eine zugehörige Staatsmacht.

Die Wiederkehr der Religion kann nun durchaus als eine Folge des Zusammenbruchs zweier im 19. und 20. Jahrhundert miteinander konkurrierender Modelle staatsbildender säkularer Zivilreligionen begriffen werden. Das eine Modell ist die spezielle Zivilreligion des *nationalen Volkstums*, wie sie sich besonders schön in der krypto-politischen Kunstmusik des ausgehenden 19. Jahrhunderts dokumentiert, etwa bei Guiseppe Verdi, Bedrich Smetana oder Richard Wagner. Das zugehörige Modell eines sich auf diese Zivilreligion einer nationalen Kultur stützenden Staates löst aber nicht den Widerspruch zwischen dem Streben nach Autonomie nationaler Gruppen und der Notwendigkeit der Integration von nationalen Minderheiten. Hinzu kommt die Notwendigkeit transnationaler Öffnung, nicht zuletzt zur Vermeidung kultureller Selbstprovinzialisierung. Zunächst führte der Nationalismus ja auch in den europäischen Bürgerkrieg des so genannten Ersten Weltkriegs, der nur halb begriffen wäre, wenn man nur den Irrsinn wilhelminischer und österreichisch-ungarischer Politik vor 1914 als seine alleinige Ursache ansähe und nicht auch die zivilreligiösen bzw. ‚nationalkulturellen' Spannungen in den Vielvölkerimperien Mittel-, Süd- und Osteuropas unter Einschluss der Türkei, samt entsprechender Destabilisierungsakte durch Russland und die Westmächte. Das zweite gescheiterte Modell ist die Zivilreligion eines *egalitären Sozialismus* mit seiner *kommunistischen Utopie* vermeintlich heiler Familien in einer vermeintlich solidarischen internationalen Arbeitergesellschaft.

Im Unterschied zu diesen Formen von traditionaler Religion und atheistischer Zivilreligion ist dann aber auch eine relativ politikfreie Religiosität zu betrachten, die nicht schon *per se* Bestandteil einer politischen Agenda ist. Es bedarf daher noch eines ganz anderen, subjektiv viel direkteren und damit vermeintlich auch emotionaleren Zugangs zu unserem Thema als über die politische Rolle von traditionalen und modernen Religionen in entsprechend formierten Gesellschaften. Wir finden einen solchen Zugang bei Dichtern eher als etwa in der Religionssoziologie oder gar in der Religionswissenschaft, und zwar nicht zuletzt auch deswegen, weil Dichtungen im Unterschied zu wissenschaftlichen Thesen, aber auch Predigten, keine personenunabhängigen Wahrheiten behaupten oder einen Katechismus verkünden, sondern mit ihren Lesern oder Hörern frei sprechen, diese also bei der Auffindung von Sinn und Wahrheit des Gesagten aktiv und verantwortungsvoll beteiligen.

3.2 Poetischer Aufruf zu neuer Religiosität

Um die Sprachform des freien Gesprächs über die Frage nach dem Sinn, gerade auch des Sinns einer ‚religiösen' Haltung zum Ganzen und einer zugehörigen Kritik an Fehlverständnissen unserer Lage in der Welt begreifen zu lernen, müssen wir offenbar ganz neu beginnen und die historischen Berichte über Religionen, Kirchen, Ideologien, Weltanschauungen und politische Kämpfe erst einmal hinter uns lassen. Wir müssen uns dazu auf eine ganz andere Ebene begeben, auf eine ganz andere Sprache einlassen. Es ist die Sprache der Dichtung. Das Gedicht, das ich zu diesem Zweck ausgewählt habe, trägt den Titel *Ermunterung*. Einer solchen aufmunternden Ermahnung bedarf es, wenn die Stimmung dunkel ist, die Gegenwart düster erscheint und die Zukunft schwarz. Doch hören wir erst einmal, was uns Hölderlin, denn von ihm habe ich das Gedicht genommen, zu unserem Thema zu sagen hat:

Ermunterung

Echo des Himmels! Heiliges Herz! Warum,
Warum verstummst du unter den Lebenden,
Schläfst, freies! Von den Götterlosen
Ewig hinab in die Nacht verwiesen?

Wacht denn, wie vormals, nimmer des Aethers Licht?
Und blüht die alte Mutter, die Erde nicht?
Und übt der Geist nicht da und dort, nicht
Lächelnd die Liebe das Recht noch immer?

Nur du nicht mehr! Doch mahnen die Himmlischen,
Und stillebildend weht, wie ein kahl' Gefild,
Der Othem der Natur dich an, der
Allerheiternde, seelenvolle.

Beim Jova! bald, bald singen die Haine nicht
Des Lebens Lob allein, denn es ist die Zeit,
Dass aus der Menschen Munde sie, die
Schönere Seele sich neuverkündet.

Dann liebender im Bunde mit Sterblichen
Das Element sich bildet, und dann erst reich,
Bei frommer Kinder Dank, der Erde
Brust, die unendliche, sich entfaltet

Und unsre Tage wieder, wie Blumen, sind
Wo sie, des Himmels Sonne sich ausgetheilt
Im stillen Wechsel sieht und wieder
Froh in den Frohen das Licht sich findet,

Und er, der sprachlos waltet und unbekannt
Zukünftiges bereitet, der Gott, der Geist
Im Menschenwort, am schönen Tage
Kommenden Jahren, wie einst sich ausspricht.

Friedrich Hölderlin

Gedichte sagen, was sie sagen, in dichter Form. Das heißt nicht, dass sie verbieten, ausgelegt, also verbal auseinandergelegt zu werden. Im Gegenteil. Sie wollen und sollen so auseinandergelegt werden. Nur entsteht dann nicht wieder ein Gedicht. Und die Auslegung gibt auch nicht das ganze Gedicht wieder. Die Auslegung ist nicht der Sinn des Gedichts. Der Sinn des Gedichts – zumindest *ein* Sinn des Gedichts – ist vielmehr, dass wir uns über verschiedene Auslegungen unterhalten können. Das ist allgemein auch der Sinn jeder echten Kunst, zumindest ein Sinn. Auch noch für die wortlose, absolute, Musik, die Malerei oder die bildende Kunst gilt: Kunst stellt immer auch ein Angebot dar, über sie zu reden, sie gemeinsam zu kommentieren, ästhetische Urteile über Sinn und Form zu fällen, auch über die Wahrheit des Inhalt zu streiten oder gemeinsam zu schweigen, wo und wann es angebracht ist. Schönheit ist dann oft nicht mehr bloß Perfektion einer Standardform, wie im Fall eines bloß schönen Klanges, sondern Perfektion im Aufzeigen von Formen und Inhalten, die selbst nicht immer bloß schön oder gar hübsch sein müssen. Dazu gehört auch die Kunst, sich expressiv auszudrücken. In keinem Fall aber ersetzt das Reden über Kunst die Kunst selbst.

Unser Herz sei der Widerhall des Himmels, wird nun im Gedicht gesagt. Und es wird das Herz als etwas Heiliges angesprochen, als religiöser Kern und Wesen des Menschen. Das Herz wird befragt, warum es verstummt, warum das Heilige[48], also die Sphäre des Sakralen und Religiösen, nichts mehr zu sagen hat unter den jetzt Lebenden, wie man die Zeile wohl deuten muss. Vom Herz wird gesagt, dass es schläft. Es schläft, obwohl es frei wäre, etwas anderes zu tun. Was es zu tun hat oder zu tun hätte, ist wohl dieses: auf das Göttliche und Himmlische zu hören und das Gehörte wieder erklingen zu lassen.

Wer sind dabei die Götterlosen, welche das Herz „ewig hinab in die Nacht verwiesen" haben? Es sind offenbar wir selbst. Wir sind die Sterblichen der ersten Version des Gedichts. Wir sind die heute Lebenden in der wohl schöneren Endversion des Gedichts. Es ist vielleicht auch die wissenschaftliche Aufklärung und die Säkularisation angesprochen oder wir Menschen aus dieser Epoche, die in diesen Deutungs- und Denkmustern leben. Eine Folge von Wissenschaft ist die sich scheinbar beschleunigende Entwicklung der Technik mit ihrem tätigen Willen zur Macht über die Welt. Doch ob sich dabei wirklich etwas beschleunigt und immer unübersichtlicher wird, oder ob wir nur nicht mehr verstehen, die Übersicht zu behalten, oder gar den Willen zur Übersicht verloren haben, das ist noch völlig offen. Nicht zu bezweifeln ist nur die Gefahr, dass wir uns in unseren eigenen Projekten verstricken, ihren Sinn nicht mehr begreifen, so dass am Ende eine Technik bzw. das bloß technische und ökonomische Denken und die entsprechenden institutionellen Entwicklungen eine Macht über uns

3.2 Poetischer Aufruf zu neuer Religiosität

gewinnen, welche den Sinn dieser Institutionen im Ganzen selbst infrage stellt.

Dieser Sinn wird vollends zum Unsinn, wenn man die Entwicklung von Institutionen, also von menschlichen Einrichtungen mit der Evolution der natürlichen Welt bzw. der Arten und Formen des Lebens ‚darwinistisch' parallelisiert. Diese Parallelisierung im Darwinismus hat nichts mit den wissenschaftlichen Leistungen von Charles Darwin zunächst für die Zoologie und dann die Biologie überhaupt zu tun. Sie ist ein Problem ideologischer Überhöhung von Wissenschaft. Sie bedeutet eine Verkehrung von Sinn in Unsinn, an dem die zweite Hälfte des 19. Jahrhunderts nach dem Zusammenbruch der Romantik und damit der religiösen Moderne und besonders das 20. Jahrhundert litten und wir heute noch leiden. Die Frage nach Sinn und Sinnkritik muss sich heute daher wesentlich auch mit dieser Verwandlung von Wissenschaft in eine religionsanaloge und doch zugleich religionsfeindliche, nicht bloß atheistische Weltanschauung auseinandersetzen.

Das Herz steht im Gedicht nun gerade für die Anerkennung der Bedeutung des Subjekts, genauer der Lebens- und Vollzugsperspektive des Subjekts. In der ursprünglichen Version des Gedichts wird diesem Herz *täglich* die Nacht zugewiesen. Dem Herz gehört damit bestenfalls noch der kraftlose Traum. Die Nacht korrespondiert der Stummheit des Herzens, seinem Schlaf, wo es doch um das Leben am Tag geht. Ginge es nach den Götterlosen, dauerte diese Nacht aber ewig. Das erklärt die Ersetzung der täglichen Nacht durch die ewige Nacht in der umgearbeiteten Fassung des Gedichts.

Die Nacht als letztes Refugium des Herzens in Entgegensetzung zum Tag der Götterlosen nennt eine zentrale Spannung im Gedicht. Um dieses zu sehen, könnte man einen Bezug zu den bekannten Hymnen an die Nacht des Friedrich von Hardenberg (Novalis) herstellen, und zwar in einem zunächst gemeinsamen Kontrast zu Goethes Spruch „Noch ist es Tag, da rühre sich der Mann, die Nacht bricht an, da niemand wirken kann". Goethe spricht, sozusagen, vom Werktag. Hölderlin spricht vom Sonntag. Bei Hölderlin geht es aber absolut nicht, wie bei Novalis, um das Lob der Nacht, um die christliche Entdeckung der Schönheit des Dunklen, am Ende sogar von Leid und Tod, sondern wirklich um den Tag. Es ist der Tag der Sonne. Er ist zugleich Tag der Kontemplation, der Schau der Helle des Himmels. Hölderlin fragt entsprechend, ob denn nie wieder Tag werden wird. Das ist die Kernfrage des Gedichts, dessen Titel „Ermunterung" die Frage freilich schon vorab positiv beantwortet. Jedenfalls kann es wieder Tag werden. Das heißt, *es kann die Religion wiederkehren*. Das eben sagen die ‚rhetorischen' Fragen, welche ja immer verkappte Aussagen, Versicherungen sind: Natürlich wacht, wie eh und je, des Äthers Licht, die Sonne, der Tag der Sonne. Und es blüht, wie eh und je, die ‚alte' Mutter Demeter, die Erde. Und manchmal, da und dort, gibt es auch noch einen sich übenden

Geist. Da und dort übt Liebe das Recht aus. Der Geist tut damit das Richtige, und zwar lächelnd, d. h. insbesondere: nicht angespannt, nicht, wie am Werktag, abgekämpft. Sonst wäre er nicht Geist, der als solcher Liebe ist. Das wiederum heißt, dass der Geist des Menschen immer der Geist der Gemeinschaft und Solidarität ist. Damit aber ist er der Geist der Religion, ja er ist die Religion. Diesen Geist gibt es noch, da und dort, keineswegs überall und keineswegs häufig. Aber es gibt ihn.

Nur du übst das alles nicht mehr aus! Du nimmst daran nicht mehr teil. Du: das ist nicht bloß Augusta von Hessen-Homburg, welcher Hölderlin die erste Version des Gedichts zum Geburtstag geschenkt hatte. Du: das ist der je Angesprochene. Das sind wir alle. In der ersten Version des Gedichts gerät diese Gegenüberstellung des Geistes der Liebe und der angesprochenen Person freilich noch allzu subjektiv. In der zweiten Version wird klarer: Wir sind nicht oder nicht mehr diejenigen, welche sich im Geiste des solidarischen Vertrauens und der gemeinschaftsbildenden Religion lächelnd üben. Wir sind vielmehr die, welche im Alltag aufgehen und das Herz der Nacht vorbehalten, dem Schlaf, in dem jeder allein ist. Das Herz ‚lebt' dann bestenfalls im bloß subjektiven Traum. Im Alltag sind wir dagegen Teil einer immer auf weitere Ziele hin ausgerichteten götterlosen Arbeits- und Konkurrenzwelt, in der wir immer ein anderes wollen und uns eben daher nie über die Gegenwart freuen. Eben dazu mahnen uns die Himmlischen Hölderlins.

Als den Geschäftigen, die nach irgendeiner Macht über die Erde streben, oft ohne es zu wissen und zu wollen, nämlich bloß als Teil eines großen Räderwerks von Techniken und Institutionen, weht uns der Hauch der stillen, also wortlosen Natur an. Dieser Hauch der Welt bildenden Natur ist nicht etwa warm und lächelnd, sondern kalt – falls es richtig ist, dass hier auf die Welt der Götterlosen verwiesen ist. Wir müssen aber offenbar noch etwas genauer lesen. Denn das Gedicht sagt: Es ist nicht der still bildende Hauch der Natur, der kalt ist. *Wir* sind kalt. Wir sind das „kahle Gefilde", das die seelenvolle Natur aufzuwärmen, zu erheitern, also zu beseelen sucht.

Die im Gedicht aufgebaute Spannung ist jetzt wohl klar: Der technisch-ökonomische Blick sieht die Natur als tot und kalt an, als bloße Ressource an Bodenschätzen und zu verwertender Energie. Der technisch-ökonomische Blick vermeint auch, wirklich beseelt sei nur der Mensch. Doch gerade in diesem Blick, aus der Sicht des *homo faber*, wird die Natur zu einem kahlen Gefilde, zu einer Art totem Ort. Man denke durchaus an eine Art Mondlandschaft. Denn in der Tat hinterlässt der Mensch Natur als solche, wie z. B. im offenen Tagebau oder in verlassenen Industriegebieten. Doch in Wirklichkeit, im Gedicht, sind die Verhältnisse umgekehrt. Die Natur ist beseelt und der Mensch ist seelenlos. Die Hoffnung für den Menschen liegt damit zunächst in der lebendigen Natur.

3.2 Poetischer Aufruf zu neuer Religiosität

Hölderlin ruft dann mit einem Ausdruck von Klopstock – „Jova" – Jupiter an oder Jehova, es ist einerlei, es geht ja nur um den Ruf. Denn „bald, bald", also möglichst bald, kaum erwartbar bald, sind es nicht mehr bloß die Haine der Natur, welche das Lob des Lebens singen. Sondern es ist Zeit, dass die Menschen selbst, die Dichter vielleicht und sicher auch die Philosophen, dieses Lob der Natur und des Lebens gegen eine vermeintlich wissenschaftliche, entgöttlichte und entzauberte Sicht auf Natur und Leben aufs Neue und in neuer Weise verkünden.

Diese neue Religion, diese Wiederkehr der Religion besteht offenbar in einem sonntäglichen Fest, in der Feier des Lebens. Es ist der Mund der Dichter, welcher dieses Fest besingt. Die Sprache, besonders aber die Sprache des Dichters feiert das Fest des Lebens. Das ist für Hölderlin die wahre Wiederkehr der Religion, in welcher nicht bloß eine Kritik an einer götterlosen ‚Wissenschaftlichkeit' mit ihrem ‚Materialismus', ‚Instrumentalismus' und ‚technizistischen Pragmatismus' enthalten ist, sondern auch eine Religionskritik. Denn es geht Hölderlin gerade nicht um die alte Seele der Christen, sondern es soll eine schönere Seele sich neu verkünden lassen.

Diese neue Religion soll liebender sein, noch liebender als die alte Religion, das Christentum. Dessen Liebe mag groß sein, aber sie umfasst bloß die Caritas, die Nächstenliebe, die freilich über die bloße Nachbarschaftshilfe hinaus eine Freundesliebe ist, sogar bis in den Tod, und dann durchaus auch eine Feindesliebe, die Versöhnlichkeit auch mit persönlichen oder politischen Gegnern. So kann und sollte man die christliche Lehre durchaus lesen, unter Einschluss all des Überschwangs in ihrem Lobpreis der Liebe vom Apostel Paulus bis Bernhard von Clairvaux.

Welche größere Liebe erwartet sich Hölderlin nun aber von einem neuen Bunde mit Sterblichen? Ein solcher soll offensichtlich sowohl den Alten Bund des Volkes Israel mit Jahwe ersetzen als auch das Neue Testament, also den Bund zwischen den Menschen und Gott über die Vermittlung des Menschensohns, des Gesalbten oder Christus. Was ist das für ein neuer liebender Bund mit Sterblichen?

Es ist die Liebe als Feier der Gemeinschaft des menschlichen Daseins. Und es ist die Liebe zum Leben als endlichem Leben. Dabei hat die Entzauberung der Natur und die Entgöttlichung der Welt durch die naturwissenschaftliche oder besser szientistische Weltanschauung und technizistische Welthaltung offenbar die Wahrheit der Endlichkeit des Daseins verwechselt mit der bloß vermeintlichen Wahrheit des Instrumentalismus, der am Ende in einen Nihilismus führt, in die Sinnleere der Betrachtung von allem und jedem als Mittel für einen weiteren Zweck.

Die neue Religiosität besteht gerade in der *Anerkennung der Endlichkeit* und der *Betonung der Gegenwart*. Sie ist auch, aber ganz anders als die Naturwissenschaft *Absage an alle Unsterblichkeit*. Damit erhält Spinozas und Nietzsches ‚*amor fati*', die Liebe zum Geschick, die nötige Anerkennung.

Es ist die Anerkennung des Faktischen, der Endlichkeit des Lebens samt seiner Kontingenz. Diese Endlichkeit ist nicht etwas, das es zu überwinden gilt. Die Kontingenz ist nicht etwas, das wir irgendwie kompensieren sollten, etwa durch schöne Reden über eine Ewigkeit. Ihre echte Anerkennung ist es vielmehr, die im Kontrast steht zur „großen Verzweiflung". Sie ist der „Jubel des Herzens", wie Martin Heidegger zu Beginn seiner *Einführung in die Metaphysik* sagt, nämlich über die Tatsachen des Lebens, dass es also die Erde und auf ihr das Leben, besonders aber menschliches Leben gibt.

Erst in dieser Haltung der Anerkennung der Endlichkeit und Kontingenz des Lebens kann man erfahren, dass und wie sich ‚jedes Element bildet', wie sich also das Leben aus den Elementen bildet und wie reich die Erde dabei ist. Dafür, dass es die Erde gibt, haben wir also wie fromme Kinder zu danken, der Erde selbst sozusagen, die unsere Mutter ist, die ‚unendliche', jedenfalls relativ zu unserem endlichen Leben, wie es sich entfaltet. Man muss offenbar nicht auf Nietzsche warten, um hier schon seinen Ruf ahnungsvoll zu hören: „Bleibt mir der Erde treu".

In der Haltung, zu welcher das Gedicht ermuntert, werden unsere Tage wieder wie Blumen sein, so schön und so endlich. Des Himmels Sonne hat die Blumen ausgeteilt und der stille Wechsel betrifft natürlich ebenso die Jahres- wie die Lebenszeiten. Nicht Macht, sondern Schönheit ist zu erstreben. Nicht Sorge um ein ewiges Leben, sondern Fröhlichkeit im Zusammenleben mit Frohen sollte uns leiten. Nur in den Frohen spiegelt sich das Licht der Sonne und findet sich das Licht, das zu suchen ist, wenn wir der Nacht der Götterlosen entkommen wollen.

Es ist damit fast schon ersichtlich, dass und warum Novalis mit seinen Hymnen an die Schönheit der Nachtseiten des Lebens eine notwendige Ergänzung liefert. Denn Schönheit darf sich nicht nur auf den Tag beziehen, sondern muss die Nacht einbeziehen.

Die letzte Strophe bindet Hölderlins neue Religion der Schönheit von Kultur und Natur zurück an die alte Religion: Gott ist der, welcher sprachlos waltet. Er ist die Macht, welche unbekannt Zukünftiges bereitet. Gott ist das Fatum, das Geschick. Die Liebe zu Gott ist der *amor fati*, die Anerkennung des Geschicks des Lebens, die freudige Gelassenheit und die lächelnde, nicht etwa entsagungsvolle Demut. Gott ist dieser Geist. Und dieser Geist als Haltung zum Leben ist göttlich, so wie Hölderlin in pathetischer Überhöhung und durchaus partieller Verfälschung der realen Figur des jungen Achill in der Ilias eben diesen Achill gerade wegen der freudigtätigen Annahme seines Schicksals erneut vergöttlicht hat.

Dieser Gott, dieser Geist ist am Ende dann doch keineswegs stumm. Denn als Geist, als Haltung zum Geschick spricht er sich im Menschenwort aus. Er ist Sprache oder wird zu Sprache am schönen Tage für die kommenden Jahre, und zwar wie einst, wie in den alten Religionen.

3.3 Darstellungsformen des Religiösen

Das Besondere der Darstellungsform des Gedichts ist dieses: Das Gedicht behauptet nichts oder kaum etwas. Das Gedicht ruft auf, schlägt vor, erinnert, appelliert. Der Leser muss dabei selbst nicht bloß verständig lesen, sondern mitdenken und miturteilen. Er muss auch etwas ‚fühlen'. Zunächst aber muss er sich um den Sinn selbst frei bemühen. Das ‚Fühlen' reicht dazu nicht aus. Fühlen ist ohnehin immer nur ein bloß erst implizites Urteil samt einer zugehörigen Stimmung. Fühlend ahnt man nur erst, dass Form und Inhalt des Gedichts wichtig, wahr, gut und schön sind. Fühlen ist daher zwar immer auch schon tätige Rezeption, Performation unmittelbaren Verstehens. Als solches ist es längst kein bloß physiologischer Vorgang mehr und ist daher auch nicht rein psychologisch untersuchbar. Es ist aber immer auch weiterzuentwickeln zu einem Wissen, einem bewussten, kontrollierten Sinnverstehen und expliziten Urteilen.

Was das Gedicht sagt, ist dabei gar nicht unabhängig davon, wie sich der Leser von ihm ansprechen lässt. Freilich sagt das Gedicht nichts Beliebiges. Es sagt all das, was es einem guten Leser auf der Grundlage der Lektüre zu denken und sagen gibt, und nicht etwa all das, was ein Leser zufällig herbeidenken mag. Doch es lässt dem Leser immer noch eine große Freiheit. Das ist wesentlich für die Sprachform echter Dichtung. Sie ist nämlich nie Predigt, die dem Volk etwas vorsetzt, dieses erziehen will, was auch immer ein Bert Brecht oder der pädagogische Impetus unserer Medien dazu meinen mag. Bloß vorgesetzte Bildung führt am Ende statt zur Autonomie des Selbstdenkens zu Heteronomie auf beliebig hohem Niveau. Das Gedicht verlangt vielmehr Selbstständigkeit. Daher ist das Gedicht eine genuin philosophische Reflexionsform. Wo der Mensch „dichterisch wohnt", wie Hölderlin sagt und Heidegger aufgreift, lebt er selbstbewusst. Martin Heidegger erkennt hierin die Formähnlichkeit dichterischer und philosophischer Sprache, nicht etwa bloß darin, dass beide mit allen verfügbaren Sprachformen arbeiten, vom empirischen Bericht über die generische Aussage bis zu allen logischen Tropen wie etwa der Metapher, Metonymie, auch mythischer Allegorie und nicht zuletzt der paradoxen Katachrese und Ironie.

Dabei zeigt gerade das Gedicht, was die Lehre vom doppelten Schrift- oder Textsinn besagt. Denn einerseits sagt das Gedicht einfach das, was es sagt. So scheint Schuberts Winterreise zunächst nur von den Wanderungen eines fahrenden Gesellen zu handeln. Doch sie handelt andererseits zugleich von der allgemeinen Lage des Menschen. Das folgende Gedicht Hölderlins spricht zunächst von einer möglichen Trennung von Freunden oder Liebenden. Zugleich spricht sie, zumindest möglicherweise, von einem möglichen Abschied von etwas Göttlichem und verlangt eine Neudeutung der Rede von Gott und Göttern in unserer Zeit:

Der Abschied

Trennen wollten wir uns? wähnten es gut und klug?
Da wirs thaten, warum schrökte, wie Mord, die Tat?
  Ach! Wir kennen uns wenig,
  Denn es waltet ein Gott in uns.

Den verrathen? Ach, ihn, welcher uns alles erst,
Sinn und Leben erschuf, ihn, den beseelenden
  Schuzgott unserer Liebe
  Diß, diß Eine vermag ich nicht.

Friedrich Hölderlin

Die Sprach- und Bildform des Gedichts ist gerade nach Hölderlin die wesentliche ästhetische Ausdrucksform der neuen Religion. Die Wiederkehr der Religion in der Poesie ist dann auch das geheime Programm der deutschen Romantik, von Novalis und Clemens Brentano bis Joseph von Eichendorff oder auch bis zum dichterischen Maler Caspar David Friedrich. Man hat diese Epoche und Bewegung der Romantik als Weg aus der Aufklärung in die Subjektivität gedeutet. Als einer der Protagonisten für diese Deutung kann (unter vielen anderen) Georg Lukács gelten. Sie wendet sich, wie der gesamte Neukantianismus, von Hegel und der klassischen deutschen Philosophie ab, zurück zu Kant. Diese Rückwendung zu einer bloß formalen Analyse des Wissens über eine physikalisch gefasste Natur und des bloß formalen Moralprinzips ist durchaus irregeleitet. In ihr spiegelt sich sogar ein gewisser Zusammenbruch des Projekts der Moderne wider. Das gilt insofern, als die philosophische Reflexion auf den Sinn religiöser Traditionen und deren Aufhebung in einem modernen Verständnis von Religion und Kunst in der (deutschen) Romantik und im so genannten Deutschen Idealismus in ihrer Bedeutung verkannt werden. Noch problematischer ist die Abkehr von Kant in eine intuitive Metaphysik wie bei Schopenhauer oder die Rückkehr zu einer wirklich bloß subjektivistischen Erkenntnistheorie wie im Empirismus Humes.

Doch was ist der Inhalt einer in Poesie verwandelten Wiederkehr der Religion? Was ist die Bedeutung der Religiosität? Worin besteht sie? Was ist der Sinn religiöser Rede und Praxis?

Wir können mit Hölderlin an durchaus bekannte Vorstellungen der religiösen Sphäre anschließen: Es geht in ihr um die Feier zentraler Momente des menschlichen Lebens, von der Tatsache, dass es die Erde und Leben auf ihr gibt, bis zur Tatsache, dass es Menschen und ihre besondere Seinsform gibt, samt der für diese notwendigen Sprache. Die religiöse Haltung zu diesen fundamentalen Tatsachen ist nicht die der bloßen Konstatierung oder gar der genetischen Erklärung, sondern die des *Dankes*, jedenfalls der positiven Haltung zu ihnen unter Einschluss der zentralen Institutionen des sozialen Lebens als den konstitutiven Momenten des individuellen personalen Lebens. Das alles geschieht in den Feiern von Geburt und Geburtstagen,

3.3 Darstellungsformen des Religiösen

von Adoleszenz und Hochzeit, aber auch von Tod, Begräbnis und anderen Formen des *Gedenkens*. Zu feiern ist auch die Heimat, besonders die Natur der Heimat, wie sie Hölderlins neue religiöse Oden besingen. Zu feiern sind die Jahreszeiten und besonders die Feiertage selbst, die Hölderlin in einem seiner größten Gesänge mit dem Beginn „Wie wenn am Feiertage …" zu den Tagen des Dichters erklärt, auch wenn er nicht auch noch, wie später Eichendorff, das Weihnachten der Wintersonnenwende besingt oder das Ostern des Frühjahrs.

Zu feiern sind dann auch allerlei Vorbilder, Helden und Heilige. Form und Bedeutung ihrer poetischen Mythisierung kennt Hölderlin von Homer und Pindar her, der bekanntlich gerade auch *profane* und *ephemere* (‚eintägige') Olympiasieger in seinen Oden verewigt. Wir alle kennen die entsprechende Erhöhung von Märtyrern und Bekennern zu Symbolen ganzer Bewegungen. Man denke etwa an die Gründer der Mönchsbewegungen von Gautama Buddha über Benedikt, Dominikus, Franziskus bis zu Ignatius. Eine analoge Praxis der Verwandlung von Menschen in heroenartige Symbole findet sich auch in allen Zivilreligionen, wie in den durchaus peinlichen Geschichten über den Jugendheros Lenin oder Mao für den sozialistischen Nachwuchs oder in der ‚Liturgie' für gefallene ‚Kämpfer', gerade auch bei den Nazis. Man denke aber auch an die Heroisierung von Künstlern und Wissenschaftlern von Shakespeare bis Goethe oder von Newton bis Einstein. Die Beispiele zeigen, dass die Tatsächlichkeit und mögliche Bedeutung der allgemeinen Praxis von Heldenverehrungen als solche unabhängig ist von der konkreten Frage, welche Personen mit Recht zu feiern sind.

Mit dem Gedicht in vielfacher Weise verwandt ist dann auch das Gebet, jedenfalls soweit es kein Bittgebet ist bzw. die Bitte nicht wirklich als Bitte zu begreifen ist, sondern ‚bloß' als Vergegenwärtigung dessen, worum wir bitten würden, wenn es denn etwas zu bitten gäbe. Denn Gott um etwas bitten ist keineswegs von der Art, wie wir einen Menschen um etwas bitten können. Die Sprachform des Gebets, den Begriff des Gebets in seiner Vielfalt auszulegen, vom Lobpreis bis zum Ritual etwa eines Rosenkranzes, vom Beten des Kreuzwegs bis zur Gewissenserforschung und Sündenbekenntnis, ist hier freilich nicht der Ort. Nur dieses sei dazu gesagt: Die Praxis des Gebets ist immer auch eine autonome Reflexionspraxis. Das Gebet ist, sozusagen, ein stilles, nur mündliches, nur subjektives, Tagebuch. Es ist dann übrigens kein Wunder, dass die katholische Kirche das wirkliche Schreiben von Tagebüchern mit der geheimen Absicht, es andere Personen lesen zu lassen, als Ausschlussgrund für Seligsprechungen ansieht: Ein solcher Tagebuchschreiber nimmt sich zu wichtig und beurteilt sich in allzu vielen Dingen bloß selbst, zumeist sogar dort, wo er sich um extreme Ehrlichkeit bemüht oder, wie in Bertrand Russell zurecht berühmter Autobiographie, um eine vermeintlich ironische Distanz zu sich und anderen.

Zur Praxis des Gebets gehört, als logische Formbedingung, die Anrede an Gott. Das sehen wir sehr schön in den dann doch wieder schriftlichen *Bekenntnissen* des Augustinus, die bekanntlich ein einziges großes Dankgebet sind und sich eben darin von einer Selbstbeurteilung unterscheiden.

3.4 Zum Sinn von Religion

Was ist aber der Sinn von Religion? Geht es vornehmlich um gemeinsame Feiern? Geht es um Reflexion? Oder ist Religion in ihrem Kern der Versuch der Bewältigung unserer Endlichkeit und Kontingenz?

Die Deutung von Religion als ‚Kontingenzbewältigung' wurde unter anderem von Hermann Lübbe bekannt gemacht. Die Prämisse dieser Deutung ist ebenso bemerkenswert wie problematisch. Sie unterstellt nämlich schon die Haltung derer, die Hölderlin als die Götterlosen anspricht. Es ist die angeblich natürliche Haltung im Streben, sich und seine Zukunft in der Hand zu behalten. Wir wollen möglichst nichts dem Zufall überlassen. Wenn es dann doch Unfälle und Sündenfälle gibt und wir uns mit ihnen abfinden müssen, dann scheinen wir ein Bedürfnis zu spüren, diese durch eine eigene Praxis, eben die der Kontingenzbewältigung, wenigstens gefühlsmäßig abzufedern.

Dem gegenüber fordert Hölderlin etwas ganz anderes. Er ermuntert zu einer heiteren Anerkennung der Endlichkeit des Daseins. Er wünscht uns Gelassenheit. Er muntert uns auf, ein allzu aktives Sorgen und Bitten einfach zu lassen.

Religion ist in der Tat kein Heilmittel gegen Angst, Furcht und Zittern. Das meinen zwar alle, welche nur noch in Kategorien von Mittel und Zweck zu denken vermögen und einen Sinn der Religion nur erkennen können, wenn diese für etwas als Mittel gut ist. Das aber ist der wohl tiefste sowohl theologische wie atheistische Aberglaube, den es gibt. Er geht weit über den Aberglauben hinaus, es könne ein höheres Wesen uns von irgendetwas erlösen oder es könne wenigstens der Glaube an ein solches Wesen nach Art eines Heilands uns vor irgendetwas erretten. Echte religiöse Demut und Gelassenheit lassen derart instrumentelle Vorstellungen weit hinter sich. Wohl aber kann Religion als – immer auch schon künstlerisch – geformtes Gemeinschaftsleben den Einzelnen Trost geben, etwa durch die demonstrative Vergegenwärtigung, dass sie sich selbst weiter in der Gemeinschaft der Lebenden befinden.

Zu der anzuerkennenden Endlichkeit gehören besonders auch Sünde und Verfehlung und die durch sie nötigen Bitten um Vergebung und Wiederaufnahme in die Gemeinschaft. Der eigentliche Adressat ist dabei nicht ein Gott. Es sind die anderen Menschen, obgleich oft nur in Vertretung durch einen Vertrauten, Freund oder ‚Beichtvater'. Die erbetene Verzeihung ist grundsätzlich auch zu gewähren, obwohl es dabei durchaus Grenzen der

3.4 Zum Sinn von Religion

Zumutbarkeit gibt, wie Klaus-Michael Kodalle mit Recht bemerkt[49], der damit einen Ansatz von Hannah Arendt zur Analyse des Vergebens aufgreift und weiterentwickelt.[50]

In der bisherigen Besprechung der Sphäre des Religiösen kamen Gott und Götter zwar als Adressaten von Liturgie und Gebet, aber noch kaum als ‚Gegenstände' der Rede über etwas vor. Und in der Tat, die theologische Rede *über* Gott und Götter gehört zu einer besonderen Form der Rede, die es erst noch zu begreifen gilt. Es ist die Form der Reflexion auf unsere religiösen Sprachformen. Das nicht zu sehen, ist das Grundproblem jeder dogmatisch-transzendenten Theologie. Diese wiederum gehört als ein vermeintliches Wissen über einen vermeintlich sinnvollen Glauben an ein mögliches göttliches Sein zu einer abzulegenden Form der Religion.

Entsprechend kritisiert mit Hölderlin auch sein Studienfreund Hegel jede ‚positive' Religion und ihren ‚ontischen' Gottesglauben – und das trotz aller Kritik an den üblichen Einwänden gegen den berühmten ontologischen Gottesbeweis.[51] Hegel zufolge geht es in der Rede von Gott immer ‚bloß' um die ‚spekulative' Redeform im Sinne der sprachlichen Vergegenwärtigung der Welt und des eigenen Lebens als eines begrenzten Ganzen. Das so genannte Problem des Absoluten betrifft konkret die Anerkennung der für uns Menschen selbst nicht verfügbaren Grundtatsachen unseres Lebens. Kritiker wie Kierkegaard bemängeln bei Hegel daher zu Unrecht eine angeblich allzu ‚vernünftige' Thematisierung der Endlichkeit des Daseins, als ginge es Hegel nicht auch um die radikale Anerkennung dieser Endlichkeit und damit um eine ‚Versöhnung', die der ‚Ermunterung' Hölderlins durchaus voll entspricht.[52]

Allerdings thematisiert Hegel die ‚religiöse' Haltung des *amor fati* philosophisch-rational, während Hölderlin dichterisch-implizit zu einer gemeinsamen Feier des Daseins aufruft. Hegel erkennt aber gleichzeitig die Gefährdung einer Kunst, die aus der Liturgie, der vom Volk selbst bewerkstelligten religiösen Feier, ausgegliedert und privatisiert wird, bis herunter zu einem Gewerbe, in welchem so genannte Kunst für private Sammlungen und sogar als Geldanlage zur Aufbewahrung in Tresoren hergestellt wird. Schon die Vitrinisierung der Kunst in Museen und Konzertsälen stellt ein Problem dar. Sie begleitet die Schließung der öffentlichen Räume, beginnend mit den Kirchen. Insbesondere aber bedeutet die Privatisierung der Architektur, der Königin der Künste, das Ende großer Kunst. Das Problem der romantischen Kunst besteht eben darin, dass sie sich in ihrem Subjektivismus und Individualismus den kollektiven religiösen Rahmen großer Kunst nur mehr gefühlsartig vorstellen, ihn aber nicht wiederherstellen kann. Das Scheitern der nationalen Post-Romantik, der Nationalkunst als neuer Kunstreligion im 19. Jahrhundert, bestätigt diese Diagnose nur.

Damit schließt sich ein Kreis: Die politische Zivil-Religion des 19. Jahrhunderts, die Religion der Nation, definiert sich über das Ziel der ‚Befreiung' vom ‚Joch' internationaler Großstaaten. Ihr entgegen stellt sich eine zivilreligiöse Überhöhung des Biologismus im Rahmen einer Gegenrechtfertigung der imperial herrschenden Nationen, nicht bloß der Deutschen. Es ist dann kein Wunder, dass die Kernkunst des Nationalismus und Kollektivismus weltweit in einer opernhaften Choreographie von Aufmärschen und der süßlichen Darstellung einer heilen Familie besteht. Die Schönheit des männlichen Körpers wird im Muskulösen, des weiblichen in der Gebärfreudigkeit gesehen, was inzwischen als höchst peinliche Symbolik einer bis in den Grund verlogenen Arbeits- und Rollenverteilung erkannt ist.

Die eschatologische Religion der Gleichheit im sozialistischen Utilitarismus verfolgt eine entsprechende kommunistisch-kollektivistische Utopie. Gegen diese neuen Religionen ist Nietzsche bekanntlich zu Felde gezogen, und zwar ebenso vehement wie gegen das Christentum. Den neuen Religionen der Stammes-Nation, Rasse und des kommunistischen Egalitarismus gegenüber erscheint die alte Religion des naiven protestantischen Christentums besonders in den Vereinigten Staaten als geradezu aufgeklärt und fortschrittlich. Aber man täusche sich andererseits auch nicht über die Begrenztheiten des ‚amerikanischen' Modells einer christlichen Republik. Das Modell wird zwar von Verfechtern einer entsprechenden ‚Leitkultur' auch in unserem Lande verfochten. Der Untergang des Christentums als Bindekraft in einer liberalen Gesellschaft liegt aber schon längst hinter uns, gerade wegen der Aufhebung der Einheit im Christentum und den sich ergebenden christlichen Regionalkonfessionen und Staatskirchen von England und Nordeuropa über Preußen und Russland bis zu den katholischen Ländern Polen, Irland oder Spanien. Das alles ist so, obwohl aus diesen Staatskirchen und ihrem (heimlichen) Zusammenbruch in der bis heute anhaltenden Implosion des nationalistischen Gedankens noch keine tragfähige Zivilreligion einer transnationalen Gesellschaftsidee entstanden ist.

Die Vereinigten Staaten haben jedenfalls eine entsprechende Entwicklung des (schleichenden) Zusammenbruchs religiöser Bindungen wohl erst noch vor sich. Wir befinden uns aber alle und überall in Bezug auf unser Verständnis des Religiösen und seiner Bedeutung schon längst in einer Art labilem Schwebezustand. In jedem Fall ist die scheinbare oder wirkliche Unvermeidlichkeit der Religion allererst voll zu begreifen.

Hier setzt Hegels Philosophie der Religion ein. Sie läuft am Ende auf die Forderung nach Vertiefung einer sonst bloß bewusstlosen Glaubensreligion durch eine universale Philosophie hinaus. Genauer geht es um ein Selbstbewusstsein über die Rolle der lokalen, nationalen, dann auch übernationalen religiösen Lehren und Riten einerseits, über unsere Seinsweise als Personen andererseits. Personen sind wir dabei immer nur im Rahmen unserer je eigenen kulturellen Institutionen von der Familie und einer informellen Ethik bis zum Staat, seinem Rechtssystem und der, durch dieses erst möglichen, bürgerlichen Gesellschaft. Zu dieser Gesellschaft wiederum gehören freie

3.4 Zum Sinn von Religion

Praxisformen wie Religion, Kunst und Wissenschaft ebenso wie eine halbfreie ökonomische Arbeitsteilung.

Es handelt sich bei Hegels Programm der Entwicklung von Philosophie als Instanz sinnkritischer Explikation von Sinn also immer auch um eine verbesserte Fortsetzung von Kants Programm einer Religion in den Grenzen der Vernunft. Ihr Hauptproblem ist, wie Hölderlin sieht, die ästhetische Formgebung der Gemeinschaft des menschlichen Lebens in einer am Ende republikanischen und eben damit freien und pluralen Gesellschaft, dessen Rahmen der Staat als Organisationsform der *volonté générale* ist.

Die Hauptthemen der Religion sind dabei seit der Antike die obersten Ideen des Wahren, Guten und Schönen in ihrem Verhältnis, also der Institutionen und Praxisformen, erstens, von Bildung und Wissenschaft, zweitens, von Ethik, Recht und Staat und, drittens, von Kunst und Kultur. Im Bereich einer allgemeinen Kultur der Ästhetik hat die Moderne durchaus versagt, gerade im Blick auf die (Land- und Stadt-)Architektur. Erst recht versagt sie bei der Aufgabe einer behutsamen Pflege der uns umgebenden Natur, die ja nach Kant und Hölderlin der Urbereich des Schönen ist. Das Versagen erkennt unter vielen anderen romantischen und spätromantischen Dichtern gerade auch Adalbert Stifter, indem er in seinem großen Roman *Nachsommer* der Zeit ein völlig unzeitgemäßes Ideal der Perfektion im Kleinen entgegenstellt.

Dabei hat schon Platon nicht bloß die Bedeutung der genannten Zentralideen des Wahren, Guten und Schönen hervorgehoben, sondern auch die Funktion *aller* Ideale als richtungsweisender Orientierungen für das *richtungsrichtige* Urteilen und Handeln. Kein Wunder daher, dass die *Idee des Guten* als oberste Idee mit *Gott* identifizierbar wird. Freilich führt die Personifizierung oder Ontisierung Gottes aus logischen Gründen zur Theodizee auf Grundlage einer vorgängigen Anklage Gottes, wie sie aus dem Hellenismus bis in das Buch Hiob reicht. Denn es gibt notwendigerweise Widersprüche zwischen den aus endlichen Begriffen ins Absolute hochstilisierten Idealen, wenn sie zu Utopien werden. So widerspricht der idealen Utopie absoluter Autonomie und Herrschaft sowohl die ideale Utopie absoluter Demut und Gelassenheit des *amor fati* als auch die der Anerkennung der Freiheit anderer. Realiter schränkt die Freiheit anderer und erst recht die Endlichkeit des Daseins Autonomie und Macht massiv ein. Die ideale Utopie der absoluten Vorhersagbarkeit ist dann aber ebenfalls widerspruchsvoll. Genauer gilt: Der absoluten Macht und dem absoluten Vorherwissen, wie sie einem personal vorgestellten Gott zugeschrieben werden, widerspricht die immerhin reale Tatsache unseres partiell immer auch freien Handelns. Durch diese Tatsache wird auch die Idee einer vermeintlich absoluten, die Zukunft angeblich völlig determinierenden Kausalkraft einer Natur an sich eingeschränkt. Auch diese Idee ist eine *bloße Vorstellung*. An sie einfach zu glauben, trotz unserer realen Erfahrungen im freien Handeln, ist nicht besser, als an Geister zu glauben und eben damit reiner Aberglaube. Entsprechend widerspricht dann auch das im Allgemeinen ganz korrekte Ideal der *Gleichheit* aller Menschen in allen Belangen, wenn man es rein schematisch oder utopisch (miss-)versteht, der konkreten Idee freier Selbstverantwortlichkeit und damit einer *Gerechtigkeit*, die realistischerweise am Ende doch immer bloß zum Verdienst proportional ist.

Aufgeklärte Philosophie und Theologie kann eben daher, weil es um Visionen, Ideen, Ideale und, wo das Verständnis problematisch wird, Utopien der genannten Art geht, immer nur negative Philosophie sein. Ein ironisch mehrfach verdrehtes Christentum, wie bei Kierkegaard, hilft hier gerade nicht weiter. Sinnkritische Religion muss sich daher auch klar sein über die kategoriale Differenz zwischen den von uns selbst sprachlich entworfenen idealen Utopien und den endlichen Tatsachen. In der Hochstilisierung von Idealen und Utopien versucht die Religion zwar, verschiedene Aspekte oder Momente der personenübergreifenden Gesamtteleologie unserer *condition humaine* auf den Begriff zu bringen. Es geht dann aber auch immer, und immer notwendigerweise, um die Anerkennung der Endlichkeit der realen Verfassung des menschlichen Lebens und die Unverfügbarkeit und endliche Gegebenheit des Lebens für den je Einzelnen. Es geht um die Versöhnung mit unserer *Geworfenheit* (Heidegger) in die nicht von uns gemachten und kaum veränderbaren Bedingungen des Lebens.

Das Absolute aus der Perspektive des subjektiven Lebens des Menschen ist, wie Hegel und Hölderlin in gewisser Nachfolge zu Descartes klar sehen, das Ich und d. h.: die Tatsache, dass je ich *als Person* lebe und *teilnehmen kann* an einem *gemeinsamen menschlichen Leben*. Diese Absolutheit des Daseins, des Lebens des Subjekts im Vollzug, besteht darin, dass der Vollzug selbst nicht, wie die Anschauung oder das Denken, eine *Relation* zwischen einem anschauenden und denkenden Subjekt und dem je angeschauten oder gedachten Objekt ist. Am besten versteht man, was gemeint ist, wenn man sich an folgenden orakelartigen Merkspruch hält: Es gibt nichts Absolutes, außer man tut es. Das heißt am Ende (nur), dass auch alles Urteilen immer schon Vollzug und Tun ist. Es ist eine Formel für das Primat der Praxis vor jedem Inhalt.

Das gilt insbesondere für Haltungen von der Struktur einer *self-fulfilling prophecy* oder besser: *self-fulfilling attitude*. So kann man z. B. dem, der sich dazu entschließt, alles und jedes nach der Methode einer Hermeneutik des Verdachtes zu deuten, also überall in den Entwicklungen menschlicher Verhältnisse eine Genealogie der Macht samt ihrem Missbrauch sehen zu wollen, am Ende einfach nicht helfen. Eben weil sein Urteil absolut ist, wird er mit seiner unglücklichen Sicht leben müssen. Dasselbe gilt für den Ironiker, der Ironie und Sarkasmus zu einer Lebenshaltung macht. Es gilt insbesondere für alle, welche den anderen nicht vertrauen können und denen wir daher am Ende auch besser nur bedingt vertrauen.

3.4 Zum Sinn von Religion

Der tradierte Mythos von der Seele und die von Sokrates aufgegriffene Selbstsorge um die eigene *psychē* versucht dabei, die Absolutheit des Daseins im Vollzug und damit die Tatsache unserer eigenen Existenz in der Welt, unser In-der-Welt-Sein im Sinne Heideggers, durch Erzählungen über eine Transzendenz oder ‚Unsterblichkeit' zu ergänzen und damit in ihrer Gesamtstruktur aufzuhellen. Gerade der auf Platon zurückgehende Mythos von einem Gott als einem Richter je meiner Taten weist in diesem Zusammenhang darauf hin, dass wir Menschen nicht bloß hier und jetzt leben, sondern aus der Perspektive des Hier und Jetzt tatsächlich unser Leben als ein Ganzes betrachten bzw. bereden können. Das tun wir im Mit-Wissen, wie wir andere beurteilen und dass uns andere beurteilen, möglicherweise noch nach unserem Tod. Dieses Mitwissen heißt seit alters „*Conscientia*". Es ist das gewissenhafte (Selbst)Bewusstsein.[53]

Die Möglichkeit einer Selbstkontrolle im Gewissen und Selbstbewusstsein besteht auch dann, wenn uns viele Details unseres Lebensvollzugs unmittelbar gerade nicht bekannt sind, wir also gar nicht auf uns selbst achten oder aufmerken. Und doch kann ich mir solche Details vergegenwärtigen. Ich kann sie mir zum Thema machen. Ich kann Vollzugsformen vergegenständlichen und über sie wie Gegenstände sprechen, obwohl sie als Vollzugsformen gar keine Gegenstände sind. Entsprechend kann ich mir in Gedanken bis zu meinem eigenen Tod ‚vorlaufen' (Heidegger)[54] und mich so aus der endlichen Perspektive der Gegenwart zu mir als einem Ganzen tätig verhalten, obwohl klar ist, dass ich im realen Leben immer nur je hier und jetzt Dasein habe. Ich bin, der ich bin. Aber ich bin in gewisser Weise auch immer schon der, der ich sein kann und der ich sein werde. Die formelhafte Antwort Gottes auf Moses' Frage nach seinem Namen ist eben deswegen interessant, weil ihr zufolge auf Gott zu hören und auf sich selbst zu hören ein und dasselbe wird. Das gilt für die einzelne Person ebenso wie für ein Volk und ‚seinen' Gott.

Dass wir uns in unserem handelnden Tun immer schon vorweg sind, also über die bloße Gegenwart des bloßen Verhaltens in Reaktion auf eine bloß gegenwärtige Umgebungswelt planend hinausgreifen, gehört zur unhintergehbaren und absoluten Vollzugsform menschlichen Daseins. Das ist keine These, die es noch zu begründen gälte. Es ist eine Selbstverständlichkeit, die jedem Urteilen und Handeln, damit auch jedem Begründen vorausliegt, wie nicht bloß Heidegger, sondern auch schon Hegel klar sieht. Für Hegel ist am Ende jede Handlung in dem Sinn absolut, als mein Handeln und sein Ergebnis nicht nur die Welt, sondern gerade auch mich selber ändern. In jedem handelnden Tun sorge ich mich in eben diesem Sinn immer auch um mich, also darum, wer ich sein werde oder in Zukunft sein kann oder sein will. Jedes Handeln und auch jede Haltung, die ich tätig einnehmen kann, hat daher einen Bezug auf mein zukünftiges Seinkönnen (Heidegger) und damit darauf, wer ich später bin. Das muss mir dabei keineswegs immer bewusst sein. Dennoch hat mein Tun faktisch entsprechende Folgen. Es hat in eben diesem Sinn Wirkungen auf mich selbst.

Um in diesem Kontext das genuine Thema des Religiösen zu verstehen, sind zumindest Status und Grenzen der religiösen *Sätze* angemessen zu begreifen, unter Einschluss des Sinns der religiösen *Praktiken* und *Liturgien*. Es sind diese Sätze und Praktiken, in denen wir das Ganze des Lebens explizit thematisieren und dazu basale Formen und wesentliche Ideale als Orientierungen des Lebens vergegenwärtigen. Die Leitfrage ist dabei, wie Feuerbach mit Hegel und dieser mit Kant erkennen, zugleich die Grundfrage der Philosophie: *Was ist der Mensch?* Wie platzieren wir uns selbst in die uns umgebende und zum Teil in ihrem So-Sein von uns mitverantwortete Welt? Und wie weit erkennen wir dabei an, dass wir schon längst platziert sind?

Gemeinsame Themen der Religion und Philosophie sind daher die basalen Formen des In-der-Welt-Seins: das präsentische *Dasein*, die *Sorge* als Grund für alles Mittel- und Zweckdenken und das *Mitsein* als institutioneller Rahmen unseres Handeln-Könnens. Hegel, Hölderlin und Heidegger teilen entsprechend die Einsicht, dass ein Denken über diese Grundformen in ein Danken übergeht: Der Lobpreis Gottes wird zur Vergegenwärtigung der Haltung einer heiteren Gelassenheit (Volker Schürmann[55]) im Umgang mit den Unverfügbarkeiten und der Endlichkeit des Daseins.

Die götterlose Gegenwart des instrumentellen Zweckdenkens findet aber offenkundig nicht zu dieser Haltung. Das dokumentiert wenig so klar wie die Hysterie der sich abwechselnden Ängste. Dabei gab und gibt es zwar immer auch hinreichend Gründe, sich etwa vor einem Atomkrieg, vor Terror oder vor den Folgen des Klimawandels zu fürchten. Doch der Platz, den diese zu einer kollektiven Angst überhöhten Befürchtungen im geistigen Haushalt der Gegenwart einnehmen, steht am Ende in keinem Verhältnis zu dem, was eigentlich zu tun wäre. Überdramatisierungen führen nämlich statt zu tätiger und damit notwendigerweise gelassen-kooperativer Veränderung der Welt bloß in ein allgemeines Jammern über Unvollkommenheiten der Welt, ohne dass dabei zwischen dem Vermeidbaren und dem Unvermeidlichen schon angemessen unterschieden wäre. Oder sie führen zu ungeduldigen, am Ende sogar terrorähnlichen Akten, nur um etwas zu tun oder sein eigenes Gewissen zu retten, genauer um sich selbst wichtig zu machen. Mit Gelassenheit und ihrer religiösen Schwester, der Demut im Blick auf das sinnvoll zu Tuende, hat das nichts zu tun, eher mit dem manisch depressiven Wechsel von Selbstüberschätzung und Selbstunterschätzung.

Dem gegenüber gibt es aus der religiösen Tradition eine Art eiserne Ration der Ermunterung, die gerade auch der radikal sinnkritische Philosoph Ludwig Wittgenstein bekanntermaßen immer wieder aufrief. Es geht um Sätze der Art „Wir sind alle in Gottes Hand." Hierher gehört auch das Bild von einem personalen Vater-Gott, das freilich als religiöse Metapher immer

3.4 Zum Sinn von Religion

erst noch angemessen zu deuten ist. Der grammatische Grundfehler von Theismus und Atheismus besteht in einer gemeinsamen Inkompetenz im Umgang mit figurativen Redeformen im religiösen Kontext.

Leo Tolstoi entwirft ein Modell der Beziehung zu einem so vorgestellten Gott-Vater in seiner vormals berühmten *Kurzen Einführung in das Evangelium*. Tolstoi orientiert sich dabei an dem *Vaterunser*, dem Gebet, das Jesus im Neuen Testament zum Muster für alle Gebete erklärt, indem er sagt: „so sollt ihr beten". Die Parallele von Tolstois Deutung der Kerngedanken des Evangeliums zu Martin Bubers Idee von Gott als einem großen Du ist unübersehbar.[56] Die deutsche Übersetzung des kleinen Textes von Tolstoi in einem Reclam-Bändchen hat Wittgenstein bekanntlich den ganzen Ersten Weltkrieg über begleitet. Der durchaus atheistische Wittgenstein hieß daher bei seinen Mitsoldaten auch „der Mann mit dem Evangelium". Ein zentraler Punkt für ihn war offenbar das ‚Gefühl' der Sicherheit gegen ‚die Angst'. Diese Angst ist nicht Furcht vor etwas, schon gar nicht vor dem Tod. Es ist eher die intellektuelle, also nicht bloß eine physiologisch-psychologische, Depression, die als Gefühl der Sinnlosigkeit freilich nie unabhängig ist von einer Stimmung einerseits, den entsprechenden Urteilen und expliziten Orientierungen oder Desorientierungen andererseits.

In Wittgensteins Gefühl der religiösen Sicherheit des ‚mir kann nichts geschehen', wie er sie in den Tagebüchern ausdrückt,[57] geht es also immer auch um so etwas wie einen haltungsmäßigen Glauben gewissermaßen an sich selbst. Wittgenstein strebt dabei durchaus nach einer nicht überheblich oder selbstgerecht gemeinten Haltung. Er gründet sie auf folgende Einsicht: Alles, was bloß kontingenterweise geschieht, berührt mich in einem gewissen Sinn nicht in meinem humanen Kern. Religion rückt in diesem Sinn bei Wittgenstein, wie schon bei Kant, nahe an die Ethik heran, nur nicht bloß an eine Moral des guten Willens, eher an den Versuch der Aktualisierung der Idee einer guten und richtigen Lebenshaltung. *Faith* oder *der Glaube* ‚an Gott' ist am Ende in seinem *wirklichen oder eigentlich relevanten Sinn* nicht mehr zu unterscheiden von einer nicht nachlassenden *Hoffnung*, auf diesem Wege voranzukommen, und zwar im Modus der ‚*Liebe*' zu den Menschen und zur Welt, welche die vertrauensvolle Solidarität im guten Zusammenleben ebenso enthält wie die Freude des Enthusiasmus in einer guten Gemeinschaft. „Enthusiasmus" ist dabei ein Ausdruck, der für die im Grunde religiöse Haltung stehen könnte, dass wir teilnehmen an einem ‚göttlichen' Leben oder an der Praxis des Guten, Wahren und Schönen und dass in diesem Sinn das Göttliche in uns ist und wir im Göttlichen sind.

3.5 Gelassenheit

Die Gegenhaltung zum Enthusiasmus ist der Nihilismus. Als Haltung der ‚Sinnlosigkeit' ergibt sie sich im Grunde aus einer widerspruchsvollen Mischung aus Selbstüberschätzung und Selbstunterschätzung. Die skeptisch-ironische Selbstbetrachtung von der Seite ist nämlich selbst schon immer beides: Selbsterniedrigung und Selbsterhöhung. Das gilt im Grunde auch für jede Art ironischer Skepsis. Man unterstellt dabei allgemeine Geltungsbedingungen und stellt sie zugleich unter Hinweis auf die Subjektivität der Urteilenden als allgemeine infrage. Man meint, über den Dingen zu stehen und verstärkt eben damit, ironischerweise, die Subjektivität des Urteils. Jede vermeintlich objektive Selbstbetrachtung verstärkt entsprechend die Subjektivität des Urteils, indem sie die schon vorhandenen Perspektivitäten übersieht.

Es ist daher immer auch vor einer unbescheidenen Ausdeutung unseres immer zutiefst endlichen Welt-Wissens zu warnen. Die Freude an so weit reichenden Einsichten wie bei Kepler, Newton, Einstein oder Max Planck und der sich ergebenden Messpraxen und Techniken kann nämlich zu einer gewissen Fehleinschätzung des Status dieses Wissens führen. Diese wiederum führt zu einer Unterschätzung von uns selbst und unseres eigenen Lebens, zu einer dezentrierten und insofern ‚verrückten' Haltung zu uns selbst, gerade indem man die ‚Absolutheit' des je gegenwärtigen Lebens im Vollzug nicht anerkennt.

Eine stabile Balance zwischen der perspektivischen Zentriertheit in unserem Lebensvollzug und deren Überwindung in allerlei Perspektivenüberschreitungen ist allerdings nicht leicht zu finden. Das sieht schon der Taoist Dschuang Dsi. In impliziter Auslegung von Sätzen des Tao Te King belehrt bei ihm der Gott des Nordmeeres den Flussgott, der sich im Stolze seiner Überschwemmungen für groß hält:

„Mit einem Brunnenfrosch kann man nicht über das Meer reden, er ist beschränkt auf sein Loch".

In schöner Dialektik fügt er hinzu:

„Mit einem Fachmann kann man nicht über das LEBEN reden, er ist gebunden durch seine Lehre".[58]

Damit erkennt Dschuang Dsi die besondere Perspektivität technischen oder technikartigen Wissens: Sie hat ihre eigene Enge der Betrachtung. Der Meergott fährt fort:

„Ich bin inmitten von Himmel und Erde nur wie ein Steinchen [...], das in seiner Kleinheit eben sichtbar ist. [...] Wenn man ihn (den Einzelmenschen) vergleicht mit den Myriaden von Wesen, ist er (der Mensch) da nicht wie die Spitze eines Härchens am Leibe eines Pferdes? [...] Wer daher höchste Weisheit besitzt, der überschaut in gleicher Weise das Ferne und das Nahe,

3.5 Gelassenheit

so dass das Kleine für ihn nicht gering und das Große nicht wichtig erscheint; denn er erkennt, dass es keine fest begrenzten Maßstäbe gibt."⁵⁹

Gerade die Unterstellung, die Wissenschaft liefere fest begrenzte Maßstäbe, verwirrt das Denken. Es ist nicht alles ‚relativ'; aber alles ist in der rechten, je relevanten, Perspektive zu betrachten. Es kommt hinzu, dass die Einzelperson sich nie selbst ‚objektiv' beurteilen kann. Die Folge dieser schwierigen Logik des Wissens über sich selbst ist, dass die Einzelperson sich einerseits der Beurteilung zunächst durch ihre Umgebung, etwa im Berufsleben oder in der Familie, ausgeliefert fühlt. Für alle Teilnehmer an Projekten wie Bildung und Wissenschaft, Kunst und Kultur, Technik und Politik, also für Lehrer, Forscher, Künstler und Politiker weitet sich diese Umgebung aus auf eine schon in großen Teilen anonyme Öffentlichkeit.

Philosophie sowohl im Osten, in Indien und China, als auch im Westen, in Griechenland und hellenischen-römischen Reich, kennt eben diese Logik und thematisiert angesichts der Gefahr der Überforderung in Selbstbeurteilung und Erwartungserfüllung die Bedeutung der Haltung der Gelassenheit. Nur sie schützt den Einzelnen in seinem Selbstgefühl und seiner Autonomie gegen eine Überschätzung kontingenter Fremdbeurteilungen und gegen Selbstüberforderungen, ohne in die Falle der Selbstgerechtigkeit zu geraten. Die Idee, das Urteil in die Hand Gottes zu geben, der die realen Leistungen kennt und unser Urteilen und Tun ganz objektiv beurteilt, ist dabei durchaus als ein Teil einer Kultur der Gelassenheit zu begreifen. Das erklärt auch, warum der Wegfall des Gottesglaubens das Leben für die einzelnen Personen nicht einfacher macht.

Dschuang Dsi erläutert die Unabhängigkeit des autonomen Denkens und gelassenen Handelns u. a. so:

„Darum ist der Wandel des großen Mannes so beschaffen, dass kein Schaden für die anderen herauskommt. Dennoch tut er sich nichts zugute auf seine Liebe und Gnade […]. In seinem Wandel unterscheidet er sich von der Menge und tut sich doch nichts zugute auf seine Abweichungen […]."

Der absolute Kernsatz weist auf buddhistische Ursprünge hin:

„Der große Mann hat kein Selbst."⁶⁰

Die Ambivalenz des Satzes sollte aber klar sein: Gerade weil er weiß, dass die Perspektivität seines Daseins im Vollzug absolut ist, urteilt und handelt der Weise, wie *es richtig ist*, nicht so, wie er *als Einzelner* in einer immer auch überheblichen Reflexion auf sein Tun meint, dass es richtig sei, oder wie er meint, dass andere es als für richtig anerkennen. Er handelt also, wie wenn es auf ihn *als Einzelnen* nicht ankomme, also so, dass *das allgemein Gute*, nicht das für ihn oder die anderen Richtige *nach besten Kräften verfolgt* wird. Jo, der Meergott, lehrt bei Dschuang Dsi dann weiter:

> „Das LEBEN beruht auf dem Himmlischen.' [...] Jener [der Flussgott] fragte: ‚Was heißt das Himmlische? Was heißt das Menschliche?' Jo vom Nordmeer sprach: ‚Dass Ochsen und Pferde vier Beine haben, das heißt ihre himmlische Natur. Den Pferden die Köpfe zu zügeln und den Ochsen die Nasen zu durchbohren, das heißt menschliche Beeinflussung.'"[61]

Das Göttliche oder Himmlische ist also dasselbe wie alles, was als generische Tatsachen und Normalitäten, aber auch Ausnahmen und Kontingenzen der Natur gegeben ist: *deus sive natura*. Gott und Natur sind eins. Die Liebe zu Gott ist Liebe zur Natur, *amor fati et facti*, Anerkennung von Tatsachen und Zufällen.

An anderer Stelle belehrt Lao Dan (Lao Tse) dann sogar den Kung Dsi (Konfuzius) darüber, warum man den SINN (das *Tao* oder *Dao*) nicht wie ein Ding weitergeben kann, warum es falsch ist zu glauben, dass früher alles besser war, und sagt in berechtigter Kritik an der Überschätzung von Worten:

> „Begriffe sind allgemeine Werkzeuge; man darf nicht zuviel darauf geben."[62]

Daraufhin nimmt Kung drei Monate Bedenkzeit und spricht:

> „Ich hab' es erreicht! Die Raben und ihre Eltern brüten ihre Jungen aus, die Fische laichen, und die Insekten machen Verwandlungen durch. [...] Lange Zeit hat es gedauert, dass ich nicht imstande war, mich als Mensch diesen Wandlungen anzupassen. Wer sich selbst nicht den Wandlungen anzupassen vermag, wie kann der andere wandeln?"

Darauf Lao Dan: „Es geht an, du hast's erreicht!"[63] Das menschliche Leben und Handeln muss sich eben an die generischen Fakten der Welt und der Zeit anpassen, auch wenn diese sich im Laufe der Zeit wandeln oder je nach Situation Verschiedenes relevant ist. Sinnverstehen ist eben daher auch eine Praxis, keine verbal lehrbare Technik, wie (jedenfalls nach Laotse) Konfuzius gemeint hatte. Dabei ist immer „sorgfältig sein Eigenes zu wahren"[64], womit die vermeintliche Selbstaufgabe zumindest relativiert ist.

Die Frage nach dem Sinn in *allen* Schattierungen ist am Ende die allgemeinste Frage der Philosophie. In ihr geht es nicht bloß um den Sinn oder die Bedeutung von Wörtern, Sätzen und Texten bzw. um ein Sinnverstehen von Aussagen im allgemeinen Sinn von Sprechhandlungen (unter Einschluss von Versprechungen, Fragen oder Aufforderungen), sondern immer auch um die Frage nach dem Sinn im Ganzen, also durchaus auch des menschlichen Lebens in der Welt.

Der Sinn im Ganzen ist es wohl auch schon, den das chinesische Wort „Tao", in dem ebenso dunklen wie faszinierenden Spruchbuch Tao-te-king des Lao-Tse anspricht. Das Wort „Tao" oder auch „Dao" ist in diesem *Buch vom Sinn* wohl gerade auch im Sinn von „Weg" und „Gesamtorientierung" gemeint. Der Autor des Buches betont schon zu Beginn, dass ein bloß endlicher Sinn nicht der ‚wahre' oder besser nachhaltige Sinn ist. Ein bloß begrenzter Wegabschnitt ist nicht der ganze Weg. Ein ausgesprochener Sinn ist nicht der ‚ewige' oder besser zeitübergreifende Sinn. Lao-Tse hat daher vielleicht ganz Recht, das Ewige und Göttliche in eine gewisse Sphäre des ‚*Nichtseins*' zu versetzen[65]: Eine Philosophie des Sinns ist immer nur negative Philosophie, also Kritik aller möglichen Formen von Mängel, nicht Aufweisung eines Wegs, den alle gehen sollen. Es handelt sich um Vorschläge zu Therapien von Krankheiten im Urteilen und Schließen, nicht um eine Definition oder positive Eingrenzung einer ‚gesunden Vernunft'.

Damit sehen wir vielleicht auch schon den Weg, wie er im Kontext der Frage nach dem Sinn von der Philosophie zur Religion und von der Religion zurück zur Philosophie führt. In beiden Formen der Vergegenwärtigung eines ‚übergreifenden' Sinns geht es um das Leben im Ganzen und um eine gewisse Aufhebung eines zu engen Sinnverstehens in der Vereinzelung eines intentionalen Objektbezugs. Es geht in gewissem Sinn um Erfüllungen und Versöhnungen des Einzelnen mit dem Allgemeinen. Dabei ist es immer auch die Kunst, die Ästhetik, welche zwischen der einzelnen und beschränkten Lebenserfahrung und einem übergreifenden Ethos, einem allgemeinen Sinn vermittelt.

Möglicherweise verstehen wir auch die Ideen der Gründer des Christentums noch nicht, wenn wir sie rein dogmatisch, theologisch und wörtlich lesen. Es gilt, sie säkular lesen zu lernen, artikuliert in figurativer Rede, in welcher eine Haltung der Gelassenheit zur Welt im Ganzen vorgeschlagen wird. Beim Apostel Paulus kommt dies in dem Gedanken zum Ausdruck, dass wir alles Weltliche, vom Kaiserstaat bis zur Geldökonomie, von der Endlichkeit des Lebens bis zur Ungerechtigkeit der Menschen, einerseits als Tatsachen anerkennen, andererseits aber so leben sollten, als wenn das alles nicht so sei. Diese logische Form des Urteilens und Handelns „als wenn es nicht so sei", eine Formel, die für Paulus zentral ist, schafft nicht unernste Unverantwortlichkeit, sondern ermöglicht erst souveräne Freiheit und Autonomie im Umgang mit den Gegebenheiten der Welt und den eigenen Unzulänglichkeiten. Nicht anders als in diesem Sinn metaphorisch sollte auch alles Streben nach dem Nichtsein im Buddhismus und dann vielleicht auch die unglücklich artikulierte Verteidigung einer *vita contemplativa* bei Schopenhauer ‚eigentlicher' begriffen werden.

3.6 Universaler Monotheismus?

Die Götter verschiedener religionspolitischer Projekte stehen seit jeher einander gegenüber. Man lese dazu nur das Alte Testament mit sinnkritischem Verstand. Die Verwendung des Singulars „Gott" ist hier sogar durchaus irreführend: Der Gott der Juden ist nicht der Gott der Ägypter oder Christen und nicht der des Islam, jedenfalls solange nicht *wirklich* anerkannt ist, dass es *nur einen* Gott geben kann, einen Gott *der Menschen*.

Ein nationaler Henotheismus schließt die Grenzen des gemeinsamen Lebens aufgrund Herkunft und Rasse nach außen ab.[66] Das Projekt einer solchen Nationalreligion sollte spätestens seit den Katastrophen des 20. Jahrhunderts bis in die Gegenwart Nordirlands oder des Balkan als gescheitert gelten. Auch noch im jüdischen Staat Israel besteht eine große Gefahr darin, dass die illusionäre Bindung an eine nicht auf Dauer haltbare Volksreligion gerade bei zunehmendem Abstand von der Shoa diesen Staat langfristig von innen her gefährdet, mehr vielleicht als jeder Druck von außen. Eine echte Erneuerung jüdischer Zivilreligion und eine Säkularisierung Israels erscheinen daher nicht bloß im Hinblick auf die Integration von Arabern und Palästinensern im eigenen Land als überfällig, sondern gerade auch im Hinblick auf die große religiöse Kultur eines Martin Buber oder Franz Rosenzweig. Der internationalistische Islam in seiner nationalistischen Fragmentierung hat freilich kein geringeres Problem, zumal ihm eine Reformation, und d. h. der bewusste Umgang mit seiner eigenen Fragmentierung, erst noch bevorsteht. Wie die Geschichte des Sozialismus zeigt, wird sich auch kein religionspolitisches Projekt auf die Dauer negativ gegen andere Projekte definieren und erhalten lassen, sondern muss als eigenes Projekt überzeugen.

Die Probleme der Nachhaltigkeit des Islam als integrativer Binde-Kraft in einer freien demokratischen Gesellschaft sind fast unmittelbar erkennbar: Die Entwicklung hin zu einer wirklich gewaltenteiligen, also republikanischen Gesellschaftsverfassung lässt sich nämlich nur mit Gewalt aufhalten, gerade auch gegen Frauen, oder mit den Mitteln der infantilisierenden Manipulation ungebildeter Massen. Eben daher wird der Islam ohne innere Reform und partielle Säkularisierung in einem hoffnungslosen Defensivkampf gegen eine vermeintlich gottlose westliche Welt verharren. Dieser berechtigt durchaus zu Warnungen vor einem möglichen Kampf der Kulturen, wie sie Samuel Huntington formuliert hat, freilich aus anderen als den dort angegebenen Gründen: Der Islamismus ist nämlich am Ende kein Zeichen für eine Wiedererstarkung des Islam, sondern für seine Schwäche als Religion der freien Anerkennung von Bindungen an eine offene Gesellschaft. Das Ressentiment der islamischen Nationalismen führt gerade nicht zurück in eine ‚spirituelle' Religion, und das trotz aller möglicherweise berechtigten Kritik an Momenten dekadenter Unkultur des ‚Westens'.

Kapitel 4: Argumente für und gegen Gott

> Wahrem Eifer genügt, dass das Vorhandene *vollkommen* sei; der falsche will stets, dass das Vollkommene *sei*.
>
> Friedrich Schiller

4.1 Die Frage nach der Wahrheit

„Was ist Wahrheit?" fragt Pilatus seinen Angeklagten ungeduldig-ironisch und erwartet natürlich keine Antwort. Pilatus ist ein mondän erzogener Bürger. In seinem römischen Pragmatismus, der wohl auch schon ein wenig verbunden ist mit hellenistischem Feinsinn, hat er völlig recht. Denn die Frage, was die Wahrheit sei, überlassen wir besser den nicht endenden Debatten der Philosophen. Ansonsten geben wir uns tolerant. Soll doch jede Person und jede Gruppe nach ihrer Fasson selig werden – wenn sie sich nur an die Gesetze und Erlasse des Staates halten. Das meinte bekanntlich auch ein anderer als pragmatisch und feinsinnig geltender Machtpolitiker, Friedrich der Zweite von Preußen. Er wird dafür bis heute als Aufklärer angesehen. Dass es dabei zwischen den Glaubensgruppen und manchmal auch in ihnen schon mal Opfer gibt, wird von einer solchen Staatsraison, wenn auch manchmal mit Stirnrunzeln, in Kauf genommen. Sich als Politiker die Hände im Einzelnen moralisch schmutzig zu machen, scheint unausweichlich zu sein. Pilatus wäscht sich daher die Hände in einer Illusion von allgemeiner Unschuld.

Unsere heutige Zeit liebt sich als pluralistisch. Sie tut es gerade in der Frage nach dem religiösen Glauben. Wir respektieren jeden derartigen Glauben. Das meinen wir jedenfalls von uns selbst. Das heißt zumeist nicht viel mehr als dieses: Wir sagen Entsprechendes von uns. Wir würden es jedenfalls gerne wahrheitsgemäß von uns sagen. Einschränkend und vorsichtshalber fügen wir dann aber doch vielleicht noch hinzu, es müsse ein wirklich religiöser Glaube sein, kein Fanatismus wie etwa im islamischen Fundamentalismus. Wie aber ist ein guter religiöser Glaube zu unterscheiden von einem schlechten? Ist der ‚gute' Glaube etwa einfach durch das Etablierte zu bestimmen, also das Establishment der christlichen Kirchen oder eines mehr oder weniger moderaten Islams oder Judentums?

Wie glaubhaft ist andererseits ein Pluralismus, den wir, jedenfalls in unseren Medien, vor uns hertragen wie eine Monstranz, nämlich als Symbol unserer eigenen, vermeintlichen Aufklärung? Denn wenn ich im Normalfall etwas glaube, dann sollte ich auch für meinen Glauben einstehen. Ich sollte also einen Satz oder den Inhalt meiner Überzeugung nicht bloß *willkürlich* für richtig halten. Ich kann insbesondere die Geltung nicht als Geltung *bloß für mich selbst* behaupten, und zwar sogar dann nicht, wenn die Aussage mich selbst betrifft. Es gibt nichts Gutes, das bloß gut *für mich* wäre, wenn wir von reinen Zufällen einmal absehen. Das ist so im Bereich der Gesundheit wie in jedem anderen Bereich. Im Übrigen ist im Gebrauch der Phrase „für mich" oder „für die Person X" das Folgende zu beachten: *Jede Aussage und jedes Urteil hat einen oder mehrere Sprecher.* Jedes meiner Urteile ist *mein* Urteil. Das ist tautologisch. Es ist nicht eigens zu betonen. Insofern ist jedes meiner Urteile ‚wahr für mich', wie man hier leider häufig zu sagen pflegt. In dem entsprechenden Sinn ist das ein Truismus. Bei aller Anerkennung der verschiedenen Perspektiven der verschiedenen Menschen auf die Welt und auf sich, muss ich aber immer auch schon sagen können, dass der Inhalt meiner Überzeugung in einem gewissen Sinn *allgemein richtig* ist, selbst wenn er sich auf mich selbst bezieht, etwa in einer Selbstbeurteilung.

Schon indem ich meinen Glauben bekenne, wie man etwas hochtrabend sagt, wo es doch zumeist nur erst um seine explizite Darlegung geht, artikuliere ich eine Art *Empfehlung* der Art, dass der Inhalt meiner Überzeugung eine gute Orientierung ist, und zwar *nicht bloß für mich*, sondern auch für andere. Sicher, wir müssen die Subjektivität und Perspektivität unseres endlichen Daseins berücksichtigen. Aber jedes Urteil, das nicht willkürlich ist, enthält schon einen gewissen Allgemeinheitsanspruch. Selbst wenn ich ganz allein für mich urteile, sage ich, dass *man* oder gar *jeder* in meiner Lage so urteilen würde oder sollte. Das und nur das heißt es, dass ich mein Urteil *für richtig* halte und mich in meinem Tun und Schließen nicht bloß zufällig und bewusstlos an dem Urteil oder an dem das Urteil artikulierenden Satz orientiere.

Indem ich urteile, sage ich also, sozusagen, dass die im Urteil gewählte Orientierung besser ist als alle mir bekannten Alternativen. Dem widerspricht ein Pluralismus, der die verschiedensten Orientierungen für *gleich gut* und damit wohl auch gleich schlecht hält.

Der Sinn von Aussagen ist im Allgemeinen in der Orientierungsleistung zu sehen. Varianten der Orientierungen sind als orientierungs- oder sinngleich zu bewerten, wenn sie dieselbe Leistung mehr oder weniger gleich gut erbringen. Man denke z. B. an eine Wegbeschreibung und eine sinnäquivalente Wegmarkierung auf einer Landkarte. Soweit das gilt, fällt die Sinngleichheit bzw. inhaltliche Äquivalenz mit der normativen Gleichwertigkeit, artikuliert durch den Ausdruck „gleich gut", schon weitgehend zusammen. Wenn nun aber zwei Orientierungen wirklich in ihrem Sinn gleichwertig, also äquivalent wären, dann lassen sie sich am Ende als bloße (Ausdrucks-)Varianten *der gleichen oder wenigstens gleichwertigen inhaltlichen Orientierung* verstehen. Wäre das aber so, dann wäre über diese Äquivalenz ein gemeinsamer Inhalt der verschiedenen Ausdrucksvarianten *einer im Wesentlichen identischen (Form der) Orientierung* zu bestimmen.

Dieser gemeinsame Inhalt müsste dann auch explizit gemacht werden können.

Im Fall äquivalenter Repräsentationen von Inhalten, die als Inhalte im Wesentlichen als identisch zu werten sind, so dass nur ihre Ausdrucksform verschieden wäre, gäbe es dann aber *gar keinen wesentlichen inhaltlichen Unterschied* mehr zwischen dem, was ich glaube, und dem, was die anderen glauben. *Denn was im Wesentlichen inferentiell äquivalent ist, ist sinn- oder inhaltsgleich. Und nur das ist ein Sinn oder Inhalt, was verschiedene, aber im Wesentlichen inferentiell äquivalente Repräsentationen eben dieses Inhalts erlaubt.* Der Pluralismus bezöge sich dann also *bloß auf die verschiedenen Ausdrucksformen des im Wesentlichen selben Sinns.* Ein Pluralismus der Ausdrucksformen sollte aber einfach selbstverständlich sein, so selbstverständlich, wie keinen relevanten Unterschied zu machen zwischen der Aussage ‚zwei und zwei ist vier' und ‚*two plus two equals four*'.

Doch so einfach liegen die Dinge deswegen nicht, weil sich hinter den Schlagworten des Pluralismus und durchaus auch im Postulat der Religionsfreiheit eine unschöne Allianz verschiedenster und durchaus auch gegeneinander verfeindeter Fundamentalismen verbergen kann, also von Bündnisgenossen im Kampf gegen die (religiöse) Vernunft, so wie es ja auch politische Bündnisse zwischen der radikalen Linken und der radikalen Rechten immer wieder gegeben hat.

Wenn ich, um drei Beispiele aus meiner eigenen Wissenschaft zu nennen, wirklich der Überzeugung bin, dass man den logischen Status der Gödelschen Unvollständigkeits- bzw. Unbeweisbarkeitssätze oder der Einstein'schen Raumzeittheorie oder die Radikalität der philosophischen Kritik am religiösen Gottesglauben in den begrifflichen Argumenten und sprachlogischen Einsichten eines Kant oder Hegel bis heute noch kaum richtig begriffen hat, dann kann ich mich nicht gleichzeitig *pluralistisch* zu anderen *Lektüren* der Texte dieser Autoren verhalten. Ich kann, erstens, *tolerant* sein in dem Sinn, dass ich Verständnis dafür zeige, dass viele oder gar die meisten Leser Gödels Beweise entweder beweistechnisch gar nicht nachvollziehen können oder inhaltlich unrichtig ausdeuten. Ich kann, zweitens, *nachsichtig sein*, dass sogar manche Physiker *den logischen Status* des mathematischen Einstein-Minkowski-Modells der speziellen Relativitätstheorie nicht genau genug verstehen oder wiedergeben, vielleicht weil sie, ihrer Profession gemäß, zu sehr auf die *Anwendungen* in der wissenschaftlichen Praxis der Darstellung und Erklärung der Phänomene fokussiert sind. Ich kann, drittens, durchaus auch *verstehen*, dass und warum die Argumente Kants oder Hegels gerade durch die oberflächlichen Nacherzählungen der vermeintlichen Thesen und Systeme dieser Philosophen in der Geschichtsschreibung der letzten zwei Jahrhunderte verfälscht oder verharmlost wurden. In allen drei Fällen aber *kann* ich keinen ‚*pluralen Standpunkt*' einnehmen. Denn wenn ich die Fehler im Urteilen der anderen zu kennen glaube, kann ich nicht meinen, dass sie in ihrem Urteil recht behalten könnten.

An eine nicht schon als bewiesen oder als widerlegt bekannte mathematische Aussage etwa der (höheren) Arithmetik (Analysis und Mengenlehre) kann ich nicht willkürlich glauben. Ich kann bestenfalls meinen, dass es sinnvoll sein könne, eine Weile lang hypothetisch zu prüfen, was sich aus der Wahrheit ergeben würde. Diese Situation gibt Anlass zu weit verbreiteten Missverständnissen. Manche meinen, das mathematische Beweisen beginne selbst mit hypothetischen axiomatischen *Annahmen*, also mit einer Art Glauben, oder es würden nur Beweise relativ zu möglichen *axiomatischen Annahmen* oder *definitorischen Setzungen* geführt. Warum das falsch ist, kann hier nicht weiter ausgeführt werden. Das würde weit ab von unserem Beispiel führen. Es zeigt aber auch ohne Detailkenntnisse, wie wichtig eine immanente Differenzierung zwischen Wissen und Glauben sogar noch in der Mathematik ist.

Man muss *logisch notwendigerweise* für seine jeweilige Überzeugung p *einstehen*. Das englische Wort für dieses „Einstehen" ist *„commitment"*. Ohne dieses *commitment* gibt es überhaupt keine Überzeugung, dass p. Man muss also dafür einstehen, dass p irgendwie gilt oder richtig ist. Das wiederum darf nicht mit einem ‚Dogmatismus' verwechselt werden, der starrsinnig an einer Überzeugung oder Orientierung festhält, auch wenn es bessere Orientierungen gibt.

Eine Überzeugung, die man zu haben meint, also sich selbst als ein Glauben zuschreibt oder die man performativ, etwa in einer Versicherung, äußert, hat also immer gewisse ‚Verpflichtungen' des ‚Einstehens' für sie zur logischen Folge. Diese Verpflichtungen setzen häufig noch nicht einmal die explizite Behauptung oder auch nur performative öffentliche Artikulation des Glaubens voraus. In jedem Fall aber ist das ‚Haben' der Überzeugung, wie es sich im Urteilen und Handeln der einzelnen Sprecher als reale Anerkennung zeigt, von einer ggf. gemeinsamen kritischen Evaluation des Urteils bzw. der mit ihm verbundenen Orientierung zu unterscheiden.

Ein Glaube oder eine Überzeugung hat daher folgende logische Form: „Ich, der Sprecher, halte das durch den Satz S artikulierte Urteil p für richtig oder wahr." Dabei ist p in der Regel als der Inhalt des Urteils zu begreifen, das man im Allgemeinen in einem Satz S oder durch einen Text T ggf. unter Bezugnahme auf einen konkreten Rede- und Handlungskontext artikulieren kann.

Ein Urteil ist dabei, wie schon Hegel erkannt, eine Unterscheidung in der Welt zusammen mit einem zugehörigen System verbaler und praktischer Schlüsse. Wenn ich daher von einem Urteil p überzeugt bin, empfehle ich p mir und anderen als gute Orientierung. Dabei ist freilich längst schon vom bloßen Satz bzw. der bloßen Repräsentation des Urteils zu seinem (wesentlichen) Inhalt überzugehen. Man muss z. B. meine Äußerung des Satzes

„Ich bin hier" längst schon als differentiell und inferentiell äquivalent und eben damit als sinn-, inhalts- bzw. aussagenäquivalent zu deiner (natürlich entsprechend passenden) Äußerung des Satzes „Du bist dort" verstehen. Das heißt, wir müssen die subjektive Perspektive der Sprecher immer beim Verstehen des Sinns durch eine gewisse Technik der Perspektiventransformation berücksichtigen. Das ist das gerade Gegenteil von *Relativismus*.

Wer immer dann auch mit den Religionen des Christentums, Islam und Judentums usf. pluralistisch umgehen möchte, müsste uns klar machen, in welchem Betracht diese Religionen, sagen wir, in ihrem Gottesglauben äquivalent sind. Das könnte dann durchaus heißen, dass sie *alle falsch* sind. Es könnte aber auch heißen, dass sie alle in einem gewissen Sinn *wahr* sind. Dann aber müsste in dem betreffenden Sinn Allah, Jahwe und der christliche Gott *ein und derselbe Gott* sein. Das wird nun allerdings schon der Islam, jedenfalls die Mehrzahl mohammedanischer Theologen, ablehnen. Sie werden diese Äquivalenzaussage vehement als Lästerung ‚ihres' Gottes ablehnen: Kein Christ oder Jude darf auch nur das Wort „Allah" verwenden. Was sie dabei nicht sehen, ist, dass sie damit ein vernichtendes Urteil über ihr eigenes Verständnis des Sinnes der Rede von Gott und des Sinnes der Religion fällen. Logisch gesehen bedeutet es zumindest die Verweigerung des gemeinsamen Gesprächs über möglicherweise gemeinsame religiöse Inhalte in unterschiedlichen Text- und auch rituellen religiösen Ausdrucksformen. Sollte unser geliebter Pluralismus das respektieren oder auch nur tolerieren können, ohne sich selbst zu widersprechen?

Man kann den so genannten Rationalismus von Gottfried Wilhelm Leibniz so lesen, dass er im Wesentlichen die eben skizzierte Überlegung zum allgemeinen Sinn von Gedanken bzw. Inhalten gerade auch in religiösen Traditionen entwickelt und die Sinnlosigkeit jedes Streits um bloße Worte oder Ausdrucksvarianten erkennt.

Ein bloßer Lippenpluralismus ist dagegen am Ende nur scheinheilig. Scheinheiligkeit bedeutet umgekehrt immer auch, dass man sich selbst widerspricht. Der Scheinheilige ist daher, sachlich gesehen, nicht weniger bewusstlos und unwissend als der, welcher die oben genannte Inhaltsäquivalenz bloß formal behauptet, aber nicht explizit machen kann. Das gilt für alle Themen, über die wir reden und urteilen, nicht bloß, aber insbesondere auch für den Glauben an Gott.

4.2 Philosophische Sinnkritik

Für die Philosophie spielt die Frage nach der Existenz von Göttern und dann auch nach dem Begriff Gottes schon seit Thales, Anaximander, Xenophanes, Heraklit, Platon und Aristoteles eine durchaus zentrale Rolle. Bei Thales wird der göttliche Urgrund von allem zum ‚Wasser', bei Anaximander zu einem indefiniten stofflichen All, dem Apeiron, bei Anaximenes zu einer Art Luft oder vielmehr Geist. Xenophanes lehrt den einen Gott, wogegen Heraklit das Göttliche zurück in die reale Welt setzt und die Trennung von Profanität und Sakralität infrage stellt, indem sogar ein Backhaus zum Ort des Göttlichen werden kann und das Geistige als das Ethische begriffen wird, also Geist mit Kultur identifiziert wird. Das besagt der zentrale orakelförmige Aphorismus „*ēthos anthrōpō daimōn*", die sozialen Formen des Zusammenlebens erscheinen dem Menschen als Geist oder sind für ihn etwas Geistiges. Der Logos, die Sprache und das Denken, machen dabei das Besondere des Menschen aus. Es ist hier nicht der Ort, die Re-Theologisierung griechischer Philosophie im pharisäischen Judentum und dann besonders im Christentum im Einzelnen nachzuzeichnen. Es ist jedoch festzuhalten, dass unsere übliche Deutung platonischer und aristotelischer Reden von einem Gott samt der Vorläufertexte in Heraklits Logosphilosophie und der Seinsphilosophie des Parmenides möglicherweise insofern anachronistisch ist, als sie der Rezeptionstradition eines spekulativen Neuplatonismus etwa bei Plotin und parallelen Deutungen früher Kirchenlehrer, etwa schon des Autors des Johannesevangeliums, aufsitzt.

Nach Etablierung einer akademischen Philosophie in den (spät-)mittelalterlichen Universitäten wird die Frage nach Existenz und Begriff Gottes erneut virulent. Das zeigt sich insbesondere schon am ontologischen Gottesbeweis des Anselm von Canterbury und an der logischen Kritik an seinen Unterstellungen. Der Beweisgang lässt sich kurz so skizzieren: Gott wird traditionell als dasjenige Wesen definiert, zu dem es nicht möglich ist, dass wir uns ein ‚größeres' Wesen denken können. Es sollte dabei klar sein, dass die Metapher der Größe hier so zu lesen ist: Gott ist, *per definitionem*, das in seinem Sein umfassendste Wesen. Gott ist also, sozusagen, schon durch seinen Begriff als das allerrealste Wesen zu denken oder als das All jeder Realität und Wirklichkeit. Wenn also überhaupt etwas real existiert, dann Gott.

Dieser Gedanke wird durch folgende Argumentation entwickelt: Wenn wir annähmen, Gott existiere nicht, dann würde, weil ein real existierendes Wesen in seiner Existenz umfassender ist als ein bloß gedachtes Wesen, ein bloß vorgestellter Gott weniger an Realität umfassen, als es Gott unserer Definition gemäß tut. Also existiert Gott.

Ist dieses Argument nun nicht ähnlich falsch wie das folgende? Wir definieren die Zahl n durch eine kennzeichnende Eigenschaft E. E sei etwa die Eigenschaft, die größte Primzahl zu sein. Wir können dann zeigen, dass n auch die Eigenschaft hat, nicht die größte Primzahl zu sein. Also gälte non-E. Daraus folgte ein Widerspruch zur Definition von n. Und jetzt schließen wir nicht etwa darauf, dass es keine größte Primzahl geben kann, sondern so, wie Anselm zu schließen scheint: „also hat n doch die Eigenschaft E". Also ist n die größte Primzahl.

4.2 Philosophische Sinnkritik

Wo liegt der Argumentationsfehler? Denn dass hier ein Fehler vorliegt, ist klar: Man nehme dazu an, n sei eine Primzahl. Dann ist für das Produkt p aller Primzahlen kleiner gleich n auch p+1 eine Primzahl und sicher größer als n. Daher ist n nicht die größte Primzahl. Also gibt es keine größte Primzahl, also ist auch n nicht die größte Primzahl.

Die etwas dümmliche Logelei oben soll nur zeigen, dass man mit der folgenden Schlussform höchst vorsichtig umgehen muss: „Angenommen, das a, das durch Q definiert ist, sei ein P, weil, wenn es kein P wäre, ein Widerspruch zur Definition Q von a folgte. Also ist das a ein P." Der ‚Schluss' gilt einfach nicht für alle namenartigen Ausdrücke „a", die im Sinne Freges einen Sinn haben, sondern nur, wenn sie etwas benennen, also eine Bedeutung haben. Nur für bedeutungsvolle a und zu a passende Prädikate P gilt: „a ist ein P oder a ist kein P." Das gilt nur unter gewissen konkreten Bedingungen für „a" und „P".

Der Mönch Gaunilo hat in seinem Einwand gegen Anselm entsprechend gemerkt, dass Kennzeichnungen wie „die reichste Insel" nicht, wie es aufgrund ihres Sinnes zunächst klingen mag, automatisch etwas bezeichnen, sondern nur, wenn schon *vorab* sichergestellt ist, dass es einen und genau einen Gegenstand gibt, der die Kennzeichnung erfüllt. Daher kann man nicht allein aus der *Formulierung* von Kennzeichnungen auf die *Existenz* des Gekennzeichneten schließen – was offenbar auch schon Parmenides erkannt hatte.

Logisch argumentiert Kant dann gegen Anselm so: *Prädikate* P definieren immer nur *Unterscheidungen* in schon als definiert unterstellten Gegenstandsbereichen G. Sie sind also nur in G als *mögliche Unterscheidung* definiert. Man kann aber *in keine Definition* eines solchen unterscheidenden Prädikates P *hineinschreiben*, dass die Menge der P *nicht leer* sein soll. Das muss bewiesen werden. Die Existenz von etwas, das unter P fällt, kann man also nicht definitorisch garantieren.

Kant argumentiert entsprechend gegen den ontologischen Gottesbeweis. Er fragt nach dem begrifflichen Unterschied zwischen einer realen Existenz in der Welt und einer bloß nominalen Existenz in einem Reich des reinen Denkens, einem *mundus intelligibilis*. Man denke als Beispiel an die Differenz der Existenz einer Zahl mit einer bestimmten Eigenschaft und der Existenz des Eiffelturms, oder an die Existenz von Sherlock Holmes' Freund Dr. Watson in Conan Doyles Romanen. Im Unterschied zu Dr. Watson ist die Existenz des Eiffelturms dadurch als real erwiesen, dass er nicht nur ein Gegenstand von Geschichten ist, sondern dass es Menschen gibt, die real in Kontakt mit dem Eifelturm *in der Anschauung* gekommen sind und noch kommen können, ihn also sehen oder berühren oder auf ihn hinaufsteigen können. Mit Gott aber ist kein Mensch je in einen solchen Kontakt gekommen. Denn erstens ist das begrifflich nicht möglich, weil Gott kein endlicher Gegenstand der Anschauung ist. Zweitens ist die

Versicherung, dass etwa Abraham, Moses oder Salomo Gott gesehen bzw. gehört hätten, selbst bloße Erzählung, wenn auch die einer ehrwürdigen Erzähltradition. Als Mythos verweist sie ohnehin eher auf die Würde der genannten Personen und ihres Vermächtnisses als auf eine reale Beziehung zu Gott.

Jede reale Existenz muss, so Kant, irgendwie in der Anschauung gezeigt werden können. Sie lässt sich als solche nie rein theoretisch oder aufgrund eines bloßen Hörensagens einer angeblichen Fremdoffenbarung ‚beweisen'. Eine kleine terminologische Verwirrung entsteht hier nur dadurch, dass Beweisen, Demonstrieren und Zeigen oft als gleichbedeutend aufgefasst werden.

An der Stichhaltigkeit der Argumente Kants ist, soweit sie reichen, nicht zu zweifeln. Und doch bleibt ein Problem. Das Problem zeigt sich daran, dass noch Frege, der große Begründer der modernen Logik, wenn auch in ganz anderen Kontexten, einen ähnlichen Fehler begeht, wie der es ist, den Kant kritisiert. Denn Frege meinte, es ließe sich ein Bereich reiner Zahlen und Mengen durch Aussonderung aus einem Bereich ‚aller existierender Gegenstände', einem *‚universe of meaningful discourse'* definieren. Das aber würde zu einer Art Existenzbeweis von Zahlen oder Mengen führen, ohne dass die Bereiche *zuvor konstituiert wurden*. Solche ‚Beweise' werden zurecht als ‚platonistisch' abgelehnt.

Obendrein hatten schon Descartes und später dann mit ihm Hegel das Argument Anselms bzw. die Argumentationsform ins Transzendentale gewendet, und zwar so: Während schon Gaunilo und im Grunde mit ihm Kant an Anselm kritisiert, dass er nicht geprüft habe, ob die Präsuppositionen der Existenz und Eindeutigkeit in der definierenden Kennzeichnung erfüllt sind, drehen Descartes und Hegel die Kritik um und sagen, dass Anselm, ohne sich dessen klar bewusst zu sein, auf eine Präsupposition in *allen internen Existenzaussagen* hingewiesen habe, nämlich auf die *Definiertheit des Existenzbereiches*, des internen Variablenbereiches. Wenn man daher Gott mit dem Gesamtbereich dessen, was es gibt, identifiziert, vielleicht sogar mit dem Gesamtbereich dessen, was vernünftigerweise als Möglichkeit anzunehmen ist, dann setzt in der Tat schon jeder Anspruch auf Wahrheit in jeder Aussage, insbesondere jeder Existenzaussage, die ‚Existenz' des Gesamtbereiches, also Gottes voraus. Allerdings wird in dieser philosophisch-metaphysischen Deutung der Rede von Gott das Wort „Gott" bloß zu einem anderen Namen *der Wahrheit* wie bei Descartes, oder zu einem anderen Namen der *Welt* oder der *Natur* wie in Spinozas Formel *„deus sive natura"*, oder zu einem anderen Namen des *Inbegriffs aller Möglichkeiten* oder des *Gesamts aller möglichen Welten unter Einschluss der Besonderung der wirklichen Welt* wie bei Gottfried Wilhelm Leibniz. In allen drei Fällen der philosophischen Erläuterung des Gottesbegriffs ist die radikale Abkehr von einem *personalen Vatergott* und damit von einem anthropomorphen

4.2 Philosophische Sinnkritik

Gottesbild ganz *unübersehbar*. Daher ist dem frommen Gläubigen, der sich an sein Gottesbild als Kind gewöhnt hat, der Gottesbegriff der genannten Philosophen der Neuzeit viel zu abstrakt. Und in der Tat. *Insofern* Gott keine Person mehr ist und wie schon bei Xenophanes aller Anthropomorphismus aus der Rede von Gott vertrieben ist, ist die Philosophie der Neuzeit, jedenfalls soweit sie über die Gedanken und Einsichten ihrer großen Protagonisten von Descartes bis Hegel zu definieren ist, längst schon *atheistisch*. Der Theismus dagegen ist und bleibt ein Anthropomorphismus, insofern Gott als Person gedacht wird. Im Grunde aber war die Philosophie seit Thales, Xenophanes, Heraklit und Sokrates immer schon atheistisch.

Um zu verstehen, in welcher Form und welchem Sinn Hegel das Argument des Anselm dennoch in einer neuen Form rekonstruiert und gegen Kants Kritik verteidigt, ist die allgemeine Form des Arguments am besten erst einmal an einem begrenzten Bereich zu erläutern. Ein solcher Bereich heißt bei Hegel ‚endlich'.

Man kann von der internen Existenz etwa einer Primzahl, die größer ist als eine beliebig, aber fest vorgegebenen Zahl, erst dann sprechen, wenn klar ist, dass wir uns auf die natürlichen Zahlen beziehen. Die für die internen arithmetischen Aussagen nicht mehr zugängliche, in diesem Sinn transzendente, ‚externe Existenz' der Zahlen selbst ist ‚Voraussetzung' für die interne Existenz unendlich vieler Primzahlen, letztlich also für den Wahrheitsbegriff der arithmetischen Aussagen.

Von zentraler Bedeutung ist dabei, dass in jeder semantisch wohlbestimmten ‚endlichen' bzw. ‚internen' Aussage mit Geltungsanspruch der relevante *Gegenstandsbereich* mit seinem bereichsbezogenen Begriff der internen Existenz und Wahrheit *immer* schon vorauszusetzen ist. Seine Bestimmung gehört daher zu den „transzendental" genannten Sinn-Voraussetzungen des betreffenden Wissens. Die Explikation dieser zumeist bloß impliziten, nach Hegel ‚bewusstlosen' Voraussetzungen als inhaltliche Sinn-Bestimmungen des jeweiligen Gegenstandsbereiches gehört zur zentralen Aufgabe der Philosophie. Die Einzelwissenschaften dagegen fokussieren auf einen schon beschränkten Redebereich und setzen dessen Konstitution, also die Verfassung der Wissenschaft in der Arbeitsteilung des Wissens bewusstlos voraus. Diese logische Einsicht verbindet die Philosophie Platons und Aristoteles mit der Kants und Hegels. Sie gilt für die Physik ebenso wie die Theologie, die Geschichtswissenschaften ebenso wie für die Mathematik: Philosophie ist immer schon, wenn man sie recht versteht, sinnkritische Transzendentalphilosophie. Der Grund, warum die Philosophie der Mathematik Freges scheitert, liegt übrigens eben darin, dass sie die Bedeutung dieses Satzes für ihre eigene Analyseform nicht begreift. Denn es lassen sich keine ‚Grundbegriffe' als bloß *sortale prädikative Unterscheidungen* definieren, ohne einen umfänglicheren Gegenstandsbereich, etwa ein *universe of discourse*, schon unkritisch vorauszusetzen: Eine Konstitutionsanalyse kann nie rein definitorisch-analytisch vorgehen.

Mit Descartes und Hegel sollten wir nun Anselms Definition Gottes so lesen, dass „Gott" das ‚unendliche' Gesamt des Seins benennt. „Gott", „Welt" und „Natur" nennen also, objektbezogen ausgedrückt, den ‚unbegrenzten' Gesamtbereich dessen, von dem wir sagen können, dass es in Wirklichkeit existiert. Alle unseren Unterscheidungen sind in diesem Bereich definiert. Sie beziehen sich sogar immer bloß auf endliche Teilbereiche, so wie jede endliche ebene Fläche, erstens, in der unendlichen Ebene liegt und dabei, zweitens, immer selbst schon als Teil umfassenderer endlicher Teilbereiche der Ebene bestimmt ist. Selbstverständlich ist das nur ein analoges Strukturmodell für das Verhältnis zwischen Gott und einem endlichen Gegenstand in der Welt.

Gott ist die Welt. Wenn wir dabei zur Welt auch alle realen Möglichkeiten hinzunehmen, verweist die Rede von Gott sogar schon auf das Universum sinnvoller Rede bzw. aller Möglichkeiten. Mit jeder Aussage über die ‚Existenz' eines ‚endlichen' Gegenstandes oder der Wahrheit eines endlichen Urteils wird also längst schon die ‚Existenz' des relevanten Bereichs und eine Bezugnahme auf ihn vorausgesetzt.

Ein ‚Gesamtbereich' ist nun aber kein ‚endlicher' Bereich, kein wohldefinierter Gegenstandsbereich, sondern eher die Form, die ein sinnvoller Gegenstandsbereich haben muss. Daher ist jede Rede über etwas Unendliches immer nur eine Rede über eine Form. Das beginnt schon bei der Unendlichkeit der Zahlen. Sie besteht darin, dass es zur Form jeder endlichen Zahl n gehört, dass auch n+1 eine Zahl ist.

Descartes und Hegel zufolge ist Gott der Inbegriff der Wahrheit. In jeder Unterscheidung zwischen Schein und Sein ist dieser formale Inbegriff des Wahren oder der Existenz schon vorausgesetzt. Leibniz zufolge enthält diese Wahrheit auch alle wahren Möglichkeitsurteile. Eben damit wird Gott zum Inbegriff aller möglichen Welten. Innerhalb dieser Möglichkeiten ist die wirkliche Welt, übrigens formal gesehen durchaus ganz ähnlich wie Gott bei Anselm, ausgezeichnet, *nämlich als die vollkommenste und beste aller möglichen Welten*. Das muss so sein, eben weil Gott das *vollkommenste und beste aller möglichen Wesen* ist und damit eben nicht bloß als *möglich zu denken ist*. Bloße *Möglichkeiten* sind nämlich – so jedenfalls Leibniz – immer nur als Abweichungen von der ‚vollkommensten aller Möglichkeiten', der *Wirklichkeit* zu begreifen.

Voltaire hat den Sinn dieser Überlegung und die zugehörige Argumentation in der Nachfolge von Anselm und Descartes samt der Parallele zu Spinoza durchaus verkannt. Nur aus diesem Fehlverständnis der Gedankenführung kann er Leibniz als „Doktor Pangloss" kritisieren, der angeblich auf sophistische Weise alle Realität euphemistisch schön rede. Voltaire versteht die Überlegung nicht, weil er selbst einen anthropomorphen und

4.2 Philosophische Sinnkritik

eben damit abergläubischen Gottesbegriff vertritt. Er hält Gott, wie die meisten Christen leider auch, für ein Wesen, das die Welt irgendwie *gemacht* hat, etwa so wie ein Handwerker einen Gegenstand. Voltaire und offenbar auch noch Kant meinen daher, spätestens seit dem Erdbeben von Lissabon sei klar, dass Gott eine bessere Welt ohne Erdbeben hätte schaffen können. Ähnliches meinen viele von einem personal vorgestellten Gott nach Auschwitz.

Voltaire und Kant meinen, der Versuch einer *Theodizee*, einer *Verteidigung Gottes* gegen eine Anklage Gottes angesichts der Übel der Welt sei gescheitert. Doch dem ist nicht so. Denn Leibniz erkennt vielmehr, dass die einzig richtige Haltung zu den Kontingenzen der Welt ihre schlichte Anerkennung ist, wie wir sie aus dem großartigen, wohl schon durch die hellenistische Philosophie inspirierten Buch Hiob kennen, das in dem Satz gipfelt: „Der Herr hat es gegeben, der Herr hat es genommen, der Name des Herrn sei gepriesen."

Wie schon Xenophanes laufen Descartes, Leibniz und Hegel im Grunde gemeinsam gegen ein anthropomorphes Gottesbild an. Ein solches stammt aus einer mythischen Tradition der Religion. Eine solche beruht in der Regel auf einer Erzählung einer Geschichte der Erschaffung von Welt, Erde, Leben und Menschen durch einen personalen Gott oder menschenähnliche Götter wie in den tradierten Volksreligionen. Aber auch noch die Vorstellungen von Intellektuellen wie etwa Demokrit, Epikur, Voltaire und sogar noch an Kant, welche die vermeintlichen Gründe für die Existenz Gottes oder von Göttern als unhaltbar kritisieren, unterstellen selbst schon einen anthropomorphen Gottesbegriff, also eine Denkform, die gänzlich zu überwinden ist.

In der recht verstandenen Rede von Gott wird, andererseits, die *Differenz* zwischen dem immer endlichen und perspektivischen Wissen der Menschen zu einem Begriff der unendlichen Wahrheit und einer unendlichen Wirklichkeit artikuliert. Reale Wahrheit ist immer als positiv bewerteter Wissensanspruch aufzufassen. Das ist der tiefe logische Grund, warum wir uns Gott als allwissendes Subjekt vorstellen und nicht einfach, wie noch Spinoza, als das All der realen Natur. In jedem Fall aber ist die rechte Haltung zu Gott nicht die, dass man sich kontrafaktisch wünscht, die Welt möge doch anders sein, als sie ist. Wir müssen vielmehr anerkennen, dass die Welt ist, wie sie ist. Mit anderen Worten, gerade Voltaire und Kant und mit ihnen die hochgelobte und vermeintlich kritische Aufklärung fallen zurück in einen Anthropomorphismus und am Ende in reines Wunschdenken, nicht die philosophische Tradition der säkularen theologischen Metaphysik bei Descartes, Spinoza, Leibniz und Hegel. Deren Frage war nicht etwa, ob wir Menschen uns eine bessere Welt vorstellen können, sondern was es heißt, die Wirklichkeit und die wirklichen Möglichkeiten so zu erkennen und anzuerkennen, wie sie sind.

Es geht also in der Theodizee des Leibniz und in Hegels ‚Ontotheologie' eher um den Begriff der Wahrheit als um eine Bewertung der moralischen oder ästhetischen Güte eines fingierten menschenähnlichen Wesens, das die Welt angeblich so hergestellt hat wie ein Künstler eine Plastik – und am Ende, wie das Buch Genesis sagt, ‚sieht, dass es gut ist'. Es wird dabei gerade nicht ein ‚Handeln' eines menschenähnlichen Gottes als moralisch gut oder, etwa weil er den Holocaust ‚zugelassen' habe, als moralisch fragwürdig beurteilt. *Ein derartiges ‚Handeln' eines Gottes gibt es nicht.* Es ist selbst dann nicht richtig, Gottes ‚Handeln', also die Geschehnisse in der Welt, moralisch zu bewerten, wenn es partiell zur metaphorischen Erläuterung des Sinns der figurativen Reden über das Verhältnis von Gott und Welt sinnvoll sein sollte, Gott als allmächtigen Weltenschöpfer anzusprechen oder eben als allwissend.

Wenn daher Nietzsche später klipp und klar als seine „Grundsätze" erklärt, „es giebt in der Natur keine Zwecke, es giebt keinen Geist außer bei Menschen und menschenartigen Wesen, es giebt keine Wunder und keine Vorsehung, es giebt keinen Schöpfer, keinen Gesetzgeber, keine Schuld, keine Strafe"[67], so muss das inhaltlich noch nicht unbedingt der folgenden Aussage Hegels widersprechen: „Gott ist Schöpfer der Welt; es gehört zu seinem Sein, zu seinem Wesen, Schöpfer zu sein – insofern er nicht Schöpfer ist, wird er mangelhaft aufgefasst."[68] Nietzsche erklärt zu Recht, dass es ‚realiter' keinen Schöpfergott gibt, keine von einem Gott erlassenen Gebote, kein jüngstes Gericht, keine Urtat der Erbsünde, begangen von Adam nach Verführung durch Eva und die Schlange im Garten Eden oder andere mythische Wunderlichkeiten. Versteht man diese Sätze der jüdisch-christlichen Tradition, wie es Nietzsche offenbar tut, als endliche Aussagen im Sinne Hegels, und d. h. als historische oder empirische Aussagen, dann sind sie einfach falsch. Denn es sind Sätze des Mythos. Und d. h. es sind Sätze einer mythischen Repräsentation unserer Lage in der Welt, der *condition humaine*.

Hegel erklärt dementsprechend, dass es sich um eine definitorische Erläuterung des ‚spekulativen' bzw. ‚unendlichen' Sinnes der Rede von Gott handelt, wenn wir Gott als den Schöpfer des Himmels und der Erde auffassen. Mit der Rede von Gott sprechen wir über die Welt als Schöpfung. Gott als Schöpfer zu bezeichnen, artikuliert ein ästhetisches und ethisches Verhältnis zu dieser Schöpfung: Sie ist uns Menschen anvertraut.[69] Wir haben sie zu bewahren, nicht etwa bloß auszubeuten. Diese Verantwortung haben wir nicht etwa bloß vor den Augen unserer zufälligen Nachbarn, Kinder und Kindeskinder, sondern eben ‚vor Gott', also in absoluter Weise, unabhängig davon, ob irgendwelche Personen oder auch wir selbst je realiter bemerken werden, ob wir dieser Verantwortung gerecht geworden sind oder nicht. Wenn wir daher die Erde zur Müllkippe verkommen lassen, sind wir es selbst, die dafür verantwortlich sind und die Idee der göttlichen oder heiligen Schöpfung missachtet haben. Wir haben uns dann eben auch bei niemandem als bei uns selbst über unser elendes Dasein auf diesem Müll zu beklagen.

Hegel wehrt sich entsprechend gegen Kants *naiven Gottesbegriff* und gegen eine allzu enge, bloß moralfunktionale Deutung der christlichen Religion und Theologie. Er erkennt außerdem, dass wir die *ontologischen* Reflexionen auf das Sein, die Wahrheit, unser eigenes Verhältnis zur *condition humaine* und zu unserem eigenen, menschlichen Wissen und Können traditionell in religiösen und theologischen Sätzen artikuliert haben. Eben diese *condition humaine* ist es, die wir in ihrer positiven Grundform oder Idee eines guten gemeinsamen menschlichen Lebens auf der Erde und in einer ästhetisch und ethisch als Schöpfung begriffenen Welt im religiösen Ritus feiern. Das tun wir immer unter *Einschluss* ihrer Endlichkeit und des unvermeidbaren Leides im Leben.

Auch Thomas Rentsch sieht mit Heidegger und Wittgenstein den Kern religiöser Rede nicht in ethischen Forderungen, sondern in der Artikulation des Wunders aller Wunder, dass die Welt und wir in ihr existieren.[70] Diese ‚große Tatsache' als Schöpfung Gottes anzusehen, bedeutet, sich zur Existenz der Welt und zu sich selbst im Ganzen ‚positiv' zu verhalten, nicht bloß zu einzelnen Gegenständen *in der Welt*. Dieses Verhältnis zum Ganzen aber bedeutet dann doch auch wieder, dass alle möglichen unterschiedlichen Aspekte des Lebens betroffen sind. Das ‚Positive' besteht dann in Anerkennung, Teilnahme und ‚Versöhnung' mit den Tatsachen der Endlichkeit von Welt und Leben, um von der Endlichkeit unserer Projekte gar nicht weiter zu sprechen. Hegels Einsicht in die Absolutheit des Seins und Daseins im Vollzug fehlt dann allerdings bei Rentsch, obwohl Heidegger eben diese erneut für sich erarbeitet hat.

4.3 Glaube, Offenbarung und Wissen

Nicht alles, was wie eine Überzeugung oder eine Meinung aussieht oder klingt, ist schon wirklich eine sinnvolle Meinung oder ein inhaltsbestimmter Glaube. Man kann glauben, dass eine bestimmte, noch unbewiesene, mathematische Aussage wahr ist. Aber man kann nicht glauben, dass eine bewiesene mathematische Aussage falsch ist – es sei denn, man weiß noch nichts vom Beweis oder hat gute Gründe, an ihm zu zweifeln. In noch anderer Weise unmöglich ist der Glaube, Rübezahl oder Sherlock Holmes hätten existiert. Ein Kind mag an den Weihnachtsmann glauben. Wer aber weiß, wie solche Geschichten verfasst und willkürlich erfunden sind, kann nicht mehr an die Existenz von ausgewiesenen Romanfiguren glauben.

Der Zwischenbereich zwischen historischem Roman und Geschichte eröffnet einen großen Bereich des Glaubens. Aber auch hier hängt alles von unserem Wissen über die Konstruktion der Geschichtserzählung ab. Es ist am Ende kein Wunder, dass man nur durch die Vermischung von historischem Bericht und angeblicher Offenbarung durch Gottes Wort, vermittelt durch Engel oder einen Heiligen Geist, dazu verführt wird, an die ‚Wahrheit' der jüdischen heiligen Schriften, des Neuen Testaments oder des Koran ‚zu glauben'. Ebenso wenig sollte uns wundern, dass ein solcher Glaube schon eine historisch-philologische Textkritik nicht überleben kann, wenn man konsequent genug zu denken in der Lage ist oder den Mut hat.

Mit anderen Worten, es ist die Theologie als Wissenschaft selbst, die, wenn sie philologisch-kritisch denkt, die Einsicht nicht verleugnen kann, dass alle so genannten heiligen Schriften von Menschen verfasst sind. Alle Aussagen über Engel und Götter sind Menschenwerk. Denkt die Theologie dann aber konsequent weiter, so wird auch klar, dass jede anthropomorphe Gottesvorstellung und jede wörtlich verstandene Bittgebetspraxis rein abergläubisch ist. Die Theologie selbst wird eben dadurch in gewissem Sinn atheistisch – oder sie ist keine Wissenschaft mehr. Ihre bleibende Aufgabe als Theologie kann also nur die der hermeneutischen Deutung religiöser Mythen sein. Das schließt die Seelsorge nicht aus, sondern ein. Sie ist aber dann als Sorge um das wahre religiöse Denken, das angemessene Verstehen und den richtigen Umgang mit einer rituellen Liturgie zu begreifen und zu betreiben. Dabei ist diese ‚*leitourgia*' als Dienst an den Leuten und als aktives Werk (*ergon*) des Volkes (*laios*) aufzufassen. Damit ist die Idee und Praxis des ‚Gottesdienstes' ebenso neu zu verstehen wie die des Gebets oder des ‚Opfers' als Sinnbild dafür, dass ein gutes Leben nie möglich ist ohne Verzicht, ohne Leid und ohne ein Weggeben von dem, was man selbst gern hätte. Die Gelassenheit als Haltung lässt die Dinge auch immer klaglos, wie sie sind, statt sie sich jammernd oder allzu aufgeregt anders zu wünschen oder durch ein sich selbst überschätzendes Tun dauernd zu verändern. Doch eine solche Gelassenheit darf keineswegs bloß resignativ sein; zumal die Dinge oft besser sind, als sie wären, wenn je meine bloß subjektiven Wünsche in Erfüllung gehen würden. Dass ist die gemeinsame tiefe Wahrheit der Überlegungen zur Theodizee oder Rechtfertigung Gottes bei Leibniz und zur Versöhnung mit der Welt bei Hegel.

Glaube und Hoffnung sind als so genanntes *Gottvertrauen* positive Haltungen zum eigenen Leben, zu den Mitmenschen und zur Welt insgesamt. Genau genommen ist Gottvertrauen eine Art Mischung zwischen *Selbstvertrauen* und *Vertrauen in die kulturelle Umwelt*, die wir beide für ein gutes Leben brauchen. Die Vorstellung dagegen, dass wir auf Gott als Rächer von Untaten und als Belohner moralisch gute Taten hoffen und an ein Leben nach dem Tode oder ein jüngstes Gericht im wörtlichen Sinn glauben sollten oder könnten, ist selbst schon ein Aberglaube. Als solcher ist er teils primitiv-vorreligiös, teils areligiös. Und er ist, wie Kant klar analysiert, am Ende sogar unmoralisch. Denn es ist unmoralisch, nur aus der Hoffnung auf Belohnung in einem ewigen Leben heraus ‚moralisch gut'

4.3 Glaube, Offenbarung und Wissen

sein zu wollen. Das wäre nicht besser als die Haltung des *homo oeconomicus*, der klug seinen Nutzen maximiert, und, wenn es ihm nützt, auch schon einmal großzügig ist.

Wir stehen daher vor dem Dilemma, dass derjenige, welcher in einem wörtlich verstandenen Glauben an Gottes gerechten Lohn und Strafe ‚moralisch' handelt, gerade nicht moralisch, sondern egoistisch handelt. Der selbstgerechte und moralisch scheinbar einwandfreie Calvin ist daher moralisch vielleicht verwerflicher als der moralisch unvollkommene Atheist, sofern dieser sich immerhin nicht über seine Mitmenschen überhebt. Entsprechend verachtet Hegel ja auch alle diejenigen, die, wie er schreibt, „Herr, Herr" rufen, aber wegen ihrer Eigenmeinung, religiöse Menschen zu sein, gerade nicht religiös, sondern anmaßend, selbstgerecht und zugleich abergläubisch sind.

Der Glaube, dass man nicht wissen könne, wer oder was Gott ist, sondern an ihn bzw. an eine Religion glauben müsse, ist selbst schon ein Aberglaube. Man weiß dann überhaupt nicht mehr, wovon man redet. Hegel wendet sich vehement und mit Recht gegen einen solchen bewusstlosen Glauben. Das religiöse Problem ist, dass der bewusstlose Glaube zugleich eine Depotenzierung der Sphäre des Religiösen darstellt. Man kümmert sich nicht um Sinn und Bedeutung religiöser Rede und religiöser Praktiken, sondern nimmt nur mehr oder weniger gewohnheitsmäßig, vielleicht dann auch mit positiven Gefühlen, an einer fremdtradierten Praxis teil, unter Einschluss des Geredes über Gott, über seine Eigenschaften und die himmlischen Heerscharen, die ‚Beamten des Himmels' (Agamben) oder die ‚Boten göttlicher Nachrichten' (Michel Serres).

Es ist also offenbar gar nicht einfach, wirklich ein moralisch integrer und autonom denkender religiöser Mensch zu sein. Es ist möglicherweise sogar unmöglich, wenn man wörtlich an Gott glaubt und nicht, im wörtlichen Sinne, Atheist ist. Dabei klärt die Philosophie die Voraussetzungen, die erfüllt sein müssen, dass eine Aussage in einem je begrenzten Redebereich überhaupt ‚wörtlich' als wahr oder als falsch *bewertbar* ist, also noch bevor man sie im Einzelnen subjektiv und performativ als wahr oder als falsch bewerten kann.

Dass es sinnlose Sätze gibt, ist klar. Denn ein Satz wie „Farblose grüne Ideen schlafen furios" (Noam Chomksy) ist sicher rein syntaktisch wohlgebildet. Niemand wird deswegen meinen, man könne an seine Wahrheit oder Falschheit glauben. Aber auch nicht alles, was so aussieht wie eine semantisch wohlgebildete Aussage, ist schon wirklich semantisch wohlgebildet. Dabei definieren wir, der Einfachheit halber etwas enger, als es am Ende richtig sein würde, dass eine semantisch wohlgebildete Aussage als solche schon als wahr oder falsch bestimmt sein muss, so dass sie von Personen performativ sinnvollerweise als wahr oder als falsch bewertbar ist, und das durchaus auch schon dann, wenn die Person noch keinen zureichenden Beweis für oder gegen die Aussage hat.

Nun sind aber in den verschiedenen Bereichen der Rede die Art der Bewertung der Richtigkeit oder Wahrheit der Sätze bzw. Aussagen ganz verschieden. Dabei ist immer genau auf ihre Funktion zu achten. Das war die zentrale begriffslogische bzw. sprachphilosophische bzw. sinnkriteriale und sinnkritische Einsicht Kants, wie sie bis heute in ihrer Kraft und Bedeutsamkeit noch kaum angemessen begriffen ist. Mit Hume meint nämlich auch noch der gegenwärtige Empirismus, dass es nur zwei Arten von sinnvollen Wahrheitsansprüchen gibt: solche, die bloß definitorische Sprachregelungen artikulieren wie „Junggesellen sind unverheiratet" und „analytisch wahr" heißen, und solche, die empirisch wahr sind wie z. B. „der Eiffelturm steht in Paris auf der linken Seite der Seine". Kant und mit ihm Hegel sehen dagegen, dass es noch viele andere Wahrheiten gibt, deren Status und Funktion allererst angemessen zu verstehen ist.

Kant erkennt zuerst, dass die Wahrheiten der reinen Mathematik, der Arithmetik und der Geometrie, einen eigenen apriorischen Status haben, der sich nicht auf rein konventionelle Ausdrucksdefinitionen im engen Sinn der analytischen Wahrheiten zurückführen lässt. Dass z. B. die Dreieckspyramide die dreidimensionale Figur mit der kleinsten Anzahl an ebenen Oberflächen ist, ist keine rein analytische oder definitorische Folge der Wörter „Dreieckspyramide" und „ebene Fläche". Und doch ist es auch keine rein empirische Wahrheit. Keine Liste von Einzelbeobachtungen kann diese oder ähnliche Aussagen begründen. Entsprechendes gilt für die Aussage, dass sich ein linker Handschuh nicht auf die rechte Hand bzw. ein linksgewundenes Schneckenhaus nicht in die Hohlform eines rechtsgewundenen passen lässt – woraus folgt, dass die Form unserer Anschauung für die geometrische Beschreibung der Welt ein konstitutives und apriorisches Moment darstellt.

Alle Aussagen über reine Formen haben einen besonderen logischen Status. Alle apriorischen Aussagen gehören zur Logik im weiteren Sinn des Wortes. Es gibt dabei wesentlich mehr logische bzw. begriffliche Formen des Aussagens und Schließens, als der Empirismus von Locke und Hume bis Carnap und Quine weiß. Auch alle Aussagen über Praxisformen und Ideen sind in ihrem Status logische bzw. begriffliche Formaussagen. Ihre ‚Wahrheit' beruht weder auf rein konventionellen Sprachregeln, noch auf empirischer Beobachtung oder gar auf einer vagen Introspektion oder ‚Intuition', wenn sie allgemeine Formen explizieren und Normen artikulieren, die wir, falls wir kompetente Akteure sind, praktisch schon kennen, gebrauchen und beachten müssen. Der Fall ist analog zum Fall der Grammatik.

Logik im engeren Sinn macht immer nur formale Inferenzregeln etwa für ein Wort wie „und" oder „oder" und damit konfigurativ-syntaktische bzw. semantisch-inferentielle Sprachformen explizit. Diese müssen wir

4.3 Glaube, Offenbarung und Wissen

insgesamt praktisch beherrschen, wenn wir die entsprechenden Sprachen verstehen wollen. Die Explikationen helfen diesem Verständnis. Begriffliche Formanalysen appellieren daher einerseits an eine schon vorhandene Kenntnis oder Einsicht in die Formen und Normen unseres praktischen Könnens, andererseits entwickeln sie diese Einsicht und stabilisieren das Können, machen es ‚gediegen', wie sich Hegel ausdrückt. Selbstverständlich kann man niemanden argumentativ zwingen, an einer solchen Praxis der expliziten Entwicklung von Praxisformen teilzunehmen, nicht einmal dazu anzuerkennen, dass diese oder jene Explikation die beste Formanalyse ist, die zu der jeweiligen Zeit zur Verfügung steht. Dass diese immer der ‚Verbesserung' oder ‚Vertiefung' fähig und bedürftig ist, ist eine Selbstverständlichkeit. Es ist selbst ein logischer Satz über die Form der Formexplikation oder logischen Formanalyse. Dem widerspricht nicht, dass die Geltungsart der Sätze einer solchen ‚spekulativen' oder hochstufigen Logik und Formanalyse zeitallgemein, achron und in diesem Sinn ‚unendlich' (Hegel) bzw. a priori (Kant) ist: Es handelt sich nicht um endliche, historische oder empirische, sondern um zeitallgemeine begriffliche Aussagen. Und auch ihre Begründung ist nicht empirisch oder historisch, sondern stammt im Kern aus der Entwicklung unseres expliziten generischen Wissens und wiederholbaren empraktischen Könnens.

Entsprechend sind dann auch der Sinn und die Wahrheitsbegriffe einer bloß *narrativen historia* und einer *strukturellen Kulturgeschichte* ganz verschieden, oder dann auch die einer bloß *deskriptiven Naturgeschichte* und einer *erklärenden Naturwissenschaft*. Von noch ganz anderer Art sind die Sätze, welche unser *ästhetisches und ethisches Verhältnis zur Welt, zur Erde und zur lebendigen Natur* artikulieren – ein Punkt, der in der bisherigen Lektüre von Hegels Naturphilosophie praktisch noch gar nicht erschlossen ist.

In jedem Fall aber ist der rechte Text- oder Schriftsinn allererst herauszufinden. Die Lehre vom mehrfachen Schriftsinn gerade auch der heiligen Schriften christlicher Tradition weiß das zwar schon längst; aber in ihrer Bedeutung ist sie noch lange kein kulturelles Allgemeingut. Denn sonst wäre ein ‚wörtlicher' Glaube an einen Schöpfergott wie im fundamentalchristlichen Kreationismus ebenso undenkbar wie eine reale Endzeiterwartung oder ein schematisch verstandener Glaube an eine unsterbliche Seele. Wörtlich verstanden gibt es also keinen Gott im Dornbusch. Und es ist Jesus von Nazareth kein Sohn Gottes, jedenfalls nicht mehr als wir alle im metaphorischen Sinn Kinder Gottes sind.

Wer nicht in diesem Sinn Atheist ist, ist nicht etwa religiös gläubig, sondern schlicht abergläubisch. Er begreift schon nicht, was Religion wirklich ist oder eigentlich sein sollte. Dennoch wagt es die etablierte Theologie bisher noch nicht, diese theologisch-religiöse Wahrheit öffentlich zu verkünden, und zwar entweder weil man selbst in religiösen Dingen noch ungebildet und abergläubisch ist, oder weil man meint, dass das Volk nur Bildzeitungsartige Wahrheiten versteht und von einer Religion abfallen würde, welche für diese kompliziertere religiöse Wahrheit wirklich einsteht.

Die Wiederkehr der Religion in unserer Zeit ist angesichts dieser Haltung der Theologien in allen christlichen Bekenntnissen und insbesondere auch im Islam daher nicht etwa ein ermutigendes Zeichen, sondern ein klares Warnsignal. Es ist ein Signal für einen erstarkenden Aberglauben und eine Abkehr von den Entwicklungen der Frühaufklärung in Reformation und Gegenreformation zwischen dem 16. und dem 19. Jahrhundert. Der süßliche Marien- und Herz-Jesu-Kult seit dem ausgehenden 19. Jahrhunderts im Katholizismus bedeutet z. B. schlicht die Abkehr von einer christlichen Kultur und Pflege echter Religion. Diese Entwicklung führt zu einer subjektivistischen Religiosität bloßen Gefühlsüberschwangs und kehrt zurück zu Bittanrufungen eines penatenartigen Hausgottes oder nationalistischen Volksgottes. Der entsprechende orthodoxe Gott Russlands oder Serbiens segnet die Waffen. Der Gott der Staatsreligion Preußens soll bis in die Hitlerzeit den Deutschen zu ihrem vermeintlichen Platz in der Welt verhelfen.

4.4 Sinnanpassungen und ‚moralische' Wahrheiten

Dass es Anna Karenina, Madame Bovary oder Sherlock Holmes nie wirklich gab, ist jedem klar, der weiß, dass Autoren die Geschichten erfunden haben. Das gilt, wenn man genauer hinsieht, sogar schon für Homers Götter, deren Eigenschaften dramatisch so vom Autor in Szene gesetzt werden, dass sie es erlauben, gewisse natürliche und psychische Mächte sozusagen metonymisch (auch metaphorisch und allegorisch) darzustellen. Dass die Dichter lügen, ist daher nicht so sehr eine Kritik an Homer. Es ist vielmehr Platons wohl durch Heraklit inspirierte Diagnose des Status der Göttergeschichten in der griechischen Kultur. Dennoch liebten Heraklit und Platon bekanntlich Homer, aber wohl eben wegen seiner *Psychologie* und damit einem *zweiten* Schriftsinn hinter der Oberflächenerzählung. Das Tun von Achill, Hektor, Priamos, Telemachos, Penelope und Odysseus wird dabei immer auch ‚erklärt' durch den Einfluss von Göttern, die sie ‚beraten' oder sonstwie ‚helfen'.[71] Entsprechend sind die Romane Tolstois oder Flauberts ‚wahr', insofern sie in paradigmatischer Erzählung *allgemeine Momente oder Bewegkräfte des menschlichen Lebens* darstellen. Es ist dann aber auch der *zweite Schriftsinn* der für heilig erklärten Schriften allererst als *der eigentliche* zu begreifen.

Entsprechendes gilt für alle geistigen Gegenstände der Rede, für die Seele, den Willlen, die Psyche, das Bewusstsein, das Selbst, das Ich usw. Es handelt sich um nominale Redeformen über Momente unseres ‚geistigen' Lebens, wie die Philosophie von Heraklit, Platon und Aristoteles bis Kant und Hegel immer schon wusste. Das heißt, wir benutzen nominale

4.4 Sinnanpassungen und ‚moralische' Wahrheiten

Redeformen, um auf Teilformen unseres gesamten Lebens zu reflektieren. So sagen wir etwa mit Sokrates, man müsse immer für seine überzeitliche Seele sorgen. Die Seele ist also nicht etwa ‚unsterblich'. Sie *transzendiert* aber *das Hier und Jetzt*, so wie ich *als Person* das Hier und Jetzt und im Übrigen auch meine leiblichen Zustände transzendiere. Die Person, die ich bin, bin ich nicht allein *als Leib* und schon gar nicht bloß als gehirngesteuertes Wesen, sondern *aufgrund der Rollen*, die ich im sozial-kulturellen Gemeinschaftsleben spiele und an die man sich auch dann noch erinnern kann, wenn ich selbst tot bin und es keine eigenen Erinnerungen an mein früheres leibliches Leben mehr gibt. Ebenso weist die Rede von der personalen Seele oder von mir als Person auf die Differenz hin zwischen dem Menschen, der ich momentan gerade bin, und meinen ‚geistigen' Fähigkeiten und Tätigkeiten. Geistige Fähigkeiten sind dabei immer nur Aspekte und Momente einer sozial-kulturellen Kompetenz, was schon Heraklit gewusst zu haben scheint. Dabei muss ich mich heute schon tätig um den Erwerb und Erhalt der personalen (‚geistig-psychischen') Eigenschaften kümmern, die ich in Zukunft haben möchte. Mein Tun heute bestimmt immer mit, ob ich der sein kann oder sein werde, der ich sein möchte. Erst recht bestimmt mein heutiges Tun, an wen man sich in Zukunft wahrerweise erinnern kann.

Ich muss also im Allgemeinen heute etwas ‚richtig' tun, damit ich später der sein kann, der ich sein möchte. Ich muss z. B. allerlei lernen. Und ich bin auch für meine moralische Integrität selbst verantwortlich. Die Bedeutung dieser Integrität für mein weiteres Leben oder mein Leben insgesamt wird aber von den meisten Menschen nicht einmal ahnend erfasst. Sie ahnen z. B. nicht, dass der moralisch Korrupte jedes Recht auf die moralische Beurteilung anderer Personen sogar vor sich selbst verspielt hat – mit der Folge, dass er nur noch scheinbar, nur noch verlogen am moralischen Gerechtigkeitsdiskurs der Menschen teilnimmt. Er kann das Tun anderer Menschen nicht mehr unter moralischen Gesichtspunkten beurteilen, wie Kant klar gesehen hat. Damit aber hat er jede Autonomie und Authentizität verloren. Er lebt nur noch im moralischen Schein.

Das Verdikt gilt natürlich nicht für einzelne Fehler, für die man um Vergebung bitten kann. Aber nicht einmal für diese gibt es eine Selbstentschuldung. Sogar schon der Ausdruck „Entschuldigung" ist ganz irreführend. Denn der, der sich verfehlt hat, muss um Vergebung bitten, soweit das möglich ist. Diese Verzeihung wiederum ist im Normalfall frei zu gewähren. Aber sie kann nicht etwa eingeklagt werden. So frei sind eben die moralischen Kooperationsbeziehungen der Menschen zueinander.

Jeder, der sein eigenes Handeln moralisch nach anderen Standards beurteilt als das der anderen, hat sich schon selbst aus der moralischen Kooperationsgemeinschaft der Menschen ausgeschlossen. Das ist die Grundeinsicht der Moralphilosophie Kants. Diese moralische Selbstüberhebung ist *moralisch radikal böse*. Die Tendenz zu dieser moralischen Überheblichkeit, die im Grunde eine Selbstüberhebung über die Moral und damit über die anderen Menschen ist, ist das, was der Gedanke der Ur- oder Erbsünde des 1. Buches Mose im Alten Testament bildlich zu artikulieren sucht. Es ist also nicht das Erkennen des Wahren und Falschen, Guten und Bösen, welches an sich ‚Sünde' wäre. Im Gegenteil. Erkenntnis und Wissen unterscheiden uns von Tieren und machen Selbstverantwortung allererst möglich. Das Problem liegt in der Selbsterhöhung und Selbstüberhebung über das, was man als das Gute eigentlich kennt, was immer das ist.

Wie wenig bis heute das Problem moralischer Selbstüberhebung begriffen ist, zeigt folgende Überlegung. Das Loben-Können und Kritisieren-Dürfen in Bezug auf das Tun und Urteilen anderer Menschen ist ein ganz wesentlicher Teil des guten gemeinsamen Lebens. Doch der moralisch Korrupte kann nicht einmal den moralisch Korrupten verachten, ohne sich selbst zu verachten. Er kann schon gar nicht den *homo oeconomicus*, den vermeintlich anständigen Egoisten, kritisieren. Die Folge ist, dass er keine Selbstachtung haben kann. Denn entweder ist er dumm oder böse. Im Grunde *müsste er wissen*, dass er nicht nur die anderen, sondern auch sich selbst in all seinen Urteilen mindestens partiell belügt. *Eben daher erkennt Kant in der Lüge die tiefste Wurzel aller moralischen Verderbnis.*

Die Gefahren einer durchaus analogen Unwahrheit in den tradierten Religionen lassen sich jetzt auch schon recht kurz auf den Begriff bringen. Eine erste Gefahr zeigt sich im *Prediger-* und *Prophetentum*. Solche selbsternannten Künder erzeugen gläubige Nachfolger. Bei Buber und Rosenzweig heißen sie „Jungkünder"; aus der Luther-Übersetzung kennen wir sie als ‚Jünger'. So bedeutsam die vielleicht höhere Weisheit solcher Künder und Sekten (gewesen) sein mag, so groß ist die Gefahr der *Selbsterhöhung*, wie sie sogar noch die Apologetik der Propheten etwa in den Büchern Samuel und der Könige durchscheint. Dass die *Selbstgerechtigkeit* die zentrale Gefahr gerade des religiösen Menschen ist, sehen sowohl Sokrates als auch Platon – wie der Dialog über die Frömmigkeit, der *Euthyphron*, schön zeigt – als auch Jesus von Nazareth. Dessen Kritik am Pharisäertum ist ja nichts anderes als Kritik an der Selbstsicherheit und Selbstgerechtigkeit einer selbsternannten religiösen Elite.

4.5 Die Wahrheit der Transzendenz

Kants große Einsicht ist, dass jede Transzendenz immanent aus dem realen Leben heraus und für das menschliche Leben zu begreifen ist. Die Transzendenz der religiösen Orientierung besonders für das ethische Selbstverständnis des Menschen überschreitet allerdings die rein subjektive Perspektive des einzelnen Menschen oder der partikularistischen Gemeinschaften wie der Familie, des Stammes oder auch der Nation hin zur ganzen Menschheit. Entsprechend deutet schon Kant, wie später auch Hegel und die Leben-

4.5 Die Wahrheit der Transzendenz

Jesu-Literatur von David Strauss über Renan bis Tolstoi die ‚Christologie' des Neuen Testaments als eine *paradigmatische Heiligung* der allgemeinen *condition humaine* im Ganzen. Das Evangelium, die gute Botschaft, stellt in Jesus die Idee des guten Menschen und des guten Lebens dar. Das Neue und Große dabei ist, dass dies unter explizitem Einschluss aller Endlichkeit, aller Schmerzen und Leiden, und auch des Ertragens von absoluter Ungerechtigkeit geschieht. Überwunden wird dabei nicht etwa das nach wie vor unausweichliche Faktum des Todes. Überwunden wird die so genannte *Todesangst*, die allerdings oft von einer stimmungsmäßigen *Lebensangst* kaum unterscheidbar ist. Kern der Lehre ist, wie Kant sieht, die moralische Person. Sie transzendiert das Leben des Leibes: Die ethische Person hat kategorial einen unvergleichlich höheren Rang als alles andere im leiblichen Leben, sogar als das Leben selbst. Wenn wir das problematische Wort „Wert" doch wieder gebrauchen dürfen, können wir sagen, dass Wert und Würde der Person höher rangieren als jeder materielle Wert, nicht nur jeder Geldwert, sondern sogar noch höher als Leib und Leben.

Das und nur das ist übrigens auch die tiefe, also nicht oberflächlich-wörtliche, ‚Wahrheit' der österlichen Wiederauferstehung. Denn die Person oder Persönlichkeit des Jesus ist durch seine Kreuzigung nicht lädiert oder gar vernichtet worden, so wenig wie die Persönlichkeit des Sokrates durch dessen Hinrichtung.

Die Überwindung des Todes besteht dann *nicht* etwa im Glauben an eine Auferstehung des Geistes oder gar des Leibes, sondern in der bewussten Anerkennung der Tatsache, dass das jeweils einzelne Leben und am Ende auch das unserer Gattung *endlich* ist, dass aber die Person als gelebte Form und als Trägerin von Gedanken, auch als Erfinderin von neuen Formen, besonders auch in ihrer Wirksamkeit und in der Anerkennung durch andere Personen nicht an die Zeitlichkeit des leiblichen Lebens gebunden bleibt. Im Wissen um diese Tatsache und in der Höherbewertung des ethisch guten Lebens gegenüber allen Bequemlichkeiten kleinbürgerlichen Wohlstands (ohne diesen unbedingt zu verachten) transzendieren wir gerade die subjektiven Beschränktheiten eines bloß animalischen Lebens, das an den Pflock des Augenblicks gebunden ist, wie Nietzsche so schön sagt.

Dass dabei schon jedes reale Weltwissen *relativ* und *fallibel* ist, artikuliert dann *ex negativo* nur die Tatsache, dass unser Projekt der Vertiefung, Ausweitung, Kontrolle und Sicherung von Wissen und Können nie je abgeschlossen sein wird. Auch in den Sphären des Guten, des Rechts und der Freiheit ist das Projekt der Menschheit ‚ewig'. Jeder, der an ihm teilhat, nimmt an etwas ‚Ewigem' teil. Daher ist es auch am Ende *das Wissen, nicht der Glaube*, das unser Sein und damit die Seele oder Person an die ‚Idee der Unsterblichkeit' heranführt.

Die Lehre von der Unsterblichkeit ist also eigentlich bloß Lehre von der Subjekttranszendenz jedes Sinns, jedes Wissens und jeder Wahrheit. Gott ist die Wahrheit. Die Wahrheit aber ist das Ganze. Diese ‚spekulativen' Sätze in Hegels Sinn einer hochstufigen Reflexion auf die *condition humaine* besagen, dass wir in den religiösen Aussagen und Praktiken, in denen wir uns *wörtlich* auf ein höchstes Wesen, eben auf Gott beziehen, uns *inhaltlich in Wirklichkeit* auf das personale Leben in der Welt und die Welt im Ganzen beziehen.

4.6 Weltanschauung und Religion

Der Ausdruck „Weltanschauung" für eine religionsartige Sicht auf die Welt geht auf Kant zurück. Die Entgegensetzung zwischen philosophischer und materialistischer bzw. bloß ‚wissenschaftlicher', d. h. durch die Darstellungsformen der Naturwissenschaften allein geprägter Weltanschauung ist eine Grundeinsicht Fichtes. Die Auseinandersetzung zwischen traditionalen Weltbildern der Religion und ‚mittelalterlichen' Traditionen ist Thema der *Romantik* in Philosophie und Literatur gleichermaßen, d. h. bei Novalis, den Schlegels und Hölderlin ebenso wie bei Schelling, Hegel und Schopenhauer. Dabei erkennen die Romantiker gegen die ‚materialistischen' Aufklärer des 18. Jahrhunderts die Bedeutsamkeit der *subjektiven* und *kommunalen* Gesichtspunkte des Lebens.

Der Glaube und die Hoffnung auf Kooperativität ist nun keineswegs unabhängig vom Streben nach einem gemeinsam guten Leben, der *eudaimonia*, wenn nur klar bleibt, dass das Streben nach Eudämonie nie rein subjektiv-zweckrational, nie rein im *Ich-Modus*, sondern immer nur im *Wir-Modus* zu begreifen ist. Hier liegt eine wesentliche Differenz zwischen Kant und Hegel. Kant schwankt sozusagen zwischen einem Hobbesianismus, demzufolge der Mensch ein Wesen ist, das einen Herrn nötig hat, samt einem entsprechenden (zum Teil stoizistischen) Krypto-Physikalismus, und einem Dualismus, dem zufolge der Mensch auch Zugang zu einer höheren Sphäre der Vernunft hat, aber dann doch wieder durch die Achtung vor dem Gesetz und eine Hoffnung auf ein Leben nach dem Tod zum Guten motiviert werden muss. Fichte, Schelling, Hegel und die Romantiker erkennen dieses Schwanken und bestehen auf einer noch radikaler weltimmanenten Analyse als sie bei Kant zu finden ist..

Hegel erkennt insbesondere, dass Kants Ablehnung der Eudämonie des Aristoteles auf einem Gedankenfehler beruht. Denn es ist zwar richtig, dass wir uns nur im Fall eines moralischen Heros, der sein eigenes Glück opfert zugunsten der moralisch guten Tat, veranlasst sehen, die Tat als *besondere moralische* Tat zu loben. Und doch ist der besser, der dem Freunde gern hilft (Schiller). Dementsprechend entscheidet bestenfalls beim Kind der Abstand zwischen subjektiver Neigung und guter Tat über das Maß des moralischen Lobes. Beim Erwachsenen reicht es, wenn er, wie sich Hegel ausdrückt, insgesamt rechtschaffen lebt, egal aus welchen Motiven. Damit

4.6 Weltanschauung und Religion

entfällt auch das Bedürfnis nach einem Jüngsten Gericht, das Kant noch gespürt hat und dem er nachgegeben hat.

Das, was die Religionen explizit machen und im Ritus feiern, ist nach Hegel das Gemeinschaftsprojekt des guten Lebens, samt aller seiner Teilmomente. Hölderlin feiert entsprechend in seinen säkularisierten Gesängen das Erhabene einer liebenden, ja enthusiastischen Beziehung zwischen Mensch und Mensch, Mensch und Natur und Mensch und Geschichte. Hegel säkularisiert die Religion durch eine Verwandlung in eine abstrakte Vernunftreligion der spekulativen Logik, durchaus zum Leidwesen aller Ästhetiker wie Hölderlin und Kierkegaard, die in Gott eher das Schöne als das Wahre suchen, oder dann auch von Nietzsche, der im Grunde selbst bloß das Wort „Gott" aus seinem Vokabular streicht, dann aber sich und dem 19. Jahrhundert vorwirft, Gott getötet zu haben. Dabei hatte schon Hegel vom Tod Gottes gesprochen. Denn spätestens seit Kant ist klar, dass jeder Versuch, sinnvoll über einen ontisch hypostasierten Gott zu sprechen, an sein Ende gekommen ist. Wenn Hegel daher, wie er selbst sagt, Lutheraner und Protestant bleiben will, so in einem völlig atheistischen Sinn, in dem ein wörtlicher Anruf des Herrn zu reinem Unsinn wird. Diesen Angriff auf die positive Religion und eine Theologie, die an einer positiven Lehre von der Existenz Gottes festhält, hat die Theologie als Wissenschaft seither noch kaum als die eigentliche Herausforderung unserer Zeit aufgegriffen, um von der Philosophie gar nicht zu sprechen, deren ‚rationale' Aufklärung sich weitgehend auf die Analyse der Bezugnahme auf endliche Dinge und abstrakte Gegenstände wie Zahlen und theoretische Entitäten beschränkt. Ansonsten sind Theologie und Philosophie noch in weiten Teilen allzu erbaulich, betreiben öffentliche Seelsorge in Kirche, Seminar und Feuilleton und haben das Denken, das immer streitbar ist, verlernt.

Was wir brauchen, ist eine strukturell durchsichtige Darstellung der Gesamtform der *condition humaine*. Es geht dabei nicht um alle Details, auch nicht der materiellen Welt im Ganzen, wie Bertrand Russell und andere Kritiker an Hegels so genanntem Holismus meinen, vielmehr, wie schon bei Kant, um die allgemeine Form oder eben Idee des Wissens und der Wahrheit. Es geht um die allgemeine Form oder Idee des gesetzlichen Rechts und der freien Sittlichkeit und dann durchaus auch um die allgemeine Idee des Schönen, wobei diese allgemeine Form alle Sonderformen umfasst, etwa alle denkbaren Formen des Kunstschönen.

Hegel reflektiert in allen diesen Fällen auf die innere *Logik* von zunächst bloß im gemeinsamen Handeln impliziten Praxisformen, dann aber auch formell geregelten und eben damit schon partiell explizit reflektierten Institutionen, wie z. B. auf das informelle Wissen oder die formelle Wissenschaft, die freie informelle Sittlichkeit oder die formal reflektierende Moral, eine informelle Gemeinschaft in Familie und Stamm oder eine gesetzlich geregelte und staatlich verfasste Gesellschaft. Die zentrale Rolle des Staates ist dabei die, dass nur er eine intentional geplante Entwicklung der Institutionen garantieren kann: Nur er repräsentiert einen gemeinsamen Willen.

Was ist nun an unserer Religion sinnkritisch zu erhalten? Es ist insbesondere die Idee der Trinität. Diese deutet Hegel säkular. Er liest sie als allgemeine logische Form des Sinnverstehens. Damit schafft er eine neue Christologie. In ihr wird der Vatergott sozusagen zum mythischen Repräsentanten tradierter Lebensformen. Christus wird zum idealen und doch realen Modellfall einer freien und autonomen Person. Der Heilige Geist wird sozusagen zum Pseudonym allgemeiner Urteilskraft in der jeweiligen Gegenwart. Mit anderen Worten, die Trinität Gott – Mensch – Geist deutet Hegel als das Dreieck A – B – C, wobei A die Überlieferung, B die personale Kompetenz des einzelnen Menschen und C die autonome, aber urteilskräftige Kontrolle einer geistvollen statt geistlosen Aktualisierung überlieferter Urteils- und Handlungsformen vertritt. Dass das Sinnverstehen dialektisch ist, bedeutet dann: Wir finden das Vernünftige immer nur als eine Art Mitte C zwischen bloß tradierten Schemata A und der Subjektivität individueller Urteile und Handlungen freier Personen B. Hinzu kommt die Idee der *conscientia*, *der bewussten Selbstkontrolle des Gewissens und des Selbstbewusstseins*, wobei der Mythos von der unmittelbaren Beziehung zwischen der Seele und dem trinitarischen Gott die Form der vernünftigen Teilnahme (C) des Einzelnen (B) an der allgemeinen Idee des Guten, Wahren und Schönen (A) artikuliert.

Die Aufklärung des 18. Jahrhunderts bleibt insbesondere darin zu eng, das sie diese Zusammenhänge nicht sieht. Der Fehler auch noch von Kants Säkularisierung der christlichen Religion und Theologie besteht darin, dass er auf halbem Wege stehen bleibt, mal als hobbesianischer Physikalist, mal als cartesianischer Dualist erscheint und die immanente Einheit der Welt nicht mit den Tatsachen des freien und autonomen Handelns zu vermitteln vermag. Mit einem Rückfall in Positionen vorkritischen Denkens hat die Skeptizismus- und Kritizismuskritik Hegels also offenbar nicht das Geringste zu tun.

Kapitel 5: Der Gottmensch

                                                   Der Menschensohn ist eines Menschen Sohn.

5.1 Religion, Wissenschaft und Philosophie

Das Verhältnis zwischen Religion, Wissenschaft und Philosophie scheint zerrüttet zu sein. Diese Diagnose spricht über die entsprechenden Institutionen formal so, als könnten sie personenanaloge Verhältnisse zueinander pflegen. Sie ist damit in einer allegorischen Weise artikuliert, wie man sie in der Renaissance besonders liebte: Die *Sapientia*, *Prudentia* und *Conscientia* wurden damals gern als Quasipersonen angesprochen. Im Grunde ist die Rede über Götter immer und überall allegorische Rede. Sie sollte daher nie ‚ontisch' missverstanden werden. Aber nichts scheint schwieriger zu sein als das Sinnverstehen figurativer Redeformen und ihrer eigentümlichen Logik.

    Viele Gläubige drehen hier die Sichtweise um. Für sie ist es schon Blasphemie, die Texte über die Gründer des Christentums oder des Islam, vielleicht auch des Judentums oder des Buddhismus, allegorisch zu lesen und daraufhin zu befragen, *worin* denn die *Wahrheit* bzw. der eigentliche *Sinn* dieser Allegorien wirklich besteht. Denn damit wird, so scheint es, das Heilige nicht als das Unantastbare anerkannt. Wirkmächtige Zeloten wie Martin Luther oder Jean Calvin können sich dann nicht mehr unmittelbar als *gottgerecht* fühlen, ohne, wie die Gebildetsten unter den Pharisäern, etwa Saulus/Paulus, vor sich selbst in den Verdacht der *Selbstgerechtigkeit* zu geraten.[72] Für Vertreter einer gegen einen theologischen Glauben gerichteten wissenschaftlichen Rationalität als insgesamt bloß instrumenteller *Klugheit* ist dagegen schon die Suche nach einer Religion in den Grenzen der Vernunft wie bei Kant im Grunde überflüssig, bestenfalls romantisch, soweit es nicht bloß um subjektive Mystik geht.[73]

    Man spricht heute gern von einer anthropologischen oder gar evolutionären Bedeutung der Religion. Dem steht wiederum mit Recht eine gewisse Scheu vor dem Heiligen gegenüber. Eine solche Scheu kann nämlich in Grenzen durchaus vernünftig sein, nämlich als Schutz davor, dass Kulturtraditionen willkürlich infrage gestellt oder wichtigtuerisch zerredet werden. Sie entspricht dann dem Schutz von Kunstwerken vor mutwilliger Zerstörung etwa durch selbsternannte Bilderstürmer. Einen solchen Schutz fordern gerade auch säkularisierte Kulturliebhaber als selbstverständlich ein.

Allerdings gehen die Tabus, die religiöse Texte und Praktiken schützen, über das Vernünftige allzu häufig weit hinaus, etwa wenn Überlieferungen gegen kritische Nachfragen abgeschottet werden. Das kann das zu schützende Gut geradezu beschädigen. Dies ist insbesondere deswegen bedenkenswert, weil ein Kern des Christentums in einer entsprechenden Enttabuisierung der heiligen Texte und Praktiken des Judentums besteht.

Um das arbeitsteilige Verhältnis zwischen Wissenschaft, Philosophie und Religion zu verstehen, sind Vorstellungen zu kritisieren, die auf der einen Seite ein Primat des (Willkür-)Glaubens vor jedem Wissen und der Theologie vor jeder sinnkritischen Philosophie behaupten, wie das im Hochmittelalter noch üblich gewesen sein mag, auf der anderen Seite aber, nach Renaissance und Aufklärung, ein Primat des Wissens der experimentellen Naturwissenschaften als den neuen wissenschaftlichen Leitdisziplinen vor allen philologischen und philosophischen Geisteswissenschaften. Auch Verteidiger der Geisteswissenschaften wie Hans Blumenberg, Joachim Ritter oder Odo Marquard gehen in der zweiten Linie viel zu weit. Denn sie gestehen den Geisteswissenschaften und auch den schönen Künsten in unserer ökonomisierten und technisierten Welt im Grunde bloß noch gewisse Kompensationsaufgaben zu.[74] Der Gedanke ist, grob skizziert, der, dass der Besuch der Metropolitan Opera dafür entschädigt, in New York wohnen zu müssen. Hermann Lübbe[75] oder Niklas Luhmann[76] weisen den religiösen Praxisformen ganz entsprechende Funktionen zu. Sie sollen verbal und liturgisch gewisse ‚Mängel' der (unaufhebbaren) Endlichkeit unseres Daseins kompensieren.[77]

Damit gibt man dem Zeitgeist aber möglicherweise schon viel zu viel zu. In der Tat entwickelt sich nach Darwin und Marx eine bis heute anhaltende *Selbstüberschätzung* der Erklärungs- und Orientierungsleistungen von Natur- und dann auch von Sozialwissenschaften, der sich auf der anderen Seite auch eine gewisse dogmatische *Selbstgerechtigkeit* in den sich gegen entsprechende Angriffe verteidigenden Religionen entgegenstellt. Zugleich ergibt sich eine Art Wechselbad zwischen einer Depression angesichts der vermeintlichen Sinn- und Heimatlosigkeit des endlichen Lebens und einer Manie trotzigen Willens als Reaktion auf den Nihilismus des Szientismus, wie das besonders deutlich bei Friedrich Nietzsche und im Existenzialismus zum Ausdruck kommt. Von dem nur zu einem Teil machtpolitischen, zu einem anderen Teil biologistisch-zivilreligiösen Nationalismus wollen wir hier gar nicht weiter reden, obwohl er die Kriegskatastrophen und eine weitgehende Selbstzerstörung humaner Kulturtraditionen in Mittel- und Osteuropa im letzten Jahrhundert wesentlich verursacht hat. Für uns sind auch nicht die Details dieser Entwicklungen von Bedeutung, sondern nur die Frage, ob es nicht an der Zeit wäre, wieder eine vernünftigere Sicht zu entwickeln auf das Verhältnis zwischen Religion und Philosophie einerseits, zwischen den ‚hermeneutischen' und den ‚empirischen' Wissenschaf-

5.1 Religion, Wissenschaft und Philosophie

ten andererseits. Dabei gehören zu den Wissenschaften, die interpretative Sprachtechniken entwickeln, neben den Rechtswissenschaften durchaus auch die nicht-empirische Mathematik und weite Teile der Informations-, Kommunikations- und Kooperationstechnologien. Und es sind die Natur-, Sozial- und Technikwissenschaften keineswegs in allen Teilen als ‚empirische' Wissenschaften zu verstehen.

Thema der Philosophie ist das *Selbstbewusstsein*, das ‚Mit-Wissen' der *con-scientia*, jenseits von Selbstüberschätzung und Selbstunterschätzung, also die Befolgung der uralten Aufforderung des hellenischen Kulturgottes Apollo: ‚*Erkenne dich selbst*'. In gewissem Sinn teilt die Philosophie dieses Thema mit allen Wissenschaften einerseits, der Religion andererseits. Denn auch dort geht es, wenngleich in verschiedener Weise und in unterschiedlichen Sprach- und Praxisformen, um die Entwicklung unseres Wissens, Könnens und Selbstwissens. Daher kann es von der Sache her gar keine Konkurrenz zwischen einer recht verstandenen Wissenschaft, den Traditionen religiöser und ästhetischer Vergegenwärtigung der *condition humaine* und ihrer philosophischen Explikation geben. Im Gegenteil. Jede vermeintliche Entgegensetzung von Wissenschaft und Religion, Wissenschaft und Philosophie oder Philosophie und Religion desavouiert sich am Ende nur jeweils selbst.

Spezifischer geht es in der Philosophie immer auch um die Beziehungen zwischen den Bereichen religiöser Weisheit, wissenschaftlicher Rationalität und eines explizit kontrollierten, in diesem Sinn möglichst voll bewussten Selbstverstehens. Die Philosophie reflektiert dabei besonders auf die Ausdifferenzierung der Sachwissenschaften in die Wissenschaften von der Natur und vom Geist. Letzteres Wissen ist ein Wissen über unsere Kultur, wozu auch ein Wissen über die Gesellschaft und den Staat gehört, aber auch über Kunst, Religion und die Wissenschaft selbst, samt deren Entwicklung in unserer gemeinsamen Geschichte und der je individuellen Bildung, Platons *Paideia*.

Ein zentrales Thema ist dabei die Entmystifizierung eines zentralen Mythos der Moderne. Diesem zufolge hat erst die Neuzeit unsere Wissenschaft, unsere Aufklärung, unsere Subjektivität und unseren Individualismus hervorgebracht. In einem gewissen Sinn ist das zwar trivialerweise so, da jede Gegenwart auf die ihr näher liegende Vergangenheit zurückgeht. In einem anderen Sinn aber mystifiziert sich in diesem Mythos die Moderne selbst, nämlich indem sie sich als jeweilige Gegenwart von ihrer eigenen Geschichte distanzieren zu müssen glaubt. Sie sieht damit ihre eigene Vor-Vergangenheit als finsteres Zeitalter an. Damit fehlt es ihr schon an Vorstellungskraft, wie die Menschen unter leicht anderen Verhältnissen wohl gelebt und trotz aller möglichen Verwirrungen Vernünftiges gedacht haben. Wir übersehen gerade im Hinblick auf die uns so teure Subjektivität und Individualität, dass wir unseren Vorfahren das, was wir sind und sein können, weit mehr zu verdanken haben als uns selbst.

Die folgende Tiefenbohrung soll dazu zeigen, dass sich die Anfänge selbstbewusster Subjektivität und damit der *philosophischen Moderne* im Okzident nicht erst, wie Michel Foucault oder Charles Taylor[78] noch meinen, an dem vierten Laterankonzil 1215 mit seiner Festschreibung einer jährlichen Beichtpflicht festmachen lassen, sondern schon mit der Rede über eine überpräsentische, insofern ‚unsterbliche', Seele bei Sokrates zu verbinden sind. Ihr korrespondiert eine gewisse Transformation der Rede von Gott bei Platon. Hier finden wir sozusagen die Erfindung von subjektivem Selbstbewusstsein und Gewissen als den zwei Bedeutungen des Mit-Wissens der *conscientia*, nämlich als theoretisches Selbstwissen und praktische Selbstkontrolle. Besonders interessiert dann aber ein systematischer Vergleich mit den Lehren der Begründer der *religiösen Moderne*, Jesus von Nazareth und Paulus von Tarsus.

5.2 Von den Göttern Griechenlands zum einen Gott

Zunächst ist bemerkenswert, dass der Gott von Delphi bei Platon sozusagen seinen Vornamen verliert. Er wird von Apollo oder auch, wie schon bei Xenophanes, von Zeus zu *dem Gott*. Dieser Gott im reinen Singular, also in der Sprachform des *singulare tantum*, ist, um es gleich prägnant zu sagen, obgleich damit alles auch schon extrem zu verkürzen, in Platons Dialogen der *Gott* des *Wahren*, des *Guten* und des *Schönen*. Als Gott des Wahren ist er *ideal gedachtes Subjekt eines perfekten Wissens*. Als Objekt des Nachdenkens über ein ideal vorgestelltes *humanes Ethos* korrespondiert er der *Idee des Guten*. Der Gott des Schönen aber ist Gegenstand der *Feier der Religionen*. Gefeiert wird dabei eigentlich die ‚*kalokagathia*' des vollkommen Guten und Schönen. Daher und nur daher müssen nach Platon die Götter oder eben der eine Gott immer als wahr, gut und schön dargestellt werden, also anders als in der vermenschlichten Form psychischer und physischer Mächte, wie wir sie von Homer und den Dichtern her kennen, die immerhin die griechische Götterwelt internationalisiert hatten, indem sie die Götter Asiens mit ihren eigenen Göttern identifizierten.

Als zentraler Gesichtspunkt für eine Analyse des Verhältnisses von Philosophie, Religion und Theologie ist zunächst die sokratisch-platonische Seelenlehre zu betrachten, wie sie offenbar Eingang gefunden hat in das pharisäische Judentum und damit in die Lehren des Jesus und Paulus. In den wohl erst nach mündlichen Überlieferungen verfassten Lebensbeschreibungen des Jesus von Nazareth in den Evangelien lässt sich dabei zumindest implizit ein sokratisches Vorbild aufspüren.[79] Schließlich gilt es, das Prinzip der Absolutheit des Subjekts als Kernlehre des Christentums zu begreifen, wobei die Rolle der Liebe nicht bloß auf die Caritas zu reduzieren ist, sondern als Enthusiasmus, als Leben im Göttlichen, zu deuten wäre. In jedem Fall aber hat diese Lehre dem als Sohn Gottes begriffenen Menschensohn, also Jesus als dem lebendigen Paradigma dieses neuen Verständnisses von Religion, am Ende das Leben gekostet.

5.3 Sorge um die ‚unsterbliche' Seele

Unsere Leitfrage ist, wie die Seelenlehre des Sokrates mit der christlichen, und wie der Gott Platons mit dem christlichen historisch und systematisch zusammenhängt. Sie führt uns, wie ich meine, ziemlich schnell zur theologischen oder onto-theologischen und damit fundamentalphilosophischen Frage nach der trinitarischen Einheit des jüdischen Volksvatergottes Jahwe, des Menschensohnes oder Gottmenschen Jesus von Nazareth und des Heiligen Geistes des Christentums. Es geht dabei keineswegs bloß um eine philologisch-historische Frage nach der Überlieferung. Es gibt auch keine Glaubensfrage in Bezug auf eine so genannte Offenbarung. Was Offenbarung heißt, ist *nichts* anderes als der Anspruch einer Tradition, eine vernünftige Entwicklung des Religiösen zu sein. Als Thema wird sich dabei die explizite Reflexion auf Welt und Kultur herausstellen, welche die notwendigen Rahmenbedingungen dafür ausmachen, ein gutes menschliches Leben bewusst und selbstbewusst führen zu können.

Bemühungen um eine säkularisierte Christologie gibt es lange vor Kant. Erasmus von Rotterdam ahnt schon einen Zusammenhang mit der Antike, wo er von dem ‚heiligen Sokrates' spricht und das Christentum, am Ende vielleicht allzu schöngeistig, in einem allgemeinen Humanismus friedlich aufgehen lassen will. In dem wohl pseudoplatonischen Dialog *Alkibiades* erklärt Sokrates zum Beispiel, warum ein Selbstwissen oder Selbstbewusstsein samt der zugehörigen Sorge um sich weit über jedes Wissen von meinem leiblichen Dasein bzw. über die Sorge um meinen Leib hinausreichen muss:

„Nicht wahr, seinen Leib gebrauchte der Mensch? [...] Und verschieden ist der Gebrauchende und was er gebraucht? [...] Verschieden ist also der Mensch von seinem Leibe. [...] Was also ist der Mensch? Doch wohl das seinen Leib Gebrauchende. [...] Gebraucht den Leib nun etwas anderes als die Seele? [...] Wer daher nur etwas von seinem Leibe kennt, der kennt bloß etwas, das ihm zugehört, aber nicht sich selbst." [80]

Doch wovon spricht Sokrates hier? – Soweit es bei jedem Menschen, wie bei anderen animalischen Wesen, Systeme von *Verhaltensdispositionen* gibt, hat jede Person eine *Leibseele*. Diese ‚animalische Seele' im Sinne der Antike ist gerade das System von natürlichen, d.h. normal entwickelten oder gesunden, Reaktionsweisen auf Wahrnehmungen und Empfindungen. Diese werden (zunächst) noch nicht bewusst, nicht mit *conscientia* im Blick auf anerkannte kulturelle Normen des Sinnverstehens und richtigen Urteilens kontrolliert. Eine rein empirische Psychologie ohne Orientierung an den Normen des Sinnverstehens kann daher auch bloß natürliches Verhalten darstellen und aus ‚Bewegungsursachen' erklären oder besser: nach solchen Darstellungen und Erklärungen suchen. Es ist daher kein Wunder, dass aus der Sicht einer solchen Psychologie, als bloß behavioraler Ergänzung zur Neurophysiologie, schon aus methodischen Gründen der Unterschied zwischen Tier und Mensch verschwimmt. Daher ist eben hier die Frage nach dem Sinn von Empirie in Differenz zu einer schon normativen Kompetenz so brisant.

Die zuerst wohl von Sokrates geforderte und dann von dem Volkslehrer Jesus offenbar übernommene Sorge um je meine *Geistseele*, meine *psychē* im Ganzen, ist bei Sokrates, trotz der oben skizzierten Gegenüberstellung von Seele und Leib, zunächst Sorge um meine geistigen Kompetenzen und daher um meine zukünftigen Lebensmöglichkeiten als sozialer und politischer Person im allgemeinen Sinn des Wortes. Sie besteht in der Aneignung einer *ethischen* (praktischen) und *dianoetischen* (theoretischen) *Haltung* zur gemeinsamen Lebenswelt personaler Menschen. Sie ist damit so etwas wie ein weitgehend selbst angeeigneter, nicht angeborener Charakter. Soweit diese Gesamthaltung als gut und richtig beurteilt ist, heißt sie „Tugend" oder „*aretē*". Als solche ist sie geistige Kompetenz, welche technische, dianoetische (also das Denken betreffende) und ethische (also das kooperative Zusammenleben betreffende) Fähigkeiten einer vollen Person zusammenfasst.

Darüber hinaus integrieren Sokrates und Platon in die Rede von der Seele das Ergebnis ihrer Analyse der allgemeinen Form meiner Urteile über mich selbst. Aus dieser Analyse ergibt sich die Möglichkeit, dass es mir in der heutigen Gegenwart nicht nur um mein eigenes zukünftiges Leben (bis zum Tod) geht, sondern um mich als ein Ganzes. Als ganze Person reiche ich durchaus *über die Grenzen meines realen Lebens, also über meinen Tod hinaus*. Denn so, wie ich sagen kann, dass einer *mich* verletzt, wenn er meinen Ruf verletzt, so gehören auch das Gedächtnis an mich, mein Nachruf, meine Ehre oder meine Schande, aber zuvor schon meine Familie, die überlebenden Kinder, Schüler, Freunde und Feinde in einem gewissen Sinn *zu mir*. Ich kann daher, wie Sokrates in seinen Abschiedsgesprächen im *Kriton* und *Phaidon* erklärt, heute schon wollen, dass im Blick auf eine nahe oder dann auch fernere Zukunft ein bestimmtes Urteil über mich im Ganzen ‚wahr' werden und wahr bleiben soll, unabhängig davon, ob ich dann noch lebe oder nicht, und sogar unabhängig davon, ob dieses Urteil den dann noch lebenden Menschen bewusst ist oder nicht, ob sie mich vergessen haben oder nicht, ob die Wahrheit (an)erkannt wird oder nicht.

Dem bloß endlichen Leben des Einzelnen, das dem ephemeren Leben einer Eintagsfliege ähnelt, setzen schon die Dichter Altgriechenlands eine Tradition des unsterblichen Ruhms von Heroen gegenüber.[81] In bewusster

5.3 Sorge um die ‚unsterbliche' Seele

Übernahme von Mustern Homers[82] betont etwa Pindar[83] die Bedeutsamkeit des Dichters für die Sicherung der Unsterblichkeit der von ihm besungenen Olympioniken, und das ganz und gar selbstbewusst. Platon möchte dann, wie offenbar schon Solon, das Streben nach subjektivem und zufälligem Ruhm verwandeln in ein Streben nach objektiven Leistungen, das keine Dichter und andere Medien mehr nötig hat – und erkennt eben damit die Differenz zwischen objektiver Ehre (die einer verdienen kann, ohne je davon zu wissen) und subjektivem Ruhm (dem es um das Spüren von Anerkennung und nicht um die Sache geht). Jesus erkennt entsprechend, dass das Gute im Verborgenen zu tun ist, ja dass es als das gute Tun vor anderen sogar zu verbergen ist. Diesem Gedanken entspricht schon Sokrates, wo es ihm auch kurz vor seinem Tod gerade um seine *objektiven Leistungen*, nicht um seinen *subjektiven* Ruhm *geht*.

Mit den objektiven Leistungen identifiziert Platon nach meiner Lektüre die Gesamtseele des Menschen. Und nur als Weg in die Richtung der *objektiven Anerkennungswürdigkeit der ganzen Person* können wir Platons partielles Lob des Strebens nach Ehre im Wettstreit mit anderen begreifen. Dem Streben nach Ehre setzt Platon eben deswegen eine massive Kritik an der ‚Ehrsucht' oder ‚Timophilie' im Sinne der ‚Ruhmsucht' oder des Ehrgeizes entgegen. Das heißt, er unterscheidet begrifflich sauber und scharf zwischen dem subjektiven Streben nach realem Ruhm und dem Streben nach objektiver *aretē*, nach einer ‚Tugend', die bei ihm immer auch als Sorge der Seele um sich selbst, also als objektive Selbstsorge angesprochen wird.

Das erklärt am Ende auch, warum eine gute *meritokratische* Verfassung einer staatlichen Lebensgemeinschaft gerade über die ‚Timokratie', über die Ersetzung einer Leistungselite durch Personen des Ehrgeizes und damit über die Machtergreifung bloß faktisch berühmter Stars in einem ersten, aber entscheidenden Schritt zerstört wird. Das ist der Kerngedanke zum Verfall von guten Verfassungen in Platons *Politeia*: Der Verfall der Verfassung der Stadt wie der *psychē* beginnt mit der Ersetzung von objektiver Leistung durch das Streben nach Ruhm. Diese Ersetzung kann dabei ihrerseits verursacht sein durch den Wegfall des Vertrauens und der ‚Wahrheitsliebe', besonders der Führungselite. Diese Tugend der Wahrhaftigkeit und Aufrichtigkeit verlangt, dass die objektive Leistung auch dort noch streng und akkurat von der Person selbst beurteilt wird, wo andere sie nicht kontrollieren oder hinreichend kennen können – also wo reales Lob oder aktualer Tadel ausbleibt oder nicht einmal zu erwarten ist. Das demonstriert Platon in seiner Fabel von Gyges, der sich mit einem Ring unsichtbar machen kann: Gyges ist ein *homo rationalis* oder *homo oeconomicus*, dem man – ähnlich wie einem Bauträger bzw. Handwerker oder heute auch schon den meisten Politikern – nie ohne Kontrolle vertrauen kann und der sich nur durch Sanktionsdrohungen dazu bewegen lässt, dem allgemeinen Guten den Vorzug vor seinen unmittelbar berechneten Eigeninteressen zu geben. Platons Sokrates betont dagegen, dass ich mich um meine ‚objektive' *psyche* im Sinne der Person im Ganzen kümmern kann und kümmern sollte.

Die Person im Ganzen, die *psyche*, ist zunächst von dem Leib und Leben der Person in der jeweiligen Gegenwart zu unterscheiden, da sie als Haltung und System von Kompetenzen und Leistungen weit über die Gegenwart in eine offene Zukunft reicht. Und sie reicht in ihren realen Folgen weit über das Leben des Einzelnen hinaus in die Lebensgemeinschaft der Stadt, des Staates und der Gesellschaft. Sie ist damit aber auch noch in einem weiteren Aspekt überzeitlich. Denn wir können den objektiven Begriff der *Anerkennungswürdigkeit* der Person sowohl von ihrer ganzen Lebenszeit als auch von ihrem bloß faktischen Ruf, vom realen Andenken an sie, zumindest *formal-begrifflich* ablösen.

Ein geradezu *epochales Missverständnis* rührt dann systematisch gesehen einfach daher, dass man Platons richtige und wichtige Unterscheidung zwischen a) einer über das Leben hinausgreifende *psyche* im Sinn einer Gesamtperson als formalem Träger von Ehre und Würde, b) einer überpräsentischen Kompetenzseele im Sinne eines personalen Charakters als Träger der objektiven *arete* oder geistigen Fähigkeiten einer Person, welche die Dauer des Lebens nicht überschreitet, c) den natürlichen Lernfähigkeiten eines Menschen und d) den natürlichen Verhaltensdispositionen eines Menschen *ontisch* missverstanden hat und bis heute missversteht. In einem dieser Fehlverständnisse wird die Seele zu einer unsterblichen ‚Substanz', die in einem vorgestellten Jenseits weiterlebt. Sie existiert dann angeblich jenseits der leiblichen Erscheinungen der Körperwelt. In einem anderen Fehlverständnis wird die ganze Person einfach durch Gene und Gehirn gesteuert. In Wirklichkeit aber gibt es die Person bzw. die Seele nur in der Art und Weise, wie wir über Menschen und ihr Leben aus der Perspektive des ganzen Lebens und nicht bloß aus dem bloß präsentischen Fühlen heraus sprechen können und müssen.

Es kann zwar sein, dass Platon selbst das erste Opfer des ontischen Missverständnisses seiner eigenen Einsicht gewesen ist, auch wenn es viel wahrscheinlicher ist, dass diese Inferenzen, welche in die Richtung eines Glaubens an eine ontische unsterbliche Seele weisen, seinen Lesern und Interpreten im Laufe der Rezeptionsgeschichte anzulasten sind und weit über das Ziel seiner Überlegungen hinausschießen.

Die antike ‚Tugendlehre' ist dabei zunächst nur Kompetenztheorie der Seele. Die *arete der Seele* ist also zuvörderst das Gesamt der objektiven Tüchtigkeiten oder Fähigkeiten der Person. Diese wird aus einer dreifachen Perspektive oder besser: in einem dreifachen Modus beurteilt. Der erste Modus betrifft die *performative Vollzugsperspektive* der kompetenten Person selbst als Subjekt des Handelns und des reflektierenden Urteilens. Der zweite Modus betrifft die *Betrachterperspektive*, genauer die Vielfalt der Perspektiven der realen anderen Personen. Hierher gehört dann auch die Differenz zwischen den Zuschreibungen von Leistungen in einem bloß faktischen Ruhm und der Person, wie sie wirklich ist und welche Ehre sie wirklich verdient. Der dritte Modus schließlich betrifft eine *ideale Perspektive*, die man mit dem Appell an einen fiktiven ‚alles mitwissenden' Gott in ihrer Form vergegenwärtigt und entsprechend ausmalt. Dabei sind am Ende wir es immer selbst, welche die Urteile in diesen Perspektiven fällen. *Alle diese Urteile sind in je unterschiedlicher Weise fallibel und korrigierbar.* Die objektive *aretē* entzieht sich damit dem unmittelbaren Selbstlob ebenso wie dem unmittelbaren Ruhm, zumindest partiell. Die Basiseinsicht ist dabei diese: Ein ganzes System besonderer Fähigkeiten des Urteilens und Handelns bestimmt das spezifisch Humane am Menschen und charakterisieren eine volle Person kriterial.

Im Christentum, bei Descartes und dann auch bei den Kritikern der Seelenlehre in der wissenschaftlichen Aufklärung von Hobbes bis heute wird sowohl diese als auch die auf die Gesamtperson erweiterte klassische Rede von der Seele *ontisch* gedeutet und damit systematisch missverstanden. Das heißt, die einen glauben an die ‚ewige' Realexistenz eines geistigen Wesens mit Namen „Seele", die anderen ersetzen die Seele kurzerhand durch den Leib. Die einen glauben an ein ‚reale' Unsterblichkeit der Seele, was immer das heißen mag, die anderen, so etwa die radikaleren Aufklärer wie etwa LaMettrie oder Helvetius, leugnen diese. Stattdessen sei immer bloß von einer Selbststeuerung des Leibes zu sprechen, oder wenigstens davon, dass das Gehirn den Leib in seinem Tun steuere, und zwar über ein Denken, das selbst in einer kybernetischen, das Urteilen und Schließen, Verhalten und Tun steuernden, *Verarbeitung von Informationen* bestehe.

5.4 Sokrates und Jesus

Der Zusammenhang der sokratisch-platonischen Überlegungen zu Gott, Seele und Unsterblichkeit mit der christlichen Tradition zeigt sich schon in folgenden, bis heute in ihrer Bedeutsamkeit wohl kaum schon zureichend beachteten Parallelen. Sokrates und Jesus stehen beide ein für ein neues, absolut modernes, aber eben deswegen auch gefährliches Grundprinzip jedes wirklichen Wissens und jeder echten Kunst, jeder wahren Moral und jeder authentischen Religion. Diesem Prinzip zufolge kann ein Einzelner gegen den breiten Konsens seines Volkes oder seiner Zeit, ja gegen eine überwältigende Mehrheit Recht behalten und etwas Wahres oder Richtiges erkennen oder vorschlagen, wenn nämlich seine Gründe oder sein Können in einem relevanten Aspekt besser sind als die der Mehrheit der Mitmenschen. Während die Ankläger des Sokrates direkt an das ‚demokratische' Prinzip des Mehrheitsurteils eines Schöffengerichts appellieren und das Todesurteil wegen Asebie, also Gotteslästerung, über ein formal korrektes Verfahren zu legitimieren versuchen, antwortet Pilatus auf die Verteidigung des Jesus, der sagt, er stehe doch nur für die (religiöse) Wahrheit ein, mit der offenkundig ebenso skeptischen wie spöttischen Frage „Was ist Wahrheit?" Obwohl er ihn persönlich als ‚nicht schuldig' beurteilt, lässt er, offenbar aus Staatsräson, den Sanhedrin – wie im Athen des Sokrates eine Art richterliche Kommission – über das weitere Schicksal des Angeklagten entscheiden. Dessen Urteil lautet ebenfalls auf Gotteslästerung und fordert vom ‚Landpfleger' und obersten Richter in Fragen von Kapitalverbrechen den Tod durch das Kreuz.

Sokrates wie Jesus werden, wen wundert es, beide der Selbstgerechtigkeit verdächtigt. Jesus antwortet auf die Frage, ob er als der Messias anzusehen ist: Ihr werdet, was ich über mich sage, ohnehin nicht anerkennen. Aber wenn ihr mich unbedingt unter dem Blickwinkel des erwarteten Gesalbten des Herrn, des Christus, betrachten wollt, so ist das ganz richtig. Auf die Frage, welche Strafe er sich selbst zumessen würde, hatte Sokrates entsprechend scheinbar provokativ erklärt, dass ihm die höchste Staatsehre zustehe, die lebenslange Speisung im Prytaneion, und das sogar nachdem er schon verurteilt war.

In beiden Fällen gibt es auch noch allerlei Legenden dazu, wie die Mitschuldigen am Tod des Sokrates bzw. Jesus angeblich bestraft worden sein sollen. Anytos, einer der Hauptankläger im Prozess gegen Sokrates, soll der Volkswut zum Opfer gefallen sein, was aber der Tatsache widerspricht, dass er 384 Archont war, während ein anderer, Meletos, nach den (nicht immer glaubwürdigen) Berichten des Diogenes Laertios wirklich hingerichtet worden sein soll. Das Neue Testament berichtet entsprechend von der Selbsttötung des Zeloten Judas Iskariot und deutet den Untergang Jerusalems unter Titus als Spätfolge der mangelnden Einsicht der Führer Israels in den großen Gedanken des Jesus, die religiöse Praxis und das Ethos des Judentums von einem politischen Kampf gegen den römischen Staat und gegen die hellenisch-syrischen Nachbarn loszulösen. Dabei war dieser Gedanke nur eine Art Nebenfolge einer bis heute in keiner der großen Religionen wirklich schon begriffenen oder wirklich in die Tat umgesetzten Kerneinsicht, nämlich dass autonome Religion eine Angelegenheit freier personaler Verhältnisse und damit einer substaatlichen Gemeinschaftlichkeit in der Gesellschaft ist und nicht von der Errichtung eines Nationalstaates oder gar einer Theokratie abhängig gemacht werden sollte. Nicht einmal die sozialen Schichtungen der Gesellschaft in Adel, Bürger, Diener oder gar Sklaven, ihre Anerkennung oder das Projekt ihrer Abschaffung, sollten dabei eine Rolle spielen. Das Christentum lehrt daher nichts weniger als eine soziale und politische Revolution – und fordert doch auch eine Revolution, nämlich eine solche der *Denkungsart der Einzelpersonen* und ihres unmittelbaren *Verhaltens zu einander*, ohne dass damit schon irgendwelche tradierten Institutionen und Sittlichkeiten infrage gestellt würden.

5.4 Sokrates und Jesus

Möglicherweise war gerade dieser Punkt so überzeugend, dass sogar Pilatus unsicher wurde, ob er in Jesus nicht doch die falsche Person verurteilen ließ, obwohl auch sein ‚Kollege' Herodes (Antipas) (nach Lukas) kein Veto gegen eine Verurteilung eingelegt hatte. Die schon von den geistigen Führern des Volkes und dann auch von den Christen in ihrer Vieldeutigkeit wohl weit unterschätzte stenographische Aufschrift am Kreuz „*Rex Iudaeorum*" zeugt daher zugleich von partiellem Respekt, etwa im Sinn von: „Dieser wäre ein königlicher Richter der Juden gewesen." – vielleicht sogar auch noch ihr Opferpriester oder Jugendführer, all das kann „*rex*" bedeuten – und ist doch auch voller Sarkasmus, zumindest in der keineswegs ausgeschlossenen ironischen Lesart: „So viel zu einem König der Juden."

Es gibt aber noch weitere interessante Parallelen zwischen Jesus und Sokrates. So nimmt letzterer den Tod bekanntlich bewusst auf sich. Das Johannesevangelium betont in Entsprechung dazu fast allzu deutlich: „Jesus wusste alles, was mit ihm geschehen sollte"[85], während die anderen Evangelien nur von der Bitte am Ölberg, den Kelch von ihm zu nehmen, ‚berichten' – und das, obwohl niemand von diesem Gebet wissen konnte, da seine zum Teil bewaffneten Begleiter dem Bericht nach eingeschlafen waren. Alles spricht daher dafür, dass hier zunächst nur das Wissen um eine große Gefahr zum Ausdruck kommt.

Manche weiteren Parallelen sind ganz offenkundig, manche verlangen ergänzende Interpretationen. Man sollte sich z.B. fragen, warum Paulus eine Argumentation mit den Philosophen auf dem Areopag in Athen so wichtig gewesen sein sollte. Vielleicht wollte er seine modernere Idee einer universalen Bürgerreligion der freien Gemeinden unterhalb des Staates, die er offenbar mit der Öffnung der christianisierten Synagogen in der Diaspora verfolgte, mit der Tradition der platonischen Ideen zu Staat und Gesetz konfrontieren? Paulus adressiert seine Reden und Briefe schon an Mitglieder solcher freien Gemeinden, die unter dem Namen Jesus Christus sich zu einem frei gestalteten gemeinsamen Leben zusammengefunden haben, zentriert um die gemeinsamen Feiern eines noch nicht symbolisch reduzierten Abendmahls.

Neben der Parallele der Selbsteinschätzung gibt es auch eine Parallele der Fremdbeurteilung. Sokrates soll ja vom Delphischen Orakel in einem Vergleich zu den Geistesgrößen Sophokles und Euripides als der weiseste Intellektuelle seiner Zeit ausgewiesen worden sein – was durchaus einigen Neid verursacht haben mag. Jesus wird gemäß der Erzählung des Evangelisten Johannes von dem berühmten Wüstenprediger Johannes dem Täufer, mit dem er angeblich nicht nur geistesverwandt war, als der größere Prophet angekündigt. Auch alle Märchen um die Hirten an Weihnachten, die Mager aus dem Iran, die Flucht vor dem angeblichen bethlehemitischen Kindermord durch Herodes den Großen und alle weiteren ‚Erfüllungen der Schrift' dienen wesentlich dem Zweck, die Bedeutsamkeit der Person

Jesus zu unterstreichen und ihn als den von Gott Gesalbten auszuweisen. Dazu gehört auch, ihn mit seiner ganzen Familie und seinen Freunden als ein Paradigma guter Lebensführung darzustellen.[86] Dabei lautet die Lehre dieses Messias paradoxerweise ganz anders als erwartet und erwünscht. Denn sie ruft nicht auf zur ‚Befreiung der Nation' von den Römern, sondern zum Verzicht auf jeden tribalistischen Nationalgedanken und ist eben damit schon in Vielem moderner als die nächsten 20 Jahrhunderte.

Bei Sokrates allerdings geht es nicht in erster Linie um Religion, jedenfalls nicht im Sinn einer durch Riten sich zusammenschließenden Kulturgemeinschaft, sondern um ein Wissen über Staat und Recht, Moral und Ethik. Bei Platon geht es um eine neu zu gründende Wissenschaft von der Gesellschaft, dem Staat, seiner Verfassung und Funktion, und von der Person, von ihrer geistigen Bildung, ihrem Charakter und ihrer Kompetenz. Die Psyche oder Seele ist gerade die Person. Platon interessiert sich daher besonders für die Praxisformen von kultureller Bildung und kritischer Wissenskontrolle. Jesus und Paulus dagegen haben eine viel weniger gebildete Klientel. Sie protestieren gerade gegen eine Intellektualisierung der jüdischen Religion. Ihr Programm ist die freie Gemeinde der ‚Heiligen', die sich zwar um eine perfekte Lebensführung bemühen, aber durchaus jederzeit Fehltritte verzeihen und die ‚Sünder' wieder in die Gemeinschaft aufnehmen. Die eschatologischen Endzeiterwartungen im frühen Christentum klammere ich aus dieser Betrachtung aus, ebenso die wohl etwas harte Bestrafung des Egoismus von Gemeindemitgliedern durch Petrus, nachdem diese als Trittbrettfahrer ihre eigenen Versprechen und die internen Regeln der Gemeindeverfassung nicht einhalten haben.

Wem nun die Prinzipien der christlichen Ethik als allzu radikal erscheinen, sollte sich daran erinnern, dass *jedes Ideal* aus rein logischen Gründen *an sich radikal* ist. Die Anwendung im realen Handeln muss ohnehin immer auf angemessene Weise mit unserer Endlichkeit, unserer ‚Sündhaftigkeit', umgehen, und zwar ohne schon auf der Ebene der idealen Form die Normen des Guten zu ‚ermäßigen'. Als Muster für dieses Verhältnis verweisen schon Sokrates und Platon auf die Beziehung zwischen einer idealen Geometrie räumlicher Formen und den je relevanten Projektionen auf mehr oder weniger immer unvollkommene räumliche Figuren.

Der intellektuelle Pharisäismus im Judentum wird dann weder von Jesus noch von Paulus wegen seiner hellenischen Einflüsse infrage gestellt. Im Gegenteil, gerade diese, nämlich in der Unsterblichkeitslehre, werden positiv hervorgehoben. Problematisch an ihm erscheint vielmehr eine kleinliche und selbstgerechte Auslegung der Gesetzesreligion. Der dogmatische Ausschluss selbstständiger Urteilskraft führt zu Heteronomie.[87] Die ‚Erlösung' durch Jesus ist daher zumindest auch eine Befreiung eben dieser freien Urteilskraft der Einzelperson. Er setzt damit die Selbstbestimmung in ihr Recht ein. Das geschieht gegen eine schematisch-bewusstlose Un-

5.4 Sokrates und Jesus

terwerfung unter ein in seinem Sinn nicht begriffenes, ja wegen vieler gedankenloser Schematismen partiell sinnlos gewordenes Gesetz. Es geht also um den rechten Umgang mit den Gesetzen und Prinzipien der je eigenen Kulturtradition, nicht um deren Abschaffung. Es geht um eine Kritik des ‚Wörtlichen' und ‚Schematischen' in einem dogmatischen Verstehen von Kulturtraditionen. Insgesamt zielt Jesus dabei sowohl auf ein gutes Sinnverstehen von Traditionen in Schrift und Sprache, Ritus und Kult, Kunst und Gewohnheit, als auch auf eine recht verstandene praktische religiöse und ethische Haltung. Die verbale Lehre muss daran immer angepasst werden. Das anerkennen die Schriftreligionen und ihre Führer offenbar immer bloß zum Teil.

Jesus geht es also nirgends um ein ozeanisches Gefühl allumfassender Liebe, wie es gerade Neumystiker wie Bertrand Russell oder Ernst Tugendhat als angeblich anthropologisch aufgeklärte ‚Spiritualität' bzw. ‚Metaphysik' (oder deren Ersatz) wenigstens implizit empfehlen. Es geht auch nicht um ein Großprojekt internationaler Solidarität, wie es sich eine Theologie der Befreiung oder ein wohlmeinender Pragmatismus à la Rorty wünscht. Jesus empfiehlt auch keine Revolution lokaler oder globaler Institutionen. Er fordert vielmehr einfach einen rechtschaffenen Umgang mit den Menschen, mit denen wir je konkret zusammen leben. Eben das und nur das führt am Ende zu einer wirklich revolutionären Universalisierung von Religion und Ethos. Hierher gehört z. B. auch die scheinbare Verschärfung der Eheschutzmoral: Jesus hebt die Ungleichheit der rechtlichen und moralischen Stellung der Frau auf, indem er die Ehescheidung durch den Mann, ganz entgegen den Traditionen eines nomadischen und mediterranen *machismo*, dem Ehebruch gleichstellt. Die Dialektik dieser ‚Lehre' wird selten begriffen: Die Unauflöslichkeit der Ehe ist ein erster, aber zentraler Schritt zur Befreiung der Frau aus ihrer sozialpolitischen Marginalisierung, wie wir sie in der mediterranen und damit auch islamischen Zivilisation bis heute kennen.

Trotz der Differenzen zwischen dem Volkslehrer Jesus und Sokrates als Erzieher einer großbürgerlichen Jugend lassen sich auch die Ursachen einer gemeinsamen Tragik erkennen: Sokrates hatte offenbar ein in seiner Zeit neuartiges Konzept der Bildung zur Autonomie propagiert. Gerade deswegen wurde er von der attischen Demokratie selbst als *antireligiöser Sophist* und *Verführer der Jugend* verurteilt. Entsprechend sah der Hohe Rat Jesus nicht einfach als Einzelperson für gefährlich an, sondern wegen seiner öffentlichen Lehre. Sokrates wird der Umgang mit Aristokraten wie Alkibiades zum Vorwurf gemacht, obgleich seine Idee allgemeiner Bildung gerade nicht bloß die aristokratische Jugend betraf. Jesus wird der Umgang mit Steuereintreibern und anderen Kollaborateuren der römischen Herrschaft oder Besatzungsmacht vorgeworfen, neben seinen Provokationen gegen ein überzogenes Sabbat-Ritual. Beide werden der Gottlosigkeit angeklagt, obwohl beide die religiösen Traditionen ihres Volkes in ihr protagonistisches Projekt integriert und damit im Grunde verteidigt hatten. So lässt sich auch strukturell erklären, warum sich die Tragik des Sokrates bei Jesus auf fast vorhersehbare Weise wiederholt: Gerade wer eine Tradition nicht für sakrosankt hält, sondern sie als Protagonist einer neuen Idee, der Idee des autonomen Sinnverstehens, mit den dafür notwendigen Modifikationen aufheben und damit in ihren Grundideen retten will, gerät in besonderer Weise ins Visier sowohl von konservativen als auch revolutionären Fundamentalisten.

Der Tod des Sokrates ist, wie der des Jesus, offenkundig Ergebnis eines rechts- und religionspolitischen Streits. Er dreht sich um die Erfindung des Gewissens als *daimonion* bzw. um die Verteidigung und Ausweitung individueller dianoetischer Urteilskraft und ethischer Autonomie, wie sie ironischerweise Friedrich Nietzsche, dem wortstarken Kritiker dieser beiden Begründer selbstbewusster Moralität, selbst so am Herzen lag. Sokrates und Jesus als Vertreter einer dumpfen Massenmoral darzustellen, setzt daher eine schier unglaubliche Kurzsichtigkeit voraus. Sie stehen beide vielmehr ein für das absolut moderne Grundprinzip jeder wahren Religion, Wissenschaft und Philosophie: die Subjektivität der Vernunft.

5.5 Das fleischgewordene Wort als Verleiblichung der Idee

Der zentrale Satz, der die religiöse Ethik des Jesus mit der philosophischen des Sokrates verbindet, lautet: „Ihr sollt also vollkommen sein, wie es auch euer himmlischer Vater ist."[88] Zu diesem Satz stellt die so genannte goldene Regel am Ende bloß eine Art Korrelat oder Nebenfolge dar.[89] Dass diese ethische Grundnorm „was du nicht willst, dass man dir tu, das füg' auch keinem andern zu", wie Kant bekanntlich sieht, noch nicht perfekt formuliert ist, tut wenig zur Sache. Es ist zwar richtig, dass damit nur die ethische Pflicht gegen einzelne andere Personen und nicht gegen sich selbst und gegen Institutionen artikuliert ist. Doch es ist eigentlich klar, dass die Regel bloß paradigmatisch gemeint ist, so dass Kants Kategorischer Imperativ eine in manchem Aspekt bessere Formulierung desselben Gedankens ist: Handle so, dass du wollen kannst, dass die Maxime deines Handelns zu einem allgemeinen Gesetz werde.

Entsprechend lautet auch die Grundnorm des Christentums, wenn man sie angemessen deutet, *nicht* etwa: Liebe alle Menschen und maximiere ihr Glück, wie das der Utilitarismus und Kommunismus in ihrer vermeintlichen Verbesserung der christlichen Formel der Nächstenliebe meinen. Sie lautet vielmehr: *Achte* die Menschen, die mit dir irgend in Kontakt kommen oder mit denen du in Kontakt kommen solltest, auf die gleiche Weise, wie du dich selbst achtest. Mit anderen Worten, urteile und handle so, dass du bei der Antwort auf die Frage, was du tun sollst, deine eigene Teilantwort

5.5 Das fleischgewordene Wort als Verleiblichung der Idee

auf die Frage berücksichtigt, was *wir* tun sollten. In dieses Wir sind dabei je die von unserem Tun Betroffenen angemessen mit aufzunehmen.

Der Grundgedanke des Christentums besteht dabei in der Verwandlung der jüdischen Gesetzesreligion in eine freie Religiosität. Das ist ein erster und gewichtiger Schritt in einem Gesamtprozess der Säkularisierung von Religion und Ethik, wie sie dann gerade auch bei Kant und Hegel ihren philosophischen Ausdruck erhält. Zuzugeben ist freilich, dass die entsprechenden Sätze der Evangelien keineswegs allein aus sich selbst heraus in diese Richtung weisen.

Immerhin sind ‚platonische' Einflüsse im Johannesevangelium offenkundig. Dieses liefert allerdings nur eine Art Metakommentar zu den anderen Evangelien und betont dabei im Grunde immer bloß, dass Jesus die Wahrheit sage, ohne genauer auf die Inhalte einzugehen. Betont wird besonders die Grundidee der Trinität bzw. des Gottmenschen. Es handelt sich dabei, erstens, um die Identifizierung des Menschensohns mit dem Gottessohn. Jesus wird damit selbst zum Paradigma für die Idee der Gotteskindschaft der Menschen und damit einer einigen Menschheit unter dem Urbild der Familie. Die Identifizierung von Gottheit und Menschheit in uns vermittelt, zweitens, die Einsicht in die Göttlichkeit der Humanitas und damit in deren überindividuelle, die bloße Subjektivität des Einzeldaseins transzendierende Seinsweise. Drittens wird diese allgemeine Humanitas als Geist dem Leib bzw. dem unmittelbaren Leben des Einzelnen gegenübergestellt. Eine solche Gegenüberstellung ist zentral für die Selbstkontrolle des Gewissens und die mit dieser begrifflich eng zusammenhängenden Praxis des Gebets. In dieser spaltet sich das Subjekt sozusagen selbst auf in den unmittelbaren Vollzug des performativen Ich und in das Du einer personal angesprochenen, in eben diesem Sinn als Gott vorgestellten, Idee des Guten im Ganzen. Dies geschieht *unter Einschluss aller Faktizitäten der Welt*. Martin Buber hat das in seinem großen Werk *Ich und Du* zu artikulieren versucht. Aber es muss, viertens, der Geist immer auch leiblich werden. Er muss vom Einzelnen zum Leben erweckt werden. Das Wort muss in genau diesem Sinn Fleisch, also lebendig und tätig werden. Sonst bleibt es leeres Wort. Fünftens ist, wie am Ende erst Hegel argumentativ klar macht, trotz aller Kritik am bloßen Subjektivismus das je einzelne Individuum, der je einzelne Mensch das Absolute. Das betrifft aber nur den realen Vollzug, nicht den allgemeinen Inhalt. Und das wiederum heißt, dass alles geistige Tun, etwa alles Aussagen über etwas, immer schon perspektivisch ist, indem es von einem Sprecher oder Akteur vollzogen wird. Alle wahrnehmende Erfahrung ist demgemäß eine Relation zwischen erfahrendem Subjekt und erfahrenem Objekt. Alle geschichtliche Entwicklung von Kultur fußt auf dem wirklichen Tun der einzelnen Menschen. Das Subjekt-Sein im Lebensvollzug ist also absolut sowohl als Ich als auch als Wir. Das bedeutet, sechstens, nicht, das muss noch einmal wiederholt werden, dass der Inhalt des

Tuns individuell wäre oder sein Sinn subjektiv bliebe. Im Gegenteil. Inhalt und Sinn sind immer allgemein. Als solche aber sind sie geschichtlich. Sie existieren, sozusagen, immer nur in einer Art Wir-Modus.

Die Lehre von der Unsterblichkeit wird gerade in diesem Kontext zur Lehre von der Subjekttranszendenz jedes Sinns. Es geht dabei um das Verhältnis zwischen dem Ich und dem Wir bzw. um das Ich *sub specie aeternitatis* betrachtet, gerade wie in der sokratischen Seelenlehre.

Was dann noch die Erlösung und das Himmelreich angeht, so ist, siebtens, diese Form der Rede über eine Endzeiterwartung heute sicher schwer nachvollziehbar. Es ist aber in jedem Fall eine Befreiung von allen zeitgenössischen Depressionen und Lethargien mitgemeint.

Die Trinitätslehre ist am Ende nicht viel mehr als die bildliche Darstellung des Verhältnisses zwischen Tradition (der Religion des Vaters), ihrer autonomen Aneignung durch den je einzelnen Menschen (die Religion des Sohnes) und die Institution der gemeinsamen Interpretation und Deutung der Tradition (die Religion des Geistes). Ebenso liest auch Hegel die Trinität: als Bild für das Leben des Geistes, der guten Tradition gemeinsamer Kultur. Jede ontische Deutung Gottes oder des Geistes ist damit als abergläubisch und sinnverkehrt ausgeschlossen.

Im Nachgang zum Johannesevangelium artikulieren gerade die so genannten Mystiker des Christentums diese Tatsachen, so gut sie es eben vermögen. Entsprechend geht es bei Meister Eckhart oder dann auch in der schlesischen Mystik eines Angelus Silesius oder Jakob Böhme um die Idee oder Form eines guten menschlichen Lebens im Vollzug durch den Einzelnen, und zwar im Blick auf die göttliche Idee des Guten. Der große Intellektuelle und Volkstheologe Eckhart identifiziert dementsprechend in gewissem Sinn Gott mit dem ‚Seelenfünklein': Gott ist der Geist in der Geistseele, das Gewissen in der Selbstkontrolle, das Gesetz des Vatergottes im Selbstbewusstsein (des Sohnes). Aber schon im Johannesevangelium steht: „Ich und der Vater sind eins ..."[90] Man kann diesen Satz als blasphemische Selbstüberhöhung deuten. Das war die Deutung der Mehrheit der Gruppe der Pharisäer. Entsprechend wurden auch Eckharts Thesen von der Amtskirche als häretisch eingestuft. Der Satz des Jesus kann aber auch als Ausdruck für die schwierige Einsicht in die hier schon mehrfach angesprochene Absolutheit und Göttlichkeit des personalen Subjekts überhaupt gelesen werden. Jesus selbst ist dann nur ein paradigmatisches Beispiel dafür, welche Souveränität der Person sich aus dieser Einsicht ergeben kann.[91]

Gott und Ich sind eins. In dieser scheinbar unerhörten These unterscheidet sich die christliche ‚Mystik' ganz radikal von einer gedanklich durchaus anspruchsloseren Mystik ostasiatischer Provenienz, wie sie heute weltweit feuilletontauglich geworden ist. Ernst Tugendhat propagiert diese harmlosere Variante der Mystik, übrigens ohne dass der Sinn der angestrebten Ich-Losigkeit wirklich klar wäre, über die von allen geteilte fast triviale Einsicht

5.5 Das fleischgewordene Wort als Verleiblichung der Idee   137

hinaus, dass jede Perfektion verlangt, sich auf die Sache und nicht auf sich selbst zu konzentrieren. Die christliche Mystik versucht, den weit darüber hinaus reichenden und daher viel schwierigeren Gedanken der Identität von Ich und Gott zu vermitteln und damit die Einsicht in die Absolutheit des Subjekts und die Heiligkeit der Person. Dieser Gedanke ist deswegen so schwierig, weil zugleich *die Differenz* zwischen Ich und Gott, zwischen dem ‚Sohn' und dem ‚Vater' erhalten bleiben muss. Gerade das wird im Johannesevangelium und dann übrigens auch in der Philosophie Martin Bubers klar: Ohne die formale ‚Spaltung' des Ich gibt es nicht die zentrale religiöse Praxis des Gebets, der Anrede eines göttlichen Du in der Selbstvergewisserung des einzelnen Ich oder dann auch in der gemeinsamen Feier oder dem Gemeindegebet. Daher wird neben den als großes Gebet stilisierten *Bekenntnissen* des Augustinus das *Vaterunser* für das Christentum so zentral. In seiner kurzen Darlegung der Evangelien hat dies Leo Tolstoi eindrucksvoll herausgearbeitet. Es ist hier aber nicht der Ort, die christliche Erneuerung der uralten Praxis des Gebets und damit seinen modernen Begriff genauer zu analysieren.[92] Nur eines sollte klar sein: Mit der Bitte um irgendwelche Güter je für mich hat diese neue Form des Gebets, bei rechtem Verständnis, nichts zu tun, eher mit einem expliziten Entwurf dessen, wer wir sein sollen und wollen. Hinzu kommt die sozusagen personal an diese Idee selbst adressierte Hoffnung, diesen Entwurf tätig erfüllen zu können.

In jedem Fall aber ist bemerkenswert, dass es die (Sprach-)Praxis des Gebets nur innerhalb eines religiösen Kontextes gibt. Hier erkennen wir mit Buber ein Alleinstellungsmerkmal der Religion, etwa gegenüber einer bloß ‚wissenschaftlichen' Weltanschauung oder der Welthaltung des *homo rationalis* bzw. *oeconomicus*. Damit wird vielleicht auch der Kulturverlust einer religions- und gebetsfreien Gesellschaft wenigstens erahnbar. Denn religiöse Kunst ist immer als ein in Architektur, Skulptur, Bild, Sprache oder Musik gesetztes gemeinsames Gebet im Rahmen des Strebens nach Vollkommenheit zu deuten. Zwar lassen sich literarische Tagebücher, Biographien und Romane bzw. Kunst überhaupt als Fortsetzung dieser Tradition in neuen Formen deuten. Die schon von Hegel diagnostizierte Gefahr, dass moderne Kunst zur bloßen Ausschmückung der Enge bürgerlicher Lebensräume verkommt und den Kontakt zum Gesamtprojekt eines guten Lebens in der Welt verliert, ist dann aber kaum zu übersehen.

Am Beispiel der Diskussion um die Trinität oder dann auch um Gottes Allmacht und den freien Willen wie bei Luther und Calvin wird außerdem deutlich, wie problematisch jeder Einsatz formaler Schlussweisen auf religiöse Sätze ist. Bis heute versuchen ja manche, vermeintliche christliche ‚Dogmen' mit Argumenten der folgenden Art zu ‚widerlegen': Entweder glauben die Christen an *einen* Gott oder an *zwei* oder gar *drei* Götter. Entweder ist der Rabbi Jesus ein Mensch, dann ist er kein Gott. Oder er ist (ein) Gott, dann war er in seinem menschlichen Leben kein wirklicher Mensch, sondern spielte nur einen Teil der Rolle eines normalen Menschen, war also eine Art schauspielernder Gott. Und überhaupt, so fragt der Skeptiker, ähnlich wie schon der große Sophist Gorgias, gibt es überhaupt Götter oder einen Gott? Wenn es so etwas gäbe, wie könnten wir es wissen? Und wenn es einer zu wissen glaubte, wie könnte er es uns glaubwürdig sagen? Wie sollte ein solcher Glaube an Gott nicht zu bloßer Willkür verkommen? Es sei demnach ganz unklar, was das christliche Dogma der Trinität besagt, welche Folgerungen wir aus ihm ziehen dürfen oder sollen und warum wir das Dogma oder seine Implikationen für wahr halten sollen. Dasselbe gelte für die Reden von einer Allmacht oder Allwissenheit oder Allgüte Gottes.

Im Detail sind diese Bedenken ganz richtig. Im Allgemeinen aber ist ebenfalls klar, dass jede moderne Religion insgesamt nur eine negative Theologie zulassen kann, in Abwehr der positiven Idee eines ‚realen' transzendenten Gottes. Das Geheimnis der Trinität liegt am Ende in der Tat nur darin, dass sich in ihr die dialektische Seinsstruktur des Menschen metaphorisch, aber eben auch *nur* metaphorisch, artikulieren lässt. Es geht um die schwierige Einheit der Überzeitlichkeit der göttlichen Idee des Wahren, Guten und Schönen mit der Endlichkeit des Menschen, wie sie vermittelt ist durch das je vernünftige Denken und Urteilen, angeleitet durch einen allgemeinen Geist. Seine ‚Aktualisierung' im Denken verbindet uns als Einzelne mit der Tradition einer gemeinsamen Idee oder Form der Humanitas, also mit der realen Gesamtkultur der Menschheit. Das geschieht aktiv, im freien Urteilen und autonomen Handeln, nicht rein passiv. Wir sind also nicht bloß einem transzendenten Gesetz unterworfene ‚Subjekte'.

Spätestens jetzt wird klar, dass die Sinnsphären der Rede von Gott einesteils durchaus als heterogen erscheinen, aber dann doch auch zusammengehören. Gott als Gesamt der Welt, der alles, was es gibt, umfasst, wie eben die wirkliche Welt alles enthält, was es wirklich gibt, ist ja kein personaler Gott, jedenfalls kein anthropomorpher Gott. Gott als Subjekt ist nach Hegel und Spinoza bestenfalls unter der Formel *deus sive natura* als *natura naturans* zu fassen, nämlich als ein im spekulativen Denken bildlich gefasstes Großsubjekt aller Prozesse im Weltlauf, also als waltende oder weltende Natur, in der alles Sein und Leben von Einzelnem als endlicher Teil zu begreifen ist, wie man dann auch Heidegger lesen kann.

Analoges gilt für die Idee Gottes als Gesamt aller möglicher Redegegenstände, aller Möglichkeiten. Gott als Einheit der Idee des Wahren, Guten und Schönen gehört in den Kontext der idealisierten Darstellung unserer kategorialen Formen des Wissens, Urteilens und Wertens. Der Zusammenhang dieser Idee Gottes als Subjekt der allgemeinen Formen des Wissens und Handelns mit dem Begriff der objektiven oder wirklichen Welt ergibt sich so: Welt ist das Objekt eines möglichen Wissens. Der trinitarische Gott dagegen stellt die gemeinsame Form unserer Entwicklung des Geistes, des Wissens, gemeinsamen Handelns und poietischen Dichtens, also der Huma-

5.5 Das fleischgewordene Wort als Verleiblichung der Idee

nitas im Ganzen dar. Dieser Gott ist das Wir-Subjekt der Kulturgeschichte, an dem jeder von uns teilnimmt. Gott ist in uns, insofern wir an einem gemeinsamen Geist, an einer gemeinsamen Kultur, teilnehmen. Andererseits gibt es keinen Geist ohne unser tätiges Tun. Gerade insofern ist das Subjekt, die intelligente Person in ihrem tätigen Vollzug das Absolute. Der Titel „absoluter Geist" steht bei Hegel dem entsprechend als Überschrift über den drei großen kulturellen Reflexionsformen, die sich den Geist, das Bewusstsein bzw. das Selbstbewusstsein zum Thema machen: die Religion, die Kunst und die Philosophie.

Unser Gott ist ein hellenistischer Gott. Er ist der spekulative Gott Platons. Als solcher ist er zunächst Weltarchitekt. Er ist Weltbaumeister, der die Baupläne und Gesetze der Natur kennt, weil er sie, dem Vorstellungsbild gemäß, entworfen hat. Er schreibt die Urschrift des Buches der Natur. In den Wissenschaften wollen wir es, sozusagen, nachschreiben. Das geschieht in der Form von Theorien. Dazu lernen wir die Natur empirisch kennen und rekonstruieren ihre Gesetze in (vorzugsweise quantitativen, mathematisierbaren) Modellen. Unser kosmologischer Gott ist daher, wie Martin Heidegger sagt, ein Gott des Wissens und der Wissenschaft. Als solcher ist er Weltenschöpfer und Welterhalter. In seiner Allwissenheit und Allmacht ist er zunächst und zuvörderst Instanz aller kosmologischen Wahrheiten der physischen Welt. Er ist der Gott der spekulativen Physik. Dieser Gott ist eine Überperson, sozusagen ein Überwissenschaftler. Er artikuliert die unendliche Idee eines unendlichen Wissens. In eben diesem Sinn ist das vorgestellte Wissen dieses vorgestellten Gottes die Wahrheit, unter Einschluss der idealen Wahrheiten der Mathematik.

Der kosmologische Gott der hellenistischen Tradition steht außerhalb aller Begrenzungen von Raum und Zeit. Eben damit steht er aber auch schon außerhalb aller möglichen Erfahrung. *Das ist die zentrale Einsicht der sinnkritischen Aufklärung Kants*: Gott ist kein Gegenstand einer irgend möglichen Erfahrung. Sondern die Rede von Gott verweist auf eine bloß regulative Idee. Sie dient der Reflexion auf die *condition humaine*. Mit ihrer Hilfe machen wir die immer endliche und perspektivische Form unseres menschlichen Wissens und Könnens explizit. Diese Reflexion arbeitet, wie Hegel klar sieht, auch wenn ihm darin nur wenige folgen können, *ex negativo* mit einer verbalen Aufhebung der Grenzen des Endlichen. Unter Gebrauch unserer Reden von Gott betrachten wir die Endlichkeit und Subjektivität in unseren Urteilen *sub specie aeternitatis*.

Hegels Problem mit Kant ist dabei, dass dieser in seiner Analyse dort nicht weit genug geht, wo er das Wissen einschränkt, um dem Glauben Platz zu machen. Denn Kants Rede von einem Ding oder einer Welt an sich bleibt zumindest zunächst ganz unverstanden.

Es kommt dann noch der anthropologisch-moralische Gott hinzu. Er bildet als jüdischer Volks- und Vatergott schon für die Pharisäer ab dem 1.

Jahrhundert v. Chr. und dann auch für die Christen eine Art Personalunion zwischen Platons kosmologischem Gott und einem Gott des moralisch-personalen Könnens und Wissens. Es ist dieser Gott, der in unser Herz schauen kann. Er kennt den Charakter der Person, jenseits von dem, was wir als gegenseitige Beobachter von uns selbst und anderen wissen. Mit anderen Worten, Gottes Wissen über mich transzendiert sogar meine eigenen Meinungen über mich selbst insofern, als ich mich über mich täuschen kann. Wie diese Selbsttäuschung möglich ist,[93] ist hier nicht weiter Thema, obgleich eben sie u. a. Motiv ist für den Versuch, die Gefahr der Selbstgerechtigkeit durch die Rede von einer Gnade Gottes zu bannen.[94] Das Ereignis der Menschwerdung Gottes ist dabei als zunächst bloß erst mythische Artikulation des Gedankens zu lesen, dass die Rede von Gott der Reflexion auf die Form des Menschseins dient und damit einer philosophischen Anthropologie zuzurechnen ist: Die Wahrheit Gottes ist der Mensch. Diese Einsicht übernimmt Ludwig Feuerbach einfach von Hegel.

Das Wahre ist das Ganze. Als Wahres ist das Ganze jedem Wissensanspruch vorausgesetzt. Das Absolute ist die Immanenz des Daseins oder Lebens im Vollzug, samt seiner Umwelt, also als ganze Welt. Für den Einzelnen ist es dies immer aus der Perspektive der Gegenwart. Diese Gegenwart sollte man sich nicht als momentanen Augenblick denken. Jede Gegenwart ist in ihrer Ausdehnung durch den relevanten präsentischen Prozess bestimmt.[95] Nach dem Beginn des Prozesses muss man, sozusagen, auf das Ende der Gegenwart warten. Für den Einzelnen ist dieser Anfang etwa die Geburt. Das Ende für ihn ist sein Tod. Überhaupt hat man bis heute die Bedeutung von Hegels ubiquitärer Rede von der *Gegenwart* als einer Art Wirklichkeitskriterium und von der *Gegenwart des Geistes* gegen alle Mystifizierung des Geistigen in irgendwelchen Hinterwelten noch kaum beachtet.

Hegel geht es dabei zwar ebenfalls um eine radikale Anerkennung der Endlichkeit und Immanenz, aber nicht ohne Reflexion auf die Formen unseres Wissens- und Wahrheitsbegriffs und die Rolle der spekulativen Sätze zur bewussten Explikation dieser Formen. Dabei ist nicht mit einem ungeklärt-transzendenten Begriff der Wahrheit oder Wirklichkeit an sich zu beginnen, dem man die Endlichkeit unseres Erkennens gegenüberstellen könnte, sondern mit einem Begriff robusten Realwissens. Von ihm ausgehend entwickeln wir eine bewusste und zunächst rein immanent kontrollierbare Differenzierung zwischen Wissensanspruch und seiner reflektierten Bewertung als bestehend oder eben als wahr: Was ein so kontrolliertes Realwissen sagt, ist wahr. Es folgt daraus zunächst, dass es gar keinen Sinn macht, von der Perspektivität und Subjektivität eines Geltungsanspruchs zu reden, ohne dass wir uns schon auf das Gemeinschaftsprojekt überindividuellen und transperspektivischen, also intersubjektiven Wissens beziehen. Eben darin liegt die höchst moderne Grundeinsicht Hegels, dass jede *Ob-*

5.5 Das fleischgewordene Wort als Verleiblichung der Idee

jektivität als welt-interne, immanente, aber eben immer schon begrifflich reflektierte *Intersubjektivität* zu begreifen ist.

Der zentrale Denkfehler im ontischen Gottesglauben besteht im Grunde darin, die Stufen des Wirklichen von unbelebten Dingen, primitiven Organismen, Pflanzen und Tieren über den Menschen hinaus auf Geister und Dämonen, Engel und Götter hin fortzusetzen, als wäre unsere sprach- und reflexionstechnische Erfindung von Mythen zum Zweck spekulativer Formanalysen ‚wörtlich' zu nehmen, also so zu behandeln, als ginge es um eine ‚wirkliche Möglichkeit' und nicht bloß um eine explizit kontrafaktische Möglichkeit, die als solche rein verbal konstruiert ist. Diesen Unterschied klar zu machen, ist die zentrale Aufgabe jeder echten philosophischen Aufklärung.

Gott ist dabei schon für Leibniz nichts anderes als der bloß gedachte Inbegriff aller Wirklichkeit bzw. wirklichen Möglichkeit. Das heißt, die Rede über Gott (zuvor schon über Regionalgötter) macht unseren globalen (bzw. lokalen) Wirklichkeitsbegriff explizit. Hegel erkennt dabei, dass der Begriff der Wirklichkeit als eine besondere Form der Möglichkeit, also ein Wirklichkeitsurteil als besondere Art des Möglichkeitsurteils zu begreifen ist. Da wir endliche Wesen sind, besagt ein Wirklichkeitsurteil im Grunde immer, dass es vernünftig ist, mit dieser und nicht mit jener realen Möglichkeit zu rechnen. Dabei müssen wir unbedingt auf die verschiedenen Kategorien dieser Möglichkeiten und Vernünftigkeiten achten.

Die logischen Grundeinsichten von Hegels so genanntem absoluten Idealismus sind also zunächst durchaus konform mit denen der philosophischen Aufklärung, vom Empirismus eines Locke und Hume bis zum kritischen Rationalismus eines Karl Popper: Nur das darf als wirklich gelten, was sich aufgrund unserer realen begrifflichen Unterscheidungen in einer Erfahrungswelt innerweltlicher Tatsachen als wirklich (gegenwärtig) zeigt. Nur das ist wirklich möglich, was sich so zeigen könnte. Rein verbale Fiktionen, und mögen sie formallogisch noch so konsistent sein, gehören nicht dazu. Im Unterschied zum Empirismus und Pragmatismus erkennt Hegel dabei mit Kant die Bedeutsamkeit spekulativer Satz- und Aussageformen zum Zwecke der Reflexion auf die Formideen und Ideale unseres wirklichen Wissens und für die jeweiligen vernünftigen Orientierungen in unserer Lebenspraxis. Ein zentrales Problem der Philosophie ist die Trennung dieser logischen Ebenen der Formreflexion von der empirischen Ebene einer genetisch-evolutionären Entwicklungsgeschichte des Lebens überhaupt, dann des animalischen Lebens mit seinen besonderen Lebensprozessen und schließlich der kulturellen Entwicklung der Möglichkeit von Bildung und Selbstausbildung personaler Kompetenzen, ohne die es ein absichtsgeleitetes Handeln beim Menschen nicht geben kann.

5.6 Vom Gesetzesbuch zur ethischen Parabel

Die aufzuhebende strukturelle Spannung in jeder Gesetzesreligion zeigt sich dem denkenden Betrachter besonders deutlich in der jüdischen Tora, dem Pentateuch, einem erlassenen Gesetzbuch, das der mindestens zum Teil schon mythisierten Figur des Moses zugeschrieben wird, den Gott als Propheten aus Ägypten gerufen hat. Zugleich aber soll das Buch ‚von Gott kommen', also heilig und unantastbar sein.[96] Im christlichen Neuen Testament ist in analoger Konstruktion sein göttlicher Ursprung auf die Worte und das Leben seines Stifters zu beziehen. Dieser deutet das Alte Testament der Form nach völlig neu, autonom, universal, humanistisch. Mit seiner Gleichbehandlung der Samariter, die nach Meinung der frommen Juden vom rechten Glauben abgefallen waren, auch weil sie nicht an den Tempelfeiern teilnahmen, beginnt eine ‚Transnationalisierung'. Die Folge ist ein echter Monotheismus, wie ihn später Paulus systematisch verfolgt. Die wohl berühmteste Parabel des Evangeliums, die vom guten Samariter, ist gerade auch deswegen so bedeutsam, weil sie auf die Frage antwortet, wer denn mein Nächster ist, dem ich meine karitative Zuwendung schenken soll. In der Parabel ist es der, welcher je gegenwärtig Not leidet und meiner Hilfe direkt bedarf, über alle Grenzen der Volks- und Gruppenzugehörigkeit hinweg.

In der zugehörigen Verwandlung der Erzählungen zum Leben des Jesus in eine heilige Schrift, als Fortsetzung der jüdischen heiligen Schriften, wurde, wie das Johannesevangelium klar zeigt, der Protagonist und Stifter dieser neuen ‚frohen Botschaft' des Evangeliums offenbar *selbst vergöttlicht*. Auf diese Weise lassen sich zwar fragwürdige Berichte über Engelserscheinungen oder göttliche Offenbarungen vermeiden, wie sie später bei Mohammed oder Joseph Smith, den Gründern des Islam bzw. der Mormonenkirche, die Heiligkeit ihrer selbstverfassten Gesetzesschriften verbürgen sollen. Doch auch jetzt bleibt das folgende Problem erhalten: Wie sollen wir diese Bücher vernünftigerweise lesen und verstehen, ohne dass vermeintliche Mittler zwischen den Normalbürgern und der ‚heiligen' Schrifttradition – die ‚Schriftgelehrten' und ‚Kleriker', Priester und Imame – sich selbstgerecht zu Richtern über das Gute, Wahre und Schöne aufspielen, wobei sie sich scholastisch und sophistisch auf eine angeblich ‚wörtliche' Bedeutung der heiligen Schriften zu stützen meinen? Das ist die Grundfrage der Philosophie an das Christentum, Judentum und den Islam, aber auch an jede andere Religion.

5.7 Religiöse und moralische Aufklärung

Willkürliche Verbote, und zu diesen zählen auch solche einer *rein* traditionalen Sitte, sind als nicht vernünftig einsehbare Einschränkungen der Freiheit der Personen *selbst unmoralisch*. Dies war offenkundig eine Kernlehre des Jesus, der sich den Berichten zufolge über derartige Regeln, wie z. B. am Sabbat Hilfebedürftigen nicht zu helfen, provokativ hinweggesetzt hat. Ein schematisches Festhalten an moralischen Konventionen kann also selbst unethisch sein, insbesondere wo kleinlich allerlei Quisquilien des Lebens geregelt werden und der freien Urteilskraft der einzelnen Person kein Platz mehr gelassen ist. Aufgrund dieser Einsicht bemerkt Jesus nicht ohne Ironie über die ‚Pharisäer', dass diese für ihre zur Schau gestellten und wettbewerbsartig evaluierten Taten ihren Lohn schon empfangen haben, insbesondere wenn sie sich gemäß ihrer eigenen Deutung ‚des Gesetzes' selbst als gerecht beurteilen.[97] Dabei ‚sieben sie jede Mücke aus und verschlucken Kamele'. Die Bedeutung dieser provokativen Kritik an allen entsprechend selbstgerechten ‚Pfarrern' nicht bloß des Judentums wird freilich bis heute in ihrer Bedeutung für eine freie ethische und rechtliche Ordnung kaum erkannt. Immerhin rechnen Kant und Hegel die moralische Autonomie im Umgang mit den zunächst nur erst formalen Regeln einer bloß positiven, traditionalen Religion zum Grundbestand christlicher Ethik.

Christliche Religion ist für Hegel eben daher die Religion der Freiheit, erstens als Einsicht in die Entwicklung von Praxisformen und in die Notwendigkeit der Anpassung sittlicher Normen an diese kulturellen Entwicklungen, zweitens als Lehre von der ‚Heiligkeit', ‚Unantastbarkeit' und ‚Erhabenheit' *der je einzelnen Person*. Wer dieses Prinzip infrage stellt, weil es angeblich ‚metaphysisch' sei, weiß nicht, was er tut, zumal sich mit ihm und nur mit ihm alle Rückfälle in ein orientalisches Hierarchiedenken kritisieren lassen, wo das sittliche Urteil unter die Obhut von irgendwie erwählten Mitra-Trägern, Bischöfen oder von mehr oder minder selbsternannten philosophischen ‚Experten' in Fragen einer praktischen Ethik gestellt wird. Die Anerkennung derartiger Experten ist aber widersinnig. Sie widerspricht der Idee des freien moralischen Urteils und der freien Bindung des Einzelnen an die Gemeinde oder Gemeinschaft. Im Unterschied zur Sitte gehört zu echter Sittlichkeit oder Ethik daher das *freie* (moralische) Urteilen der einzelnen Person. Ihr Gegenstand sind *Formen* des Handelns, insbesondere wenn diese die Gemeinschaft betreffen.

Während gegen eine institutionelle Pluralisierung der religiös-ästhetischen Lebensformen und ‚Weltanschauungen' nichts zu sagen wäre, gilt das für die so genannten religiösen ‚Überzeugungen' nicht. Zu diesen ‚Überzeugungen' gehört ironischerweise auch der dogmatische Glaube, traditionelle Religion sei selbst ganz und gar ‚metaphysischer Aberglaube' und die einzige vernünftige Weltanschauung sei die einer wissenschaftlichen Aufklärung. Die sich ergebende ‚Toleranz' gegen einen als reine Privatangelegenheit aufgefassten religiösen Glauben ist am Ende ein Zugeständnis an diejenigen, die ‚noch nicht so weit sind', die einzige Wahrheit, nämlich die der ‚wissenschaftlichen Weltanschauung', als solche zu erkennen. Das Verhältnis zu den tradierten Religionen ähnelt hier dem Fall einer herrschenden Religion, die gnädigerweise gegen gewisse andere Glaubensgemeinschaften nachsichtig bleibt, ohne auch nur den Gedanken echter Gleichberechtigung zuzulassen, wie der Islam gegen das Judentum oder das Christentum.

Nun ist es durchaus so, dass gerade die religiösen Erneuerungsbewegungen des Christentums, beginnend mit Jesus und Paulus, eine gewisse ‚Subjektivierung', auch ‚Privatisierung', der Religion mit sich bringen. Ihr nachhaltiger Erfolg, trotz aller Probleme der späteren Zeiten, wird daher am Ende nirgends so deutlich wie in unserer *heutigen säkularen* Verurteilung der ‚Irrationalität' von Religionskriegen, unter Einschluss aller Kriege gegen ‚Ungläubige' oder ‚Ketzer'. Leitende Idee ist die eines grundrechtlichen Religionsschutzes, nach welcher niemand, gerade auch kein Staat und keine substaatliche Institution, das Recht hat, seiner privaten religiösen Überzeugung durch irgendwelche Sanktionen oder Diskriminierungen irgendeine Allgemeingültigkeit zu verschaffen. Dieser Schutz privater religiöser Überzeugungen und Praktiken ist allerdings nicht einfach die Folge der religiösen Einsicht der Gründerväter des Christentums, sondern das Ergebnis eines allgemeinen Religions*friedens* nach Jahrhunderten von Religions*kriegen*. Dieser politische Friedensschluss, nicht etwa ‚philosophische Argumente' der ‚Aufklärung', bildet die Grundlage unserer heutigen Auffassung von ‚religiöser Toleranz' und ‚Religionsfreiheit'. Es ist vor diesem Hintergrund daher auch das Christentum als Staatsreligion im Imperium Romanum und in den Nachfolgereichen zu unterscheiden vom Anspruch allgemeiner Geltung einer freien Religion.

Dabei bleibt die Frage nach der ‚richtigen' Auslegung des Sinns schriftlich tradierter religiöser Texte immer umstritten, gerade weil wir wissen, dass diese oft ‚allzu wörtlich' bzw. ‚dogmatisch', und d. h.: im Rahmen eines gedankenlosen Gebrauchs begriffslogischer Inferenzformen ohne den Filter freier Urteilskraft ausgedeutet wurden. Das geschieht, wie gerade die Streitereien zwischen den Kirchen bis heute zeigen, leider nicht bloß durch das vermeintlich in religiösen, ethischen und schriftsprachlichen Dingen ‚ungebildete' Volk. Es ist andererseits aber auch die Meinung verfehlt, wir könnten ohne Rückgriff auf tradierte religiöse Sprach- und kunstkulturelle Praxisformen ein vernünftiges Selbstverhältnis entwickeln.

Die Philosophie wiederum macht am Ende Form und Funktion dieser Rede- und Praxisformen explizit und entwickelt damit das religiöse und künstlerische, dichterische, Selbstbewusstsein philosophisch. Sie kann und will diese Formen nicht ersetzen, oder sollte das nicht tun. Das gilt in noch viel höherem Maß für die Natur- und Sachwissenschaften.

Kapitel 6: Der Sinn der Rede über die Seele

> Die Bücher des Aristoteles über die Seele mit seinen Abhandlungen über besondere Seiten und Zustände derselben sind [...] noch immer das vorzüglichste oder einzige Werk von spekulativem Interesse über diesen Gegenstand. Der wesentliche Zweck einer Philosophie des Geistes kann nur der sein, den Begriff in die Erkenntnis des Geistes wieder einzuführen, damit auch den Sinn jener Aristotelischen Bücher wieder aufzuschließen.
>
> G. W. F. Hegel, *Enzyklopädie* § 378

6.1 Sokratische Erfindung der unsterblichen Seele

Dem (platonischen) Sokrates im Dialog *Phaidon* geht es unter dem Titel „Sorge für die eigene Seele" nicht bloß um Kompetenzen für ein Handeln in einem kurzen Lebensrest, sondern eher um so etwas wie seine gesamte Persönlichkeit. Das ist mehr als ein guter Ruf, enthält diesen aber insofern, als es um den Gesamtcharakter geht, der einen solchen guten Ruf wahr machen würde. Nach Sokrates soll ich mich um diese meine Persönlichkeit kümmern, unabhängig davon, wie lange ich noch lebe, auch unabhängig davon, ob man meiner später wirklich noch gedenken wird oder nicht. Es geht also in Platons Diskurs über die Seele in gewissem Sinn darum, was es heißen würde, unserer richtig zu gedenken.

Meine Seele (Person, Charakter) ist damit eine Art *Wahrmacher* für alle (zukünftigen) Urteile über mich. Das heißt, nicht die (immer auch willkürlichen, daher oft unrichtigen) *Zuschreibungen* von angeblichen Eigenschaften oder (Fehl-)Leistungen bestimmen, was für eine Person z. B. Sokrates war, sondern wir können bis heute unterscheiden zwischen der Persönlichkeit, die er war, und dem, was etwa ein Nietzsche von ihm glaubt. Wir können mit dieser Unterscheidung zwischen der *psychē* des Sokrates und den Bildern, welche andere Personen von ihm entworfen haben, auch dann noch sehr gut umgehen, wenn wir zugeben, dass wir selbstverständlich nie absolut wissen können, welches Bild das wahre ist. Unsere jeweilige Kritik an bloßen Zuschreibungen ist also selbst immer nur relativ zu unseren besseren Urteilen etwa über den realen Sokrates (oder über Platons Figur) zu verstehen.

Dazu ist freilich dann auch die ebenso schwierige wie wichtige Unterscheidung zu begreifen zwischen geschichtlicher Wahrheit ‚an und für sich' und unseren faktischen Urteilen über die Historie. Mit anderen Worten, es ist die Differenz zwischen unserem je endlichen historischen Wissen über

Personen bzw. unseren Narrationen über historische Möglichkeiten in Bezug auf das Denken und Tun dieser Personen und einer Wahrheit über deren Seele an und für sich zu beachten. Diese Wahrheit und damit die Frage nach der wirklichen *aretē* oder Tüchtigkeit etwa des Sokrates ist *nicht bloß* eine von uns konstruierte regulative Idee. Aber für das *endliche* Wissen funktioniert sie faktisch immer nur als solche.

In eben diesem schwierigen Sinn *gibt* es die Seele oder Person des Sokrates, wie Platon anerkennt, über dessen Tod hinaus. Seele oder Person des Sokrates *existieren* damit als *objektiver Gegenstand für unsere Urteile und Wertungen*. Als solche sind sie schon losgelöst von bloß faktischen Urteilen einzelner Personen, die immer auch falsch sein können.

Die Schlussmythen im *Phaidon* oder der *Politeia*, den zentralen Dialogen Platons zum Begriff der Seele, lassen bei genauer Lektüre die für die hellenistisch-jüdische, christliche und islamische Seelenlehre so zentrale Frage nach der *subjektiven* Weiterexistenz der Seele bzw. eines als eine Art Geist vorgestellten *Vollzugssubjekts* über den Tod des Leibes hinaus völlig offen. Platons Sokrates wagt durchaus nichts auf eine reale individuelle Unsterblichkeit (etwa im Sinn der Wette Pascals). Er setzt nicht auf einen strafenden und lohnenden (Vater-)Gott. Sokrates wagt seinen Entschluss, nicht zu fliehen, im Vertrauen darauf, dass sich in realen Bewertungen so etwas wie die Idee der absoluten Wahrheit durchsetzt – und dass seine eigenen, endlichen Selbstbeurteilungen in diesem Punkt nicht ihrerseits verblendet sind. Für ihn ist es eine Frage der zu einem wesentlichen Teil eigenbeurteilten *persönlichen Ehre*, nicht des kontingenten Nach*ruhms* bei anderen, dass er im Gefängnis bleibt und sich dem zwar formal legalen, aber inhaltlich nach seiner eigenen Beurteilung ungerechten Todesurteil des Athener Gerichts unterwirft.

6.2 Analyse der Idee der Seele bei Aristoteles

Aristoteles kritisiert mögliche Fehldeutungen Platons. Dazu trennt er die bei Platon in der Rede über die Seele vielleicht nicht für jeden Leser zureichend geschiedenen Aspekte des *Kompetenzbegriffs der Person* vom *Wert- bzw. Würdebegriff der Persönlichkeit, samt deren Ehre*. Allerdings betrachtet Aristoteles in *Über die Seele* nur den einfacheren Kompetenzbegriff und damit nur einen Teilbereich unserer Rede über die Seele, wobei sogar die Geistseele nur grob skizziert ist. Diese Beschränkung auf den Kompetenzbegriff, wie sie gerade auch die Mit-Unterredner des Sokrates im *Phaidon* und der *Politeia* bevorzugen würden, hat den Vorteil, dass alle Missverständnisse der Rede von einer Existenz der Seele über das Leben der Person hinaus von vornherein ausgeschlossen bleiben. Zugleich hat eine solche Beschränkung den Nachteil, dass der Aspekt der personalen Würde und Ehre, jenseits des bloß realen und daher am Ende kontingenten Ruhms,

6.2 Analyse der Idee der Seele bei Aristoteles

unterbelichtet bleibt. Dasselbe gilt für den Sinn der Referenz auf die Person und den Charakter eines Menschen wie den des Sokrates auch noch nach seinem Tod.[98]

Aristoteles fasst die Seele bzw. deren drei ‚Teile' im Wesentlichen als gedachte Trägerin von Kapazitäten des vegetativ-organischen Lebens, der Selbstbewegung animalischer Lebewesen und der vernünftigen Handlungen beim Menschen auf. Die Rede von einer mythisch-ontischen Fortexistenz der *einzelnen* Seele lehnt er mit Recht als unverständlichen Aber- oder Willkürglauben ab. Dennoch gibt es auch für ihn Weisen, in denen es die Seele sozusagen abgetrennt vom Leben des einzelnen Lebewesens gibt, nämlich als Gegenstand der Rede, etwa wenn wir von der *überindividuellen* Existenzweise der im Leben der einzelnen Wesen *aktualisierten Lebensform(en)* sprechen. Diese Lebensform umfasst beim Menschen ein System von Praxisformen. Aristoteles erkennt also, dass wir in der Rede von einem Lebewesen die Form des Lebens gedanklich, aber nicht realiter, abtrennen können vom Körper (Leib), so dass ein lebendiges Tier nicht bloß als ein Materiehaufen anzusehen ist, genauso wenig wie eine Statue bloß eine Masse von Stein oder Gips ist. Das wiederum bedeutet logisch, dass die Identitätsbedingungen einer Materiemenge von ganz anderem Typ sind als die Identitätsbedingungen eines Lebewesens oder auch nur eines Geräts oder Dings. Die Kontinuität des Lebensprozesses und seine jeweilige Form sind für die Existenz und Identität des Lebewesens zentral, nicht die Materiepartikel, aus denen es gerade besteht. Das gilt sogar schon für ein Gerät oder Ding, das ja möglicherweise bei kontinuierlichem Gebrauch als dasselbe zählt, auch wenn wir nach einander (alle) Einzelteile auswechseln, wie im Fall von Theseus' Schiff.

Damit sehen wir, inwiefern gerade die Form und nicht vorrangig die Materie zur begrifflichen Bedingung der Identität sowohl eines von uns gebrauchten Gerätes als auch eines Lebewesens gehört. Im Fall eines *natürlichen* Gegenstandes, besonderes eines Lebewesens und hierbei gerade auch des Menschen, ist diese Form nicht, wie etwa die Form eines Stuhles, auf einen externen Gebraucher zu beziehen. Die Form betrifft das Sein, die Seinsweise des Lebewesens selbst. Zu dieser Form gehört dann immer schon ein intrinsisches Besser und Schlechter, unabhängig davon, was einzelne Menschen als besser oder schlechter für sich als Betrachter oder Gebraucher zu bewerten belieben. So können z.B. Lebewesen gesund oder krank sein, unabhängig davon, ob sie uns mehr oder weniger nützlich sind. Die enge Verbindung von Seinsweise bzw. Lebensform und Existenz als über einige Zeit hinweg noch identifizierbares Wesen zeigt sich am deutlichsten an den Phänomenen des Entstehens und Vergehens, Geburt und Tod. Ein totes Lebewesen ist ja kein Lebewesen mehr. Ein Leichnam ist kein lebendiger Leib. Das Sein oder Leben eines Lebewesens ist endlich. Das ist keine empirische Einzelwahrheit, sondern gehört auf apriorische

Weise zum allgemeinen Begriff des Lebens. Dass dem so ist, wird allerdings weder im Empirismus noch im Kantianismus hinreichend begriffen.

Wir gebrauchen Ausdrücke wie „Seele" oder auch „Geist", um zu sagen, dass ein Lebewesen seiner Lebensform gemäß lebt: Wir sagen nicht nur, dass die Seele den Leichnam verlassen hat; wir sagen auch, jemand, der gewisse Kompetenzen verloren hat, habe seinen Geist verloren. Aristoteles kommentiert im Grunde diese Gebräuche, wobei ich im Folgenden mit Absicht weniger die allbekannten Stellen aus *Über die Seele* als andere Stellen aus dem *Corpus Aristotelicum* heranziehen werde.

Die Fähigkeit zur realen Teilhabe an den höheren menschlichen Praxisformen bis zur Wissenschaft wird der lebendigen Seele zugeschrieben. Die Idee eines guten gemeinsamen menschlichen Lebens mit allen seinen Praxisformen und Lebensmöglichkeiten steht diesem subjektiven Geist als *objektiver Geist* gegenüber. Hegels *absoluter Geist* ist dann ganz entsprechend die Idee des wahren Urteilens und richtigen Lebens, die über die faktischen und immer bloß endlichen Realisierungen dieser Idee hinausreicht. Im Grunde übersetzt Hegel damit Einsichten des Aristoteles ins Deutsche.

Die Seele des Tieres ist bei Aristoteles die Substanz, die *ousia*, die Seinsweise des lebenden Organismus. Sie ist sein *eidetisches Wesen*. Bis heute wird vielfach behauptet, Aristoteles rede dabei von transzendenten Hinterweltsubstanzen. Nichts könnte falscher sein. Entsprechend problematisch ist es, Platons Ideen als metaphysisch-transzendente Entitäten, losgelöst von den Formen von Gegenständen und Prozessen in der Welt, zu deuten. Sie sind abstrakte Redegegenstände unserer Reflexionen auf Seinsweisen. Erst in der Projektion auf reale Formen erhalten diese ihren realen Sinn. Man sollte also Platon und Aristoteles nicht als primitive Metaphysiker lesen.

Die Seele als das Wesen eines Lebewesens ist nun gerade die (normale, gesunde, schöne und gute) *Lebensform* des Lebewesens (*zōon*, *animal*). Diese Lebensform kann man deswegen mit dem Wesensbegriff des Lebewesens identifizieren, weil die Aussagen über die Lebensform als solche nicht als empirische Einzelaussagen über Einzelwesen und ihr Einzelleben aufzufassen sind, sondern als begrifflich allgemeine Aussagen über das betreffende Lebewesen an sich, etwa den Berglöwen an sich oder den Menschen an sich. Die sogenannte zweite *ousia* des Menschen ist also sozusagen der *generische Mensch*, dem wiederum eine *allgemeine Form des guten menschlichen Lebens* im Sinn einer *variationsbreiten Vielfalt guter Realisierungen* eines solchen Lebens im Unterschied zu einer noch größeren Vielfalt der Verfehlungen des Guten entspricht. Ausgeschlossen aus der (guten) Lebensform sind also *nur* die Formen des Unrichtigen und Schlechten. Nur insofern ist die Form des Guten jeweils *einzig*, nicht etwa in dem Sinn, dass für alle immer das Gleiche gut wäre. So und nur so sollte man auch das *kath' hauto* bei Platon und das *An-Sich* bei Hegel verstehen: als generische Wesensbe-

6.2 Analyse der Idee der Seele bei Aristoteles

stimmung unter Ausschluss dessen, was nicht zum generischen Wesen gehört oder diesem möglicherweise widerspricht, also seine gute Verwirklichung verhindert, wie etwa eine Krankheit oder ein anderer Defekt.[99] Hier bewährt sich Hegels Formel von der Negation der Negation erneut: Die Form, Norm oder das Gute ist nur durch den Ausschluss des Unförmigen, Unrichtigen und Schlechten definiert, nicht durch eine Liste von Positiv-Kriterien oder zureichenden Bedingungen.

Jedes Glied des Leibes eines Lebewesens ist am Ende im Hinblick auf seine *Funktion für das gute Leben des Lebewesens* zu bestimmen, selbst wenn es sich um Irrelevantes oder gar Dysfunktionales handelt. Soweit die Ausübung dieser Funktionen auf Empfindung (genauer: manchmal auf attentiver oder gar bewusster, sehr häufig aber unbewusster ‚Wahrnehmung‘ oder ‚Perzeption‘) beruht, sind die Bestandteile der Seele, die man als die Teilfunktionen der von den ‚Perzeptionen‘ abhängigen Lebensausübung zu verstehen hat, im Hinblick auf das Ganze des Organismus primär. Das gilt auch im Hinblick auf das einzelne Organ oder tätige Glied. Der lebendige Leib qua Gesamt von Körperteilen hier und jetzt ist gegenüber dem Wesen insofern sekundär, zwar weil er sich zunächst immer gemäß der Lebensform beim Einzelwesen entwickelt und damit konkret ausprägt und sich dabei ‚Teile‘ erneuern.[100] Andererseits ist der Leib im Sinn des Lebens des Individuums das Einzelwesen selbst. Das Wesen im Allgemeinen, die Form, ist die zweite *ousia*. Das Wort *ousia* wird zumeist als „Substanz" übersetzt und meint auch: das Bleibende (des lebendigen Leibes) im körperlichen Wandel des Lebensprozesses. Unter Substanzen werden daneben aber leider auch materieartige Entitäten verstanden. Hier ist das Bleibende der chemische Stoff.

Der Sinn des Wortes „Wesen" wird notorisch fehlgedeutet, zumal die zeitliche Entwicklungsform in einem Prozess und unsere Rede über sie nicht einfach zu begreifen ist. Man meint, der einzig sinnvolle, wirkliche Gegenstand einer Benennung sei ein physisches, sprich körperliches, aus chemischen Substanzen bestehendes Ding, und es sei klar, was ein Ding sei, man brauche dazu keine Rede von einem Wesen. Man sieht nicht, dass der Begriff des lebendigen Leibes nie außerhalb des Gesamtprozesses des Lebens begreifbar ist, anders als der Begriff des physischen Körpers oder chemischen Stoffes.

Jeder Festkörper, auch jedes ‚atomare‘ Ding oder Teilchen, entsteht und vergeht, hat also, wie jedes Lebewesen, eine begrenzte ‚Lebenszeit‘. Ewige Dinge gibt es außerhalb unserer zeitallgemeinen Rede über bloß Generisches, etwa über die Abstraktheiten der Mathematik, überhaupt nicht. Alles, was es gibt, ist endlich. Eben das drückt die Einsicht aus, die Hegel von Spinoza übernimmt, nämlich dass es eigentlich nur eine einzige wirkliche ‚Substanz‘ gibt, nämlich die ganze Welt. Alles Entstehen und Vergehen, alle Wandlungen, sind Änderungen nur dieser Substanz. Das ist keine metaphysische Spekulation, sondern die begriffliche Basiseinsicht in die raumzeitliche Begrenztheit der Seinsform aller endlichen Wesen und Dinge, formuliert *ex negativo*.

Teile bzw. Momente des Begriffs (*logos* bzw. *horos*) des Lebewesens sind in der Regel Teile bzw. Momente der Lebensform (*eidos*). Der Begriff nennt das Allgemeine. Aristoteles erläutert weiter: Kreis und Begriff des Kreises, Seele und Begriff der Seele fallen in gewissem Sinn zusammen.[101] Er unterscheidet dann aber zwischen zwei Aspekten teleologischer Erfüllung einer Form, eines Begriffs oder einer Idee (*eidos*). Das *eidos* selbst ist zunächst die zugehörige Erfüllungsbedingung, artikuliert durch normative Bestimmungen des Guten, das durch die Seins- bzw. Lebensform des Wesens sozusagen in einer immer schon normativen Begrifflichkeit mitgegeben ist. Es gibt daher auch immer ein Streben zur ‚verbesserten' Erfüllung dieser Bedingungen. Eben daher ist zwischen der Wirksamkeit einer Form und der realen Verwirklichung ihrer Bedingungen zu unterscheiden, also zwischen *energeia* und *entelecheia*. Die Erfüllung der Form ist das Ziel, *telos*. Die Entelechie ist Wirklichkeit, aber eben immer die Wirklichkeit einer Form, wie sie in der (Rede über eine) Verwirklichung der Form implizit schon vorauszusetzen ist.

Damit erkennt Aristoteles, dass es die Form des Lebensprozesses selbst ist, in der es jenseits von willkürlichen Ziel- und Zweck*zuschreibungen natürliche* Ziele oder Zwecke gibt, nämlich die, welche im Prozess des Lebens selbst liegen. Dabei ist es eine unzulässige Reduktion, wenn eine evolutionäre Biologie nur noch vom *Überleben der Art* redet. Man erkennt dabei noch nicht einmal, dass diese Rede sinnlos wird, wenn Arten dabei einfach als irgendwie beliebig klassifizierte Mengen von Lebewesen aufgefasst werden und in einem verqueren Anti-Aristotelismus das ‚gute', ‚artgemäße', Leben der einzelnen Lebewesen nicht berücksichtigt wird. Eine Art, *eidos*, oder Gattung, *genos*, ist, wie Platon, Aristoteles und Hegel noch wissen, nicht einfach eine Klasse von Wesen, sondern eine Wesensbestimmung zusammen mit einer zugehörigen Seins- bzw. Lebensform.[102]

Im Fall von Pflanzen zeigt sich die Entelechie in der Form der natürlichen Entwicklung des Wachsens. Bei Tieren zeigt sich die Entelechie zum Teil schon in den Formen tätiger Selbstbewegungen, die ihrerseits auf das Ziel des guten Weiterlebens ausgerichtet sind.

Eine besondere Form der Entelechie des Einzelmenschen zeigt sich erstens im vorbedachten Handeln, zweitens in einer langfristigen Lebensführung und Selbstformung unter Einschluss der schwierigen Formungen von Haltungen (*hexeis, habitus*). Hier, *aber auch nur hier*, ist das Ziel oder *telos* zum Teil als subjektiv erfasster Zweck vorab symbolisch (sprachlich) repräsentiert. Die Entelechie ist auch dabei die möglichst gute Verwirklichung einer Form.

6.2 Analyse der Idee der Seele bei Aristoteles

Es wird damit klar, warum Aristoteles keineswegs glaubt, es gäbe eine mystische *causa finalis*, einen Zweck im ganzen Weltlauf, noch dazu einen, der irgendwie mit *unseren* Zwecken und Bedürfnissen, natürlichen oder willkürlichen, mehr oder weniger automatisch harmoniere. Wohl aber ist Aristoteles mit Recht der Überzeugung, dass wir die lebendige Natur nicht ohne Vorgriffe auf Standardformen des generischen Lebensverlaufes und damit auf intrinsische Ziele im Wachsen vegetativen Lebens, in der Tätigkeit animalischen Lebens und dann auch im Handeln der Menschen begreifen können.

Mehr noch, mit Platon sieht Aristoteles, dass die subjektiven, selbstgesetzten, willkürlich-expliziten Zwecke in einem einzelnen menschlichen Leben von dem Ziel, ein gutes Leben zu führen, *zu unterscheiden* sind. Daher ist es logisch hoffnungslos naiv, wenn man mit David Hume meint, es gäbe nur ‚subjektiven Sinn' *willkürlich-aktualer* Präferenzen, und diese wirkten am Ende gar *unmittelbar* im Sinne einer *causa efficiens* als Verhaltensmotive auf das Tier oder den Menschen ein und *bewirkten* irgendwie sein Tun. Zuzugeben ist freilich, dass die Übersetzung von *entelecheia* zunächst durch *actualitas* und dann durch Wirklichkeit bzw. *actuality* das Verständnis nicht gerade gefördert hat.

Die Fähigkeit, eine Form zu verwirklichen, heißt *dynamis*. Sie ist ermöglichende Macht, modales Vermögen. Sie unterscheidet sich von der *energeia* insofern, als diese schon die reale Kraft im Streben nach Aktualisierung der Form ist. Die Form selbst ist dabei intrinsischer Maßstab des Guten, gerade so wie etwas nur ein guter Schuh oder ein gutes Leben (im Sinne der aristotelischen *eudaimonia*) sein kann, wenn die wesentlichen Bedingungen (des Kanons, der Idee) des Guten realiter erfüllt sind. Dabei gilt auch noch für Aristoteles der Satz des Heraklit: „*ēthos anthrōpō daimōn*", die Form des guten Lebens ist beim Menschen der *daimōn*, die Seele. Anders gewendet: Wenn die Menschen von einem *daimōn*, einem Geist oder einer Seele reden, sprechen sie in Wirklichkeit von einer Lebensform (*ēthos*).

Es ist dann noch von der modalen Fähigkeit der *dynamis* und dem schon realen Streben der *energeia* in einer (bei Tier und Mensch selbsttätigen) Verwirklichung einer Form eine bloß abstrakte Möglichkeit zu unterscheiden, das *endechomenon*, das bloß als möglich Geglaubte; *endechesthai* heißt ja: als wahr annehmen, glauben, für möglich halten.

Jetzt haben wir die begrifflichen Bestandteile beisammen, um die platonisch-aristotelische Begriffsanalyse der *psychē* oder Seele rekonstruieren zu können. Im Grunde ist die Seele die beständige Form des *ēthos* oder der *prāxis*, der Lebensform des Tieres oder der Gesamtheit der Praxisformen der Menschen. Diese Formen geben als solche einen Maßstab des Guten für das einzelne Leben und die einzelnen Verwirklichungsversuche ab, aber im Allgemeinen bloß *ex negativo* durch Ausschluss des offenbar Unrichtigen,

Falschen, Kranken, nicht durch Positivkriterien des Richtigen, Wahren, Gesunden.

Eine Form ist zugleich *dynamis* und *energeia*, nämlich im Streben nach der Verwirklichung der normativen Form des guten Lebens, und zwar des vegetativen Lebens überhaupt, des animalischen Lebens und des personalen oder geistigen menschlichen Lebens.

Damit verstehen wir auch die berühmte Definition der Seele bzw. der Verbindung von Seele und Körper bei Aristoteles: Die Seele ist ‚*entelecheia hē protē sōmatos physikou organikou*', wörtlich: die „erste Erfüllung eines natürlichen, mit Organen versehenen Körpers". Das bedeutet m. E. dasselbe wie die folgende Übersetzung: Die Seele ist die basale Tätigkeit der Verwirklichung des *telos*, des Ziels, ein gutes Leben zu führen, und zwar jeweils als das Leben eines natürlichen, mit Organen versehenen Leibes.

Tierkörper und Tierseele bzw. der Leib des Menschen und seine Seele stehen, wie Aristoteles sieht, im Verhältnis von Möglichkeit zu Wirklichkeit. Der bloße Körper lebt bloß *dynamei*, der Möglichkeit oder dem Vermögen nach. Er ist also noch nicht *qua* rein materieller Körper, was aus ihm in Verbindung mit ‚der Seele', dem Leben wird. In gewissem Sinn verhält sich daher der lebendige Leib zum Leichnam, aber auch der gebildete Mensch zum Kind oder gar bloßen Embryo begrifflich analog wie eine Statue zu ihren stofflichen Bestandteilen (wie Stein oder Gips). Für den Samen einer Pflanze gilt dann: Nur wenn genügend Wasser und Sonne hinzukommen und auch sonst alles gut geht, entwickelt sich aus ihr eine Pflanze auf hinreichend schöne Weise. Nicht anders steht es, der Grundform nach, mit dem Menschen und seiner ‚*kalokagathia*', der Form des Schönen und Guten, die als solche mit der ‚*eudaimonia*' zusammenfällt, dem Besitz eines guten Daimons, einer guten Seele, des guten Lebens, das dem Einzelnen manchmal auch als Schicksal oder Los erscheint. Die genauere Analyse der *eudaimonia* gehört bekanntlich in die Ethik. Dort nämlich geht es um die tätig herstellbaren Bedingungen der guten Realisierung des *ēthos* des Menschen in einer gemeinsamen *prāxis*.

Die Seele wird dadurch zum formalen ‚Subjekt' einer Tätigkeit, weil es ein Streben nach guter Verwirklichung einer Lebensform gibt. Die Form der Grammatik, der Sprachoberfläche mit ihrer Subjekt-Prädikat-Struktur, ‚zwingt' uns zu syntaktischen Metaphern (H. J. Schneider). Das heißt, wir schreiben der Seele Begehren und Fähigkeiten zur Erfüllung der Begierde zu. Dies tun wir in Anpassung an unsere Selbsterfahrungen. Damit wird die Seele von einem Bewegungs- und Lebens*prinzip* zum formalen *Träger* von geistigen Fähigkeiten und Eigenschaften. Der Sinn der Rede von der Seele besteht in der Möglichkeit der Rede über eine Form des Lebens, die wir selbst sind: die Vollzugsform.

In der Rede über die Vegetativseele geht es offenbar um den Stoffwechsel, das Wachsen und die Ernährung eines organischen Wesens. Die ani-

6.2 Analyse der Idee der Seele bei Aristoteles

malische Sinnenseele ist im Wesentlichen die *sensibility* und *sensitivity*, die ein Tier zur Selbststeuerung seiner Bewegungen braucht und gebraucht. Die Geistseele, der *nous*, ist *intelligibility* oder *rationality*, die Fähigkeit des Denkens, Sprechens, Planens und Handelns.

Die wahrnehmende animalische Seele ist immer auch mit der Möglichkeit verbunden, Schmerzen zu erleiden oder einfach etwas empfindend wahrzunehmen, als Voraussetzung konkreter Erfahrung. Das Objektive der Welt besteht sogar in dieser Möglichkeit der Wahrnehmbarkeit. Aber diese ist nicht unabhängig von der *dynamis*, dem Vermögen des Wahrnehmenden, wie Aristoteles sagt: Indem etwas auf das Wahrnehmungsorgan einwirkt, „wird dieses affiziert und tritt gleichsam in Aktion, indem es seine Möglichkeit (sein Vermögen, seine Macht) zur Sinneswahrnehmung aktualisiert", wie die Enzyklopädie des Neuen Ueberweg (Im Schwabe Verlag Basel) zu Aristoteles schreibt.

In direkter Fortsetzung seiner oben präsentierten Ausführungen zur Identität von Seele und Begriff baut Aristoteles die schon erwähnte sprachtheoretische und begriffsanalytische Analogie zwischen der Rede über geometrische Begriffe oder Ideen wie Kreise und der Idee der Seele folgendermaßen aus. Zunächst erinnert er an die Identität des Kreises (an sich) mit der idealen Form des Kreises und dem Begriff des Kreises. Dann sagt er: Die Seele ist das Lebewesen selber, als beseeltes.

Die Seele des Einzelnen ist das einzelne lebende Wesen selbst. Dabei wird, wie im Fall der Identität von Kreis und Kreisbegriff, zwischen einem rechten Winkel und dem Begriff bzw. der Form des rechten Winkels, auch hier ein begriffliches bzw. formales Wesen aktualisiert. Man muss daher in all diesen Fällen, so sagt Aristoteles inhaltlich, das reale Einzelne gegenüber den Bestandteilen des Begriffs bzw. der Form als sekundär ansehen. Denn auch ein materieller Winkel, etwa ein Winkel aus Erz, hat als ein rechter Winkel in gewissem Sinn die Eigenschaften eines rechten Winkels. Dabei ist der immaterielle (allgemeine, abstrakte, ideale) Winkel (*qua* Gesamtform) den (definitorischen) Bestandteilen des Winkelbegriffs (wie Schenkel etc.) gegenüber sekundär, (begrifflich) primär aber in Bezug auf die Bestandteile eines realen einzelnen Winkels. Schlechthin, d. h. ohne relevante Aspektbestimmung lassen sich die Fragen nach dem begrifflich Primären aber nicht entscheiden. Wie schon Platon im *Phaidon* erwägt Aristoteles die Möglichkeit, die Seele als eine Art Objekt der reflektierenden Rede und damit (mindestens auch) als Charakter und wahres Erinnerungsbild (etwa der Person im Ganzen) aufzufassen, führt das dann aber nicht näher aus, sondern entscheidet sich für die Seele als Subjekt: Sie ist das Wesen im Vollzug. Das heißt, sie ist die sich erhaltende Form des Lebens im Lebendigen. Der Körper dagegen ist als solcher zunächst ‚bloß' Stoff. Der Mensch oder das leibliche Wesen ist daher immer eine Art ‚Verbindung' der *Lebensform mit dem zum Leben nötigen Stoff* des Leibes.

Manche meinen, der Mensch sei ein Zweifaches. Er bestünde aus einer Seele und einem von dieser Seele abtrennbaren Leib. Es handelt sich dabei aber nur um eine formal-begriffliche Trennung, einen Unterschied in der sprachlichen Fokussierung. Denn beim realen Individuum bilden Seele und Leib, Lebensform und Lebensvollzug immer eine unauflösliche Einheit.[103] Aristoteles nennt als Beispiel die Stumpfnase und die Stumpfnasigkeit: Nimmt man das konkret Existierende (die erste *ousia*) weg, so fallen auch die Zustände und die Bewegungen fort. Das gilt für das Verhältnis von Leib und Seele als allgemeiner Form des Lebens, aber auch vom denkenden und begehrenden *nous* und dem Leib.[104]

Die Rede vom *Wesen* (sowohl als Individuum als auch generisch) verbindet also den Begriff der Form mit seiner Aktualisierung. Daher ist die Seele und der Begriff bzw. die Form der Seele ganz dasselbe; der Mensch dagegen und der Begriff bzw. die Form des Menschen sind nicht dasselbe, es sei denn, man spricht bloß über den Charakter bzw. die Rollen der Person bzw. die Form des Personseins.[105]

Das, was ein Einzelner als Einzelnes hervorbringt, ist niemals schon die Form selbst, sozusagen an sich. Es ist immer etwas Konkretes, mit dem die Form sozusagen eine Verbindung eingeht. Man denke etwa an eine mehr oder weniger gute Zeichnung eines Kreises. Das allgemeine Wesen, die zweite Substanz bzw. *ousia*, eines vergänglichen Gegenstandes hat kein abtrennbares Sein für sich: Eine Art ist in gewisser Weise eine Klasse von Individuen. Immerhin ist die Lebensform einer Art als solche eine natürliche Wirklichkeit, nicht bloß eine verbale Konstruktion. Erst recht aber sind Artefakte keine *rein für sich seienden Wesen*, und zwar weil etwas ein Haus oder ein Gerät ist nur in relationalem Bezug auf seinen Gebrauch durch uns Menschen, nicht für sich. Analoges gilt von allem anderen, was nicht Gebilde der Natur ist. Denn nur die Natur oder *physis*, d. h. das, was von selbst entsteht und für sich selbst Bestand hat, darf man als die in den vergänglichen Dingen von selbst wirksame *ousia* oder Substanz ansehen.[106]

Dass nun die Seele ganz und gar fortdauern sollte, ist undenkbar. Sicher ist jedenfalls dies, dass nichts dazu zwingt, bloß deshalb die von ihren konkreten Aktualisierungen unabhängige Existenz von Formen anzunehmen, wie die pythagoreistischen Freunde der Ideen meinen, weil etwas zu etwas wird und entsteht. Denn es ist ein Mensch, ein Individuum, ein Einzelner, der den Menschen zeugt. Und auf dem Gebiete der Kunst ist es gerade so: Es ist die Kunst des Arztes, die z. B. die erzeugende Form der Heilung ist.[107] Kurz, das Leben der Einzelnen, der Arten, ja das Leben überhaupt ist immer als endlich anzuerkennen.

Platon selber kann nach Aristoteles nicht bei dem stehen bleiben, was er gelegentlich für die Anfangsursache, eine *archē*, erklärt, nämlich bei dem sich selbst Bewegenden, der Seele. Diese gibt es nämlich auch bei ihm im Vergleich mit der gesamten Weltordnung, also dem Weltall oder Universum, erst später, bestenfalls gleichzeitig.¹⁰⁸ Die Seele ist, so Aristoteles, bildlich gesprochen Bestandteil, besser gesagt, Moment des lebendigen Wesens, etwa des Menschen. Sie ist in gewissem Sinn das, was das Leben selbst ist, nämlich die Seinsweise des betreffenden Wesens.

Aristoteles teilt dann noch das Gute in drei Klassen ein: in das äußere Gute des Leibes und das Gute der Seele. Mit Platon erklärt er das geistige Gute für höherwertig. Aber auch die Betätigungsweisen und Wirksamkeiten der geistigen Vermögen rechne man der Seele zu. In Bildung und Selbstbildung werden dabei die geistigen Kompetenzen und ihre Ausübungen und damit die Entwicklung unserer eigenen Geistseele selbst zu einer Art Zweck unseres eigenen Handelns. Damit steht unser Geist der bloß empfindungsartigen behavioral-mentalen Reaktionsseele im Sinn des englischen Wortes „mind" gegenüber. Daher ist eine *philosophy of mind* auch noch lange keine Philosophie des Geistes. Noch nicht einmal der Begriff des Geistes ist ohne gespenstartige Mystifizierung im Wort „spirit" bzw. ohne andere Sinnverluste ins Englische so übersetzbar, dass die Differenz zur bloß mentalen Sentimentseele klar würde.

Damit sehen wir, dass Aristoteles gerade das Lehrstück aus seiner Seelenlehre ausblendet, das bei Sokrates so brisant ist: die Lehre von der Unsterblichkeit der Seele im Sinne eines ethisch säkularisierten Heroismus des Charakters oder der Persönlichkeit, samt der platonistischen Debatte um die *Timophilia*, das Streben nach Ehre oder Ruhm und die dabei leicht entstehenden Verwirrungen.

6.3 Hegel zu den Reflexionstermini „Seele", „Person" und „Subjekt"

Hegel sagt unter der Gliederungsüberschrift „Anthropologie. Die Seele": „Der Begriff der Natur setzt den Geist voraus. Dieser ist selbst ein gewordener. Zunächst aber existiert dieser als Seele."¹⁰⁹ Das heißt, erstens, dass Naturwissenschaft ein geistiges Produkt ist, dass, zweitens, der Geist selbst nur im Modus der Lebensform der Menschen existiert. Zunächst existiert er in der Form eines empraktischen Habitus, als Seele.

Die Seele ist als Form des Lebens kein materielles Ding. Eher meinen wir mit dem Wort die allgemeine Immaterialität jeder Natur des lebendigen Seins, des Lebens. Als abstraktes Wort bezieht es sich auf das ideelle Leben. Damit ist der reine Begriff des Lebens gemeint.¹¹⁰

Für Aristoteles und Hegel ist die Seele und der Begriff der Seele in einem bestimmten Sinn ein und dasselbe: Man bezieht sich mit dem Ausdruck auf das Leben bzw. Wesen von etwas Lebendigen, auf die Lebensform und damit auf seinen Begriff, der schon enthält, dass das Lebendige eine Pflanze oder ein Tier einer bestimmten Art ist oder ein Mensch. Die Rede davon, dass, wenn die Seele den Leib verlässt, ein toter Leichnam übrig bleibt, sagt dasselbe, wie wenn man sagt, dass, wenn das Leben den Leib verlässt, dieser zu einem schnell in seine stofflichen Bestandteile zerfallenden bzw. biologisch abbaubaren Körper wird.

Die Seele ist a. als natürliche Seele das Leben; b. als fühlende Seele Empfindung und Erfahrung; c. als wirkliche Seele geistig geformte Leiblichkeit.[111]

Die Seele als Individuum ist die lebende Person, der wir im Lauf des Lebens unterschiedliche Eigenschaften zusprechen. So gibt es z. B. einen natürlichen Verlauf der Lebensalter. Das Fürsichsein, d. h. die Selbstbeziehung (ohne Bezug auf andere wie etwa im Fall des Ruhms) der wachen Seele besteht konkret im Bewusstsein und im Verstand. Wenn daher etwas innerlich gemacht, erinnert wird, dann stammt das nicht schon aus der bloßen Empfindung, sondern setzt schon eine andere Sphäre des Lebens, das geistige Leben, kurz: den Geist voraus.[112] Damit aber etwas überhaupt im vollen Sinn menschlicher (Selbst)Erfahrung Empfindung ist, um als solche in mir als gefundene zu sein, um empfunden zu werden, muss der allgemeine Geist zuvor schon verleiblicht sein.[113] Das ist eine klare Parallele zur weiteren Einsicht des Aristoteles, dass sich funktionale Formen in der Entwicklung des einzelnen Lebewesens erst ausprägen müssen. Das gilt für alle seelischen Empfindungen, für das Weinen wie das Lachen, die Sprache usf.

„Die […] Organe werden in der Physiologie als Momente nur des animalischen Organismus betrachtet, aber sie bilden zugleich ein System der Verleiblichung des Geistigen und erhalten hierdurch noch eine ganz andere Deutung." „Für Empfindung und Fühlen gibt der Sprachgebrauch eben nicht einen durchdringenden Unterschied an die Hand […]".[114]

Das Geistige existiert nur insofern unabhängig vom Leiblichen, als der einzelne Mensch Geist erwerben muss. Das geschieht in Bildung und Selbstbildung. Wir werden zu geistigen Wesen bloß durch Formation.

Die Seele ist als fühlende nicht mehr bloß natürliche Individualität. Nirgends so sehr als bei der Seele und noch mehr beim Geist ist es die Bestimmung der Idealität, die für das Verständnis festzuhalten ist: Diese Idealität ist Negation des bloß Reellen. Ich muss mich ja bilden. Das Reale der Natur aber wird zugleich aufbewahrt, virtualiter erhalten.[117]

Hegel erklärt, wie schon Aristoteles, dass sich in unserer Rede über die Seele die Form der Einheit der Person ausdrückt, besonders auch als Subjekt meiner Erinnerungen. Dabei haben Locke und Hume (und mit ihnen etwa auch Derek Parfit)[118] bekanntlich die Einheit des Gedächtnisses (zum Teil maßlos) überbetont, wenn auch aus verständlichen Gründen, nämlich in einem unterschwelligen Kampf gegen Seelenwanderungslehren und subjektive Unsterblichkeiten. Formal aber ist durchaus korrekt, dass wir in den Wörtern „Person" und „Seele" Formen der Einheit artikulierbar machen. Es handelt sich um die inhaltliche Einheit oder allgemeine Bestimmtheit bzw. Verstehbarkeit unserer Vorstellungen oder symbolischen Repräsen-

6.3 Hegel zu den Reflexionstermini „Seele", „Person" und „Subjekt"   157

tationen, Kenntnisse, Gedanken usf.; insgesamt aller von mir geleisteten geistigen Akte.

„Aber ich bin darum doch ein ganz Einfaches, – ein bestimmungsloser Schacht, in welchem alles dieses aufbewahrt ist",[119]

sagt Hegel gegen die Auflösung der Person in eine Vielzahl von ‚Teilen' und ‚Aspekten'. Diese Einheit ist zunächst gerade die Einheit des leiblichen Lebens des Individuums, was immer die verbalen ‚Gedankenexperimente' etwa in der Theorie Derek Parfits Anderes suggerieren.

Die Seele ist, wie Hegel sagt, der existierende Begriff. Das heißt, sie ist die sprachlich zum Zweck der Reflexion verbal konstituierte Trägerin meiner real verleiblichten, aber begrifflich (und pädagogisch) vermittelten geistigen Fähigkeiten. Die Seele ist zugleich die Existenz des Spekulativen. Das heißt, sie ist Instanz begrifflicher Reflexion. Als solche wird sie immer zugleich mit mir als konkret denkendem und handelndem Subjekt identifiziert. Wörtlich fährt Hegel fort:

„Die Seele [...] als individuelle [...] ist [...] die gesetzte Totalität ihrer besonderen Welt, [...] gegen die sie sich nur zu sich selbst verhält."[120]

Die Seele als Selbstgefühl ist nichts anderes als das Gesamt meiner Gefühle. Der sprachliche Bezug auf ‚das Selbst' oder ‚das Ich' ist aber immer abstrakt und allgemein. Das Selbst oder Ich ist „für sich seiende Allgemeinheit". Dabei drückt der Ausdruck „Für-sich-sein" die Verschiedenheit und Gleichsetzung der konkreten Präsentationen oder Ausprägungen des Ich-Seins aus.

„Dies besondere Sein der Seele ist das Moment ihrer Leiblichkeit".

Das ist so, weil die Identitätsbedingungen der Seele bzw. der Person natürlich über die Leibidentität des lebenden Individuums definiert sind und nicht, wie Locke in seiner Definition der Identität der Person festlegen will, durch irgendeine feinere Bedingung kontinuierlicher Erinnerung o. dgl. Die Seele ist also für sich die

„ideelle, subjektive Substantialität dieser Leiblichkeit", „wie sie in ihrem an sich seienden Begriff (§ 389) nur die Substanz derselben als solche war".[121] „Dieses abstrakte Fürsichsein der Seele in ihrer Leiblichkeit ist noch nicht Ich, nicht die Existenz des für das Allgemeine seienden Allgemeinen."

Das heißt, wir sollten zwischen der Rede über die Seele und der Rede über mich als Ich oder als Person unterscheiden. Ich als Person bin der, welcher performativ Handlungen, darunter auch Sprechhandlungen wie im Urteilen vollzieht. Diese Rolle des Akteurs ist von der Seele als der „auf ihre reine Idealität zurückgesetzte[n] Leiblichkeit" zu unterscheiden.[122] An anderer Stelle schreibt Hegel:

„Die Sensibilität kann [...] als das Dasein der in sich seienden Seele betrachtet werden, da sie alle Äußerlichkeit in sich aufnimmt, dieselbe aber in die vollkommene Einfachheit der sich gleichen Allgemeinheit zurückführt."[123]

Die Gewohnheit ist nach Hegel ganz mit Recht eine zweite Natur genannt worden, – Natur, denn sie ist ein unmittelbares Sein der Seele, – eine zweite, denn sie ist eine von der Seele gesetzte Unmittelbarkeit, eine Ein- und Durchbildung der Leiblichkeit, die den Gefühlsbestimmungen als solchen und den Vorstellungs- [und] Willensbestimmtheiten als verleiblichten (§ 401) zukommt.[124] Das Selbstgefühl von der lebendigen Einheit des Geistes setzt sich von selbst gegen die Zersplitterung desselben in die verschiedenen, gegeneinander selbstständig vorgestellten Vermögen und Kräfte durch.[125]

Wenn Hegel die „organische Substanz als innere" als „die einfache Seele" auffasst, bezieht sich das Wort „Substanz" nicht auf eine mythisch-geistige Entität, sondern auf das bleibende Leben des Leibes, die *ousia* des (menschlichen oder auch tierischen) Daseins. Dieses ist für Hegel zugleich „der reine Zweckbegriff oder das Allgemeine": Da alle meine und alle unsere konkreten Zwecke im Leben das Leben voraussetzen und auf ein gutes Leben, die Erfüllung der Lebensform gehen, ist diese Lebensform allgemeiner Sinn- und Zweckbegriff.

Das Allgemeine des menschlichen Lebens, die Lebensform, bleibt, wie Hegel jetzt ganz offenbar metaphorisch die Dialektik von Innen und Außen, seelischer Formkraft und leiblicher Erscheinung entwickelt, „in seiner Teilung", also in der Individuierung des Lebens in den einzelnen Lebewesen, „allgemeine Flüssigkeit", um metaphorisch die Struktur des Bleibenden und sich doch Verändernden in jeder realisierten Form eines Lebensprozesses anzudeuten. Das, was wir mit dem Wort „Seele" ansprechen, erscheint daher „in seinem Sein als das Tun oder die Bewegung der verschwindenden Wirklichkeit." Der äußere Leib wird dieser Seele verbal entgegengesetzt und es scheint jetzt so, als sei bloß dieser Leib (als Körper oder Materiehaufen, der als solcher vom Leichnam nicht unterscheidbar ist) das Beständige, nicht die ‚flüssige' Lebensform des Wesens.

Die Seele ist der Sinn des Lebens. So könnte man das Ergebnis der Analyse als Merksatz festhalten.

Die einfachen organischen Eigenschaften eines Lebewesens, um sie so zu nennen, wie er vorsichtig sagt, sind nach Hegel Sensibilität, Irritabilität und Reproduktion, wobei wir die ersten beiden üblicherweise als zur Seele gehörig bewerten, die letztere gewissermaßen aus kulturellen Gründen zur Leiblichkeit rechnen.

6.4 Dekonstruktion des Bildes von der Herrschaft der Seele

Im übertragenen Sinn nennt Hegel gerade auch die Regierung die Seele oder das Selbst des Volkes.[126] Dazu passen auch die folgenden Passagen aus der Nikomachischen Ethik:

„[W]o Herrscher und Beherrschte nichts gemein haben, da gibt es auch kein Gefühl persönlicher Zusammengehörigkeit, und auch kein Rechtsverhältnis, sondern nur ein Verhältnis wie das zwischen dem Arbeiter und seinem Werkzeug, zwischen der Seele und ihrem Leibe, zwischen dem Herrn und seinem Sklaven." „[Z]u dem Unbeseelten gibt es so wenig ein Verhältnis der Zuneigung wie ein Verhältnis des Rechtes, und so auch nicht zu einem Pferde oder einem Rinde, und ebensowenig zu einem Sklaven, sofern er ein Sklave ist; denn auch da gibt es keine Gemeinschaft. Der Sklave wie ein beseeltes Werkzeug, wie das Werkzeug ein unbeseelter Sklave ist. Zum Sklaven als Sklaven gibt es also kein Band der Zuneigung, aber wohl zu ihm als Menschen. Denn jeder Mensch, darf man sagen, steht im Rechtsverhältnis zu jedem, der in einer Gemeinschaft des Gesetzes und des Vertrages zu stehen die Fähigkeit hat; somit ist auch die Möglichkeit eines Bandes persönlicher Zuneigung gegeben, sofern der Sklave ein Mensch ist. Auch in der Tyrannis also ist das Band der Personen und das Rechtsverhältnis beider nur in geringer Stärke vorhanden. Am meisten noch ist es in der demokratischen Verfassung der Fall."[127]

Das klingt zunächst unerhört. Denn ein Sklave als bloßes Werkzeug hat demnach keine Seele. Und es wird scheinbar die Seele als Herrin dem Leib als Sklaven gegenübergestellt. Das Interessante der Passage ist jedoch dieses: Dem bloß äußeren Verhältnis des instrumentellen Gebrauchs (des Leibes durch die Seele, des Sklaven durch den Herrn, des Bürgers durch den Tyrannen) wird eine intrinsische Gemeinschaft und Zusammengehörigkeit gegenübergestellt.

Dieser Rückbezug kann nach meinem Urteil Hegels vieldiskutierte Überlegung zu Herrschaft und Knechtschaft erhellen. Denn Seele und Leib können sich nach Hegel gerade nicht rein instrumentell zueinander verhalten. Eben das, was wir im Hinblick auf die Entwicklung der einzelnen Person als deren Bildung ansprechen, ist das wesentliche Moment der Substanz der Person selbst. Bildung ist das Wesen der Person, seine *ousia* oder Seinsform. Das, was das Wesen der Person ausmacht, muss aber von der Person selbst tätig anerkannt werden.[128] In diesem Sinn bedarf es der *gegenseitigen* Anerkennung von Seele und Leib: von Herr und Knecht. Das zur Abwehr falscher Vorstellungen gebrauchte unendliche Urteil, dass ich mein Leib bin, wäre demnach, wörtlich genommen, „geistlos oder vielmehr das Geistlose selbst. Seinem Begriffe nach aber ist es in der Tat das Geistreichste."[129]

Die Seele an sich ist die begrifflich längst schon geformte Praxis möglicher Bildung. Das menschliche Leben ist verwirklichbare Möglichkeit, Idee.[130]

Wenn etwas, sagen wir ein Staat, seiner Idee gar nicht mehr angemessen wäre, so hörte er auf, Staat zu sein. Nicht anders ist es, wenn ein Mensch sein Leben so führt, dass nichts Menschliches mehr daran ist. Dann haben

„seine Seele und sein Leib sich getrennt", selbst wenn ein staatsähnliches Gebilde oder ein menschenähnlicher Körper in gewisser Weise noch weiter existierten. Die Seele entflieht dann, so sagt Hegel, in die abgeschiedenen, bloß verbalen oder abstrakten Regionen des Gedankens.[131] Daher ist auch die Idee erstlich das Leben:

„[...] der Begriff [...] ist die Seele des Lebens selbst. Im Geiste aber erscheint das Leben teils ihm gegenüber, teils als mit ihm in eins gesetzt."[132]

Aber auch das Individuum

„ist erstlich das Leben als Seele, als der Begriff seiner selbst. [...] Aber ferner ist diese Seele in ihrer Unmittelbarkeit unmittelbar äußerlich [also leiblich; PSW] und hat ein objektives Sein an ihr selbst."[133]

Kapitel 7: Wahrheit und Sinn religiöser Erfahrung

> Nicht anderswoher stammen
> die Auseinandersetzungen in der Religion,
> als aus der Unkenntnis der Grammatik.
>
> Josephus Justus Scaliger (1540-1609)

7.1 Von Hegel zu William James

William James ist bekanntlich neben Charles Sanders Peirce der Begründer des sogenannten Amerikanischen Pragmatismus. Dabei entwickelt sich diese erste genuine Philosophie der Neuen Welt aus einer intensiven Auseinandersetzung mit ‚idealistischen' und ‚romantischen' Traditionen (Ralph Waldo Emerson), besonders aber auch mit Hegel und dem englischsprachigen Hegelianismus (Josiah Royce) bzw. Kant und dem Neukantianismus. Das beginnt für James schon in einem ‚Metaphysical Club' zu Studentenzeiten. James wird zum Begründer der amerikanischen Psychologie. Seine Religionsphilosophie ist eine weitere Anwendung seiner pragmatischen Erkenntnislehre. Wahre Erkenntnis als solche ist demnach letztlich immer ein Wissen, wie wir die Möglichkeiten unseres planenden Handelns (und sei es bloß des Ordnens unserer Erfahrungen) erweitern können. Jedes angebliche Wissen, etwa auch das eines Materialismus, nach welchem es keine Willensfreiheit geben soll, ist danach bloß ein irregeleitetes Plädoyer für eine falsche Lebenshaltung: den Fatalismus. Im Grunde entdeckt James damit das urpragmatische Prinzip der Absolutheit subjektiv-personaler Haltungen wieder, das wir schon bei Hegel gefunden haben. Es handelt sich um die Absolutheit von *self-fulfilling attitudes*. James erkennt mit ihm auch die Tatsache an, dass Haltungen religiösen Glaubens und private ‚religiöse' Erlebnisse wirkliche Folgen für das weitere Verhalten und Handelnkönnen der Person haben.

Diese Folgen, sofern sie ‚gut' sind, lassen sich bei kritischer Betrachtung als ‚Wahrheitsgehalt' religiösen Glaubens ansehen. Die Wahrheit jeder Religion besteht demnach in der objektiven Rolle, welche die Artikulation der Idee eines auch für den Einzelnen guten Lebens im Rahmen der Kulturgemeinschaft der Menschen spielt. Alles, was über dies hinausgeht, ist relativ beliebiges, gleichgültiges Gerede, dem man zustimmen mag oder auch nicht.

William James wurde 1842 in New York City geboren und starb 1910 in New Hampshire. Er war, so stellt dies Bertrand Russell in seiner ebenso populären wie willkürlich urteilenden *History of Western Philosophy* dar, von seinem Studium der Medizin her

„in erster Linie Psychologe. [...] In reiferen Jahren galt er mit Recht als führend in der amerikanischen Philosophie [nämlich als Vorkämpfer des Pragmatismus]. [...] In wissenschaftlicher Beziehung neigte er, beeinflußt durch seine medizinischen Studien, zum Materialismus, den jedoch sein religiöses Empfinden stets in gewissen Grenzen hielt. In seinem religiösen Gefühl war er sehr protestantisch, sehr demokratisch und voll warmer menschlicher Güte."[134] James wolle „die Menschen glücklich sehen, und wenn der Glaube an Gott sie glücklich macht, dann sollen sie ruhig an ihn glauben. Insoweit kann man aber nicht von Philosophie, vielmehr nur von Güte sprechen; Philosophie wird erst daraus, wenn erklärt wird, der Glaube sei „wahr", weil er die Menschen glücklich macht."

Nach dieser pragmatischen oder ‚utilitaristischen' Definition der Wahrheit sei eine Idee so lange wahr, als es für unser Leben nützlich erscheint, an sie zu glauben. Es versteht sich (fast) von selbst, dass Russell dieses Vorgehen für ganz und gar falsch hält. Zur instrumentalistischen Deutung der Rede von Gott betont Russell weiter, dass es für einen Gläubigen ganz unbefriedigend wäre

„zu sagen: ‚Wenn ich an Gott glaubte, würde ich glücklich sein'; ihm liegt nur daran zu erklären: ‚Ich glaube an Gott, und darum bin ich glücklich.' Und, wenn er an Gott glaubt, dann glaubt er an ihn, wie er an die Existenz von Roosevelt oder Churchill oder Hitler glaubt; Gott ist für ihn ein wirkliches Wesen, nicht bloß eine menschliche Vorstellung mit guten Konsequenzen. Und eben dieser echte Glaube hat die guten Wirkungen, nicht James' kümmerlicher Ersatz. Wenn ich sage, ‚Hitler existiert', so ist ganz klar, dass ich damit nicht meine, ‚die Wirkungen des Glaubens an Hitlers Existenz sind gut'. Und für den, der wirklich glaubt, gilt das gleiche von Gott."

Was nun ist an dieser Darstellung ungerecht oder gar falsch? Um diese Frage zu beantworten, wird eine alternative Schilderung von James' Überlegungen zu geben sein. Dazu sind die folgenden Themenkreise zu behandeln: die naturwissenschaftliche Weltanschauung und das Problem der Freiheit, das pragmatische Sinnkriterium, Fiktionen ‚höherer Standpunkte', die Rede von Gott, die Vielfalt religiöser Erfahrung, und schließlich die ‚wahre' Religion.

7.2 Naturwissenschaftliche Weltanschauung und Freiheit

Das so genannte Kausalprinzip, nach welchem alles, was geschieht, das gesetzmäßige Resultat ‚seiner' Ursachen sei, wird in der naturwissenschaftlichen oder materialistischen Weltanschauung als Behauptung über die Wirklichkeit verstanden, nicht, wie schon im Empirismus Humes und im Pragmatismus bei Peirce und James, bloß als (methodologische) Maxime und dann auch ideale Zielvorstellung wissenschaftlicher Darstellung und Erklärung.[135] Betrachtet man nun menschliches Tun ausschließlich aus der Sicht der Naturwissenschaft, der Physiologie und Neurobiologie etwa, so

7.2 Naturwissenschaftliche Weltanschauung und Freiheit

erscheint es als verursacht durch vorhergehende und begleitende physiologische Zustände oder Ereignisse, dies insbesondere dann, wenn man auch ‚Vorstellungen' und ‚Gründe' unter verblasene Titel wie „Affekte" und „Motive" bringt und als Kausalursachen ansieht, die angeblich über die Vermittlung irgendwelcher materiellen Korrelate im Gehirn und Nervensystem auf uns selbst, also unsere leibliche Bewegungen einwirken. Nach dieser Sicht liegen den Phänomenen, die wir als unser psychisches und geistiges Leben erfahren, irgendwie physiologische Mechanismen zugrunde. Deren Zustandekommen oder Ausbildung im Laufe der Geschichte der Menschheit einerseits, des einzelnen Menschen andererseits scheint sich dann im Rahmen allgemeiner Evolutionstheorien wissenschaftlich erklären zu lassen. Den Gesamtkomplex dieser naturwissenschaftlichen Weltanschauung nennt James später den „medizinischen Materialismus", vielleicht der Ausdruck „biologischer Materialismus" besser passt.

James war nun nachdenklich genug, um die Schwierigkeit für unser Selbstverständnis nicht zu übersehen, welche sich aus dem biologischen Materialismus ergibt: Dieser schließt nämlich in letzter Konsequenz die Möglichkeit eines ‚freien' Eingreifens durch uns Menschen in den Lauf der Dinge aus. Nach ihm kann es keine personale Freiheit geben. All unser Tun wäre auch dann, wenn wir glauben, ‚frei' gehandelt zu haben, durch seine Vorbedingungen determiniert. ‚Freies Handeln' bestünde dann bestenfalls darin, dass wir unser eigenes Tun und Lassen dann nicht als unfrei empfinden, wenn es nicht aufgrund eines von uns bemerkten (äußeren) Zwangs zustande kommt. Diese Ansicht hat jedoch, wenn man sie wirklich ernst nimmt, den Fatalismus zur Folge, nach dem unser Leben ‚eigentlich' nur erlitten, nicht aktiv gestaltet werden kann: Jede ‚Hoffnung' darauf, dass unser Handeln unser Leben oder einen Teil der Welt aktiv (etwa zum ‚Besseren') verändern könnte, ist ja dann ‚eigentlich' eine bloße Täuschung. Schon die Stoa hat diese Konsequenz gezogen, hat die Ataraxie, die bloß passive Gelassenheit, als einzig illusionsfreie Lebenshaltung ausgegeben, was offenbar dem Lebensideal einer optimistischen *vita activa* diametral entgegensteht. James bemerkt hier, wie manch anderer Denker besonders des ausgehenden 19. Jahrhundert, etwa auch Nietzsche, den intrinsischen pragmatischen Widerspruch zwischen dem Anspruch der Wissenschaft, letztlich die gesamte Natur, unter Einschluss des Menschen und seiner Handlungswelt, ‚erklären' zu können, und dem von der gleichen Wissenschaft aufgrund ihrer technischen Errungenschaften propagierten Fortschrittsglauben. Und er hat die fatalistischen Folgerungen aus der materialistischen Weltanschauung nicht bloß theoretisch, also bloß verbal gezogen, sondern, wie wir aus autobiographischen Berichten wissen, als abgrundtiefe Hoffnungs- und Sinnlosigkeit selbst erlebt, als tatenloses, ja idiotisches Ausgeliefertsein an das Leben:

„[E]s stieg in meinem Geiste das Bild eines epileptischen Kranken auf, den ich im Asyl gesehen hatte, [...] völlig idiotisch, der alle Tage lang auf einer der Bänke [...] zu sitzen pflegte, an die Wand gelehnt, das Knie hochgezogen [...] wie eine Art Skulptur ägyptischer Katzen oder eine peruanische Mumie, nur seine schwarzen Augen bewegend und absolut unmenschlich schauend. Das Bild und meine Angst gingen miteinander eine Art Verbindung ein. Diese Gestalt bin ich, fühlte ich, jedenfalls potentiell [...]"[136] Diese Angst um seine Existenz, die ihn dann längere Zeit verfolgte, war „[...] so eindringlich und mächtig, dass, wenn ich mich nicht an die Schriftworte geklammert hätte wie: ‚der ewige Gott ist meine Zuflucht [...] etc.' [...] ich vermutlich verrückt geworden wäre."[137]

James bewertet es als bedeutsame ‚religiöse' Erfahrung, dass religiöse Worte und Gedanken bzw. dass Worte und Gedanken überhaupt helfen können, eine derartige ‚Krankheit des Geistes' zu überwinden. Am 30.4.1870 notiert er folgenden Kommentar zu seiner Lektüre des französischen Kantianers Charles Renouvier in sein Tagebuch:

„Ich denke, gestern war eine Krisis in meinem Leben. Ich beendete den ersten Teil von Renouviers zweitem Essay[139] und sehe keinen Grund, warum seine Definition des freien Willens – das ‚Festhalten des Gedankens, weil ich mich dazu entschloss, während ich andere Gedanken gehabt haben könnte' – die Definition einer Illusion sein muss. Auf jeden Fall will ich für jetzt – bis zum nächsten Jahr – annehmen, dass es keine Illusion ist. Mein erster Akt freien Willens soll sein, an den freien Willen zu glauben."[140]

Später argumentiert er dann so:

„Ich für meine Person halte es mit dem Anhänger der Willensfreiheit. Nicht, weil ich die Theorie des Fatalisten nicht klar begreifen könnte, sondern einfach deshalb, weil es, wenn die Behauptung des freien Willens wahr wäre, absurd sein würde, dass der Glaube an ihn uns auf fatalistische Weise aufgezwungen wird. Betrachtet man die innere Stimmigkeit der Dinge, würde man eher meinen, dass der erste Akt eines Willens, der mit Freiheit begabt ist, darin besteht, den Glauben an die Freiheit selber (in Freiheit) festzuhalten. Demgemäß glaube ich in Freiheit an meine Freiheit. Das tue ich mit dem besten wissenschaftlichen Gewissen, weil ich weiß, dass die Prädetermination meines Aufmerksamkeitsaktes und seiner Intensität unmöglich objektiv bewiesen werden kann."[141]

Damit gelangt James zur Einsicht, dass die materialistische These von der Determiniertheit menschlicher Handlungen letztlich nichts anderes bedeutet, als dass mit ihr dazu aufgerufen wird, die übliche Praxis zu verändern, in welcher wir unterscheiden zwischen unabänderlichen Geschehnissen und Widerfahrnissen einerseits, nicht direkt kontrollierten Verhaltensweisen und ‚freien' Handlungen, die wir ‚willkürlich' ausführen oder unterlassen können andererseits. Vorgeschlagen wird, alles Tun und Lassen der Menschen als letztlich unabänderlich zu betrachten, so dass auch niemand mehr als für sein Tun und dessen Folgen verantwortlich angesehen werden kann. Da sich aber außer sprachlichen Konsistenzen oder Inkonsistenzen (auf der Ausdrucksebene) überhaupt nichts rein logisch beweisen lässt, und weil man die Entscheidungsfreiheit weder durch Beobachtung noch durch Introspektion erfahren kann, versucht James gar nicht erst, die Falschheit der deterministischen Weltanschauung nachzuweisen. Aber er erkennt, dass sie auf keinem (Erfahrungs-)Wissen beruht, sondern einfach selbst auf einer Entscheidung. M. a. W., sowohl der ‚Glaube' an die Willensfreiheit als auch die Weltanschauung des Materialismus sind praktisch mögliche, aber evtl. weise oder unweise Lebenseinstellungen, die beide grundsätzlich falsch verstanden werden, wenn man sie als Glauben an eine objektive Wahrheit ausgibt.

7.3 Das pragmatische Sinnkriterium

Objektive Wahrheiten, so die sinnkriteriale Grundmaxime des Empirismus und Pragmatismus, gibt es nur als Fakten, d. h. als wahre historische Aussagen. Natürlich gibt es auch erfolgreiche Handlungsanweisungen und sinnvoll kaum bezweifelbare Prognosen. Aber auch deren Richtigkeit hat sich in der faktischen Erfahrung zu bewähren; ihnen entsprechen (noch) keine Fakten. Die etwa von Eilert Herms in seinem Buch über James[142] vertretene These, dieser Begriff des Faktums sei unklar, sein ‚radikaler Empirismus' sei subjektivistisch und missachte damit angebliche Einsichten des kantischen und nachkantischen (‚transzendentalen') Idealismus, verfehlt im Grund den Sinn des Pragmatismus: Gesagt wird nicht, es gebe keine Wirklichkeit außer dem von uns einzelnen Menschen im Leben wirklich Erfahrenen (oder gar nur ‚Wahrgenommenen'), sondern dass jede Aussage über eine solche beliebig und damit ‚dogmatisch' wird, dass sie jeden kontrollierbaren Sinn verliert, wenn ihr Rückbezug zum faktischen Leben aufgehoben oder auch nur unklar wird. Stattdessen ist nach James immer der erfahrungsbezogene ‚Barwert' (*cash value*) einer Rede, einer angeblichen Wahrheit, anzugeben: Das ist ein grundsätzliches Bedeutungs- und Interpretationsprinzip, keine bezweifelbare oder erst noch zu begründende Aussage. Es korrespondiert der Einsicht Hegels, dass alles reale Wissen endliches, bürgerliches, Wissen ist. Herms versichert uns dagegen, James' Religionsphilosophie sei ‚gescheitert', indem er behauptet:

„Ohne einen reinen Normbegriff von Religion bekommt keine empirische Untersuchung Religiösität auch nur in den Blick [...];" und: jede Religionstheorie müsse „den Transzendenzbegriff metaphysisch, nämlich ontologisch, kosmologisch und anthropologisch fixieren [...]".[143]

Doch wer sich so der hermeneutischen Maxime des Pragmatismus zur innerweltlichen und bürgerlichen Bestimmung jedes Anspruchs auf Sinnhaftigkeit und Wahrheit einer Aussage verweigert, dem entgeht, dass es zu dieser Maxime, wenn sie recht verstanden wird, überhaupt keine Alternative geben kann. Ohne sie bleibt jede Versicherung bloß willkürliche Meinung.

7.4 Fiktionen ‚höherer Standpunkte'

Die geschilderte Einsicht in die Richtigkeit des Glaubens an die Handlungsfreiheit kann allerdings auch dann gefährdet bleiben, wenn man mit James die Unhaltbarkeit des Materialismus erkannt hat. Dazu ist zunächst das Folgende zu bedenken: Nach Ablauf der Zeit können Handlungen und ihre Ergebnisse nicht mehr rückgängig gemacht werden. Beschreibt man sie daher aus der Perspektive einer vollendeten Zukunft, so erscheinen sie wie unabänderliche Geschehnisse – womöglich sogar als durch vorlaufende Ereignisse ‚hervorgebracht'. Die große Leistung des Pragmatismus und dabei insbesondere von Ch. S. Peirce (in der Nachfolge Kants) besteht nun in der Einsicht, dass die Beschreibung und Erklärung innerweltlicher, also erfahrbarer Phänomene *sub specie aeternitatis* eine Fiktion ist, eine ideale Extrapolation aus unserem faktisch immer beschränkten Prognose-Wissen. James nennt Fiktionen dieser Art „Grenzbegriffe". Wir reden hier nur so, als könne man *im Prinzip* nicht nur manche Ereignisse und menschliche Verhaltensweisen prognostizieren, sondern alle. Diese Art zu reden erzeugt den scheinbaren Widerspruch zwischen der Handlungsfreiheit und der angeblichen Möglichkeit einer ‚absoluten', d. h. von ihren faktischen Begrenzungen, technischen Zwecken und Erfolgen abgelösten Naturerklärung. Auch die Prädestinationslehre und Gnadenwahl der calvinistischen Theologie, die bemerkenswerterweise im Zentrum der Angriffe von James' Vater Henry James sen. gegen seine Kirche stand, beruht letztlich darauf, dass im Gottesbegriff die Betrachtung des menschlichen Lebens *sub specie aeternitatis* hypostasiert wird. Es ist aber unsinnig, wie James schon an der oben zitierten Stelle andeutet, auch nur eine einzige freie Entscheidung oder Handlung als ‚vorherbestimmt' anzusehen: Sagt mir einer (oder sage ich mir selbst), ich würde (nachher) unausweichlich X denken oder tun, obwohl es erfahrungsgemäß (etwa auch nach einigen Übungen) in meiner Macht steht, in Situationen wie dieser X zu tun oder zu lassen, wie dies bei allem, was wir zu Recht „Handlungen" nennen, der Fall ist (und sein muss), so könnte ich ganz offenbar die Prognose falsifizieren, sofern sich eine derartige praktische Widerlegung überhaupt lohnen würde: Der Gedankengang ist u. U. schon Gegenbeweis genug. Rückwirkende Erklärungen von Handlungen sind dagegen keine (prognostisch-generischen) Kausalerklärungen. Sie enthalten nämlich Berichte über Entscheidungen. Wer dies nicht erkennt, begeht einen logischen Fehler; er nivelliert den begrifflichen Unterschied zwischen unausweichlichen Verhaltensweisen und freien, bestenfalls über die Betrachtung von (mehr oder minder vernünftigen, teleologischen, aber selbst frei akzeptierbaren) Gründen vorhersehbaren Handlungen. All unser Wissen, auch wenn es Illusionen vermeintlicher Handlungsmöglichkeiten aufdeckt, erweitert die realen Möglichkeiten bewusster Planung und Entscheidung und beschränkt sie nicht.

Mit diesen Einsichten kann der Pragmatismus den Menschen und seine Verhaltensweisen und Handlungen wieder als Teil eines Gesamtbereiches der erfahrbaren Natur oder besser: Lebenswelt verstehen. Er braucht ihn nicht aufzuspalten in einen angeblich den Naturnotwendigkeiten (völlig) unterworfenen Leib und eine übernatürliche Seele, um die Freiheit des Handelns in kompatibilistischer Manier gegen die Erklärungsansprüche der Naturwissenschaft zu verteidigen. James lehnt dann auch zu Recht einen bewusstseinstheoretisch und damit dualistisch gedeuteten Kantianismus ab. Dessen ‚synthetisch-apriorischen' Urteile seien in Wirklichkeit ohnehin semantische Präsuppositionen: Die begrifflichen Formen und Bedeutungen praktisch all unserer Worte und Sätze unterstellen ein vielfältiges, aber eben nicht höheres, sondern innerweltliches Wissen und Können. Daher trifft auch hier ein Urteil der folgenden Art die Sache nicht:

„James' Versuch einer empiristischen Begründung der Metaphysik [...] ist [...] gescheitert [...], weil [...] unumgängliche Bedingungen jeder Erkenntnis als observable Inhalte von Erfahrungserkenntnis konzipiert wurden."[144]

Der Pragmatismus erkennt Wissen als ein System von Sätzen, die in einer Kultur und Sprache tradiert und dabei mehr oder minder sorgfältig und bewusst kontrolliert werden. Wir orientieren dann unsere Einzelurteile und unser Handeln an diesem generischen Wissen. Die Rede von der ‚Wahrheit' generischen Wissens ist dann immer nur die etwas laxe *façon de parler* dafür, dass es das beste generische Wissen ist, das zurzeit verfügbar ist. Wir orientieren uns an ihm vernünftigerweise. Wenn James sagt, dass es keine objektive Widerlegung der Willensfreiheit gibt, so ist das selbst ein generischer Satz.

7.5 Die Rede von Gott

Sowenig wie zufällig richtige Prognosen heute schon Fakten entsprechen, sowenig kann man nach James in den von ihm anerkannten Evidenzen für die Wirksamkeit religiöser Überzeugungen einen Beweis für deren objektive Wahrheit, etwa einer realen Existenz Gottes oder einer unsterblichen Seele sehen. Im Gegenteil. Der Sinn religiöser Erfahrungen besteht in ihren praktischen Folgen. Die Frage, ob religiöse Sätze ‚wahr' sind, missversteht diese zumeist schon als Konstatierungen und vergisst zu fragen, in welchem Sinn diese Wahrheit oder Richtigkeit zu verstehen wäre. Das ist so, wie wenn wir ohne weiteres fragen, ob Flauberts Erzählung über Madame Bovary oder Tolstois Geschichte von Anna Karenina wahr ist. Zu fragen ist damit insbesondere, ob wir das bloß übliche Verständnis des Sinns religiöser Sätze einfach so belassen können oder sie kritisch neu deuten müssen.[145]

Wenn nun der überzeugte Atheist Russell unterstellt, James wolle den „wirksamen" Glauben an die reale Existenz Gottes ersetzen durch bloße Reden, in denen das Wort „Gott" vorkommt, so argumentiert er gegen eine ‚funktionale' Auffassung der Religion bzw. der Gottesidee. Auf ganz ähnliche Weise geht der katholische Philosoph Robert Spaemann vor: Religion hätte dann nur solange ihre gute Wirkung, wie Aufklärung sie nicht als Illusion zerstört.[146] Erkennt man das Argument – etwa auch mit Hermann Lübbe[147] – an, so ließe sich auf funktionale Weise bestenfalls die Wirksamkeit religiöser Überzeugungen bei anderen erklären; für den Intellektuellen selbst aber würde mit dem Glauben an ihre Wahrheit auch ihre Wirksamkeit hinfällig. So einfach allerdings liegen hier die Dinge nicht.

Als erstes ist James überzeugt von der Richtigkeit eines Arguments, das auf seinen Vater Henry James sen. zurückgeht. Nach diesem nützt uns auch der Glaube an eine reale Existenz Gottes nichts, wenn dieser nicht in unserer Vorstellung mit passenden Eigenschaften ausgestattet ist. Wie sollte auch einer kranken Seele, die der Erlösung bedarf, die also Aufmunterung und (Selbst-)Vertrauen nötig hat, ein Gott helfen, der nur die Tätigen belohnt und die Untätigen bestraft, oder in seinem ewigen Ratschluss längst schon bestimmt hat, wer gerettet wird und wer nicht? Zeigt dies nicht, dass in jeder Religion letztlich nur die Gottesvorstellung (gute oder schlechte) Wirkungen hervorrufen kann? Zugleich wird verständlich, warum Gott mit vielen wertvollen idealen Eigenschaften ausgestattet wird, mit Allmacht und Allwissenheit oder Allgerechtigkeit und Allgüte.[148] Sogar die Aussage „Gott existiert" dient, wie sogar James' Kritiker zugeben, letztlich dazu, die Gottesvorstellung nicht wirkungslos werden zu lassen. In einem anderen Sinne besagt sie aber auch: Die mit der Gottesvorstellung verbundene Lebenseinstellung hat reale Folgen, und zwar selbst dann, wenn sie von anderen (oder von uns selbst, nach einiger Einsicht) als falsch, als Aberglauben, bewertet wird. Insofern, aber auch nur insofern, existieren für James *alle* Götter und Dämonen. Im konstativen Sinne gibt es dagegen keinen Gott. Das pragmatische Sinnkriterium zeigt die Leere und dogmatische Beliebigkeit derartiger (Existenz)Aussagen, wenn sie transzendent und damit ironischerweise immer zugleich auch spiritistisch und eben damit anthropomorph gedeutet werden.

Recht verstandene religiöse Rede kann daher nur in dem Sinne wahr bzw. richtig sein, als in ihr direkt oder metaphorisch gute Lebenseinstellungen explizit gemacht sind. Das ist der Kerngedanke von James' Religionsphilosophie. James' Plädoyer für einen Polytheismus betont dabei nur die Polyfunktionalität religiöser Rede: Sie dient nicht ausschließlich einem Zweck, etwa der ‚Begründung' einer angeblich universalen Moral, oder allein der (psychischen) Bewältigung schwieriger Lebenslagen oder der allgemeinen Kontingenz und Unverfügbarkeit unserer Lebensverhältnisse. Sie artikuliert eine Einstellung zum Leben im Ganzen. Damit ist zwar noch nicht viel gesagt. Konkret werden ihre Rollen nämlich erst in der komplexen menschlichen Erfahrungspraxis. Aber auch das Allgemeine ist wichtig. Und es ist wichtig, es richtig auf den Begriff zu bringen. Daher und auf Grund seiner Deutung der Ethik, nach welcher formal jeder Wille gleichberechtigt ist, material aber eine Hierarchisierung konsistenter Zwecke notwendig wird – was möglichst auf ‚demokratische' Weise, durch Einsicht und Zustimmung, zu geschehen hat –, lehnt James den üblicherweise als Fortschritt gepriesenen ‚Monotheismus' als dogmatisch ab. Dieser führt zu Theologien, die aus mehreren Gründen inkonsequent sein müssen: Erstens führt die Trennung der religiösen Vernunft der ‚Experten' von der der ‚Laien' zu einer schon von Kant beklagten (zum Teil von uns selbst mitverschuldeten) Unmündigkeit des eigenen Denkens und Wollens; zweitens erzwingt der ‚Monotheismus' eine aus seiner Geschichte sattsam bekannte pseudologische Scholastik. Diese berücksichtigt nicht ‚dialektisch' die je besonderen Perspektiven einer je konkreten religiösen Praxis und Rede, in welchen allein sich die Widersprüche der ‚dem einen Gott' zugeschriebenen Eigenschaften wieder auflösen, etwa die zwischen ‚seiner' Allwissenheit, Allgerechtigkeit und Allgüte, die wir spätestens seit der Theodizee des Buches Hiob kennen. James erkennt damit, dass sich hinter dem einen Wort „Gott" verschiedene durch ideale Extrapolationen aus innerweltlichen Verhältnissen erzeugte Grenzbegriffe verbergen. Wir gelangen damit zur Auflösung folgender Zweideutigkeit der Rede von einem Monotheismus: Der einen zufolge gibt es keine National- oder Regionalgötter, der anderen zufolge ist Gott eine einheitliche Großperson mit großen Eigenschaften.

7.6 Die Vielfalt religiöser Erfahrung

Vor dem Hintergrund derartiger Überlegungen fragt James (jetzt eher als Psychologe) nach dem Phänomen der Religiosität. Wie er sich dabei Wirklichkeit und Möglichkeit religiöser Erfahrungen vorstellt, möge ein Beispiel erläutern, auch wenn diese Analogie zunächst unpassend erscheinen mag: Wer ein krankes Kind beruhigen will, wird erfahrungsgemäß wenig ausrichten, wenn er ihm sagt, die Krankheit mit ihren Unannehmlichkeiten sei an sich gar nicht so schlimm, gehe bald vorüber. Mehr Erfolg verspricht schon, wenn es gelingt, auf irgendeine Weise die Aufmerksamkeit des Kindes zu fesseln und es so von seinen Schmerzen abzulenken, oder wenn das Kind, etwa über eine schöne Erzählung über kranke Kinder oder Tiere, seine Krankheit mit etwas verbindet, das es irgendwie als wichtig, aufregend oder schön empfindet. Es ist dann nicht verwunderlich, dass sich ein Kind geradezu über seine Krankheit freuen kann, weil es jetzt, wie die Figur in der Geschichte, im Mittelpunkt der Aufmerksamkeit realer oder auch fiktiver Personen steht. Die so scheinbar durch bloße Worte erzeugten ‚guten Gefühle' können dann auch zu einer schnelleren Gesundung beitragen und zeigen damit eine direkte physische Wirkung, die man auch statistisch messen könnte, wenn sie nicht ohnehin durch unsere eigenen Erfahrungen beglaubigt wäre.

Gerade weil James radikaler Empirist und nicht Anhänger einer dogmatischen Wissenschaftsauffassung war, erkannte er die Erfolge der klinischen Psychopathologie, in der Binet, Janet, Breuer, Freud, Mason, Prince u. a. ‚Beweise' für die empirische Realität derartiger psychophysischer Wirkungen erbrachten. Zugleich erkennt er besser als Freud selbst den wissenschaftlichen Status psychoanalytischer Deutungen, die eher als Methode zur Therapie denn als (allgemein prognostische) Kausalerklärung für psychische Erkrankungen anzusehen sind. Auf ähnliche, nur im Einzelnen jeweils differenziertere Weise wirken nach James' Ansicht religiöse Vorstellungen, vermittelt etwa durch so genannte Erbauungsreden.

So wie wir andere in ihren Handlungen und Stimmungen durch unser Reden beeinflussen können, können wir uns auch selbst ‚steuern': Ein Vorsatz oder Entschluss ist ja häufig durchaus eine (möglicherweise begründete) Selbstaufforderung. Die Selbstkritik unseres Gewissens oder auch unsere Selbstachtung ist von der gleichen Art, wie wir andere beurteilen und anerkennen. Besonders wichtig ist hier, dass wir unsere eigene Aufmerksamkeit, wie die anderer, durch gewisse Maßnahmen von etwas ab und zu anderem hin lenken können. Worauf wir achten, was wir schön und spannend finden, woran wir uns erinnern usw. unterliegt aber nicht einfach einem Willensentschluss, da wir ja z.B. nicht etwas vergessen, nur weil wir dies wollen, oder, wenn wir traurig sind, nicht durch einen bloßen Entschluss fröhlich werden. Trotzdem gibt es bewusste und halbbewusste Verfahren der Selbststeuerung, die erfahrungsgemäß vielfach gelingen, etwa die Verdrängung gewisser Erinnerungen oder Gefühle durch aktive Ablenkungen, mit einigen inzwischen bekannten typischen Nachfolge-Problemen.

Nicht bloß reale Gespräche, sondern auch einseitige Kommunikationsformen beeinflussen unsere bewussten Gedanken und Urteile und unser unbewusstes psychisches Leben, etwa unsere Stimmungen. Dies gilt z.B. für allerlei Arten der Lektüre oder auch für fingierte Gespräche, etwa der Besinnung.

Das Besondere individueller ‚Gebete' besteht dabei in den vorgestellten (idealen) Eigenschaften des Gesprächspartners: Dies ist eine zentrale Rolle des ‚Gottesbildes'. Die (wirkliche oder manchmal auch nur vermeintliche) Gewissheit, dass andere Menschen (oder gar ein idealer Gottmensch) gewisse unserer Erfahrungen teilen, dass sie ein Handeln auf diese oder jene Weise bewerten (würden), mit diesen oder jenen Überzeugungen übereinstimmen usf., vermittelt dabei u. U. Selbstsicherheit und damit, bildlich gesagt, ‚psychische Energie'. Der Schriftsteller, der wie Schopenhauer mehr oder weniger verzweifelt an seinen wohlverdienten (Nach-)Ruhm glaubt, ähnelt hier dem Christen, der mehr oder weniger unglücklich von einer höheren

7.6 Die Vielfalt religiöser Erfahrung

Gerechtigkeit ‚nach diesem Leben' und vielleicht auch von der Integrität seines Gewissens (im Großen und Ganzen) überzeugt ist. Es besteht hier allerdings immer die Möglichkeit einer falschen, selbstgerechten bis wahnsinnigen Selbstbeurteilung – obgleich eine solche immer noch erstaunliche Leistungen (zumal nach gewissen Anfangserfolgen) hervorbringen mag, wie uns dies übrigens gerade auch die Geschichte ‚charismatischer' religiöser, politischer und militärischer Führer zeigt.

James sieht im Gebet die zentrale Praxis der Religionen und in der Gebetsgemeinschaft eine mögliche Rechtfertigung für ihre institutionellen Verfassungen. Dabei hält er die ‚negative' Bewertung des Gebets als Methode der ‚Autosuggestion' für voreilig. Der Wert eines derartigen ‚Mechanismus' der Selbststeuerung hängt vielmehr davon ab, wie wir ihn einsetzen – was auch für anderes, etwa technisches Erfahrungswissen gilt. Und es ist in der Tat, wie James betont, (begrifflich) falsch zu sagen, es gäbe hier immer eine Wahrheit – etwa den Schmerz des Kranken, die Trauer oder Verzweiflung des Leidgeprüften, den Hunger des Asketen, die Todesangst des heiligen Kriegers usf., über den dieser sich in seinem Gebet oder mit seinen Glaubenssätzen hinwegtäusche. Dies ist doch wohl nur richtig in Fällen des Missbrauchs, etwa wenn Religion, wie Kant sagt, zu einem Opiat des Gewissens der Wohlhabenden und Mächtigen wird[149] oder zum geistigen Opiat für das unterdrückte Volk oder irgend anders zum politischen Werkzeug.

Die Worte von Gebeten, auch der schematischen im Rahmen der Zeremonien einer ästhetisch gestalteten Liturgie, sind also keine bloßen Beschwörungen. Sie wirken auf gar nicht mystische Weise, indem sie uns in eine reale oder dann auch bloß vorgestellte Gemeinschaft hineinstellen. Und natürlich ist hier, wie sonst häufig auch, der Gedanke an Ziel und Wirkungsweise eher im Wege: Ganz ähnlich wie der Gedanke, Gott sei eine bloße Fiktion, das Gefühl des Gottvertrauens in der Tat zerstören kann, isoliert uns der Gedanke, die Übereinstimmung mit anderen existiere bloß in unserer (Wunsch-)Vorstellung. Er macht uns einsam und nimmt uns das Gefühl des Selbstvertrauens. Daher kann eine gewisse Art der Aufklärung religiöse Erfahrungen geradezu verhindern.

Religiöse Erfahrungen werden dabei typischerweise nicht als Ergebnisse direkter Handlungen, sondern eher als Widerfahrnisse erlebt. Dieser Eindruck, der zur Rede von den Wirkungen der Gnade Gottes führt, verstärkt sich noch dadurch, dass das Reich der etwa in Sätzen ausgedrückten Gedanken ein Reich ‚objektiver' Gegenstände ist: Wir werden in die Vielfalt einer vorgegebenen kulturellen Praxis, auch der religiösen Rede, zunächst passiv eingeführt.[150]

Der Geist eines Einzelnen ist dann sozusagen ein ‚Teil' des allgemeinen, objektiven Geistes. Diese Metapher darf natürlich bei James (wie schon bei Hegel) nicht als Mystizismus und Panpsychismus missdeutet werden.

Besonders bei sensiblen Menschen kann sich nun eine wirkliche oder vermeintliche religiöse Einsicht in das richtige Lebensverständnis mit eigenartiger Gewalt äußern oder zu Taten führen: Auf diese Weise lassen sich nach James gewisse Erleuchtungen oder plötzliche Bekehrungen verstehen. Für James ist es eine der häufig in der profanen Welt missachteten Kulturleistungen der in den Religionen als geradezu heilig betrachteten Menschen, mögen diese im Einzelnen noch so exzentrische oder gar pathologische Charaktere gewesen sein, dass sie uns die Möglichkeit der psychischen (Selbst-)Steuerung durch willentliche Verschiebung der Aufmerksamkeit und eine neue, höherstufige, Bewertung der Lebenssituation vorführen und damit diese grundsätzlich als praktikabel zur Verfügung stellen: Verschiedene Typen von Asketen beweisen z. B. nicht nur sich selbst, dass sie zu scheinbar Unglaublichem in der Lage sind, indem sie ihr Tun und Leiden auf einer höheren gedanklichen Ebene als großartig, als der Ehre Gottes dienlich bewerten – und damit gleichzeitig ihre Aufmerksamkeit weg von den ‚natürlichen Empfindungen' verschieben.

Besonders die Gründer religiöser, aber auch politischer Massenbewegungen zeigen, zu welcher Tat- und Überzeugungskraft Menschen fähig sind, die sich als von Gott oder der Vorsehung berufen empfinden und daher an ihren Erfolg trotz aller Unwahrscheinlichkeit fest und hartnäckig glauben.

Mönche, Mystiker und Eremiten der verschiedenen Religionen lehren, wie man durch verschiedenartige geistliche Übungen sowohl tiefe Glücksgefühle als auch geradezu extreme Formen von Gelassenheit erzeugen kann.

James nennt noch weitere Beispiele, lässt allerdings auch Wichtiges aus, etwa dass die Religionen ein besonderes Gemeinschaftsbewusstsein der Menschen oder etwa auch das ästhetisch Erhabene und damit in gewissem Sinn die ‚höhere Kunst' in die Welt gebracht haben. Er stellt aber auch explizit nicht den Anspruch, das gesamte Phänomen des Religiösen abgeschritten zu haben. Ihn interessiert vornehmlich die Frage, wie religiöse (oder allgemeiner: ethische) Ideen faktisch im Handeln und Leben der einzelnen Personen wirksam werden und wie wir die dabei freigesetzten Energien verstehen können.[151]

7.7 Zur ‚wahren' Religion

James' Überlegungen zum Problem der wahren Religion befassen sich dann weniger mit den religiösen Erfahrungen, eher mit der philosophischen Frage nach dem Sinn des menschlichen Daseins, die er gleich als Frage nach der richtigen Bewertung unseres Lebens versteht. James unterscheidet dazu zwischen den in religiösen Dingen einmal und den zweimal Wiedergeborenen: Einmal wiedergeboren ist der Mensch von robuster Geistesart, wie sich James ausdrückt, der natürlichen Optimismus und Tatkraft besitzt und

7.7 Zur ‚wahren' Religion

sich um widerspenstige Tatsachen in der realen Welt (wenigstens vorläufig) wenig schert; dann auch derjenige, dem der Halt einer der traditionellen Religionen ausreicht, oder auch der, welcher an einen unausweichlichen Fortschritt, etwa durch die Segnungen der wissenschaftlich-technischen Umwälzungen, in der Menschheitsgeschichte glaubt. Der Glaube der einmal Wiedergeborenen ist nach James grundsätzlich labil, weil er bloß konventionell, im Grunde eine Art Kinderglauben ist.

Die zweite Wiedergeburt besteht nun nicht etwa in einem Austausch des einen Kinderglaubens gegen einen anderen, sondern in der Überwindung der konventionellen Ebene überhaupt. Einem zweimal Wiedergeborenen ist es z.B. unmöglich, die Augen davor zu verschließen, dass menschliches Glück gefährdet ist, insbesondere weil es von Menschen zerstört werden kann. Dabei gibt es weder für den einzelnen noch für die Gemeinschaft die Gewissheit, dass etwa der ‚gute Wille' ausreichen wird, Unglück und Katastrophen zu verhindern, oder dass die ‚Gerechten' immer auch ‚gerettet' oder ‚erlöst' werden. Dem zweimal Wiedergeborenen sind auch die meisten theologischen Reden, besonders die von einem Leben nach dem Tode im ‚realen', d.h. spiritistischen, Sinn genommen, leere Worte, sofern sie nicht einfach als Ausdruck für eine ‚höherstufige' Bewertung des menschlichen Lebens aufgefasst werden, etwa der folgenden Art: Weder bei meinem Tun noch beim Handeln anderer zählt letztlich der faktische Erfolg oder das faktische Scheitern, sondern nur das Bemühen, der Weg also. Es zählt die reale und dann auch ideal unterstellte Achtung und Selbstachtung derer, die sich ernsthaft ‚nach bestem Wissen und Gewissen' für die Durchsetzung der Vernunft und das Gute im Leben einsetzen – ohne irgendeine Versicherung, das Ende aller Dinge werde gut sein, auch ohne Gewissheit der eigenen ‚Erlösung'. Diese besteht für James darin, eine ‚optimistische', trotz aller Einsichten in die Endlichkeiten des Lebens ‚hoffende' Lebenseinstellung zu finden[152], genauer gesagt: im Enthusiasmus, der zugleich Liebe zum Leben, zu den Menschen und, wie wir dazu traditionell sagen, zu ‚Gott' ist. Vielleicht, so drückt James eine tiefe Weisheit in traditioneller religiöser Rede aus, hält Gott seine Treue, wenn wir ihm die Treue halten.[153]

Recht verstandener religiöser Glaube ist damit für James nicht die Überzeugung, dass es eine Glückseligkeit außerhalb unseres Lebens gibt – das wäre unabhängig von seinen Wirkungen unbegründbarer und willkürlicher Aberglaube –, sondern die Einsicht in die Denkfehler eines existentiellen Fatalismus oder eines im Grunde verzweifelten Willens zum Leben oder zur eigenen Macht, wie ihn James z.B. an Nietzsche diagnostiziert.

Es ist also wohl nicht sein religiöses Gefühl und bloße Güte, welche James dazu bringen, auch die traditionellen Religionen weiter zu respektieren. Er sieht vielmehr, dass in ihnen wichtige Einsichten in die Möglichkeiten eines guten menschlichen Lebens geschaffen und tradiert werden. Dies allerdings geschieht in den Theologien und Kirchen auf undurchsichtige und daher fragwürdige, weil vielfach bloß konventionelle Weise. So unvollkommen James' Überlegungen zu den Begriffen des Wissens, der Wahrheit und der Religion in seiner blumig-metaphorischen Sprache artikuliert sein mögen, es sind wohl letztlich eher seine Kritiker gescheitert. Gerade wenn wir das Allgemeine vom Einzelnen trennen, ist es zum Beispiel ganz zweifelhaft, ob Herms wirklich Recht hat, wenn er sagt:

„James' Metaphysik und seine Religionstheorie artikulieren das schlechthin Wahre und Gewisse nur als individuell interessierten Entwurf oder als sprachunfähige Gestimmtheit."[154]

Kapitel 8: Sinndialektik in Nietzsches ‚Großem Denken'

Schon wie ein Pfeil in eine Richtung zeigt, ist überspitzt.

8.1 Prinzipien als ‚Große Merksätze'

Denken ist zumindest als Nachdenken weitgehend stilles Imaginieren eines Gesprächs. Dabei malt man selbst die Rollen von Sprecher und Hörer aus und übernimmt sie gewissermaßen abwechselnd. In diesem Sinn ist Denken immer schon dialogisch. Das erkennen u. a. Platon, Hobbes, Hamann oder Kant. Nietzsche selbst betont dabei das Moment des Einfalls, und der Kompetenz:

„Wir haben in jedem Moment nur den Gedanken, für welche uns die Worte zur Hand sind, die ihn ungefähr auszudrücken vermögen."[155]

Es ist also zu unterscheiden zwischen dem Gedanken *qua* möglichem Inhalt und dem Fassen oder Haben des Gedankens. Denn Gedanken fasst oder erfasst man nie unmittelbar. Was man an ihnen fasst oder hat, ist zunächst ihr Ausdruck und dann auch die Bewertung von Ausdrucksvarianten als inhaltsgleich.

Nach-Denken ist dann aber schon mehr als das Fassen oder Haben eines Gedankens, der als Gedanke schon etwas Allgemeines ist. Nur das Fassen oder Haben ist ganz und gar subjektiv. Nachdenken ist ein Reflektieren auf das übliche Denken. Ein solches Nachdenken ist in der Regel verbunden mit dem Ziel einer artikulierten Explikation des Normalen oder Vernünftigen oder dann schon mit einer Kritik an dem, was als normal oder vernünftig gilt. Selbstbewusstsein verlangt ein solches Nachdenken. Es besteht wesentlich aus ihm, ja nur aus ihm.

Nietzsches Philosophieren ist ein solches Nachdenken. Es mangelt ihm aber durchaus an systematischer Einsicht in den Status eines solchen Nachdenkens; und das wohl aufgrund einer allzu unmittelbaren Freude an den eigenen Formulierungen. Oder etwas anders gesagt: Wie ein Arzt, dessen ganzes Tun darin aufgeht, andere zu heilen und anderen zu raten, hat auch Nietzsche es verlernt, auf andere zu hören. Er redet am Ende nur noch mit sich selbst. Damit wird aber das, was ihm – *in ambulando*, also im Gehen – so alles einfällt, durch den Zufall der bisherigen eigenen Bildung bestimmt. Hinzu kommt ein gewisser Mangel an wohlwollender Interpretation. Er fragt nicht mehr, ob man von anderen Personen nicht selbst dann noch lernen könnte, wenn man unmittelbar meint, ihnen widersprechen zu müssen. Das gilt, im Fall Nietzsches, insbesondere für Platon und Sokrates, aber dann auch für die gesamte christliche Tradition, weit über Paulus und Pascal, die beiden Lieblingsgegner Nietzsches, hinaus.

Was viele Leser an Nietzsche fasziniert, ist dennoch eine gewisse Frische des Nachdenkens. Die damit zusammenhängende Expressivität in Nietzsches Urteilen ist aber auch ein Problem. Denn sie ähnelt auf verdächtige Weise der Haltung eines protestantischen Theologen und damit sogar Nietzsches eigenem Feindbild. Ich kann daher durchaus nicht zustimmen, wenn von einer angeblichen Leichtigkeit der Sprache Nietzsches die Rede ist, es sei denn, man verwechselt diese mit der literarischen Kirchenliedharmonik klassischer Rhetorik und dem eingängigen Sprachrhythmus einer Predigt.

Vernünftiges Nachdenken sollte aber nie rhetorisch manieriert sein. Es ist von seinem Sinn her immer prosaisch. Zweitens ist es in einem noch genauer zu begreifenden Sinn dialektisch. Beides will Nietzsche nicht zugestehen. Er wehrt sich explizit gegen jede Dialektik. Damit übersieht er, dass und wie jedes Nachdenken einer gewissen spannungsgeladenen Logik unterworfen ist. Es handelt sich um die Logik jeder Explikation und um die Dialektik jeder Kritik an impliziten Praktiken oder empraktischen Selbstverständlichkeiten. Die Spannung, die ich meine, ergibt sich so: Unser Verständnis von etwas, gerade auch von uns selbst, wird immer nur dadurch *vertieft*, dass wir es einerseits wie in einer Karikatur *oberflächlich darstellen*, dass wir es andererseits in geeigneter Weise vielleicht gerade dadurch tätig *schematisieren*. Damit aber wird die Ironie in dem folgenden, ansonsten durchaus interessanten Satz problematisch:

„Er ist ein Denker: das heißt er versteht sich darauf, die Dinge einfacher zu nehmen, als sie sind".[156]

Denn es ist das Finden einer für das zu Sagende angemessenen einfachen Oberflächenform, welche allein die Tiefe und den allgemeinen Sinn eines Gedankens ausmacht. ‚Praktisch' weiß das Nietzsche sehr gut. Aber er zieht daraus nicht die nötigen Konsequenzen, schon gar nicht in Bezug auf seine eigenen Gedanken. Ich versuche näher zu erläutern, wie ich das meine.

Jede Kritik an einer Praxis ist, wenn sie relevant sein soll, immer grob und vereinfachend. Daher ist jede Kritik – jedenfalls zunächst – oberflächlich. Man kommt über die Oberflächlichkeit einer solchen Kritik nur hinaus, indem ein entsprechender Neuvorschlag als besser oder vernünftiger anerkannt wird. Es gibt also sozusagen nur ein konstruktives Misstrauensvotum der Vernunft. Das aber gibt es sehr wohl, so dass die Vermutung, es könne prinzipiell nur eine oberflächliche oder bloß subjektive Kritik eines Besserwissers und nie ein besseres Wissen geben, einfach verfehlt ist.

Und doch ist eine Kritik an allgemeinen Formen besonders dann nur erst oberflächlich, wenn sie sich bloß auf einzelne Fälle beruft. Etwas Einzelnes an einer Praxis zu kritisieren, lernt man ja auch viel schneller, als dass man die kritisierte Praxis und ihren Sinn allgemein zu verstehen lernt. Dazu müsste man sie mit realisierbaren Alternativen vergleichen und nicht bloß mit der Utopie einer perfekten Welt. Im Hochgefühl, etwas an dem, was andere anerkennen, als problematisch zu erkennen, fühlt man sich als Kritiker der Praxis überlegen. Man fühlt sich als Meister – und ist als bloß verbaler Kritiker doch nur erst Schüler. Denn eine Praxis in ihrem Sinn zu verstehen, ist viel schwieriger, als Einzelheiten an ihr verbal zu kritisieren. Daher sind auch Reformen stümperhaft, wenn sie sich einfach aus dem Druck der Kritik etwa von Massenmedien oder Mehrheitsmeinungen ergeben. Die Universitätsreform oder besser: die Abschaffung der Idee der Universität in unserem schönen neuen Jahrhundert ist dafür nur ein Beispiel.

Nietzsche unterschätzt dieses allgemeine Problem der Kritik. Das gilt insbesondere für die von ihm wie von allen modernen Positivisten vorgetragene These, es sei der Geist der Rache der genealogische Ursprung von Strafe und der Ideen von Schuld und Sühne oder es sei das Ressentiment gegen die Mächtigen der Ursprung der Idee der Sünde. Nietzsche kennt z. B. die autonomietheoretische Begründung von Moral und Recht bei Kant und Hegel nicht.

Voraussetzung jeder Institution ist die Anerkennung von Normen und ggf. Sanktionen bei Normübertretungen. Es ist daher auch nicht, wie Nietzsche meint, die Furcht des Tieres, es ist das Wissen um die zu erwartenden Folgen der Tat, unter Einschluss von angedrohten Strafen, welche den Anfang der Weisheit ausmacht. Nur in diesem Wissen gibt es freie und eben damit verantwortliche Handlungen. Diese wiederum sind in ihrer sozial-kommunikativen Struktur zu verstehen. Der Sinn von Strafe und Sühne entgeht einem Betrachter, der sie bloß vom Einzelnen her und zeitlich vereinzelt betrachtet, also nicht im Gesamtrahmen der Institution.

Gerade hier scheitert auch Nietzsches zentrale Kritik an Platon oder Sokrates, an der traditionellen Vorstellung von Moral, am Christentum, oder dann auch an Kant oder der Philosophie der Romantik. Denn allen diesen ‚Gegnern' Nietzsches geht es um den Zusammenhang von allgemeinem Wissen, allgemeinen Normen und einem erst dadurch möglichen verantwortlich-freien Handeln, also um die Realität von Institutionen und sozialen Praxisformen.

Ein inhaltliches Hauptproblem besteht dabei in Nietzsches *prima facie* überzeugender Forderung nach *Redlichkeit*. Diese Forderung ist nämlich teils bloß subjektiv, teils noch ganz abstrakt, jedenfalls solange sie bloß unterstellt, es wäre schon klar, was die Wahrheit ist, die wir, wenn wir redlich sind, in unserem Urteilen und Tun zu berücksichtigen haben. Aber genau das bleibt bei Nietzsche unklar. Anders gesagt, Nietzsches Appell an eine tätig anzuerkennende Wahrheit bleibt eben deswegen problematisch, weil es keine zureichende Antwort gibt auf die hier alles entscheidende Frage: Was ist Wahrheit? Eine Antwort auf sie bedarf der Reflexion auf die Formen des Wahren, die verschiedenen Kriterien und Ideale qua Extrapolation der realen, als solchen immer ‚bürgerlichen', also endlichen Wahrheiten. Sonst steht bloß Versicherung gegen Versicherung, Predigt gegen Predigt, ein bloß behauptetes Sein gegen einen angeblich bloßen Schein. Es führt daher in die Irre, wenn Nietzsche, wie schon Hume, erklärt, dass unser (selbst)bewusstes Denken, der Intellekt, die Wahrheit der Dinge im Interesse unserer Macht und unserer Begierden verfälsche. Etwas nicht wahrhaben zu wollen oder sein instrumentelles Wissen nur zur Erfüllung seiner eigenen Wünsche einzusetzen, sind ganz besondere Fälle. Sie können die Einsicht nicht in Frage stellen, dass sich insgesamt im allgemeinen Handeln-Können, in der glückenden tätigen Orientierung in der Welt, die Wahrheit eines Wissensanspruches oder einer Theorie zeigt.

Nietzsche behält freilich darin Recht, dass wir nur vereinfachende Schematisierungen allgemein verstehen können. Das habe ich hier immer selbst betont. Gerade weil sie Vereinfachungen sind, treffen allgemeine Urteile das Einzelne nicht in allen Besonderheiten. *Individuum est ineffabile*, sagt Goethe. Aber schon Hegel ergänzt, dass wir uns für das bloß Einzelne nie interessieren und auch nie interessieren sollten. In hellen Stunden sagt das auch Nietzsche selbst. Aber er zieht aus dieser Einsicht nicht die nötigen allgemeinen Folgerungen. Denn relevant und interessant ist an allem Einzelnen und Besonderen immer nur das, was auch *allgemein* ist, was *immer wieder* vorkommt. Daher ist die Wahrheit des Einzelfalls, an die Nietzsche ganz offenbar immer wieder appelliert, ganz uninteressant. Der Einzelfall als solcher ist uninteressant. Er ist es, weil er möglicherweise bloß zufällig ist. Das aber bedeutet nicht etwa, dass der oder das Einzelne uninteressant oder gar unwichtig wäre. Im Gegenteil. Das einzelne Individuum ist in seinem Lebensvollzug absolut, wie schon Hegel erkennt. Es ist diese Perspektivität des Einzellebens, die Nietzsche durchaus zu verteidigen sucht, was ihm aber am Ende nicht zureichend gelingt, wie das auch Martin Heidegger in seinem großen zweibändigen Nietzsche-Buch diagnostiziert.

Einzelwahrheiten sind als bloß historische Wahrheiten *post hoc* in der Tat nicht so wichtig, wie man meinen mag. Hinzu kommt, dass die Fokussierung des Blicks auf Einzelnes es oft so erscheinen lässt, als ob der reine Zufall die Welt regiert. Diesem Schein sitzt Nietzsche selbst auf. Eben damit erweist er sich als Metaphysiker. Er ist der Metaphysiker des empiristischen und wissenschaftlichen Positivismus. Das ist insofern ein Lob, als Nietzsche immerhin die Folgen des metaphysischen Glaubens, ‚alles sei Zufall' und ‚es gebe keine Gesetze', ausbuchstabiert und über sie nachdenkt. Wie wichtig eine Kritik an dieser Metaphysik der Kontingenz und des Zufalls ist, zeigt sich daran, dass die Probleme, die Nietzsche immerhin explizit macht, beileibe nicht überwunden sind.

Der Positivismus oder besser Empirismus übersieht insbesondere, dass Wahrheit ein Wertungs-Prädikat bloß für *allgemeine* Aussagen ist. Es wird nicht erkannt, dass der rechte Gebrauch derartiger Aussagen immer pragmatisch oder besser: bürgerlich, nie absolut ist. Auch Nietzsches konstruktivistische These, dass wir Geschichte erfinden, da wir ja nie endgültig sagen können, wie es wirklich gewesen ist, ist richtig und kann doch auch irreführen. Sie ist richtig, weil Geschichte nie bloße empirische Historie, bloße Auflistung kontingenter Fakten ist. Sie ist irreführend, wo man übersieht, dass unsere Unterscheidung zwischen Wahrheit und Falschheit erstens immer endlich, bürgerlich, wenn man will: pragmatisch ist, und dass dabei immer schon allgemeine Urteile allgemein bewertet werden, selbst wenn die Urteile ein einzelnes Geschehen betreffen. Denn auch das Einzelgeschehen muss als solches allgemein beurteilt werden, etwa danach, ob es rein zufällig ist oder ob sich in ihm etwas Allgemeines zeigt. Das entsprechende Urteil muss relativ unabhängig davon sein, wie es dir oder mir als einzelnem Beobachter und Urteilenden *prima facie* erscheint. Denn Objektivität verlangt den Perspektivenwechsel. Kurz, die Wahrheit in der Geschichtsschreibung ist nicht einfach als Spiegelung des Geschehens zu begreifen. Eine solche Spiegel-Korrespondenz gibt es nicht. Sie ist aber auch keine willkürliche Projektion je einzelner Individuen. In diesem Sinn ist sie nicht rein subjektiv.

Ironischerweise führt ein vermeintliches Streben nach Gewissheit schon Hume dazu, dass der Mensch so beschrieben wird, als wäre er ein bloßes Tier, das aus seiner Subjektivität nie ausbrechen kann, also sich von seinen je unmittelbaren Wahrnehmungen und seinen Begierden, welche seine Selbstbewegungen angeblich motivartig anschieben bzw. verursachen, nie lösen kann. Auch noch Nietzsche spricht daher von einer Steuerung des Verhaltens durch einen ‚Instinkt', den man sich seit jeher als einen irgendwie im Leib eingeprägten Kuhstachel vorstellt. Zugleich wird die vermeintliche Unmittelbarkeit der Erfahrung des Einzelnen einem allgemeinen Wissen so entgegengestellt, dass das letztere als ‚Verfälschung' oder ‚Lüge' (zunächst im außermoralischen Sinn) erscheint.

Der schwierige logische Punkt ist dabei dieser: Schon jedes Einzelgeschehen ist etwas Allgemeines, soweit es überhaupt Thema einer Aussage oder eines Urteils sein kann. Das ist es schon deswegen, weil die Beschreibung eines Einzelgeschehens nur durch allgemeine Termini möglich ist. Damit wird der Einzelfall als ein besonderer Fall eines allgemeinen Typs dargestellt. Die sprachliche Repäsentation eines Einzelgeschehens verweist in eben diesem Sinn auf eine allgemeine Möglichkeit, die als solche allen Sprechern zugänglich ist. Sie wird zu einem realen Einzelfall erst in einer Deixis aus der Perspektive präsentischer Betrachter, in welcher der konkret vorliegende Fall als von dieser Art, als aktualisierte Möglichkeit des entsprechenden Typs anerkennbar wird. Das ‚Wissen' über Einzelnes ist ebenso als allgemeines, also als uns allen potentiell gemeinsames Wissen zu begründen.

Eine Person kann dann zwar aus ihrer Perspektive die bestmöglichen Gründe für ihr Urteil haben, etwas sei der Fall. Sie wird sich daher berechtigterweise an diesem Urteile orientieren. Später kann es dann geschehen, das wir erfahren, dass das Urteil (vielleicht bloß zufälligerweise) *falsch* war. Das aber heißt nur, dass wir uns im Handeln nie einfach an einer Wahrheit *sub specie aeternitatis* orientieren (können), sondern immer nur an den von uns selbst her gesehen bestbegründeten unter den uns zur Verfügung stehenden Wissensansprüchen oder Urteilsoptionen. Das anzuerkennen bedeutet gerade, um die Endlichkeit und Perspektivität unseres Realwissens zu wissen. Bedenkt man das, fällt Nietzsches Kritik an dem vermeintlichen ‚Irrtum' jeder Allgemeinaussage in sich zusammen. Denn es gibt keine Wahrheit jenseits unseres Urteilens, samt der Urteile über Urteile. Jede Liebe zum Einzelfall entpuppt sich also am Ende als unberechtigte Apologetik der Metaphysik des bloßen Zufalls. Dies wiederum bedeutet am Ende eine partielle Re-Animalisierung des Menschenbildes, wie sie unsere Zeit auf beliebig hohem Niveau zu üben pflegt.

Nietzsche hat dabei durchaus übersehen, dass wir immer nur Allgemeines als wahr oder richtungsrichtig erklären können und dass nur allgemeine Orientierungen richtungsrichtig oder falsch sein können. Freilich sollte dann auch die Schematisierung für das, was je relevant ist, auch *wirklich* richtungsrichtig oder zielführend sein. Darüber, ob und wofür sie wirklich richtungsrichtig ist, gibt es in der Tat auch immer Streit. Wir stellen dazu u. a. bessere gegen schlechtere Artikulationen und versuchen, die besseren von den schlechteren Verständnissen zu unterscheiden. Das geschieht in gemeinsamen Dialogen, in einem kritischen Disput um Berücksichtigung diverser Perspektiven, der allein über die ‚Wahrheit' von Urteilen bestimmt. ‚Wahr' ist dann, was allgemein als richtungsrichtig anerkannt bzw. anzuerkennen ist. Genauer gilt: Als ‚wahr' zählt (vorderhand), was (vorderhand) einwandfrei (Harald Wohlrapp) ist. Diese Tatsache in Bezug auf den Begriff des ‚wirklich Wahren', das als solches immer endlich Wahres und nie unendlich oder ideal Wahres ist, ist anzuerkennen. Diese Anerkennung ist das Gegenteil jedes Positivismus. Es ist die Einsicht in die unabschließbare Dialogik und Dialektik der Wahrheit selbst, sofern es um die Wahrheit des Allgemeinwissens geht.

In der Regel brauchen und gebrauchen wir dabei zur Richtungsbestimmung Kriterien, die sich aus realen, aber eben schon kollektiven Erfahrungen ergeben, in einer Mischung, wie sie einem Exaktheits- und Sicherheitsfanatiker nur als diffus oder obskur bzw. unsicher und ungewiss erscheinen mag. Bei alledem gilt für die Frage nach der Widerlegung allgemeiner Wahrheiten, so überraschend oder unerhört das auch klingen mag: Einmal ist keinmal. Wenn *manchmal* etwas gut ist oder schlecht, ist es noch lange nicht allgemein gut oder schlecht. Wenn wir bloß in *Einzelfällen* oder gar zufällig fehlgehen, gehen wir keineswegs schon insgesamt fehl. Wer bloß zufällig vom Rad fällt, kann immer noch Fahrrad fahren.

In seiner Übertreibung der Rede von Lüge und Irrtum, die auf einer allzu großen ‚empirischen' Liebe für das Einzelne beruht, geht dagegen Nietzsche, wie viele andere im Grunde ‚positivistisch' bzw. ‚empiristisch' argumentierende Philosophen, an Platons Grundeinsicht, dass alle Wahrheit allgemein ist und auf allgemeine Formen abzielt, einfach vorbei. Erst recht verkennt er Status und Rolle von Platons Lehrer Sokrates. Nietzsches Kritik fokussiert nämlich auf den bloßen Wortlaut der Grundthese des Sokrates, dass das allgemeine Gute immer auch das Gute für mich sei und dass vernünftige (Selbst-)Erkenntnis zur Einsicht in die Rolle der Moralität für das allgemeine Gute und, vermittelt über dieses, auch für das gute Leben des Einzelnen führt. Nietzsches Kritik an Sokrates und Platon bleibt ohne Verständnis für diese Einsichten in die Bedeutung des Allgemeinen für jede Wahrheit. Aber er ahnt zumindest: Die Moderne verliert jede ‚Orientierung' in einer von ihr selbst erzeugten, bloß vermeintlichen Unübersichtlichkeit. Doch nicht die Welt ist unübersichtlicher geworden. Der Wille zur Übersicht wurde erst als allzu große Vereinfachung verdächtigt und dann aufgegeben. Nietzsche selbst bleibt in seinem Urteil ambivalent, wohl weil er die grundsätzliche Dialektik nicht anerkennt.

Immerhin ergibt sich schon jetzt: Denken ist insgesamt die aktive Kunst der richtungsrichtigen Schematisierung. Verstehen ist die rezeptive Teilnahme an dieser Kunst. Ohne den Willen zum Übersichtlichmachen des vermeintlich Unübersichtlichen gibt es kein Denken und Verstehen. Gerade aufgrund der dialogischen Dialektik schematisierender Explikation schließen sich das rezeptive Verstehen und die aktive Kritik im eigenständig kommentierenden Nachvollzug oder im Vorschlag von Reformulierungen keineswegs aus. Im Gegenteil.

8.2 Paradoxien in Tautologien und Prinzipien

Das implizit Selbstverständliche wird nur im Widerspruch explizit sichtbar. Das ist ein Paradox. Denn zunächst scheint das wirklich Selbstverständliche ja gar keiner Explikation zu bedürfen und keinen Widerspruch zu erlauben. Ich denke dabei zunächst an folgende Fälle: Ist es nicht etwa selbstverständlich, wie wir einem Pfeil folgen, nämlich in die Richtung, in welche die Spitze weist? Und ist es nicht selbstverständlich, dass die Zeit gerichtet ist, wir also nicht in die Vergangenheit reisen können, aber auch dass das Leben der Einzelwesen und der Arten endlich ist, also entstanden ist und ein Ende haben wird? Ebenso selbstverständlich ist, dass auf der Erde ohne weiteres Zutun Körper nach unten, also auf die Erde, fallen oder dass es unterscheidbare Farben gibt.

Was heißt es, sich derartige Selbstverständlichkeiten bewusst zu machen? Was heißt es, über sie zu staunen? Was könnte es heißen, manche von ihnen infrage zu stellen, als angebliche Vor-Urteile zu kritisieren? Und was könnte es heißen, manche von ihnen als ‚wahr' oder gar als ‚absolut wahr' zu begründen? Wann macht es Sinn, nach dem Grund ihrer Anerkennungswürdigkeit oder nach der Ursache ihrer Geltung zu fragen? Wann ist es eher so, dass wir ohne großes Pathos das Selbstverständliche anerkennen sollten?

Diesen Fragen können wir hier nicht im Einzelnen weiter folgen. Sie markieren aber den Rahmen für die Sinnbestimmung ‚großer Sätze'. Solche Sätze beziehen sich auf allgemeine Selbstverständlichkeiten. Die Frage nach ihrer ‚Begründung' hängt damit ab von der Frage nach ihrem ‚Status' und ihrer ‚Funktion'.

Es geht mir dabei nur um die Frage nach der logischen Form ‚großer Sätze', also von allgemeinsten ‚Prinzipien', artikuliert in ‚großer Sprache'. Diese großen Sätze sind – das wird jetzt kaum weiter verwundern – immer zugleich auch Formeln der Kritik an möglichen Fehlverständnissen. Diese Fehlverständnisse können ebenso sehr darin liegen, dass man Vorurteile für Selbstverständlichkeiten hält, als auch darin, dass man Selbstverständlichkeiten für Vorurteile hält.

Was also ist die logische Form von Prinzipien, in denen Philosophie und Wissenschaft wirkliche Grundformen der Welt, des menschlichen Lebens oder dann auch des Denkens kurz und knapp auf den Begriff bringen wollen? Erst wenn wir diese Form verstehen, den richtigen Umgang mit Prinzipien beherrschen, wenn wir also wissen, was sie sagen bzw. was aus ihrer verbalen Anerkennung für das weitere Urteilen, praktische Schließen und Handeln folgen soll, hat es Sinn, manche von ihnen als ‚dogmatisch' zu kritisieren, andere auf konkrete Nachfragen hin (und nicht etwa kontextfrei) zu ‚begründen', zu kommentieren oder auch zu ‚verbessern'.

Zur Illustration des Status von Prinzipien oder philosophischen Kernsätzen greife ich auf mein Lieblingsbeispiel von Heraklit zurück: *„ēthos anthrōpō daimōn"*, *„die Sitte erscheint dem Menschen als Geist"*. Der Satz besagt, in meiner Deutung: Der menschliche Geist besteht in der Teilhabe an gemeinsamen Praxisformen. Die Normen dieser Praxisformen kommen aber dem Menschen so vor, als wären sie durch eine Art höheres Subjekt, einen Gott oder Geist, erlassen und sanktioniert. Es scheint ihm außerdem so, als wäre die menschliche Fähigkeit ihrer Befolgung durch eine substantielle Seele als einem Daimon im Leibe der Menschen bestimmt.

Die Vorstellung, die Heraklits Spruch ablehnt, gibt es noch heute. Man stellt Seele und Leib wie zwei Substanzen einander gegenüber. Das (Selbst-)Bewusstsein erscheint dann als eine Art körperfreier Antrieb eines leiblichen Tuns. Richtiger wäre, es als einen Modus des Tuns selbst aufzufassen,

8.2 Paradoxien in Tautologien und Prinzipien

nämlich der (Selbst-)Kontrolle, unter Einschluss der Aufmerksamkeit auf rezeptive Wahrnehmungen oder gar Stimmungen.

Derartige Merksätze des philosophischen Denkens stehen offenbar immer schon in enger Nachbarschaft zu großer Dichtung, aber auch zum Mythos und zur Religion. Der wichtigste Ratschlag des Delphischen Gottes Apollo, „gnōthi seauton", „Erkenne dich selbst!", steht entsprechend in enger Verwandtschaft zu seinem indischen Pendant „Tat tvam asi", „Das bist du (selbst)". In allem, was wir in der Welt erkennen, müssen wir lernen, immer auch uns selbst erkennen – und umgekehrt.

Der Unterschied zwischen dieser basalen Weisheit und den Prinzipien einer auf Wissenschaft reflektierenden Philosophie liegt dann nicht etwa darin, dass die letztere auf derartige Vereinfachungen des poetischen Ausdrucks in einem rein prosaischen Denken verzichten würde. Im Gegenteil. Aber sie fügt Erläuterungen und manchmal auch Begründungen hinzu. So schreibt z. B. Aristoteles ein ganzes Buch über die Ethik, das im Grunde nur den Spruch „mēden agan", „Nichts allzu sehr!" auslegt. Das geschieht in der *Mesotēs*-Lehre, der Lehre vom Finden des mittleren Maßes zwischen Extremen wie Geiz und Verschwendung, Feigheit und Tollkühnheit. In gewissem Sinn ist es eine Tautologie, dass das Gute oder die Wahrheit in der Mitte liegt. Was also soll der orientierende Gehalt dieser Art von Ethik sein? – Offenbar geht es nicht um konkrete Handlungsanweisungen, eher um eine Art Gewissensspiegel für die autonome Prüfung des jeweils angesprochenen Lesers selbst, ob ein konkretes Vorhaben unter die kritischen Extrembegriffe fällt oder nicht. *Dieser* Gebrauch macht es möglich, dass sich verschiedene Merksätze in den ‚Handorakeln' (Gracian) moralischer Schriftsteller von Montaigne über La Bruyère, La Rochefoucault, Vauvenargues bis Nietzsche widersprechen, ohne dass damit der eine oder der andere Satz einfach ‚falsch' würde.

Es liegt offenbar eine ebenso absichtliche wie kluge Vieldeutigkeit in den Orakelsprüchen in Delphi, die sozusagen wollen, dass die konkreten Ausdeutungen dem Hörer oder Leser überlassen bleiben. Die Sprüche sind keineswegs sinnlos, bloß weil sie manchmal ‚tautologisch' oder ‚ambivalent' klingen. Als Merksätze können sie immerhin die Dimension des selbstständig zu Bedenkenden eingrenzen, und das ist schon sehr viel.

Die ‚Wahrheit' derartiger Kernsätze oder großer dialektischer Sätze ist daher durchaus von anderem Typ, als man zunächst erwarten würde, zumal sich ihr Sinn erst aus einer Art Kooperation zwischen Autor und Interpret bzw. allgemeinem Satz und konkretem Gebrauch ergibt. Daher setzt das entsprechende Sinnverstehen auch ein Verstehen-Können und Verstehen-Wollen voraus, wie sie nicht bei jedem Gesprächspartner zu finden sind, und zwar ganz sicher nicht bei denen, die sich vom Sprecher ohne weiteres eigenes Zutun einen unzweideutigen Sinn geben lassen wollen. Es ist auch sonst nie dem Autor (allein) anzulasten, dass der Leser selbst immer noch einige Mühe aufwenden muss, um mit eigener erfahrener Urteilskraft aus möglicherweise verschiedenen Verständnismöglichkeiten die vernünftigste herauszufinden. Nur für unbedarfte Leser oder Hörer gilt, dass alles so ‚klar' geschrieben oder gesagt sein sollte, dass ein rein schematisches Verständnis nach Art des Mathematischen, nach Art der Bild-Zeitung oder heute auch Powerpoint-Präsentation vermittelbar wird. Wenn diese Art schematischer ‚Klarheit' nicht geboten wird, wird ein Autor oft kritisiert – als ginge es darum, wer gegen wen im Wettstreit zwischen Autor und Leser gewinnt, und nicht etwa darum, gemeinsam mit den immer sozusagen massiv endlichen Ressourcen der Sprache auf bestmögliche Weise umzugehen.

Der agonale Umgang mit Sprache, in dem sich der Hörer vom Sprecher immer die Wahrheit des Satzes ‚beweisen' lassen will, ist ein bloß erst schülerhafter Umgang. Der Schüler lernt dabei die Sonderrolle des *‚asking for reasons'*. Viele dieser Fragen muss sich der gebildete dann Hörer aber immer auch selbst beantworten.

Wir müssen beim Verstehen gerade auch von Geschriebenem einen Vernunft- und Relevanzfilter in Anschlag bringen. Da das *immer* so ist, wird verständlich, warum sprachliche Absurditäten wie Truismen und Tautologien, aber auch offene Widersprüche und Paradoxien besonders gut als Merk- und Orientierungssätze fungieren können, und zwar weil sie wie Witze eine mnemotechnische Sonderstellung haben: Sie sind ersichtlich ungewöhnlich. Sie lassen sich eben daher leicht erinnern. Wenn sie dann noch eine kommunikative Aufgabe erfüllen, beurteilen wir sie als gelungene Denksprüche oder Aphorismen. Sie sind Provokationen, die zum Nachdenken anregen. Denn bei jedem provokativen Paradox, zu jeder provokativen Tautologie, jedem Truismus des Selbstverständlichen muss sich der Hörer offensichtlich selbst fragen, warum es dem Sprecher wert gewesen sein könnte, den Satz zu äußern.

Nietzsches Denken und Schreiben steht selbst in der Spannung zwischen Sprichwort und Antinomie. Es zeigt eine Dialektik, die er nicht anerkennt. Übrigens benutzt auch Wittgenstein diese Technik der überspitzten Pointe extensiv, und zwar keineswegs bloß im *Tractatus*, etwa wo er den Glauben an den Kausalnexus als den Aberglauben apostrophiert[157] oder wo er erklärt: „Das denkende Subjekt gibt es nicht."

8.3 Denken im ‚Großen Stil'

Schon Platon drückt seine Grundeinsicht in das Allgemeine als den Gegenstand jedes Verstehens und jeder Wahrheit in der Form einer Provokation aus: Die Ideen als allgemeine Formen sind wirklicher als alle ihre Erscheinungen. Das bedeutet nicht, dass das Einzelne völlig uninteressant wäre. Es bedeutet: Das, was wir im Wahrnehmungsbezug unmittelbar für bare Münze nehmen, sind bloße Schattenrisse, die konventionell vorgeprägt sind. Die wahre Wirklichkeit als Gegenstand beständigen Wissens liegt jenseits dieser bloß empirischen Einzelphänomene und muss anders, allgemein, kontrolliert werden. Diese Einsicht ist systematisch sehr eng verbunden mit Kants immanenter Deutung der transzendentalen Bedingungen echten Erfahrungswissens und mit Hegels Unterscheidung zwischen der bloßen Realität der Einzelerscheinungen und eines vernünftigen theoretischen Entwurfs einer sie allgemein erklärenden Wirklichkeit – was zu dem berühmt-berüchtigten Kernsatz führt: Das Wirkliche ist vernünftig und das Vernünftige ist wirklich. Nicht weniger dialektisch ist Heideggers Satz „Die Wissenschaft denkt nicht", mit welchem er sagt, dass die Seinsweise weder des Wissens noch des personalen Handeln-Könnens Thema objektstufig-objektiven empirischen Wissens sein kann. Denn die Teilnahme an der entsprechenden Seins- und Lebensform wird im empirischen Wissen über Einzelnes längst schon ‚empraktisch' als bekannt, also kompetent als beherrscht vorausgesetzt. An diese allgemeinen Vollzugsformen und ihre impliziten Vorprägungen kann man zunächst immer nur appellativ erinnern. Man kann sie nicht in allen Details empirisch darstellen, auch nicht rein verhaltenspsychologisch oder soziologisch-statistisch. Jeder Einzelfall wäre auch rein zufällig, wenn er nicht paradigmatisch für etwas Allgemeines stehen könnte. Das Problem erkennt man schon, wo es um die Unterscheidung zwischen einer ausgeübten Fähigkeit und einem Glückstreffer geht. Man kann kulturell vermittelte Fähigkeiten auch nicht unmittelbar in ihrer Genese ‚evolutionär' erklären. Um die Bedeutung dieser Tatsache für eine selbstbewusste Wissenschaft vom Menschen und seinen Institutionen anzuerkennen, dafür bedarf es einer anderen, sprachlogisch tieferen Bildung, als sie die entsprechenden Fachwissenschaftler in unserem Ausbildungssystem je erhalten. Denn wir lernen zunächst alles bloß ‚objektstufig', ‚gegenstandzentriert. ‚Empiriker' und ‚Historiker', die nur Einzelnes ‚berichten' zu können meinen, verweigern sich im Grunde einer normativen Reflexion auf zunächst bloß empraktisch gelernte Formen.

In gewissem Sinn ist die Paradoxie von ‚Wittgensteins Leiter' mit dieser Einsicht eng verwandt. Denn ihr zufolge sind die Sätze logisch-philosophischer Reflexion, etwa die seines eigenen *Tractatus logico-philosophicus*, sinnlos bzw. unsinnig. Es ist dies ein spezieller Sinn von „sinnlos": Wittgenstein will zeigen, dass man die *Vollzugsform* jeder (sprachlichen) Weltdarstellung, wie jede andere Vollzugsform, bloß über den Modus des appellativen ‚Zeigens' thematisieren kann, so dass jede sprachliche Reflexion auf logische Formen der Sprache nicht etwa Faktisches (Einzelnes, Empirisches) behauptet, sondern *im Modus des Zeigens* zu verstehen ist. Gezeigt werden allgemeine Formen des Handelns, Tun-Könnens, also einer Praxis, welche beim Einzelnen die Fähigkeit zur Teilnahme schon voraussetzt. Wir müssen demnach die Praxis oder Vollzugsform schon kennen, d.h. praktisch beherrschen. Man kann sie nicht durch empirisch-sachhaltige Aussagen voll ‚beschreiben'. Das drückt die übrigens schon aus rein formalgrammatischer Sicht paradoxe Tautologie aus: „Wovon man nicht sprechen kann, darüber muss man schweigen." Heideggers zunächst schwierige Unterscheidung zwischen Dingen (a), Gegenständen der Rede (b) und dem Sein im Vollzug (c) und seine *Sigetik* oder Schweigelehre ist dem völlig analog: Dem Reden über Formen in reflektierenden Thematisierungen steht ein Sein und Tun gegenüber, das freilich nur still ist, wenn es sich nicht um die Ausführung von Sprechhandlungen handelt.

Viele theologische Sätze sind als philosophische Reflexionen über den Status unseres endlichen Wissens zu begreifen. Eben das ist eine zentrale Funktion unserer Rede über Götter und Gott. Ein Satz wie ‚Gott ist die Wahrheit' besagt demnach: kein Mensch, nur (ein) Gott – also niemand – wäre ein Subjekt, das direkten Zugang zu einer unendlich-infalliblen und zugleich-überzeitlich invarianten Wahrheit hat. Er artikuliert daher in bester Tradition einer negativen Theologie und philosophischen Formanalyse die Anerkennung der Fallibilität und Perspektivität unserer je endlichen Kenntnisse, sowohl im bürgerlichen Wissen von Einzelpersonen als auch ganzer Epochen. Der Gedanke eines unendlichen Wissens ist daher immer nur ein kontrafaktisches Ideal, das uns allerdings bei rechtem Gebrauch gute Dienste leistet, um *ex negativo* auf die basalen Endlichkeiten *in der Welt* zu verweisen. Die einzige nicht bloß verbale ‚Unendlichkeit' ist die Welt als ganze, zu der man sich, wie wir inzwischen sehen können, gerade im Modus eines Verhältnisses zu Gott verhält, ob man das mit Spinoza, Leibniz, Schelling, Hegel und Heidegger weiß oder nicht.

Nietzsche unterstellt gerade diesen Großen Gebrauch der Rede von Wahrheit und Welt und kämpft ironischerweise zugleich gegen ihn an. Er sagt etwa, dass alles menschliche Wissen bloß ein nützlicher Irrtum, Vor-Urteil und tradierter Aberglaube sei[158] und übersieht damit, dass alle unsere Erfindungen idealer Betrachtungen, von der Theologie bis zur Geometrie und den mathematischen (‚exakten') Naturwissenschaften, selbst nur Hilfsmittel zur allgemeinen Artikulation von Formen realen, also bürgerlichen Wissens oder deren Entwicklung sind. Im Übrigen ist es keineswegs so klar, wie man zumeist blind unterstellt, für welche Sinnbereiche und Zwecke wir formallogisch normierte Theorien brauchen (können) und wo ein solcher Theorienbetrieb leer läuft.

Nietzsche ‚wagt' dann noch den Satz, es gehe bei allem Philosophieren bisher gar nicht um „Wahrheit", sondern um „Gesundheit, Zukunft, Wachstum, Macht und Leben".[159] Während Nietzsche mit dieser Form des ‚Pragmatismus' durchaus etwas Richtiges trifft, verdirbt er alles, indem er gegen die Einsicht in die bürgerliche Endlichkeit und innerweltliche Erkenntnisinteressiertheit jedes Geltungsanspruchs nicht anders als die Tradition eine vermeintlich echte, wirkliche, gewissermaßen absolute, im Grunde kosmologisch-positivistische Wahrheit *sub specie aeternitatis* ganz unbedacht setzt

8.3 Denken im ‚Großen Stil'

und eben damit eine gewisse naturwissenschaftliche Weltanschauung in den Status einer neuen Religion erhebt, welche angeblich mit allen ‚Lügen' der Mythen und Religionen aufräumt und die Welt vermeintlich so nimmt, wie sie ist, nämlich ohne Sinn, Richtung oder Ziel. Italo Svevo drückt in seinem großen ironischen Roman *Zeno Cosini* eben diese Haltung Nietzsches, in Verquickung mit der Schopenhauers, allerdings ohne diese beiden Autoren zu nennen, so aus:

> „Das Gesetz der Natur gibt uns kein Recht auf Glück. Im Gegenteil, es verurteilt uns ausdrücklich zu Not und Schmerz. Wo eine Speise steht, tauchen auch schon Parasiten auf; gibt es deren nicht genug, so werden sie rasch geboren. Bald reicht der Fraß nur noch zur Not, gleich darauf aber gar nicht mehr aus. Die Natur stellt keine Kalkulationen an, sondern handelt nach Erfahrungen. Wenn der Fraß nicht reicht, müssen eben die Fresser vermindert werden. Dieses Geschäft besorgt der Tod, dem der Schmerz vorausgeht. Für einen Augenblick wird dadurch das Gleichgewicht wiederhergestellt. So ist der Ablauf der Natur. Wie unsinnig, sich über etwas so Unabänderliches zu beklagen. Und doch klagen alle. Die einen, die am Fraß nicht teilgenommen haben, erheben ihr Geschrei über die Ungerechtigkeit der Natur; die anderen, die noch zum Fraß gelangen konnten, schreien gleichfalls, weil sie ein Recht auf ein viel größeres Stück zu haben glauben. Warum leben und sterben sie nicht alle schweigend?"[160]

Italo Svevo macht den Zynismus dieser Sätze des Großbürgers Zeno Cosini deutlich, indem er diesen, durchaus wieder in Anspielung auf Nietzsche, jetzt in einer gewissen Ironisierung eines aristokratischen ‚Übermenschen', fortfahren lässt:

> „Dagegen ist die Freude desjenigen sympathisch, der es verstanden hat, sich ein ganz großes Stück zu sichern, und der sich nun bei hellem Sonnenschein zur Schau stellt, umgeben vom Applaus."[161]

Zuvor hatte Zeno mit Nietzsche gegen Schopenhauer erklärt, dass niemand Mitleid verdiene, „sonst gäbe es ja in unserem Leben für nichts anderes Platz als für Mitleidsgefühle", und das wäre „äußerst lästig." Noch etwas früher meinte Zeno, etwas „äußerst Bedeutsames zu sagen" mit dem Spruch: „Das Leben ist weder hässlich, noch schön; es ist originell" und: „Der Mensch ist wahrscheinlich aus Versehen da hineingestellt worden. Er gehört gar nicht hierher."[162]

Das Problem ist, dass hier überall an der Stelle der Reflexion auf den *Sinn* der Rede von der Wahrheit, wie sie nur metastufig möglich ist, bloße Wahrheitsbehauptungen stehen, aus denen angeblich eine gewisse ‚richtige' Haltung zu diesen ‚Wahrheiten' folgen soll. Der unkritische Glaube an die Weltbilder der ‚empirischen' Wissenschaften wird damit zu einer dogmatischen Metaphysik, einer bloßen Glaubensphilosophie.

Unter dem Bild der Entschleierung thematisiert Nietzsche entsprechend das Thema einer vielbeschworenen Entzauberung der Welt durch die Naturwissenschaften. Und er thematisiert die Sinnkrise, die sich aus der Betrachtung der nackten Faktizität von Erde und Leben ergeben kann: „Das Leben selbst wurde zum *Problem*".[163] Auf eben diese Sinnkrise der Moderne möchte er eine Antwort geben, nachdem er sie und ihre Folgen für das tradierte ‚mythische' Selbstverständnis, insbesondere aber für das Christentum allererst expliziert hat – wobei er freilich keineswegs der erste ist, auch wenn er es so erscheinen lässt und es ihm selbst so schien. Denn eine ähnliche Diagnose findet sich auch bei Hölderlin und Hegel, wobei aber die Antworten selbst dort anders ausfallen, wo sie sich zunächst ähneln. Gemeinsam ist den genannten Autoren die Anerkennung der Endlichkeit des Seins. Gemeinsam ist ihnen die Einsicht in die Bedeutung von Spinozas *amor fati*[164] der Anerkennung des Schicksals, und Schopenhauers *visio beatifica* des *nunc stans*, die kontemplativ begeisterte und zugleich enthusiastisch begeisterte Haltung zu Sein und Gegenwart, die bei Nietzsche zur Idee der ewigen Wiederkehr des Gleichen mutiert. Das gute und glückliche Leben ist demnach von der Art, dass wir immer wieder in die Lage kommen sollten zu sagen: Das würde ich immer wieder erleben wollen, und das würde ich immer wieder tun. Wie bei Hölderlin finden wir dabei auch bei Nietzsche eine Entgegensetzung des Griechentums der Antike gegen das Christentum, insbesondere gegen jeden Glauben an ein Jenseits. Wir finden bei beiden den Versuch der Überwindung des Nihilismus der wissenschaftlichen Aufklärung durch pathetische Überhöhung der Sprache.

Das Reden über die Liebe zum endlichen Leben und zur ‚Erde' kann dabei aber über den Mangel an wirklicher Liebe im Sinne einer wirklich anerkennenden Haltung zu dieser Endlichkeit nicht hinwegtäuschen. Nietzsche leidet unter dieser Endlichkeit. Er predigt geradezu schreiend gegen dieses Leiden an, so wie er verzweifelt über das Lachen redet, gerade weil er unter dem offenbar ihn selbst niederschmetternden Eindruck des Verlusts seines Gottesglaubens der Überzeugung ist, dass es in Wirklichkeit nichts zu lachen gibt. Dabei durchschaut er zwar das unwahre Gerede des selbsterklärten pessimistischen Neu-Buddhisten Schopenhauers, der nach dem Essen Flöte spielt. Er verkennt aber die in sich inkonsistenten theoretischen Prämissen und ebenfalls inkonsistenten praktischen Konklusionen seines eigenen Pessimismus oder kosmologischen Nihilismus. Es ist eine Lehre vom Unsinn als dem Anfang und Ende von allem.

Auch wenn der predigtartige Umgang mit seinen eigenen Gedanken höchst problematisch ist, manchmal scheint Nietzsche immerhin zu ahnen, dass wir im Fall großer Sätze weniger an einer ‚absoluten' Geltung des Satzes interessiert sind als an der Bedeutsamkeit der Prüfdimension. Wenn daher ein großer Satz wirklich falsch ist, dann kann das nur daran liegen, dass an seiner *Relevanz* etwa relativ zu anderen großen Sätzen zu zweifeln ist.

Nietzsches Texte sind dabei selbst in diesem Licht kritisch neu zu lesen. Gerade als Autor großer Sätze gehört Nietzsche nach wie vor zu den Autoren großer philosophischer Literatur, und ist beileibe nicht nur ‚Narr und Dichter', wie er, in vorausschauender Vorwegnahme späterer Rezeption scheinbar selbstironisch sagt, womit er die genannte Rezeption schon zurückweist und seinen Anspruch als Philosoph und Denker eigentlich nur untermauert. Es ist damit freilich auch klar, dass Nietzsches Texte nicht als theoretische Abhandlungen oder einfach als empirisch oder wissenschaftlich wahre Aussagen zu lesen sind.

Die Interpretation großer Sätze ist *per definitionem* offen. Das und nicht ihre vermeintliche oder wirkliche Tiefe oder trübe Untiefe ist der Grund, warum sich die Leute mit ihnen gerne beschäftigen. Die Frage nach der rechten Deutung ist dabei eher eine praktische als eine theoretisch-epistemische Frage. Es geht um den richtigen Umgang mit ihnen im Übersetzen, Kommentieren, Erläutern, Kritisieren, Finden von passenden Kontexten ihres Gebrauchs und der kritischen Unterscheidung irreführender Verständnisse und Gebräuche. Die originale Intention der Einzelautoren spielt dabei keineswegs die zentrale Rolle. Das aber meint der Intentionalismus des Meinens und Verstehens, welcher einer methodisch höchst problematischen Einfühlungshermeneutik des 19. Jahrhunderts anhängt, die sozusagen den Autor fragen möchte, was er zu seinem Text meint – und auch noch nach seinem Tod kontrafaktisch Antworten erfindet. Wohl aber ist der Kontext immer angemessen zu berücksichtigen. Dafür aber reichen weder die überlieferten Ko-Texte des Autors oder Sprechers selbst aus, noch das Wissen um die historische Situation. Zum Kontext gehört gerade auch der Inhalt der Gedanken selbst, zu dem wir nie ohne bewusste und selbstbewusste eigene Urteile über Relevantes und Irrelevantes, besonders aber über das Thema und die zentralen Probleme gelangen. Nietzsches späterer Versuch der Kritik an einer ‚positivistischen' und ‚historistischen' Methode in den Geschichtswissenschaften und Philologien des 19. Jahrhunderts hängt eng mit dieser Einsicht zusammen.

8.4 Intuitive Mikrosoziologie ethischen Verhaltens

Was aber heißt es, merksatzartige Prinzipien zu verstehen? Und was heißt es, sie misszuverstehen? Für beide Teilfragen liefert gerade Nietzsche unendliches Beispielmaterial, und zwar sowohl in Bezug darauf, wie er selbst verstanden und missverstanden wurde, als auch darauf, wie er andere und anderes verstanden und missverstanden hat.

Zunächst lässt sich erkennen, dass der ‚Psychologe' Nietzsche eine Art Mikrosoziologie des ethischen Verhaltens betreibt, etwa so wie es schon Heraklit fordert. Es geht um eine Entmystifizierung des menschlichen Geistes und der menschlichen Seele durch eine generische, also nicht etwa empirisch-statistische Sozialpsychologie und die strategische Erfindung einer Genealogie der Moral. Die Strategie dient einem Programm der Umwertung tradierter moralischer Grundwerte, nämlich einer altruistisch-utilitaristischen Moral in eine Ethik des autonomen Individuums mit seinem Willen zur Selbstmacht und zum Willen selbst gemäß der Idee der Anerkennung der ewigen Wiederkehr des Gleichen. Details sind hier nicht mein Thema, auch nicht die Tatsache, dass Nietzsche ganz offenkundig Kant und die Formel des kategorischen Imperativs systematisch missversteht, da er sonst durchaus auch die Verwandtschaft mit seiner eigenen Idee der Gründung von Moral auf Autonomie erkannt hätte. Außerdem finden wir eine Auseinandersetzung mit Schopenhauers willkürlicher Entscheidung für eine Art metaphysischen Buddhismus,[165] dem zufolge das Wollen eine böse Krankheit sei, die wir nur durch eine interessenlose Kontemplation nach Art der Kunst-Anschauung überwinden könnten.[166]

Inhaltlich sind jedenfalls viele Analysen des ethischen Vokabulars bei Nietzsche höchst interessant, so z. B. von Hass und Rache, besonders aber von Ressentiment als einer Art Mischung zwischen neidvoller Anerkennung des Besseren, des Aristokraten, und einer hasserfüllten Umwertung der Werte der Mächtigen in ‚das Böse' und der Werte der Masse in ‚das Gute'. Obwohl Nietzsche ohne Zweifel kein biologistischer Antisemit war, ja den Antisemitismus insgesamt verachtete, schreibt er ‚den Juden' in ihrer Bevorzugung der Priester vor den Königen eine besondere Pflege des Ressentiments zu, ja die ‚geistigste Rache', die Religion des Ressentiments, die zur Erfindung der ‚Sünde' geführt habe, wie sie die Griechen nicht gekannt hätten.[167]

Leider ist hier sowohl die angeblich reale Genealogie reine Erfindung oder Erdichtung, wie übrigens schon die Selbstzuschreibungen und Ansprüche einer Aristokratie, die doch überall nur auf einer über Geschlechter durchgehaltenen Macht von Usurpatoren beruht. Mangels besserer Alternativen wird diese vom Volk oder der Masse anerkannt. Die Schimpftiraden gegen die „Einführung des parlamentarischen Blödsinns" in dem Ausschnitt „Wir Gelehrten" und überhaupt der Mangel an wirklichem Verständnis von Institutionen erweisen sich damit als höchst problematisch. Nietzsches Sätze über Ethik und Psychologie, Politik und Recht entstammen einem höchst subjektiven Zugang zu diesen Institutionen. Unmittelbar aus der subjektiven Erfahrung oder zufälligen Lektüre heraus werden allgemeine Sätze formuliert. Diese Art, ‚aus der Geschichte zu lernen', ist bis herunter zu Foucault ein problematisches Verfahren. Es wird dabei übersehen oder ausgeklammert, dass immer nur der Streit, gerade auch der Intellektuellen und der ‚Geisteswissenschaftler' untereinander um Anerkennung der bisher besten vorgelegten Artikulationen *allgemeiner* Erfahrungen in der Geschichte der Menschheit als Methode der ‚Begründung' von generischen Sätzen über allgemeine institutionelle Formen gelten kann. Alles andere sind bestenfalls erste Formulierungs*vorschläge* einzelner Personen. Grundsätzlich ist übrigens die Methode der Naturwissenschaften nicht wesentlich anders. Nur die Anwendungsweisen des jeweiligen Wissens sind verschieden. Und soweit das Wissen über die Natur in ein erfolgreiches technisch-instrumentelles Können mündet, ist es einwandfrei, unangreifbar.

Was von Nietzsche treffend beobachtet ist, sind in der Regel typische Besonderheiten im Verhalten von Einzelmenschen. Wo es um das Allgemeine geht, werden seine Urteile eher schwach. In gewissem Sinn leben daher die großen Sätze Nietzsches, welche die *condition humaine* oder die Natur des Menschen betreffen, grundsätzlich über ihre Verhältnisse. Wie bei Schopenhauer entsteht eine Art Willkürmetaphysik der Psychologie, wenn auch die Grundurteile ein anderes Vorzeichen erhalten. Damit bleibt Nietzsche mit Schopenhauer und anderen philosophischen Empiristen trotz aller Reden über Zweifel und Kritik ein Meinungsphilosoph, also ein ‚Metaphysiker' im leider üblich gewordenen abwertenden Sinn des Wortes „Metaphysik".

Ganz besonders deutlich wird das im Kontext der durchaus nicht bloß von ihm vertretenen These, die Institution der Strafe sei entweder unsinnig oder ethisch inkonsistent bzw. eine Variante des Ressentiments, des Geistes der Rache,[168] dem zufolge man angeblich Geschehenes durch späteres Tun irgendwie ungeschehen machen möchte, was natürlich unmöglich ist. Das ist eine noch ganz oberflächliche Analyse, welche die Bedeutung der Strafandrohung und den Sinn der Strafausführung ganz und gar übersieht. Strafandrohungen ändern bekanntlich die ‚Auszahlungsmatrix' so ab, dass Schädigungen anderer Personen nicht immer zu meinen Gunsten ausgehen. Freilich funktioniert eine Drohung nur, wenn sie, falls man sich nicht an sie hält, auch sanktioniert wird. Hier hätte die Lektüre von Thomas Hobbes schon Abhilfe schaffen können. Doch Nietzsche ist und bleibt, wie Schopenhauer, philosophischer Autodidakt. Eben dies sichert diesen Autoren ihren nachhaltigen Erfolg beim Publikum. Denn jeder Schüler oder Leser kann hier vermeintlich lernen, wie man, ohne allzu viel an ablenkender Lektüre, angeblich unmittelbar philosophisch Tiefes denken kann.

8.5 Ein Held unserer Zeit

Nietzsches Zarathustra ist dann eine fast allzu durchsichtige Maßnahme, sich die rhetorische Form zu erlauben, die Nietzsches allgemeiner Haltung am meisten entgegenkommt: die Bußpredigt. Es ist die Form, die am weitesten von der Ironie und erst recht von Humor entfernt ist. Nietzsche ist hier am Ende der Anti-Ironiker und Anti-Humorist schlechthin, trotz vieler ironischer Passagen und trotz allem Reden *über* Ironie und Witz in seinen Aphorismen: Diese wiederum sind oft zu schwer, sozusagen zu vollgestopft mit Sinn. Das sind sie gerade dort, wo sie einen ernsten Sinn bekämpfen. Das Problem reicht bis in Nietzsches Dichtung und durchaus auch in seine musikalischen Kompositionen.

Nietzsches Zarathustra ist eine Art Johannes der Täufer des Antiressentiments, des *amor fati* und eines antibuddhistischen Willens zum Willen. In gewissem Sinn predigt er eine zukünftige Zivilreligion, auch wenn

Nietzsche von sich selbst sagt, er wolle kein Religionsstifter sein. Aber der hohe Ton des Wüstenpredigers ist nicht überhörbar. Die Abrechnung mit dem Zeitgeist endet in einem Aufruf zur Umkehr. Allerdings ist keineswegs klar, wohin es gehen soll. Zarathustras Lehre ist eher pathetische Negativphilosophie oder gar Negativreligion. Insofern hat Nietzsche in seiner Selbstbeurteilung teilweise recht: Als Religionsstifter müsste er etwas Positives lehren. Zarathustra ruft aber nur auf zu einer Entwicklung einer neuen Religion und Moral, zu der des Übermenschen, zu einer Philosophie des neuen Menschen, ohne uns selbst über die allgemeine Beschwörung ethischer Autonomie hinaus auch nur eine Richtung anzugeben.

Im Zentrum steht dabei, wie übrigens längst schon bei Hölderlin und Hegel, die Anerkennung der Endlichkeit und der individuellen und epochalen Perspektivität und Regionalität unseres Daseins. Während diese Anerkennung bei Hegel ganz bürgerlich bleibt, wird sie bei Nietzsche emphatisch. Doch gerade in ihrem Pathos wird sie ambivalent. Denn es bedarf des Pathos nicht, wie übrigens auch Bertrand Russell betont, wenn wir die Endlichkeit und Zeitlichkeit des Daseins oder die subjektive Perspektivität des Einzelnen oder die Leiblichkeit aller geistigen Kompetenzen und damit die Notwendigkeit der Verleiblichung des Geistes als eine echte *Selbstverständlichkeit* betrachten und ansonsten jeden Sinn im Leben zentrieren, selbst den Sinn, der weit über unser Einzelleben hinausreichen mag, nämlich in der Form der Teilnahme an der Entwicklung einer Kultur der Vernunft.

Hier tut sich ein Grundwiderspruch bei Nietzsche auf. Es ist ein Riss, der in der Tat unheilbar ist. Denn einerseits verachtet Nietzsche das Volk als Masse. Andererseits kann es keine Heroen geben und keine Besten ohne die Anerkennung ihrer Leistungen für das Volk und durch das Volk. Einerseits polemisiert Nietzsche gegen jede Aufopferung der Gegenwart des Subjekts zugunsten einer Zukunft für andere. Und doch feiert er gerade den Helden, der sich irgendwie für eine gemeinsame Sache opfert, wie Achill oder Leonidas. Es ist aber am Ende immer ein generisches Volk oder eine generische Menschheit, auf die hin ein Held erst zum Helden wird. Der Held braucht daher den Mythos als Medium und die Volksmasse, die den medialen Mythos und den in den Medien mythisierten Helden liebt.

Wie weit Nietzsche das alles sieht oder nicht sieht, ist hier aber nicht wichtig. Wichtig ist vielmehr dies: Philosophisches Denken ist für Nietzsche immerhin noch viel mehr als bloße Reparaturanstalt für irgendwelche lokal immer wieder auftretende Sprachverwirrungen. Wäre sie bloß dieses, verlöre die Philosophie ihr ureigenes Thema, die Schaffung von Übersichten für das Große. Philosophie kann und darf daher nicht antworten auf alle möglichen Fragen der Art von „Ich kenne mich nicht aus", schon gar nicht auf solche Einzelfragen, wie sie eher einer politischen oder persönlichen Entscheidung unterworfen sind. Dazu gehören die meisten Fragen der so genannten Praktischen Ethik oder Kasuistik. Philosophische Ethik kann oder sollte nur auf *große*, aber reale, nicht bloß als Papierdrachen konstruierte, Irrtümer hinweisen. Sie kann nur auf *allgemeine* Fragen des Verständnisses von Grundformen unseres Lebens antworten, von der Natur der Tiere bis zur Kultur menschlicher Institutionen. Sie kann *grobe* Orientierungen für das Ganze des Lebens und das Leben im Ganzen geben oder zu geben versuchen – so gut es eben geht. Dabei mögen sich manche Probleme einfach dadurch auflösen, dass wir das Fragen konkret in dem Kontext belassen, in dem es wirklich auftritt. Aber das gilt nicht für alle Fragen.

Nietzsche hat am Ende, wie alle seiner späteren Anhänger bis heute, aber auch die meisten seiner christlichen Gegner, die Gefahr des Nihilismus des 19. Jahrhunderts sowohl über- wie unterschätzt. Dasselbe gilt für den Rückfall in ein süßliches Christentum, den aufkommenden Nationalismus, die Tendenz zur Vermassung unserer Lebensformen, das ‚moralische' Ressentiment, den Utilitarismus, den Sozialismus oder die parlamentarische Demokratie. Eine Ursache für diese Ambivalenzen liegt darin, dass die generelle dialogisch-dialektische Ambivalenz der großen Sätze nicht beachtet wird. Denn diese sind, wie gezeigt, immer nur dort richtig, wo sie passen. Das ist fast tautologisch. Doch diese Passungen müssen wir im besonderen Fall immer konkret vornehmen bzw. überprüfen. Es ist daher zwar richtig, vor Gefahren wie den Vermassungstendenzen in einem sozialistischen Utilitarismus oder vor überschwänglichen Deutungen wissenschaftlichen Wissens zu warnen. Dazu muss man aber nicht wie Nietzsche behaupten, alle Massenphänomene, die Ideen des Christentums, des Sozialismus oder der Demokratie seien alle im Grunde verderbt.

Nietzsche verzweifelt am Ende an jedem Sinn, nicht anders als Michail Lermontow in seinem Roman *Ein Held unserer Zeit*. Nietzsche zeigt sich damit, was bekanntermaßen auch schon Elisabeth von Österreich bemerkte, wie sein ganzes Zeitalter, als zutiefst depressiv.

Anmerkungen

1. Teile von Kapitel 1 und 2 sind in Stekeler-Weithofer 2010, 2010a und 2008c schon erschienen, von Kapitel 4 in 2008b, von Kapitel 5 in 2010b, von Kapitel 6 in 2010 und von Kapitel 7 in Stekeler-Weithofer 1991.
2. Vgl. dazu Alva Noë 2004, S. 2, 8, 17.
3. Vgl. dazu auch Christoph Demmerling 2002 (*„Sinn, Bedeutung, Verstehen"*).
4. Spekulative oder auf Formen reflektierende Sätze sind keine empirischen Sätze. Empirische Sätze gehören immer zur Kategorie des Endlichen. Jede Rede über etwas Unendliches gehört entweder in das Reich des Mathematischen oder in das Reich der spekulativen Sätze, in denen wir über Formen des endlichen Wissens und des empirischen Wahrheitsbegriffs bzw. über Formen von Institutionen hochstufig reflektieren. Der Bereich der Sätze oder Aussagen, um deren Wahrheit es geht, bleibt, wie schon der Empirismus und der Rationalismus und dann auch Kant einsehen, in gewissem Sinn immer im innerweltlichen Bereich. Er enthält daher gerade keine Aussagen über die Existenz Gottes, von Engeln oder von Dämonen. Aber auch Wesen einer *Science Fiction*, welche in die Vergangenheit oder Zukunft ‚reisen' können sollen, gibt es in dem Sinn nicht, als es sich hier nur *um ein metaphorisches Reisen von rein verbal konstituierten Redegegenständen* handelt. Nicht wesentlich anders zu verstehen sind kontrafaktische Fiktionen von einer Raumbewegung eines Festkörpers *in no time* oder wenigstens mit Lichtgeschwindigkeit (wie beim ‚Beamen' in einem Science-Fiction-Film). Auch diese sind als rein verbale Möglichkeiten von realen Möglichkeiten unbedingt zu unterscheiden.
5. Vgl. Alfred Adler 1933/2008 (*„Der Sinn des Lebens"*).
6. Vgl. Fehige / Meggle / Wessels 2002 (*„Der Sinn des Lebens"*).
7. Vgl. dazu den Kontext in Martin Heidegger 1985 (*„Einführung in die Metaphysik"*) S. 9.
8. Fehige / Meggle / Wessels 2002, S. 18.
9. Vgl. dazu Aldous Huxleys *Schöne Neue Welt*.
10. Das Rechnen mit Ordinalzahlen oder Nonstandard-Zahlen hilft dabei nicht weiter. Es ist aber nicht der rechte Ort, diese Debatte hier zu führen.
11. Zu praktischen Sinnerfüllungen, die weit über willkürliche Wunscherfüllungen und Präferenzbefriedigungen hinaus gehen vgl. auch Thomas Rentsch 1999 (*„Die Konstitution der Moralität"*).
12. Vgl. David Wiggins 2002 („Wahrheit, Erfindung und der Sinn des Lebens") in: Fehige / Meggle / Wessels 2000, S. 408.
13. Vgl. dazu Thomas Nagel 2002 („Das Absurde"), in: Fehige / Meggle / Wessels 2000, S. 97f.
14. Vgl. Ernst Tugendhat 2007 (*„Anthropologie statt Metaphysik"*), S. 159, 163, 174.
15. Ebd., S. 164.
16. Ebd., S. 169.
17. Ebd., S. 174.
18. Vgl. Hans Julius Schneider 2008 (*„Religion"*).
19. Vgl. Ernst Tugendhat 2007, S. 163, 191, 194f. *et passim*.
20. Vgl. Ernst Tugendhat 2007, S. 186 *et passim*.
21. Ebd., S. 167.
22. Vgl. Hans Julius Schneider 2008 (*„Religion"*), S. 17ff.; zum ‚Wörtlichen' und ‚Übertragenen' bzw. zum ‚Literalismus' und zur ‚zweiten Inhaltsebene' vgl. auch S. 25-28 bzw. (bei Hume) S. 29 und (im Buddhismus) S. 132.
23. Vgl. Ernst Tugendhat 2007, Kap. 2, S. 34.
24. Ebd., S. 111.
25. Hierin stimme ich also mit Tugendhat überein; dazu ebd., S. 101.

Anmerkungen

26. Ebd., S. 196.
27. Ebd., S. 201ff.
28. Ebd., S. 203.
29. Ebd., S. 202; auch S. 79ff. und 107.
30. Zum Ausdruck „Ichgeschehen" vgl. Ernst Tugendhat 2007, S. 70.
31. Ebd., Kap. 3, etwa S. 64ff.
32. Charles Taylor 2009, S. 7-9.
33. Die so genannte philosophische Anthropologie von Scheler über Plessner bis Gehlen leistet dazu schon gute Vorarbeiten, aber das ist hier nicht weiter Thema.
34. Das ist die Grundfrage jeder aufgeklärten Abstraktionstheorie. Sie wird regelmäßig unterschätzt, gerade auch von Abstraktionstheoretikern mit rein formal-analytischem Ansatz. Hier liegt die wahre Entwicklung der Gedanken Freges eher bei Autoren wie Paul Lorenzen und Hans Julius Schneider.
35. Vgl. Oswald Hanfling 1987.
36. Ludwig Siep 2000 (*Der Weg der Phänomenologie des Geistes. Ein einführender Kommentar zu Hegels „Differenzschrift" und „Phänomenologie des Geistes"*), S. 18.
37. Ebd., S. 19.
38. Ebd., S. 21.
39. Vgl. dazu auch Pirmin Stekeler-Weithofer 2005, Kap 12.
40. Vgl. dazu auch Hans Vaihinger 2007 („*Philosophie des Als Ob*").
41. Vgl. dazu auch den sicher leicht ironisch gemeinten Zusatz 1 zum § 19 in Hegels *Enzyklopädie der philosophischen Wissenschaften im Grundrisse*: „Gott ist die Wahrheit; wie sollen wir ihn erkennen?" Hegel kommentiert die scheinbar bescheidene Anerkennung der Transzendenz Gottes und den Aufruf, den Versicherungen theologischer Lehrer unseren Glauben zu schenken und zwar in der Form eines vermeintlichen Glaubens an Gott, so: „Mit solcher Demut ist es nicht weit her". Vgl. dazu auch den Zusatz zum § 36.
42. „Das Bedürfnis, das Absolute als *Subjekt* vorzustellen, bediente sich der Sätze: ‚Gott ist das Ewige, oder die moralische Weltordnung oder die Liebe usf.' […] Es wird in einem Satze der Art mit dem Worte *Gott* angefangen. Dies für sich ist ein sinnloser Laut, ein bloßer Name; erst das Prädikat sagt, *was er ist*, ist seine Erfüllung und Bedeutung". Vgl. G. W. F. Hegel, *Phänomenologie des Geistes*. Hegel Werke 3, S. 20ff.
43. Vgl. Richard Swinburne 1987 („*Die Existenz Gottes*").
44. Vgl. dazu auch Christoph Jäger 1998 (Hg.) („*Analytische Religionsphilosophie*").
45. Vgl. Richard Dawkins 2006 ("*The God Delusion*"), S. 29.
46. Der Missbrauch wahrscheinlichkeitstheoretischer Spekulationen durch willkürliche oder pseudostatistische Setzungen von Wahrscheinlichkeitswerten ist ein allgemeines Problem. Es ist aber in jedem Fall nicht rational, an einen Gott zu glauben, wenn man nicht einmal an den Sinn der Sätze versteht, in denen das Wort vorkommt. Diese Kritik stimmt voll und ganz mit der von Thomas Rentsch 2005 („Gott"), Kap. 3 überein.
47. Thomas Rentsch 2005 („Gott"), S. 86. Vgl. dazu auch Friedrich Kambartel 1971 („Theo-Logisches").
48. Vgl. Rudolf Otto 1963 („ *Das Heilige*").
49. Klaus-Michael Kodalle 2002/2006 („*Annäherungen an eine Theorie des Verzeihens*").
50. Vgl. Hannah Arendt, 1981 („*Vita activa oder vom tätigen Leben*"), § 33, S. 231-238.
51. Vgl. dazu auch Dieter Henrich 1960, („*Der ontologische Gottesbeweis*"), etwa S. 264 et passim.
52. Thomas Rentsch 2005 („Gott") spricht von einem existentiellen Lebenssinn (S. 144) lobt bei Kierkegaard die „existentielle Radikalität des Wahrheits- und Geltungsanspruches religiöser Sprache und ihres unbedingten Sinnes" und meint, sowohl der „rationale Objektivismus Hegels als auch der existentielle Subjektivismus Kierkegaards" seien „reduktionistische Konzeptionen" (145).
53. Vgl. dazu auch Boris Hennig 2004 („‚*Conscientia*' *bei Descartes*").
54. Es gibt immer auch Deutungen von Wörtern und Sätzen, welche ein für allemal als abwegig auszusondern sind, und zwar weil sie die Sinnorientierung auf eine völlig falsche

und irrelevante Fährte setzen. Dazu gehört das vermeintlich subtile, in Wirklichkeit aber bloß polemische Gerede davon, das Vorlaufen in den Tod bei Heidegger hätte etwas mit dem Krieg, genauer dem Stoßtruppenangriff auf feindliche Stellungen oder Gräben zu tun. Die Praxis, abwegige Interpretationen dieser Art ein für allemal als solche aus der wissenschaftlichen Reputation auszuschließen, ist leider zum Erliegen gekommen, wie der Publikumserfolg wichtigtuerischer Beispiele zeigt. Sie reichen vom Gerede über Gottlob Freges Metapher von einem dritten Reich, nämlich dem der bloß abstrakten Redegegenstände, die man nicht wahrnehmen kann, über eine offenbare Verwechslung des gleichnamigen Konzentrationslagers mit dem Stadtteil Sachsenhausen bei Frankfurt, der von Heidegger in einem Text über Abraham a Sancta Clara vorkommt, bis zu allgemeinen Spekulationen über eine angebliche Staatsgläubigkeit und Faschismusanfälligkeit deutscher Philosophen generell.

55. Volker Schürmann 2002 („Heitere Gelassenheit").
56. Vgl. Martin Buber 1957 („*Ich und Du*").
57. Vgl. dazu Ludwig Wittgenstein, Werkausgabe (Suhrkamp) Bd. 1, 89ff.
58. Dschuang Dsi, *Südliches Blütenland*, Düsseldorf (Diederichs) 1972, S. 180.
59. Ebd., S. 181.
60. Ebd., S. 182.
61. Ebd., S. 186.
62. Ebd., S. 163.
63. Ebd., S. 167f.
64. Ebd., S. 186.
65. Das ist ein freier Kommentar zu den ersten Zeilen in der Übersetzung von Richard Wilhelm (1910): *Laotse, Tao Te King. Das Buch des Alten vom Sinn und Leben*, Düsseldorf, E. Diederichs Verlag, 1972. Tao oder Dao meint vielleicht auch *methodische Orientierung*, zumal Dao, verbal gebraucht, sowohl *etwas anzeigen* wie *etwas sagen* bedeutet, so wie das griechische Wort „phrazein" zeigen und sprechen bedeutet, und auch „deiknymi" und „zeigen" selbst mit „dicere" und „sagen" eng verwandt ist. Vgl. dazu auch die Artikel „I Ging" und „Tao/Taoismus" im *Historischen Wörterbuch der Philosophie*.
66. Hans Georg Gadamer 1961/1987 („Die Philosophie und die Religion des Judentums"), S. 69 schreibt dazu: „So ärgerlich und tragisch trennend der Anspruch des auserwählten Volkes ist, unter der besonderen Obhut des Allmächtigen zu stehen, so hat doch diese Erwähltheitslehre des Judentums zu dem griechischen Weltdenken einen ganz neuen Bereich hinzu erschlossen, den Bereich der Geschichte als eines Weges zum Heile."
67. Friedrich Nietzsche, *Nachgelassene Fragmente*, Sommer 1880, 4 [55], in: ders.: KGW V/1, S. 442.
68. G. W. F. Hegel, *Vorlesungen über die Philosophie der Religion* [1827], Hamburg (Meiner) 1984, S. 200; vgl. dazu auch G. W. F. Hegel, *Vorlesungen über die Geschichte der Philosophie*, Hamburg (Meiner) 1996, IX, S. 131.
69. Zum Teil komplementär zu den hier vorgetragenen Überlegungen denkt Rolf Schönberger 2008 („Abhängige Selbständigkeit. Metaphysische Reflexion über den Begriff der Schöpfung im Ausgang von Thomas Aquin").
70. Vgl. Thomas Rentsch 2005 („*Gott*").
71. Vgl. dazu auch Hans Georg Gadamer 1961/1987, S. 70: „Die immerseienden Götter, von denen Homer spricht, Zeus und Athene, Ares, Aphrodite, Proserpina, sind von den griechischen Philosophen als Grundgestalten, in denen sich die Welt selber darstellt, in Herrschaft und Weisheit, Krieg, Liebe und Tod, gedacht worden und nicht als jenseitige Mächte. In der religiösen Wirklichkeit des Kultes war die Vielfalt dieses weltlichen Wesens der Götter überall bezeugt."
72. Der Versuch, dieses Problem der Selbstgerechtigkeit durch eine Lehre von der Gnadenwahl und Prädestination zu lösen, ist als scholastische Sophistik und Dogmatik zu durchschauen.
73. Vgl. dazu Ernst Tugendhat 2003 („*Egozentrizität und Mystik*").

74. Vgl. Joachim Ritter 1974 („Die Aufgabe der Geisteswissenschaften in der modernen Gesellschaft") S. 105-140 und Odo Marquard 1981 (*„Abschied vom Prinzipiellen"*).
75. Vgl. Hermann Lübbe 1986 (*„Religion nach der Aufklärung"*).
76. Vgl. Niklas Luhmann 1977 (*„Funktion der Religion"*).
77. Damit relativiert sich die Kritik von Thomas Rentsch an Luhmann und der Ritterschule (also auch an Hermann Lübbe), auch wenn ein reiner Funktionalismus gerade an der Vielfalt der ‚Funktionen' religiöser Rede und Praxis *vorbei* geht. Vgl. Thomas Rentsch 2005 („*Gott*"), S. 37f.
78. Vgl. dazu Charles Taylor 2009 (*"A Secular Age"*).
79. Die Konstitution eines Heros durch die mythische Darstellungsform seiner Taten *post hoc* als Anfänge späterer Entwicklungen, wie das schon im Johannesevangelium erkennbar wird, hat zur Folge, dass die ‚Identität' der heroisierten Figur oft nicht allein durch die realen Eigenschaften der Person in der wirklichen Lebenswelt bestimmt wird, sondern wesentlich auch durch rezeptionsgeschichtliche Zuschreibungen. Dabei mögen rezeptionsinterne und externe Aussagen auf komplexe Weise miteinander verflochten sein. Im Fall, in dem wir über eine Person nicht oder kaum mehr wissen, als was wir ihr zuschreiben, wird sie selbst ganz oder teilweise zum Gegenstand eines entwicklungsgeschichtlichen Mythos, wie dies etwa bei einer wohl rein fiktionalen Figur wie Theseus sicher, bei Lykurg, Drakon oder Homer wahrscheinlich und zu einem großen Teil auch noch bei Jesus von Nazareth der Fall ist. In gewissen Sinn hatte auch der historische Sokrates wohl nie die subjektive Absicht, der erste Lehrer einer neuen philosophischen Methode des Begründens von Kriterien etwa im Bereich der Moralphilosophie zu werden, wie ihn schon Aristoteles charakterisiert. Damit sehen wir, inwiefern die Identität einer Person als Redegegenstand gerade auch in einer Doxographie und Ideengeschichte nicht einfach ‚rein historisch' zu begreifen ist.
80. Platon, *Alkibiades I*, 129c-131a.
81. Wie bedeutsam für die Griechen die Ehre in der Form des berechtigten ‚Nachruhms' ist, zeigt sich bei Homer, Pindar oder auch Solon, der in seinen Elegien (gemäß einer eher suboptimalen Übersetzung) so etwas sagt wie: „Zeus Kronions Töchter, ihr Geberinnen des Nachruhms, / himmlische Musen erhört, oh, ihr vermögt es, mein Flehn! / Gebt mir Gnade bei den unsterblichen Göttern und gebet / mir bei der Menschen Geschlecht ewigen herrlichen Ruhm!"
82. Im 24. Gesang der Odyssee (90-94) erwarten die Toten der Unterwelt die umherirrenden Seelen der von Odysseus ermordeten Freier. Gewissermaßen vor deren Ankunft sagt die tote Seele des Agamemnon zu Achill über dessen Leichenfeier: "Hättest du aber gesehen, du hättest gestaunt im Gemüte, / Was für prächtige Preise die silberfüßige Thetis / Für dich ausgesetzt; denn sehr lieb warst du den Göttern. / Drum verlorst du auch nicht im Tode den Namen, und immer / Wird unter allen Menschen dir edler Ruhm sein, Achilleus". Später (191 ff.) sagt Agamemnon, der bei seiner Heimkehr von Frau und Freier ermordet wurde, über Penelope: „Wie treu gedachte sie immer / ihres Gatten Odysseus; drum wird der Ruhm ihrer Tugend / Nie vergehn; es werden den Erdenmenschen die Götter / Lieblichen Sang verleihn für die kluge Penelopeia".
83. Vgl. dazu Michael Theunissen 2000 (*„Pindar"*).
84. Gerade die Konsensustheorie der Wahrheit von Jürgen Habermas unterschätzt die ‚dialektische' Spannung zwischen einer guten Begründung der vernünftigen Anerkennbarkeit eines Geltungsanspruchs und der faktischen Anerkennung. Sie verharmlost in ihrer allzu schnellen Rede von einem ‚begründeten Konsens' oder einem ‚zwanglosen Zwang des besten Arguments' alle Strukturprobleme der Logik des Wahren, der sich die Philosophie seit Sokrates zu stellen hat. Hier rächt es sich, sozusagen, dass man an Kant glaubt und Hegel nicht begreift. Es bleibt am Ende der bloße Appell an das Wahre, Gute und Schöne – womit diese Form philosophierender Soziologie in große Nähe zur Religion rückt.
85. Joh. 18,4.

86. Gerade auch die Erzählungen über die Wunder Jesu sind mit Sicherheit Zeitkolorit. Sie sind Anpassung an die medialen Bildzeitungen seiner Zeit für das Volk, was nicht aus-, sondern einschließt, dass die Schreiber selbst an sie glaubten. In manchen von ihnen scheint sich eine praktische Voraussicht zu dokumentieren wie beim Weinwunder von Kana, in anderen ein Wissen um die Ursachen von psychosomatischen Krankheiten und die Rolle tatkräftiger Hoffnung für manche Gesundung. Markantes Beispiel ist die Überwindung der Angst und das (Selbst-)Vertrauen, wie es schon eine so einfache Fähigkeit wie das Schwimmen erfordert, die erstaunlicherweise gerade unter Fischern bis heute weltweit selten geübt wird. In Joh. 21,7 – einem späteren Nachtrag – wird offenbar explizit noch einmal daran erinnert: Als er den auferstandenen Jesus am Ufer zu sehen meint, springt Petrus in den See.
87. Die Kurzformel „die Juden" in den Evangelien ist eine der unglücklichsten generischen Ausdrucksweisen der Weltgeschichte mit dramatischen Folgen im Antijudaismus des Christentums und noch mehr im Antisemitismus der sozialbiologischen und nationaldarwinistischen Nachfolgerideologien. Sie steht ursprünglich keineswegs für das jüdische Volk oder gar die gesamte Ethnie der Israeliten, die ja auch die Bewohner Samarias umfassen müsste, sondern nur für die theologischen Meinungsführer der Zeit, die Pharisäer.
88. Mt. 5,48.
89. Mt. 7,12.
90. Joh. 10,30.
91. Vgl. dazu Meister Eckart: „Got hat allen sinen lust in der geburt, und darumbe gebirt er sinen sun in uns, daz wir allen unsern lust dar inne haben und wir den selben natiurlichen sun mit im gebern." Eckart, Predigt 59, DW II, S. 627; Vgl. auch: ders., *Das Buch der göttlichen Tröstungen*, DW V, S. 40-45; ders., Predigt 2, 4, 6, 11, 22.
92. Vgl. dazu D. Z. Phillips 1966 (*"The Concept of Prayer"*).
93. Kathi Beier 2010 („Selbsttäuschung").
94. Die partielle Undurchsichtigkeit unseres eigenen Selbst und unserer ‚Motive' im Urteilen und Handeln wurde schon von Pascal gegen die cartesianische Idee der Selbstgewissheit ins Feld geführt, und das angesichts einer Psychologie des Unbewussten durchaus mit Recht. Kant greift den Gedanken Pascals wieder auf, aber ohne die Spannung anzuerkennen, die darin liegt, dass wir immer auch selbst wissen müssen, was wir tun, so dass auch Luthers Gnadenlehre nicht anders als die Calvins als einseitig erkennbar wird. Wir selbst müssen uns auch zumindest weitgehend beurteilen und können das auch.
95. Zum Zusammenhang von Gegenwart und laufendem Prozess oder Zustand vgl. Hegel, *Phänomenologie des Geistes*, Hegel Werke 3, S. 291: „Es ist also das Tun und Treiben der Individualität Zweck an sich selbst, der Gebrauch der Kräfte, das Spiel ihrer Äußerungen ist es, was ihnen, die sonst das tote Ansich wären, Leben gibt; das Ansich nicht ein unausgeführtes, existenzloses und abstraktes Allgemeines, sondern es selbst ist *unmittelbar diese Gegenwart und Wirklichkeit des Prozesses der Individualität*." (Hervorhebung: PSW) und ders., *Enzyklopädie der philosophischen Wissenschaften im Grundrisse*, Hegel-Werke Bd. 8, S. 157: „Dass ich in Berlin *bin*, diese meine *unmittelbare Gegenwart*, ist *vermittelt* durch die *gemachte* Reise hierher [...]."
96. Vgl. Deut. 13,1.
97. Vgl. Mt. 6,2.
98. Vgl. dazu auch Aristoteles, *Nikomachische Ethik*, Buch I, Kap 3 und 11.
99. In ihrem logischen Status konkret analysiert werden die entsprechenden generischen Redeweisen in den Arbeiten von Michael Thompson und Sebastian Rödl, wie sie in der Literaturliste angegeben sind. Vgl. dazu auch Aristoteles, *Metaphysik*, Jena, Eugen Diederichs 1907), S. 113.
100. Vgl. Met., S. 113.
101. Vgl. ebd., S. 114.
102. Vgl. dazu auch Hegel: *Wissenschaft der Logik*, Hegel-Werke Bd. 6, S. 473: „Das Leben ist daher [...] Prozeß der Gattung, seine Vereinzelung aufzuheben und sich zu seinem

Anmerkungen

objektiven Dasein als zu sich selbst zu verhalten" und ebd., S. 486: „Der Prozeß der Gattung [...], in welchem die einzelnen Individuen ihre gleichgültige, unmittelbare Existenz ineinander aufheben und in dieser negativen Einheit ersterben, hat ferner zur andern Seite seines Produkts die realisierte Gattung [...]. In dem Gattungsprozeß gehen die abgesonderten Einzelheiten des individuellen Lebens unter [...]."

103. Da es hier darum geht, den Inhalt hervortreten zu lassen, benutze ich zum Teil fast wörtliche Paraphrasierungen der damit zugleich kommentierten Passagen in den angegebenen Texten des Aristoteles. Für eine Detaildebatte um die Interpretation, die hier deswegen nicht weiter interessiert, weil es mir nicht um Behauptungen zur Text-Exegese geht, sondern um eine nur in der Zusammenfassung übersichtlichen Darstellung der Gedanken, wird man die Textpassagen selbst lesen und mit diesen Paraphrasen vergleichen müssen – was hier viel zu viel Platz beanspruchen würde, ohne inhaltlich weiterzuführen.
104. Vgl. Met., S. 114-115.
105. Vgl. ebd., S. 116-117.
106. Vgl. ebd., S. 167.
107. Vgl. ebd., S. 134.
108. Vgl. ebd., S. 135.
109. Vgl. ebd.., S. 165.
110. Vgl. ebd., S. 170.
111. G.W.F. Hegel, *Enzyklopädie der philosophischen Wissenschaften im Grundrisse*, Frankfurt a.M. (Suhrkamp), § 388.
112. Vgl. ebd., § 389.
113. Vgl. ebd., § 390.
114. Vgl. ebd., § 396.
115. Vgl. ebd., § 401.
116. Ebd., § 402.
117. Vgl. ebd., § 403.
118. Vgl. Derek Parfit 1986, (*"Reasons and Persons"*).
119. Enz. § 403.
120. Enz., § 403.
121. Enz., § 403.
122. Hegel erläutert das dann auch noch so: „Wie Raum und Zeit als das abstrakte Außereinander, also als leerer Raum und leere Zeit nur subjektive Formen, reines Anschauen sind, so ist jenes reine Sein, das, indem in ihm die Besonderheit der Leiblichkeit, d.i. die unmittelbare Leiblichkeit als solche aufgehoben worden, Fürsichsein ist, das ganz reine bewusstlose Anschauen, aber die Grundlage des Bewusstseins, zu welchem es in sich geht, indem es die Leiblichkeit, deren subjektive Substanz es [ist] und welche für dasselbe noch als Schranke ist, in sich aufgehoben hat und so als Subjekt für sich gesetzt ist." Hegel Bd. 10, S. 183.
123. G.W.F. Hegel, *Wissenschaft der Logik*, Hegel-Werke Bd. 6, Frankfurt a.M. (Suhrkamp), S. 478.
124. G.W.F. Hegel, *Enzyklopädie*, § 410.
125. Enz., § 379.
126. Vgl. G.W.F. Hegel, *Phänomenologie des Geistes*, Hegel-Werke Bd. 3, S. 203.
127. Vgl. G.W.F. Hegel, *Phänomenologie des Geistes*, Hegel-Werke Bd. 3, S. 350.
128. Aristoteles, *Nikomachische Ethik*, a.a.O. S. 185-186.
129. Vgl. G.W.F. Hegel, *Phänomenologie des Geistes*, Hegel-Werke Bd. 3, S. 365.
130. G.W.F. Hegel, *Phänomenologie des Geistes*, Hegel-Werke Bd. 3, S. 577.
131. G.W.F. Hegel, *Wissenschaft der Logik*, Hegel-Werke Bd. 5, S. 27.
132. G.W.F. Hegel, *Wissenschaft der Logik*, Hegel-Werke Bd. 6, S. 465.
133. Ebd., S. 468.
134. Ebd., S. 475.
135. Diese und die folgenden Zitate aus Bertrand Russell, *Philosophie des Abendlandes*. Wien/Zürich (Europa-Verlag) 1950/1975, S. 818-825.

136. Zum Pragmatismus vgl. besonders Charles Sanders Peirce 1877 („*The Fixation of Belief*") und William James 1907 („*Pragmatism, a New Name for Some Old Ways of Thinking*"), ferner William James 1909 („*The Meaning of Truth*").
137. William James 1920 ("*The Letters of William James*", Bd. I), S. 144 f. Die Übersetzung folgt dem Text von Eilert Herms informativem Nachwort zu dem von ihm herausgegebenen Buch William James 1979 („*Die Vielfalt religiöser Erfahrung*", im Folgenden kurz: „Religion"), S. 487.
138. William James 1979 („*Religion*"), S. 487 f.
139. Der zweite Teil der *Essais de critique génerale*, des seit 1854 erscheinenden Hauptwerkes von Charles Renouvier (1815-1903), trug den Titel „Traité de psychologie rationelle d'après les principes du criticisms." Vgl. William James 1979 („*Religion*"), S. 488.
140. William James 1979 („*Religion*"), S. 488.
141. William James 1979 („*Religion*"), S. 489.
142. Eilert Herms 1977 ("*Radical Empiricism. Studien zur Psychologie, Metaphysik und Religionsphilosophie Willliam James*").
143. Vgl. Eilert Herms 1977 ("*Radical Empiricism*"), S. 292 f.
144. Eilert Herms 1977 ("*Radical Empiricism*"), S. 292.
145. Ganz im Sinne der pragmatischen Sinnanalyse sagt schon Kant an einer James noch nicht zugänglichen Stelle: „Der Begriff von Gott ist nun einmal da; man muß ihn aus dem Gebrauche genetisch entwickeln, indem man nicht den Sinn, den man damit wirklich verbindet, sondern die Absicht aufsucht, die bei allen diesen Begriffen zum Grunde liegen." Immanuel Kant, *Werke*, (Akad. Ausg. Bd. XXIII, S. 473.)
146. Robert Spaemann 1977 („*Die Frage nach der Bedeutung des Wortes 'Gott'*"), S. 13-35.
147. Vgl. dazu etwa auch Hermann Lübbe 1975 („*Vollendung der Säkularisation – Ende der Religion?*").
148. Vgl. William James 1979 („*Religion*"), Vorlesung XVII, besonders S. 407-416.
149. Immanuel Kant, *Über Pädagogik*, (A 134).
150. Viele Erfahrungen, besonders mit sich und seinem Leben, muss jeder selbst machen. Da etwa auch nur derjenige, welcher Gedichte zu lesen gelernt hat, sich an ihnen freuen kann, wäre es nach James' Wissenschaftsauffassung schlicht borniert, wenn man die Realität bzw. Möglichkeit der religiösen Erfahrungen (etwa mit einer religiösen Praxis wie dem Gebet) leugnet, weil sie nicht bei allen Menschen und auch nicht einfach aus einer reinen Beobachterperspektive festgestellt, geschweige denn ‚gemessen', werden können.
151. W. James 1979 („*Religion*"), S. 65.
152. Auch für Kant ist religiöser Glaube letztlich ein ‚höheres' Vertrauen darauf, dass wir durch das ‚ethisch richtige' Handeln trotz allen möglichen Scheiterns und gegen das Urteil einer bloß kurzfristig planenden Klugheit unseren Zweck, nämlich Glück erreichen. Vgl. Kant, *Werke*, Bd. V, S. 603. Auch hier wird ein ‚optimistischer' Standpunkt der Weltbetrachtung (nur) dadurch begründet, dass er ein gutes gemeinsames Leben allererst ermöglicht.
153. W. James 1979 („*Religion*"), S. 473.
154. Eilert Herms 1977 ("*Radical Empiricism*"), S. 272.
155. Friedrich Nietzsche, *Morgenröte*, Schlechta-Ausgabe, S. 257.
156. Friedrich Nietzsche, *Die fröhliche Wissenschaft*, 3. Buch, § 189.
157. Vgl. dazu Friedrich Nietzsche, *Die fröhliche Wissenschaft*, 3. Buch, § 112: „Erklärung nennen wir's: aber ‚Beschreibung' ist es, was uns vor älteren Stufen der Erkenntnis und Wissenschaft auszeichnet." Vgl. auch § 127: „[...] der Glaube an Ursache und Wirkung ist [...] zum Grundglauben geworden" und § 217: „Vor der Wirkung glaubt man an andere Ursachen als nach der Wirkung". Ferner F. Nietzsche, *Jenseits von Gut und Böse*, § 21: „Man soll nicht ‚Ursache' und, Wirkung' fehlerhaft *verdinglichen*, wie es die Naturforscher tun (und wer gleich ihnen heute im Denken naturalisiert)".
158. Vgl. Friedrich Nietzsche, *Die fröhliche Wissenschaft* 3. Buch, § 110 und § 121: „Der Intellekt hat ungeheure Zeitstrecken hindurch nichts als Irrtümer erzeugt" und „unter den Bedingungen des Lebens könnte der Irrtum sein".

Anmerkungen

159. Vgl. ebd., Vorrede, S. 2.
160. Italo Svevo, *Zeno Cosini*, S. 491 f.
161. Ebd., S. 492.
162. Ebd., S. 443.
163. Friedrich Nietzsche, *Die fröhliche Wissenschaft*, Vorrede, S. 3.
164. Vgl. ebd., 4. Buch § 276 und später *passim*.
165. Vgl. dazu auch Friedrich Nietzsche, *Zur Genealogie der Moral*, § 5 (Vorrede).
166. Allerdings halten beide, Nietzsche wie Schopenhauer, ihre vermeintlich oder wirklich schönen oder wenigstens eingängigen Sätze schon deswegen für wahr, weil sie interessant klingen, um von ihren viel weniger stilkritischen und erst recht weniger inhaltskritischen Anhängern gar nicht weiter zu sprechen. Am deutlichsten wird diese Schwäche bei Schopenhauer in seinem ebenso penetranten wie im Grunde verzweifelten Selbstlob, bei Nietzsche in den durchaus peinlichen Berichten über die Rührung, die jedes Mal auftrete, wenn er in seinem eigenen Zarathustra liest. Nietzsches Eigenlob als Formulierungskünstler macht ihn auch sonst verdächtig, die Überzeugungskraft des gut Gesagten zu überschätzen. Zu sagen: „Ich bin kein Mensch, ich bin Dynamit", ist im Hinblick auf die Selbsteinschätzung seiner Leistungen zumindest nicht bescheiden.
167. Vgl. Friedrich Nietzsche, *Zur Genealogie der Moral*, § 7; aber auch ders., *Die fröhlichen Wissenschaft*, § 10 zum Sklavenaufstand der Moral und zum Ressentiment.
168. Vgl. Friedrich Nietzsche, *Zur Genealogie der Moral*, § 13.

Literaturverzeichnis

Adler, Alfred (2008): *Der Sinn des Lebens*, Wien/Leipzig (Dr. Passer 1933), zitiert nach: Köln (Anaconda Verlag).
Anscombe, G. Elisabeth M. (1957): *Intention*, Oxford (Basil Blackwell).
Appel, Kurt et al. (Hrsg., 2008): *Naturalisierung des Geistes? Beiträge zur gegenwärtigen Debatte um den Geist*, Würzburg (Königshausen & Neumann).
Arendt, Hannah (1981): *Vita activa oder vom tätigen Leben*, München (Piper).
Aristoteles (1907): *Metaphysik*, Jena (Eugen Diederichs).
Aristoteles (1909): *Nikomachische Ethik*, Buch I, Jena (Eugen Diederichs).
Assmann, Jan (2004): *Ägyptische Geheimnisse*, München (Fink).
Augustinus, Aurelius (1955): *Bekenntnisse*, Frankfurt a. M. (S. Fischer).
Beier, Kathi (2010): *Selbsttäuschung*, Berlin (Walter de Gruyter).
Bidese, Ermenegildo et al. (Hrsg., 2008): *Philosophische Gotteslehre heute*, Darmstadt (Wissenschaftliche Buchgesellschaft).
Bohlen, Stephanie (2003): *Geschöpflichkeit und Freiheit. Ein Zugang zum Schöpfungsgedanken im Ausgang von der kritischen Philosophie Kants*, Berlin (Duncker & Humblot).
Brandom, Robert B. (1994): *Making it Explicit*. Cambridge/Mass. (Harvard University Press).
Bruner, Jerome (1997): *Sinn, Kultur und Ich-Identität. Zur Kulturpsychologie des Sinns*, Heidelberg (Carl Auer).
Buber, Martin (1995): *Ich und Du*, Ditzingen (Reclam).
Bühler, Karl (1982): *Sprachtheorie. Die Darstellungsfunktion der Sprache*, Stuttgart (Gustav Fischer).
Bultmann, Rudolf (1965): *Glauben und Verstehen*, Gesammelte Aufsätze Bd. 4, Tübingen (Mohr/Siebeck).
Bultmann, Rudolf (1965a): „Ist der Glaube an Gott erledigt?", in: Bultmann (1965), S. 107-112.
Canfield, John V. (2005): „Der Grund des Seins. Wittgensteins ‚religiöse Betrachtungsweise'", *Deutsche Zeitschrift für Philosophie* 53, S. 257-275.
Christian Sr., William A. (1964): *Meaning and Truth in Religion*, Princeton (Princeton University Press).
Cottingham, John (2005): *The Spiritual Dimension. Religion, Philosophy and Human Value*, Cambridge (Cambridge University Press).
Cramer, Wolfgang (1967): *Gottesbeweise und ihre Kritik*, Frankfurt a.M. (Klostermann).
Dalferth, Ingolf U. (2005): „Wittgenstein: The Theological Reception", in: D. Z. Phillips, Mario von der Ruhr (Hrsg.): *Religion and Wittgenstein's Legacy*, Hants (Ashgate), S. 273-301.
Dalferth, Ingolf U. (1981): *Religiöse Rede von Gott*, München (Chr. Kaiser).
Dawkins, Richard (2006): *The God Delusion*, Boston (Houghton Mifflin).
Dawkins, Richard (2007): *Der Gotteswahn*, Berlin (Ullstein).
Demmerling, Christoph (2002): *Sinn, Bedeutung, Verstehen. Untersuchungen zu Sprachphilosophie und Hermeneutik*, Paderborn (Mentis).
Dschuang Dsi (1972): *Südliches Blütenland*, Düsseldorf (Diederichs).
Fehige, Christoph; Meggle, Georg; Wessel, Ulla (Hrsg., 2000): *Der Sinn des Lebens,* München (dtv).
Feuerbach,Ludwig (1986): *Das Wesen des Christentums [1841]*, Ditzingen (Reclam).
Frankl, Viktor E. (2000): „Der Wille zum Sinn", in: Fehige, Christoph, Meggle, Georg, Wessels, Ulla (Hrsg.), *Der Sinn des Lebens* (2000), S. 120-122.
Freud, Sigmund (1974): „Die Zukunft einer Illusion", in: ders.: *Studienausgabe, Band IX*. Alexander Mitscherlich, Angela Richards, James Strachey (Hrsg.), Frankfurt a.M. (Fischer), S. 135-189.

Literaturverzeichnis

Gadamer, Hans Georg (1961): „Die Philosophie und die Religion des Judentums", in: ders., *Neuere Philosophie II. Probleme. Gestalten. Gesammelte Werke Bd. 4*, Tübingen (1987), S. 68-77.
Gadamer, Hans-Georg (1975): *Wahrheit und Methode. Grundzüge einer philosophischen Hermeneutik*, Tübingen (Mohr/Siebeck).
Graf, Friedrich Wilhelm (2006): *Moses Vermächtnis. Über göttliche und menschliche Gesetze*, München (C. H. Beck).
Habermas, Jürgen: „Wahrheitstheorien", in: Helmut Fahrenbach (Hrsg.): *Wirklichkeit und Reflexion. Walter Schulz zum 60. Geburtstag*. Neske, Pfullingen 1973, S. 211–265.
Hanfling, Oswald (1987): *The Quest for Meaning*, Oxford (Basil Blackwell).
Hegel, G. W. F., (1986), Werke in 20 Bänden, hrsg. v. Eva Moldenhauer und Karl Markus Michel, Frankfurt a. M. (Suhrkamp).
Heidegger, Martin (1985): *Einführung in die Metaphysik*, Frankfurt a. M. (Klostermann).
Hennig, Boris (2004): ‚*Conscientia'* bei Descartes, Freiburg (Alber).
Henrich, Dieter (1960): *Der ontologische Gottesbeweis*, Tübingen (Mohr/Siebeck).
Henrich, Dieter (2004): „Der persönliche Gott in Kants Theologie", in: ders., *Grundlegung aus dem Ich. Untersuchungen zur Vorgeschichte des Idealismus. Tübingen/Jena 1790-1794*, Frankfurt a. M., S. 1474-1501.
Henrich, Dieter (2006): „Mystik ohne Subjektivität?", *Deutsche Zeitschrift für Philosophie* 54, S. 169-188.
Herms, Eilert (1977): *Radical Empiricism. Studien zur Psychologie, Metaphysik und Religionsphilosophie William James'*, Gütersloh (Sigbert Mohn).
Hick, John (1996): *Religion. Die menschlichen Antworten auf die Frage nach Leben und Tod*, München (Diederichs).
Hume, David (1981): *Dialoge über natürliche Religion*, Stuttgart (Reclam).
Huxley, Aldous (1975): *Schöne Neue Welt*, (engl. Brave New World), Frankfurt a. M. (Fischer).
Jäger Christoph (1998): *Analytische Religionsphilosophie*, Stuttgart (UTB).
James, William (1920): *The Letters of William James*, Volume 1, Boston (Atlantic Monthly Press).
James, William (1971): *The Meaning of Truth*, London 1909, Reprint: Westport, Connecticut (Greenwood Press).
James, William (1977): Pragmatism, a New Name for Some Old Ways of Thinking (1907). Dt.: *Der Pragmatismus* (1908), Hamburg (Meiner).
James, William (1979): *Die Vielfalt religiöser Erfahrung. Eine Studie über die menschliche Natur*. Olten (Walter).
Jaspers, Karl (1971): *Die geistige Situation der Zeit*, Berlin (Walter de Gruyter).
Joas, Hans (Hrsg.) (2003): *Was sind religiöse Überzeugungen? Mit Beiträgen von Thomas Schärtl, Clemens Sedmak und Klaus von Stosch*, Göttingen (Wallstein).
Jung, Matthias (1999): *Erfahrung und Religion*, Freiburg i. Br. (Karl Alber).
Jung, Matthias (2005): „Qualitatives Erleben und artikulierter Sinn. Eine pragmatische Hermeneutik religiöser Erfahrung", *Deutsche Zeitschrift für Philosophie* 53, S. 239-256.
Kambartel, Friedrich (1971): „Theo-Logisches. Definitorische Vorschläge zu einigen Grundtermini im Zusammenhang christlicher Rede von Gott", *Zeitschrift für evangelische Ethik 15*, S. 32-35.
Kamlah, Wilhelm (1973): *Philosophische Anthropologie*, Mannheim (Bibliographisches Institut).
Kant, Immanuel (1968): *Kritik der reinen Vernunft*, in: ders.: *Werke in zehn Bänden*, Bd. 3 und 4, Darmstadt (Wissenschaftliche Buchgesellschaft).
Kant, Immanuel (1971): *Die Religion innerhalb der Grenzen der bloßen Vernunft*, in: ders.: *Werke in zehn Bänden*, Bd. 7, Darmstadt (Wissenschaftliche Buchgesellschaft), S. 649-879.
Kant, Immanuel (1900 ff.): *Logik. Physische Geografie. Pädagogik*, in: ders. *Kants gesammelte Schriften* (Akademie Ausgabe), Abt. 1, Bd IX, Berlin (Akademie der Wissenschaften in Göttingen).

Kant, Immanuel (1900a ff.): *Vorarbeiten und Nachträge,* Teil 2, in: ders. *Kants gesammelte Schriften* (Akademie Ausgabe), Band 23, Berlin (Akademie der Wissenschaften in Göttingen).
Kant, Immanuel (1900b ff.): *Kritik der praktischen Vernunft. Kritik der Urteilskraft,* in: ders. *Kants gesammelte Schriften* (Akademie Ausgabe), Band 5, Berlin (Akademie der Wissenschaften in Göttingen).
Kerr, Fergus (1997): *Theology after Wittgenstein,* London (Society for Promoting Christian Knowledge).
Kierkegaard, Sören (2000): *Gesammelte Werke in 30 Bänden,* Gütersloh (Gütersloher Verlagshaus).
Kodalle, Klaus-Michael (2006): *Annäherungen an eine Theorie des Verzeihens.* Vortrag vom 20.4. 2002 an der Akademie der Wissenschaften und Literatur zu Mainz; Abhandlungen der Geistes- und Sozialwissenschaftlichen Klasse, Nr. 8.
Küng, Hans (1978): *Existiert Gott? Antwort auf die Gottesfrage der Neuzeit,* München (Piper).
Laotse (1997): *Tao-Tê-King,* Ditzingen (Reclam).
Lindbeck, George A. (1994): *Christliche Lehre als Grammatik des Glaubens. Religion und Theologie im postliberalen Zeitalter,* Gütersloh (Kaiser).
Lübbe, Hermann (1975): „Vollendung der Säkularisation – Ende der Religion?", in ders. *Fortschritt als Orientierungsproblem. Aufklärung in der Gegenwart.* Freiburg (Rombach).
Lübbe, Hermann (1986): *Religion nach der Aufklärung,* Graz/Wien/Köln (Styria).
Luhmann, Niklas (1977): *Funktion der Religion,* Frankfurt a.M. (Suhrkamp).
Mackie, John L. (1982): *Das Wunder des Theismus. Argumente für und gegen die Existenz Gottes,* Stuttgart (Reclam).
Marquard, Odo (1981): *Abschied vom Prinzipiellen,* Stuttgart (Reclam).
Meister Eckhart (1977): *Deutsche Predigten und Traktate,* München (Carl Hanser), DW II.
Meister Eckhart (2007): *Das Buch der göttlichen Tröstungen,* München (C.H. Beck), DW V.
Monk, Ray Russell (2004): *Wittgenstein. Das Handwerk des Genies,* (engl. Ludwig Wittgenstein. The Duty of Genius.) Stuttgart (Klett-Cotta).
Moody, Raymond A. (1977): *Leben nach dem Tod,* Reinbek (Rowohlt).
Murdoch, Iris (1970): *The Sovereignty of Good,* London (Routledge and Kegan Paul).
Murdoch, Iris (1992): *Metaphysics as a Guide to Morals,* London (Penguin).
Nagel, Thomas (2000): „Das Absurde", in: Fehige, Christoph, Meggle, Georg, Wessels, Ulla (Hrsg.), 2000, S. 95-104.
Nagl, Ludwig (Hrsg.) (2003): *Religion nach der Religionskritik,* Wien (Akademie)
Nielsen, Kai (2000): „Analytische Philosophie und der ‚Sinn des Lebens'", in: Fehige, Christoph, Meggle, Georg, Wessels, Ulla (Hrsg.), 2000, S. 228-251.
Nietzsche, Friedrich (1880): *Nachgelassene Fragmente,* Sommer 1880, 4 [55], in: ders.: KGW V/1.
Nietzsche, Friedrich (1988): „Morgenröte", in: *Kritische Studienausgabe,* Bd. 3, Giorgio Colli und Mazzino Montinari (Hrsg.), München (dtv).
Nietzsche, Friedrich (1988a): „Zur Genealogie der Moral", in: *Kritische Studienausgabe,* Bd. 5, Giorgio Colli und Mazzino Montinari (Hrsg.), München (dtv).
Nietzsche, Friedrich (1988b): „Die fröhliche Wissenschaft", in: *Kritische Studienausgabe,* Bd. 3, Giorgio Colli und Mazzino Montinari (Hrsg.), München (dtv).
Nietzsche, Friedrich (1988c): „Jenseits von Gut und Böse", in: *Kritische Studienausgabe,* Giorgio Colli und Mazzino Montinari (Hrsg.), München (dtv).
Noë, Alva (2040): *Action in Perception.* Cambridge/Mass (MIT Press).
Noë, Alva (2010): *Du bist nicht dein Gehirn: Eine radikale Philosophie des Bewusstseins.* München (Piper).
O'Neill, Onora 2003): „Vernünftige Hoffnung. Tanner Lecture (Nr. 1) über Kants Religionsphilosophie", in: Nagl, Ludwig (Hrsg.) *Religion nach der Religionskritik,* Wien/Berlin, S. 86-110.
Otto, Rudolf (1963): *Das Heilige. Über das Irrationale in der Idee des Göttlichen und sein Verhältnis zum Rationalen* (1917), München (C.H. Beck).

Pannenberg, Wolfhart (2007): *Analogie und Offenbarung*, Göttingen (Vandenhoeck & Ruprecht).
Parfit, Derek (1986): *Reasons and Persons*, Oxford (University Press).
Peirce, Charles Sanders (1967): „The Fixation of Belief", *Popular Science Monthly, 1877* Bd. 12, S. 1-15; dt. in: Ch. S. Peirce, *Schriften I*, Frankfurt a. M. (Suhrkamp), S. 293-32.
Phillips, D. Z. (1966): *The Concept of Prayer*, New York (Blackwell Publishers).
Plantinga, Alvin (2000): *Warranted Christian Belief*, Oxford (University Press).
Platon (1990): Alkibiades I, in: Gunther Eigler (Hrsg.) *Platon*. Werke, Band 1, Darmstadt (Wissenschaftliche Buchgesellschaft).
Rentsch, Thomas (1999): *Die Konstitution der Moralität. Transzendentale Anthropologie und Praktische Philosophie*, Frankfurt a. M. (Suhrkamp).
Rentsch, Thomas (2003): *Heidegger und Wittgenstein*, Stuttgart (Klett).
Rentsch, Thomas (2005): *Gott*, Berlin (Walter de Gruyter).
Ritter, Joachim (1974): „Die Aufgabe der Geisteswissenschaften in der modernen Gesellschaft", in: ders., *Subjektivität. Sechs Aufsätze*, Frankfurt a. M. (Suhrkamp).
Runggaldier, Edmund (1996): *Philosophie der Esoterik*, Stuttgart (Kohlhammer).
Russell, Bertrand (2007): *Philosophie des Abendlandes*. Wien/Zürich (Europa-Verlag).
Russell, Bertrand (2009): *Autobiography*, London (Routledge Chapman & Hall).
Schärtl, Thomas (2003): „Was sind religiöse Überzeugungen?", in: Joas (2003), Göttingen (Wallstein), S. 18-53.
Schleiermacher, Friedrich D. E. (1980): *Der christliche Glaube nach den Grundsätzen der evangelischen Kirche im Zusammenhange dargestellt*, Teilband 1, Berlin (Walter de Gruyter).
Schlette, Magnus, Matthias Jung (Hrsg.) (2005): *Anthropologie der Artikulation. Begriffliche Grundlagen und transdisziplinäre Perspektiven*, Würzburg (Königshausen & Neumann).
Schneider, Hans Julius (1992): *Phantasie und Kalkül, Über die Polarität von Handlung und Struktur in der Sprache*, Frankfurt a. M. (Suhrkamp).
Schneider, Hans Julius (1993): „Der Begriff der Erfahrung und die Wissenschaften vom Menschen", in: H. J. Schneider, R. Inhetveen (Hrsg.): *Enteignen uns die Wissenschaften? Über das Verhältnis zwischen Erfahrung und Empirie*, München (Fink) S. 7-27.
Schneider, Hans Julius (1997): „Metaphorically created objects: ‚real' or ‚only linguistic'?", in: B. Debatin, T. R. Jackson, D. Steuer (Hrsg.), *Metaphor and Rational Discourse*, Tübingen (Max Niemeyer), S. 91-100.
Schneider, Hans Julius (1997a): „Den Zustand meiner Seele beschreiben' – Bericht oder Diskurs?", in: Wolfgang R. Köhler (Hrsg.): *Davidsons Philosophie des Mentalen*, Paderborn (Schöningh), S. 33-51.
Schneider, Hans Julius (1998): „Der Zen-Weg. Westliche Worte zu einer östlichen Praxis", *Sinn und Form* 50, S. 695-704.
Schneider, Hans Julius (2001): „Wissenschaftliche Erfahrung, lebensweltliche Erfahrung, religiöse Erfahrung. Eine erkenntnistheoretische Landschaftsskizze", in: Florian Uhl, Artur R. Boelderl (Hrsg.): *Zwischen Verzückung und Verzweiflung. Dimensionen religiöser Erfahrung,* Düsseldorf/Bonn: (Parerga) (Schriften der Österreichischen Gesellschaft für Religionsphilosophie, Bd. 2). S. 103-127.
Schneider, Hans Julius (2002): „‚Der Philosoph behandelt eine Frage wie eine Krankheit' (Ludwig Wittgenstein). Eine Antwort auf die Frage ‚Was ist, kann und soll die Philosophie?'", in: Wolfgang Schoberth, Ingrid Schoberth (Hrsg.), *Kirche – Ethik – Öffentlichkeit*, Münster (Lit), S. 190-203.
Schneider, Hans Julius (2002a): „Beruht das Sprechenkönnen auf einem Sprachwissen?", in: Sibylle Krämer, Ekkehard König (Hrsg.), *Gibt es eine Sprache hinter dem Sprechen?* Frankfurt a. M. (Suhrkamp), S. 129-150.
Schneider, Hans Julius (2003): „Der Begriff der religiösen Erfahrung bei William James und seine Weiterentwicklung nach Wittgenstein", in: Winfried Löffler, Paul Weingartner (Hrsg.): *Wissen und Glauben. Beiträge des 26. Internationalen Wittgenstein Symposiums*, Bd. XI, Kirchberg am Wechsel (öbv), S. 320-322.
Schneider, Hans Julius (2003a): „Das Placebo-Argument", in: Ludwig Nagl (2003), S. 177-194.

Schneider, Hans Julius (2005): „Reden über Inneres. Ein Blick mit Ludwig Wittgenstein auf Gerhard Roth", *Deutsche Zeitschrift für Philosophie* 53, S. 743-759.
Schneider, Hans Julius (2006): „William James and Ludwig Wittgenstein: A Philosophical Approach to Spirituality", in: J. Moore, C. Purton (Hrsg.): *Spirituality and Counselling: Experiential and Theoretical Perspectives*, Ross-on-Wye (PCCS Books), S. 50-64.
Schneider, Hans Julius (2006a): „Satz – Bild – Wirklichkeit. Vom Notationssystem zur Autonomie der Grammatik im ‚Big Typescript'", in: Stefan Majetschak (Hrsg.): *Wittgensteins ‚große Maschinenschrift'. Untersuchungen zum philosophischen Ort des Big Typescripts (TS 213) im Werk Ludwig Wittgensteins*, Wittgenstein Studien, Band 12, Bern (Peter Lang), S. 79-98.
Schneider, Hans Julius (2007): „‚Wertstofftrennung?" Zu den sprachphilosophischen Voraussetzungen des Religionsverständnisses von Jürgen Habermas", in: Rudolf Langthaler, Herta Nagl-Docekal (Hrsg.): *Glauben und Wissen. Ein Symposium mit Jürgen Habermas*, Wien (Akademie Verlag), S. 155-185.
Schneider, Hans Julius (2008): *Religion*, Berlin (Walter de Gruyter).
Schönberger, Rolf (2008): „Abhängige Selbständigkeit. Metaphysische Reflexion über den Begriff der Schöpfung im Ausgang von Thomas Aquin", in: Kurt Appel et alii (Hg.), *Naturalisierung des Geistes? Beiträge zur gegenwärtigen Debatte um den Geist*, Würzburg (Königshausen & Neumann).
Schürmann, Volker (2002): *Heitere Gelassenheit*, Berlin (Parerga Verlag).
Siep, Ludwig (2000): *Der Weg der Phänomenologie des Geistes. Ein einführender Kommentar zu Hegels „Differenzschrift" und „Phänomenologie des Geistes"*. Frankfurt a. M. (Suhrkamp).
Soskice, Janet Martin (1985): *Metaphor and Religious Language*, Oxford (Clarendon Press).
Spaemann, Robert (1964): „Naturteleologie und Handlung", in: ders.: *Philosophische Essays*, Stuttgart (Reclam), S. 41-59.
Spaemann, Robert (1977): „Die Frage nach der Bedeutung des Wortes ‚Gott'", in: ders., *Einsprüche. Christliche Reden*. Einsiedeln (Johannes Verlag).
Spaemann, Robert/Löw, Reinhard (1996): *Die Frage wozu?*, München (Piper).
Stekeler-Weithofer, Pirmin (1991): „Religionsphilosophie nach William James", in: *Neue Zeitschrift für Systematische Theologie und Religionsphilosophie* 33, Heft 1, S. 74-87.
Stekeler-Weithofer, Pirmin (1995): *Sinn-Kriterien. Die logischen Grundlagen kritischer Philosophie von Platon bis Wittgenstein*, Paderborn (Schöningh).
Stekeler-Weithofer, Pirmin (1997): „Analogie als semantisches Prinzip", in: Georg Meggle (Hrsg.): *Analyomen 2, Volume II*: Philosophy of Language Metaphysics, Berlin/New York (Walter de Gruyter), S. 262-289.
Stekeler-Weithofer, Pirmin (2002): „Stolz und Würde der Person". Grundprobleme der (Bio) Ethik in einer mit Nietzsche entwickelten Perspektive, in: Volker Gerhardt/Renate Reschke (Hrsg.): *Nietzsche-Forschung, Jahrbuch der Nietzsche-Gesellschaft*, Bd. 9, Berlin (Akademie Verlag), S. 15-29.
Stekeler-Weithofer, Pirmin (2003): „Lebenswelt und Menschenzoo. Nietzsches Ethik des Überstiegs vom Bedürfniswesen zur authentischen Person", in: Volker Gerhardt/Renate Reschke (Hrsg.): *Ästhetik und Ethik nach Nietzsche. Nietzsche-Forschung*. Jahrbuch der Nietzsche-Gesellschaft. Band 10, Berlin (Akademie Verlag), S. 65-80.
Stekeler-Weithofer, Pirmin (2004): *Was heißt Denken?*, Bonn (University Press).
Stekeler-Weithofer, Pirmin (2005): *Philosophie des Selbstbewusstseins. Hegels System als Formanalyse von Wissen und Autonomie*, Frankfurt a. M. (Suhrkamp).
Stekeler-Weithofer, Pirmin (2007): „Philosophische Dichtung: Hölderlins Mnemosyne", in: Brady Bowman (Hrsg.): *Darstellung und Erkenntnis. Beiträge zur Rolle nichtpropositionaler Erkenntnisformen in der deutschen Philosophie und Literatur nach Kant*, Paderborn (Mentis), S. 135-157.
Stekeler-Weithofer, Pirmin (2008): „Ethik und philosophische Anthropologie", in: Jürgen Mittelstraß (Hrsg.): *Der Konstruktivismus in der Philosophie im Ausgang von Wilhelm Kamlah und Paul Lorenzen*, Paderborn (Mentis), S. 133-154.

Literaturverzeichnis

Stekeler-Weithofer, Pirmin (2008a): „Nietzsches Philosophie der authentischen Person", in: Alexander Haardt, Nikolaj Plotnikov (Hrsg.): *Diskurse der Personalität*. Die Begriffsgeschichte der ›Person‹ aus deutscher und russischer Perspektive, München (Wilhelm Fink), S. 75-89.

Stekeler-Weithofer, Pirmin (2008b): „Vernunft als Kritik an bloß wissenschaftlicher Aufklärung. Zu Hegels Aufhebung religiöser Denktraditionen", in: Erwin Dirscherl, Christoph Dohmen (Hrsg.): *Glaube und Vernunft*. Spannungsreiche Grundlage europäischer Geistesgeschichte, Freiburg-Basel-Wien (Herder), S. 291-312.

Stekeler-Weithofer, Pirmin (2008c): „Kompetenter Umgang mit analogischen Formen. Über Ernst Tugendhat: *Anthropologie statt Metaphysik*", *Deutsche Zeitschrift für Philosophie*, Heft 2/2008, Berlin (Akademie Verlag), S. 299-304.

Stekeler-Weithofer, Pirmin (2009): „Sittlichkeit als Verwirklichung der Idee des Guten". *Philosophisches Jahrbuch der Görres-Gesellschaft*, Freiburg/München (Karl Alber), 2. Halbband, S. 362-380.

Stekeler-Weithofer, Pirmin (2010): „Über die Seele bei Platon, Aristoteles und Hegel", in: Katja Crone, Robert Schnepf und Jürgen Stolzenberg (Hrsg.): *Über die Seele*. Berlin (Suhrkamp), S. 210-230.

Stekeler-Weithofer, Pirmin (2010a): „Die Frage nach dem Sinn", in: Stefan Tolksdorf, Holm Tetens (Hrsg.): *In Sprachspiele verstrickt – oder: wie man der Fliege den Ausweg zeigt*. Berlin (Walter de Gruyter), S. 9-28.

Stekeler-Weithofer, Pirmin (2010b): „Der Gottmensch. Zur Philosophie der christlichen Religion." *Philokles*. Heft 17, Ethos e. V. Leipzig, S. 3-28.

Strawson, Galen (2005): „Gegen die Narrativität", *Deutsche Zeitschrift für Philosophie* 53, S. 3-22.

Svevo, Italo (1993): *Zeno Cosini*, Reinbek (rororo).

Swinburne, Richard (1987): *Die Existenz Gottes*, Stuttgart (Reclam).

Taylor, Charles (1988): „Bedeutungstheorien", in: ders.: *Negative Freiheit? Zur Kritik des neuzeitlichen Individualismus*, Frankfurt a. M. (Suhrkamp), S. 52-117.

Taylor, Charles (2002): *Die Formen des Religiösen in der Gegenwart*, Frankfurt a. M. (Suhrkamp).

Taylor, Charles (2009): *A Secular Age*, Cambridge/Mass (Harvard University Press).

Theunissen, Michael (2000): *Pindar*, München (C. H. Beck).

Tolstoi, Leo (1950): „*Der Tod des Iwan Iljitsch*", in: ders: *Meistererzählungen*, Zürich (Manesse), S. 383-482.

Tolstoi, Leo (1892): *Kurze Darlegung des Evangeliums*, Leipzig (Reclam).

Tugendhat, Ernst (1976): *Vorlesungen zur Einführung in die sprachanalytische Philosophie*, Frankfurt a. M. (Suhrkamp).

Tugendhat, Ernst (2003): *Egozentrizität und Mystik. Eine anthropologische Studie*. München (C. H. Beck).

Tugendhat, Ernst (2007): *Anthropologie statt Metaphysik*. München (C. H. Beck).

Vaihinger, Hans (2007): *Philosophie des Als Ob*, Saarbrücken (VDM Verlag Dr. Müller).

Vattimo, Gianni (1997): *Glauben – Philosophieren*, Stuttgart (Reclam).

Von Brück, Michael (2007): *Einführung in den Buddhismus*, Frankfurt a. M. (der Weltreligionen).

Waismann, Friedrich (1984): *Wittgenstein und der Wiener Kreis*, Frankfurt a. M. (Suhrkamp).

Weil, Simone & Kemp, Friedhelm (1956): *Die Entwurzelung. Ein Vermächtnis*, München (Kösel).

Wenzel, Uwe J. (Hrsg.) (2007): *Was ist eine gute Religion? Zwanzig Antworten*. München (C. H. Beck).

Wiggershaus, Rolf (Hrsg.) (1975): *Sprachanalyse und Soziologie. Die sozialwissenschaftliche Relevanz von Wittgensteins Sprachphilosophie*. Frankfurt a. M. (Suhrkamp).

Wiggins, David (2000): „Wahrheit, Erfindung und der Sinn des Lebens", in: Fehige, Christoph, Meggle, Georg, Wessels, Ulla (Hrsg.), *Der Sinn des Lebens*, 2000, S. 408-445.

Williams, Bernard (2002): *Truth and Truthfulness*, Princeton (University Press).

Wimmer, Reiner (1990): *Kants kritische Religionsphilosophie*, Berlin/New York (Walter de Gruyter).
Wimmer, Reiner (1992): „Die Religionsphilosophie des ‚opus postumum'", in: F. Ricken, F. Marty (Hrsg.), *Kant über Religion*, Stuttgart (Kohlhammer), S. 195-229.
Winch, Peter (1966): *Die Idee der Sozialwissenschaft und ihr Verhältnis zur Philosophie*, Frankfurt a. M. (Suhrkamp).
Wittgenstein, Ludwig (1953): *Philosophische Untersuchungen*, (engl. *Philosophical Investigations*, New York (Macmillan)).
Wittgenstein, Ludwig (1971): *Vorlesungen und Gespräche über Ästhetik, Psychologie und Religion*, Göttingen (Vandenhoeck & Ruprecht).
Wittgenstein, Ludwig (1980): *Briefe. Briefwechsel mit B. Russell, G. E. Moore, J. M. Keynes, F. P. Ramsey, W. Eccles, P. Engelmann und L. von Ficker*, Frankfurt a. M. (Suhrkamp).
Wittgenstein, Ludwig (1989): *Logisch-philosophische Abhandlung. Tractatus logico-philosophicus*, Frankfurt am M. (Suhrkamp).
Wittgenstein, Ludwig (1989a): „Vortrag über Ethik", in: Wittgenstein (1989b), S. 9-19.
Wittgenstein, Ludwig (1989b): *Vortrag über Ethik und andere kleine Schriften*, Frankfurt a. M. (Suhrkamp).
Wittgenstein, Ludwig (1991): *Geheime Tagebücher 1914 – 1916*, (Hrsg.) Wilhem Baum, Wien (Turia & Kant).
Wittgenstein, Ludwig (2000): *The Big Typschript*, Wien (Springer).
Wohlrapp, Harald (2001): „Kultur, Religion, Argument. Sieben Thesen zu einem post-universalistischen Konzept kultureller Integration", *Dialektik*, S. 53-70.
Wohlrapp, Harald (2008): *Der Begriff des Arguments*, Würzburg (Könighausen & Neumann).

Namensregister

A
Adler, Alfred 21f, 194, 202
Anscombe, Gertrude Elizabeth Margaret 202
Appel, Kurt 202, 206
Aquin, Thomas von 66, 196, 206
Arendt, Hannah 85, 195, 202
Aristoteles 14f, 18, 70, 101, 105, 114, 118, 145-156, 183, 197ff, 202, 207
Assmann, Jan 202
Augustinus 7, 84, 137, 202
Ayer, Alfred Jules 22

B
Beier, Kathi 198, 202
Benedikt von Nursia 83
Papst Benedikt XVI. 66
Bidese, Ermenegildo 202
Binet, Alfred 170
Bohlen, Stephanie 202
Böhme, Jakob 136
Brandom, Robert B. 202
Brecht, Bert 81
Brentano, Clemens 82
Breuer, Josef 170
Bruner, Jerome 202
Buber, Martin 71, 96, 116, 135, 137, 196, 202
Brück, Michael von 207
Bühler, Karl 202
Bultmann, Rudolf 202

C
Calvin, Jean 111, 121, 137
Canfield, John 202
Canterbury, Anselm von 102
Carnap, Rudolf 69, 112
Christian Sr., William A. 202
Christus 12, 79, 120, 130f
Churchill, Winston 162
Cosini, Zeno 187, 201, 207
Cottingham, John 202
Cramer, Wolfgang 202

D
Dalferth, Ingolf 202
Darwin, Charles 67, 77, 122
Davidsons, Donald 25, 52, 205
Dawkins, Richard 195, 202
Demmerling, Christoph 194, 202
Demokrit 31, 107
Descartes, René 13, 17f, 67, 88, 104ff, 129f, 195, 203
Diogenes 130
Dominikus 83
Dreyfus, Hubert 71
Dschuang Dsi 92f, 196, 202

E
Eichendorff, Joseph von 82f
Einstein, Albert 83, 92, 99
Emerson, Ralph Waldo 161
Epikur 37, 107
Euripides 131

F
Feuerbach, Ludwig 90, 140, 202
Fichte, Gottlieb 12, 32, 46, 118
Foucault, Michel 124, 190
Frankl, Viktor E. 202
Franziskus 83
Frege, Gottlob 15, 21, 51f, 73, 104
Freud, Sigmund 29, 170, 202

G
Gadamer, Hans Georg 196, 203
Gaunilo 103f
Gödel, Kurt 99
Goethe, Johann Wolfgang von 77, 83, 178
Gorgias 138
Gracian 183
Graf, Friedrich Wilhelm 203

H
Habermas, Jürgen 24, 197, 203, 206
Hamann, Johann Georg 175
Hanfling, Oswald 58, 195, 203
Hegel, Georg Wilhelm Friedrich 7, 9, 11f, 15, 19, 22, 26, 30, 32, 34, 35, 36, 38ff, 45f, 49, 54f, 61, 66f, 70, 73, 82, 85, 88f, 99f, 104-116, 118f, 120, 135-141, 143, 145, 148ff, 155-161, 171, 177f, 186, 188, 192, 195-199, 203, 207
Heidegger, Martin 22, 32, 36, 43, 45, 47, 65, 80f, 88ff, 109, 138f, 178, 186, 194, 196, 203, 205
Hektor 114

Hennig, Boris 195, 203
Henrich, Dieter 37, 41, 195, 203
Heraklit 68, 101f, 105, 114f, 151, 182, 189
Herms, Eilert 165, 174, 200, 203
Herodes 131
Hessen-Homburg, Augusta von 78
Hick, John 203
Hitler, Adolf 162
Hobbes, Thomas 26, 56, 129, 175, 191
Hölderlin, Johann Christian Friedrich 65, 75, 77-90, 118f, 188, 192
Homer 83, 114, 124, 196f
Hume, David 18, 112, 141, 151, 156, 178, 179, 194, 203
Huntington, Samuel 96
Husserl, Edmund 45
Huxley, Aldous 26, 203

I
Ignatius 83

J
Jäger Christoph 195, 203
Jahwe 79, 101, 125
James, William 10, 37f, 64f, 69, 161-174, 200, 202f, 205f
Jaspers, Karl 203
Jesus 91, 113, 116f, 124ff, 129-137, 142ff, 197f
Joas, Hans 203, 205
Johannes der Täufer 191
Judas 130
Jung, Matthias 203, 205

K
Kambartel, Friedrich 195, 203
Kamlah, Wilhelm 203, 206
Kant, Immanuel 2f, 5, 12, 15, 18, 21, 30, 40, 44ff, 67, 82, 87, 90f, 99, 103f, 107, 110, 112-119, 121, 125, 134f, 139, 141, 143, 161, 169, 171, 175, 177, 190, 194, 197f, 200, 203f, 206, 208
Kemp, Friedhelm 207
Kerr, Fergus 204
Kierkegaard, Søren 36, 85, 88, 119, 195, 204
Kodalle, Klaus-Michael 85, 195, 204
Konfuzius 94
Küng, Hans 94, 204

L
LaMettrie, Julien Offray de 129
Laotse 94, 196, 204
Leibniz, Gottfried Wilhelm 14f, 66, 101, 104, 106ff, 110, 141, 186

Lenin 83
Leonidas 192
Lermontow, Michail 193
Lindbeck, George A. 204
Locke, John 112, 141, 156f
Lorenzen, Paul 195, 206
Lübbe, Hermann 38, 84, 122, 168, 197, 200, 204
Luhmann, Niklas 63, 122, 197, 204
Lukács, Georg 82
Luther, Martin 116, 121, 137

M
Mackie, John L. 204
Madame Bovary 71, 114, 167
Mao 83
Marquard, Odo 38, 122, 117, 204
Marx, Karl 5, 122
Mason, Georg 170
Meggle, Georg 22, 194, 202, 204, 206f
Meister Eckhart 136, 204
Meletos 130
Mohammed 142
Montaigne, Michel de 183
Moody, Raymond A. 204
Moses 32, 89, 104, 142, 203
Murdoch, Iris 41, 204

N
Nagel, Thomas 35, 114, 204
Nagl, Ludwig 204ff
Napoleon 52, 68
Nestroy, Johann N. 11
Newton, Isaac 83, 92
Nielsen, Kai 204
Nietzsche, Friedrich 2f, 26ff, 32, 38, 70, 72, 80, 86, 108, 117, 119, 122, 134, 145, 163, 173, 175-181, 183, 186-193, 196, 200f, 204, 206
Noe, Alva 194, 204
Novalis 77, 80, 82, 118

O
Odysseus 114, 197
O'Neill, Onora 204
Österreich, Elisabeth von 193
Otto, Rudolf 204

P
Pannenberg, Wolfhart 205
Parfit, Derek 156, 199, 205
Parmenides 102, 103
Pascal, Blaise 69, 72, 176, 198
Paulus 79, 95, 121, 124, 131f, 142, 144, 176

Namensregister

Peirce, Charles Sanders 161f, 166, 200, 205
Penelope 114, 197
Phillips, D. Z. 198, 202, 205
Pilatus 65, 97, 129, 131
Pindar 83, 127, 197, 207
Plantinga, Alvin 69, 205
Platon 1, 9, 14f, 30f, 34, 48f, 50, 61, 87, 89, 101, 114, 116, 124, 126ff, 132, 146, 148, 150f, 153ff, 175, 177, 181, 184, 197, 205ff
Plessner, Helmuth 195
Popper, Karl Raimund 22, 69, 141
Priamos 114

Q
Quine, Willard Van Orman 52, 112

R
Reichenbach, Hans 69
Renan, Ernest 117
Renouvier, Charles 164, 200
Rentsch, Thomas 72, 109, 194ff, 205
Ritter, Joachim 122, 197, 205
Roosevelt, Franklin D. 162
Rorty, Richard 133
Rosenzweig, Franz 71, 96, 116
Roth, Gerhard 206
Rotterdam, Erasmus von 125
Royce, Josiah 161
Rungaldier, Edmund 205
Russell, Bertrand 22, 30, 69, 73, 83, 119, 133, 161f, 168, 192, 199, 204f, 208

S
Salomo 104
Schärtl, Thomas 205, 203
Schelling, Friedrich Wilhelm Joseph Ritter von 12, 32, 118, 186
Schlegel, August Wilhelm 118
Schleiermacher, Friedrich 205
Schmidt, Helmut 11
Schneider, Hans Julius 37, 39, 45, 152, 194f, 205f
Schoberth, Ingrid 205
Schönberger, Rolf 196, 206
Schopenhauer, Arthur 27f, 63, 82, 95, 118, 170, 187, 191, 201
Schürmann, Volker 196, 206
Shakespeare, William 83
Sherlock Holmes 103, 109, 114
Siep, Ludwig 66f, 195, 206
Silesius, Angelus 136
Smetana, Bedrich 74
Smith, Joseph 142

Sokrates 1, 13, 30, 33f, 37, 42, 48ff, 70, 89, 105, 115ff, 124-134, 145ff, 155, 175, 177, 181, 197
Solon 5, 127, 197
Soskice, Janet Martin 206
Spaemann, Robert 168, 200, 206
Spinoza, Baruch de 14f, 106f, 138, 149, 186
Stifter, Adalbert 87, 142
Strauss, David 117
Strawson, Galen 207
Svevo, Italo 187, 201, 207
Swinburne, Richard 69, 195, 207

T
Taylor, Charles 44f, 195, 197, 207
Telemachos 114
Theseus 147, 197
Theunissen, Michael 197, 207
Thompson, Michael 198
Titus 130
Tolstoi, Leo 91, 117, 137, 207
Tugendhat, Ernst 36ff, 40ff, 45, 63, 133, 136, 194ff, 207

V
Vaihinger, Hans 195, 207
Vattimo, Gianni 207
Vauvenargues, Luc de Clapiers, Marquis de 183
Voltaire 106f

W
Wagner, Richard 74
Waismann, Friedrich 207
Weil, Simone 41, 207
Wenzel, Uwe J. 207
Wiggershaus, Rolf 207
Wiggins, David 22, 29, 194, 207
Wimmer, Reiner 208
Winch, Peter 208
Wittgenstein, Ludwig 1, 19, 30, 52f, 66, 71, 73, 90f, 109, 184ff, 196, 202, 204ff
Wohlrapp, Harald 180, 208

Z
Zarathustra 191f, 201

www.ingramcontent.com/pod-product-compliance
Lightning Source LLC
Chambersburg PA
CBHW051116230426
43667CB00014B/2612